JN437869

돼지고기 계세요

돼지고기 계세요

초판 1쇄 인쇄 2021년 5월 14일
초판 1쇄 발행 2021년 5월 17일

지은이 | 오만이
펴낸이 | 김경옥
디자인 | 류요한
펴낸곳 | 도서출판 온북스

등록번호 | 제 312-2003-000042호
등록일 | 2003년 8월 14일
주소 | 서울시 은평구 은평로 194-6, 502호
전화 | 02-2263-0360
팩스 | 02-2274-4602

ISBN 978-89-92364-07-2 03810

기능공 출신의 자전적 에세이

돼지고기 계세요

오만이

온북스
ONBOOKS

산고 끝에 태어난 이야기

저는 특별한 사람이 아닙니다. 여태까지 살면서 겪은 경험과 느낌을 생각나는 대로 경북중고46회 카페에 편지 쓰듯 써 모아둔 걸 이번에 어렵사리 책으로 만들게 되었습니다.

거슬러 올라가면 30년 전쯤 포항제철을 그만두고 개인회사에서 공장장으로 일할 때 생산현장 상황이 너무 열악했습니다. 작업표준서도 없이 그냥 주먹구구식으로 일하는 게 안타까워 매뉴얼이 필요하다는 생각을 늘 머릿속에 넣고 있었습니다.

포스코 다닐 때부터 일본사람에게 기술을 배우면서 그들은 자신이 하는 일에 대단한 자부심과 무엇이든 기록하는 습관을 어깨너머로 익혔습니다. 이후로 생산설비의 특징과 품질 등에 대한 자료들을 노트에 수없이 기록으로 남겨 간직했습니다. 나중에 은퇴하면 현장에 꼭 필요한 책을 만들어 후진양성과 노후대책으로 삼으려는 꿈을 키웠습니다. IMF여파로 회사를 그만두는 와중에도 자료들을 버리지 않고 보관했습니다. 두 번째 옮긴 직장에서는 일에 너무 집중한 탓인지 수술조차 안 되는 우울증에 걸렸습니다. 살아있을 이유조차 없는 마당에 책이 뭔 소용이냐며 자료들을 찢고 불태우고, 그토록 갈망했던 '생산현장 교범' 발간의 꿈을 버렸습니다.

그러다 권영재 박사가 “글을 써라, 무엇이든 일단 써보라”며 닦달을 했습니다. 그에게 문장을 잇고 끊는 방법부터 비빔밥에 참기름 한 두 방울 떨어트리면 맛이 확 달라지는 그런 기법도 닮아보려고 10년가량 애를 썼습니다. 글쓰기는 하면할수록 낯설고 귀찮지만 저에겐 기쁨을 주는 일이었습니다.

지난 가을 우연히 〈국제문예〉에 저의 글이 소개되어 부끄럽지만 ‘수필가’로 등단하면서 용기를 냈습니다. 처음 마음먹었던 생산현장의 매뉴얼을 만들어 보겠다는 꿈은 멀리 갔지만 이 수필집 발간으로 평생소원을 대신하게 되었습니다.

잡다한 원고를 정리하여 출판사에 보냈더니 문제가 생겼습니다. 600페이지가 넘는 두 권 분량이라 재차 선별하여 400페이지 정도로 줄이려고 했지만 이 또한 쉬운 일이 아니었습니다.

산고 끝에 ‘기능공 출신의 자전적 에세이’ 〈돼지고기 계세요〉가 태어났습니다. 내용들이 수준에 못 미치는 밋밋한 이야기로 가득한 책입니다만 편안한 마음으로 읽기만 해주셔도 가문의 영광이겠습니다.

저도 책이 두꺼우면 읽기가 망설여지는데, 본문 전부 읽기 힘드시면 초·중·고 동창과 직장, 사회에서 인연을 맺은 다섯 분의 추천사만 읽으셔도 됩니다. 그 속에 저의 지나온 인생행로가 함축되어 있고 책을 만든 목적을 찾을 수 있습니다.

이 책이 나오기까지 물심양면으로 도움을 준 친구이자 스승격인 권영재 박사의 고마움을 빼놓을 수가 없습니다. 아마도 80을 바라보는 나이에 둘 중 한사람이 먼저 세상을 떠나면 남은 하나가 눈물깨나 흘릴 것 같습니다.

끝으로 도서출판사 〈온북스〉에서 뒤죽박죽 헝클어진 글들을 장르별로 예쁘게 편집해주셨습니다. 이제 남은 건 얼마나 독자들에게 읽히느냐에 가슴이 두근거립니다.

코로나19가 다소 누그러지면 우리마을 경로당 뒤뜰에서 조촐하게나마 출판기념회를 열까합니다. 축가를 불러주겠다는 친구, 막걸리는 무한정 공급하겠다는 분은 이미 확보되어 있습니다.

한객의 꽃 향기를 호흡하며

차 홍 렬
(시인)

해방 이듬해 대구에서 태어난 친구 오질만(吳質萬)과 나는 6·25동란과 4·19, 5·16 등 거센 파도를 겪으며 질곡(桎梏)의 세월을 살아온 세대다.

동도초등학교에 입학하니 전후(戰後) 사정이라 본 교사는 군 병원으로 징발(徵發)되고 몇 채 안 되는 함석지붕 가교사마저 교실이 부족했다. 우리는 범어성당의 꿀밤나무 그늘로, 옹기를 굽던 엉성한 흙벽 작업장에 거적때기를 깔고 구구단을 외웠다. 넓은 운동장에서 청군 백군으로 편을 나눠 머리에 띠를 불끈 묶어 '무찌르자 오랑캐'를 부르며 기마전도 하고, 고사리 손으로 모심기와 검정고무신에 보리밟기도 하면서 건강하게 졸업을 맞는다.

'잘 있거라 아우들아 정든 교실아 냇물이 바다에서 서로 만나 듯 우리들도 이다음에 다시 만나세'를 부르며 교문을 나서 민들레 홀씨처럼 흩어졌다. 이따금씩 동창생 모임은 있었지만 오질만 군의 소식은 모르고 살았다. 정규수업조차 제대로 받지 못한 그가 영남의 수재들만 모이는 경북중학교에 입학했으니 장래가 촉망되는 기린아로 알고 한참동안 기억에서 멀어져 있었다.

기업가나 학자가 되었기를 바랐던 그가 세월이 좋아선지 디지털문화의 혜택으로 졸업 후 반세기를 훨씬 더 지나 단체 채팅 방에 '승효할배 오만이'로 이름조차 바뀌어 백발로 나타났다. 이따금씩 보내주는 글을 읽고 행적을 따라 가보니 '질만'이는 가정형편이 어려워 일찌감치 대학을 포기하고 공업학교에 들어가 야구선수로도 활약했다. 월남전에 파병, 전역 후 곧장 대한민국 산업화의 메카 포항제철에 입사하여 남다른 재능을 발휘하여 국가 경제발전에 몸을 바쳤다.

직장을 은퇴한 질만이는 학구열에 목이 타 대학에서 일본어를 전공, 67세에 학사모를 쓰게 되었으며 독도교육사, 사회복지사, 한문지도사 자격증도 취득하고 한국어교사 양성과정을 이수하는 등의 열정을 보였다. 내일 모레가 산수(傘壽)인데 친구·친지들에게 관광가이드 역할, 장애인 시설에서 봉사활동도 하더니 최근엔 수필가로 등단해 작품집을 낸다니 누군들 감히 꼰대라고 대들겠나!?

그의 작품 가운데 '돼지고기 계세요'와 '짜장면도 된다' 부분은 신조어와 외래어가 말동네를 혼돈 시키는 작금에, 예리하고도 해학적인 지적으로 바로잡아주는 글 솜씨에 입 꼬리를 올라가게 한다.

수필가 피천득 선생은 아흔이 넘도록 작품 활동을 하여 독자들로부터 존경을 받고 사무엘 울만의 '청춘'에는 '청춘이란 인생의 어느 기간을 말하는 것이 아니라 마음의 상태를 말한다'는 글을 되뇌며 오만이 군이 살아오면서 누구도 근접할 수 없는 다양한 경험의 토양 위에 맛깔진 작품의 꽃이 만개하리라 확신한다.

내 어찌 출판기념회가 열리는 날 축가를 부르지 않으리오…

봄에 피어나는 한객(寒客)이란 꽃의 향기를 멀리서 호흡하며~~

늙은 노동자의 노래

권 영 재
(신경정신과 전문의/의학박사)

"오만이가 왜 빨갱이가 되지 않았을까?" 오랜 동안 나의 화두였다. 출신이 얼마나 좋은가! 신천동 달동네에서 도시빈민의 아들로 태어났겠다 자신 또한 평생을 공돌이로 살며 명예도 재산도 갖지 못하고 살았으니 어느 무리들 말대로 '백두혈통'이다. 본인은 이렇게 풀이했다. "안 굶어 죽으려고 정신없이 뛰다 보니 좌우를 살펴볼 시간이 없었기 때문이다." 참 어리석고 순진해 빠진 생각이다. 우선 천대받는 노동자의 해방을 의미한다며 '천노해'라고 폼나는 이름부터 하나 짓는다. 그런 다음 이 모임에 끼어들어 행사에 뛰어다니다 보면 생계비는 물론 나중에는 뭉칫돈이 굴러들어온다는 사실을 그는 몰랐는가 보다.

군대 갔다 와서 일만 죽도록 하고 살면 그게 애국이고 참삶이었다고 생각하며 살았다니 내 복장이 다 터진다. 재벌이나 고관대작들 봐라 노동해서 돈 벌기보다 정상모리배 노릇해 돈 번 사람 많다. 현재의 정부 고위직 사람들 중에는 평생 월급 한 푼 받아본 적이 없으면서도 강남에 아파트 몇 채 씩 갖고 산다. 김영삼, 김대중, 이명박은 병역미필하고도 대통령까지 해먹었다.

오만이는 전방에서 졸병 노릇하다 '배고파 죽을 것 같아 굶어 죽느니 차라리 월남 가서 총 맞아 죽는 게 낫겠다' 생각해 맹호부대로 파월을 자원했다. 월남 가는 수송선 속에서 죽음이 두려워 떨며 우는 전우들을 보며 '저 새끼들 왜 저러나?' 하는 의아한 생각이 들고 겁나지도 않았고 슬프지도 않았다. 월남은 배고픈 군인들에게 약속의 땅이다. 전투수당이 나오고 고급 전투식량이 원 없이 나오는 서방정토다. 등 뜨시고 배부른데 울 일이 뭐 있나, 재수 없으면 죽으면 되는 거지.

당시 군의관이었던 나는 월남전 차출 안 되게 해달라고 밤낮으로 부처님에게 빌고 또 하나님에게 매달렸다. 오만이는 스스로 지원해서 갔다. 아마 너무 못 먹어 제 정신이 아니었던 것 같다.

오만이가 포항제철 근무 때는 바야흐로 노동자들이 민주화라는 이름을 빙자해 정치운동에 열을 올리기 시작하던 때다. 그는 노동운동을 하지 않았다. 공장이 자리를 잡지도 못했는데 노동운동하면 나라 망한다고 생각해서 죽어라고 쇠만 만들었다. 쇳덩어리가 자동차 되고 유조선 되고 대포가 되어 나라가 부강해지면 그때 가난한 노동자는 저절로 배고픔에서 해방되고 인간 대접받는 세상이 된다는 것이 그의 철학이었다. 그의 성격에 만일 포철 노조위원장에 당선 되었더라면 그곳은 소위 해방구가 되어 연일 파업과 노동요와 춤으로 지새우느라 쇳덩어리는커녕 젓가락 하나도 못 만들고 제철공장 문을 닫았을 것이다.

오만이는 죽어라 글을 써댄다. 그는 타고난 필력을 갖고 있다. 끝없는 호기심, 예리한 관찰력에다 뛰어난 기억력과 메모하는 습관들이 어우러져 때로는 남의 가슴을 뛰게 하고 때로는 울게도 하고 웃기기도 한다. 남들은 그가 이런 타고난 재주와 부지런함이 그의 문학을 이룬다고만 생각한다. 그의 글을 언뜻 보면 수구꼴통처럼 느껴진다. 그의 촌집에 1년 열두 달 태극기가 펄럭대는 모습을 보면 그는 요지부동의 우파로 보이지만 진정한 그의 속내는 좌파다.

조국이 부자 되고 나라가 강해져도 노동자의 인권이나 소득은 별로 나아진 게 없다. 고독한 늑대의 가슴 속에 흐르는 슬픔과 고독과 설움을 아는 사람은 별로 없다. 그래서 그는 글을 쓴다. 글의 행간을 보면 '늙은 노동자의 노래', '타는 목마름으로', '흔들리지 않게'의 함성이 들린다. 머리에 붉은 띠를 두르고 힘차게 팔을 흔드는 그의 모습이 글의 뒷면에 보인다.

그의 부아가 치미는 속내가 문학에 투영되어 나타난다. 심신장애자 돌보기 봉사, 동해안 숲 청소, 못사는 나라 어린이에게 성금 보내기 등 여러 행사에 참여하면서 가난한 자와 장애인을 향한 그의 애정을 보면 결코 보수란 생각은 들지 않는다.

나이 들어서도 배움을 좋아해 일어일문과를 졸업하고 사이버대학에서 독도에 대한 공부도 했으며 사회복지사, 한문지도사 자격증도 땄다. 틈만 나면 글을 쓴다. 그는 뒷방의 늙은 노동자가 아니고 저녁놀을 붉게 밝히는 투지의 사나이다. 진정한 자유와 평화와 평등을 추구하는 진보의 사나이다. 이제 빨갱이 화두가 풀렸다.

노동운동 대신에 쇠 만들던 그가 속으로는 저주하고 이를 갈던 곡학

아세(曲學阿世)하는 지식인, 정치와 결탁한 자본가, 시민단체 만들어 모은 돈 착복하고 국회의원 되는 인간들, 하청업체 노동자를 착취하는 귀족 노조, 이들에 대항하고 싸우는 행동이 오만이의 글쓰기다. 그의 글쓰기는 음풍농월(吟風弄月)하고 재능을 뽐내는 행동이 아니요. 처절한 싸움이다. 투쟁, 투쟁 그의 투쟁에 큰 박수를 보낸다.

문학을 향한 할배의 열정!

박 오 규
(전 삼성종합화학 부장/ Sika Korea 부사장 역임)

내 친구 마니, 마니 오만이가 고희를 훨씬 넘긴 나이에 〈국제문예〉로부터 수필부문 신인상을 수상하면서 명실공히 작가로서의 반열에 오르게 된 것을 기쁘게 생각합니다. 내친김에 그동안 써 모아 두었던 글들을 묶어 '수필집'을 출간하게 되었다니 두 손 들어 환영하는 바입니다.

저와 오만이 작가는 1962년 대구공업고등학교 기계과에 입학하면서 처음 만나 오늘에 이르기까지 인연을 이어가고 있습니다. 그는 대구에서 태어나 초·중·고를 다니면서 어려운 가정형편에도 용기를 잃지 않고 꿋꿋하게 살아 온 모범생입니다. 명석한 두뇌를 가졌으나 실업계 고등학교의 한계를 벗어나지 못했으며, 야구선수로서도 신체조건을 충분히 갖췄지만 지도자의 눈에 띄지 못했습니다. 어찌 보면 시대를 잘못 타고난 인물인 듯합니다. 50년 뒤에만 태어났더라면 좋았을 텐데 말입니다.

만이는 아버지가 일찍 돌아가시고 가정을 책임져야 하는 어려움 속에서 국가경제발전의 밑거름이 되고자 포항제철 생산현장에서 산업역군의 길을 묵묵히 걸었습니다. 이후 봉사와 나눔을 몸소 실천하더니 회갑이 지난 늘그막에 못 다 한 공부를 하겠다며 대학에 입학하여 문학에 대한 열정을 쏟아내기 시작했습니다. 짬짬이 e메일이나 카톡으로 보내주는 글을 읽으면 경험이나 감정을 꾸밈없이 솔직하게 고백하듯 그의 인생관이 잘 들어납니다. 예리하게 관찰하는 재능을 통해 유머와 위트 그리고 감정을 결합시켜 쉬운 문체로 표현하는 것이 특징입니다. 가벼운 비평도 서슴지 않을뿐더러 기행문도 개성이 짙게 풍깁니다.

코로나19로 일상이 무너진 가운데 '데카메론 이야기'는 재미를 더해 갑갑한 마음 한구석을 채워주는 것 같았습니다. 그 중에서도 마지막 열 번째 이야기 '어머니 우리 어머니'에 이런 구절이 나옵니다. "어느 날 수박을 사려고 가격표를 보니 14,000원이기에 저게 12,000원이 되면 사 드려야지 했다가 며칠 뒤 어머니가 세상을 떠났다. 지금도 수박을 보면 그때를 후회하면서 가격표를 확인하는 버릇이 생겼다." 부모에 대한 효도는 끝이 없음을 말해줍니다. 사랑하는 동생을 저 세상으로 먼저 보내고 쓴 글에서는 그리움과 미안함이 읽는 이로 하여금 눈물샘을 자극하고도 남음이 있습니다.

만이가 펴낸 이 책은 그야말로 살면서 몸소 부딪치고 느낀 바를 정리하였기에 독자들에게는 여러모로 유익할 것이며 우리 인생살이에 다시 한 번 생각해 보는 계기가 되리라 확신합니다.

이 수필집은 무거운 책이 아니고 부담 없이 써 내려가는 할배의 열정이 전해지고 있습니다. 여러 편의 글을 읽고 한 가지라도 삶의 지혜를 얻을 수 있다는 생각에 간절한 마음을 담아 이 책을 추천합니다.

'누구든 무언가를 시작하기에 늦은 나이는 없다'는 희망을 전해주는 친구 만이야, 이제 글을 쓰면서 여생을 보내라~!! 새봄을 기다리며 친구 박오규.

여전히 흔들리는 삶에 대한 답을 찾고 싶은 사람이라면…

박 무 원
(전 포스코 파트장/철강전문 컨설턴트)

吳주임에서 형님으로, 이제는 作家라 부르는 게 더 어울릴 것 같습니다. 먼저 수필집 출간에 박수를 보내며 35년 전의 인연을 기억 속에서 꺼내봤습니다.

작가님은 포항제철의 창립이념인 '철을 만들어 나라에 보답한다는 제철보국(製鐵報國)'의 사명감 때문에 청춘을 바친 사람이 아니었나 생각됩니다. 35년 전, 30대 중반의 작가님은 이제 막 공장건설이 끝나고 가동이 시작되는 포항제철소 2열연공장의 성공적인 조업을 위하여 일본연수에서 배운 기술을 토대로 저를 포함한 20대 초,중반의 부하들에게 기술전수에 여념이 없었습니다.

설비도면에 나와 있는 운전패널의 조작 스위치를 모조지에 그려놓고 눈을 감고도 위치를 알 수 있도록 훈련을 수없이 시켰습니다. 눈을 가리고 테스트하는 과정에서 불합격되면 퇴근시간을 미뤘습니다. 시험에 합격하기 위해 어떤 동료는 부인 앞에서 연습하는 열정을 보였는데, 우리는 이런 과정이 당연한 것으로 받아들였습니다.

그 당시 작가님은 제철소 건설현장에 와있던 일본 기술자로부터 습득한 기술과 자신의 경험을 저희들에게 가르칠 때는 모질고 냉정했습니다. 오죽 무서웠으면 이란의 시아파 이슬람지도자 호메이니와 닮아서 별명을 '호메이니'라 불렀겠습니까.

그렇지만 자신에게도 엄격하여 야간근무 중에 조는 모습을 한 번도 본 적이 없을 만큼 자기관리에 철저했습니다. 그 시절 호메이니 주임님은 "작은 실수가 안전사고로 이어지는 불행을 미연에 방지하기 위해서는 훈련과 교육을 반복하는 것이 답이기에 어쩔 수 없다!"는 채찍질을 모두가 인내했습니다. 지금 같으면 엄두도 못 낼 직장상사의 '갑질'이지만, 그런 과정을 거쳤기에 오늘날의 포스코가 있지 않았나 싶습니다.

조업을 안정시킨 이후에도 후배들을 위해 많은 기술 자료를 리포트로 남겨 후배들의 직무학습에 도움이 되도록 했습니다. 특히 'Skin Pass 품질향상 방안'이라는 37쪽짜리 리포트는 40년이 지난 지금도 신입사원들에게 필수적으로 직무교육의 기초학습 자료로 활용되고 있습니다.

또다른 내면으로는, 동료와 부하직원들을 위하여 작업진행실에 음료수와 믹스커피 등 자율 판매대를 차려놓고 그 수익금을 여러 용도로 활용하였습니다. 야식으로 지급되는 라면을 먹을 때 반찬으로 김치, 양파, 단무지 같은 것을 준비해서 야식을 맛있게 먹을 수 있도록 하여 다른 파트의 직원들로부터 부러움을 사기도 했습니다. 작가님과 둘이서 40여 명분의 양파를 썰 때는 매워서 눈물을 흘리며 서로 쳐다보고 웃던 기억이 아직도 생생하게 남아있습니다. 보잘것없지만 판매수익금으로 김치를 가져온 동료에게는 치약으로 보답하였고, 연말에는 소년소녀 가장에게 학비를 지원한 일도 있었습니다.

저는 작가님과의 40년을 되돌아보면, 직장에서 배운 기술은 내가 직장 품안에서 습득한 것이므로 나만의 것이 아니다. 이것 또한 동료나 선후배들의 도움으로 얻은 것이므로 모두에게 공유해야하고, 내가 노력한 열정을 베푸는 것 또한 나의 또다른 지식을 얻기 위해 내면의 그릇을 비워놓기 위함이라고 항상 말씀하신 것이 기억납니다. 그래서인지 작가님의 슬로건이 "배워서 남 주자!!"아닙니까.

작가님이 일흔다섯에 〈국제문예〉로부터 수필부문 신인상을 수상하심은 자신의 경험과 습관에서 얻은 결과이며, 우리 직장인들에게 직장생활 30년, 퇴직 후 30년을 어떻게 살아야하는지를 스스로에게 질문하고 답할 수 있는 길을 보여준 것이라 생각합니다. 저가 추천하는 오 작가님의 수필집은 단박에 읽기보다는 애써 느긋하게 읽으면서 질문을 품고 머물게 되면 도토리가 툭툭 떨어지는 참나무 숲을 걷는 느낌이 들 것입니다.

어떠한 어려움 앞에서 흔들리지 않으려 노력하기보다는 흔들림을 벗삼아 '노는 법은 이런 거다'를 많은 질문으로 보여주는 행동이 이 수필집에 담겨 있을 것입니다. 다시 한 번 작가님의 출간을 축하드립니다.

(저는 작가님의 직장후배로 포스코 정년퇴직 후 65세 나이로 중국과 국내 철강사를 상대로 철강전문 컨설턴트로 일하고 있습니다)

'수필' 소폭 넘어, '기록' 대폭을 기대하면서

정 영 진
(언론인/문학평론가)

吳萬伊 수필가와는 카카오톡으로 문통(文通)을 해온지 2년이 넘지만 서로 멀리 떨어져 있는데다 팬데믹한 코로나19 역병의 여파로 아직까지 상면조차 못해본 이른바 비대면(언택트 Untact)의 사이이다. 그럼에도 20년 넘게 사귀어온 것처럼 매일의 생각들을 카톡으로 나누느라 구우(舊友)나 다름없이 되었으니 이야말로 시대상(時代相)의 반영이자 역설이 된 듯싶다.

그만큼 그의 다방면에 걸친 글들이 전하는 느낌은 처음부터 남달랐다. 우선 굶주리고 고달팠던 50~60년대 초까지의 청소년 시절과 파월 참전, 산업역군으로 자리하기까지의 청년시절, 그 간난신고(艱難辛苦)의 세월 속에서도 굽히지 않은 발군(拔群)의 투지력으로 극복해낸 기록들이 인상 깊었다. 아울러 읽어갈수록 내밀하게 다져온 특유의 문장력이 돋보여 절로 호감이 갔다.

그동안 써온 글들을 묶어 문집(文集)으로라도 출간하면 좋겠다고 권유해오던 차, 뜻밖에도 그에게 수필가로 문단에 얼굴을 알리게 되는 기회가 왔다. 등단을 대수롭잖게 보는 시각도 없진 않지만 문학예술계에서 공인형식(公認形式)을 갖추는 절차적 행위는 자신을 위해 일종의 주마가편(走馬加鞭)형 자극제일 수 있다. 내친김에 여기 그 결실의 한가닥이 엮어져 출간되기에 이르렀음을 알려와 반가움이 더욱 크다.

吳작가의 글에 대해 문평(文評)을 하라면 나는 그를 단순히 좁은 영역의 '수필가' 혹은 '에세이스트(Essayist)'라 부르기보다 그 폭을 뛰어 넘어 논픽션(Nonfiction)작가, 르포작가(Reportage writer) 즉, '기록문학가'로써의 능력과 자질이 훨씬 뛰어나다고 말하고 싶다. 吳작가가 써온 월남참전기나 일본여행기, 그리고 국내 명소탐방기 등의 치밀한 묘사기록이 그 증거이다. 기록문학 특유의 관찰력, 표현력, 곁들여 사실(史實)과 결부된 연상기술능력 등이 그 사례라 할 수 있다.

수필도 감성표현의 섬세한 부분이나 묘사형식, 서술방식에 따라 능히 논픽션(기록)문학의 영역에 들 수도 있고 벗어날 수도 있다. 그 반대로, 기록문학도 표현기법에 따라 얼마든지 수필의 영역을 넘나들 수 있다. 어디에 역점을 두느냐의 표현방식에 따라 구별될 뿐 둘 다 4촌지간이라 불릴만하다.

국내엔 수필전문 월·계간지가 수십 개이고, 이들의 상업적 행위에 휩쓸려 연간 수백 명의 신인 수필가가 양산되며, 자칭 타칭 '공칭 수필가'의 수만도 1만 명에 가깝다는 소문도 있다. 이에 비해 구라파, 미국, 일본과는 달리 국내엔 논픽션 관련 전문지가 전무하며 순수 논픽션 작가 즉, 기록문학작가로 '공칭'되는 수효가 채 1백 명도 안 되는 소수라는데 이런 현실은 무엇을 반영하며 뜻하는 것일까.

필자가 감히 吳작가의 작품역량이 이 소수의 논픽션 기성작가 군에 필적(匹敵)한다고 단언한다면 독단이나 과찬이란 반론이 들어올까. 吳작가의 필력(筆力)과 사건·사물을 관찰하는 시각의 스펙트럼이 그만큼 깊고 넓으며 다양한 점이 그를 단순한 '수필가'의 좁은 범주에 넣지 못하게 하는 요인이 된다는 것이 필자의 소신이다.

吳작가가 만일 궁핍한 가정형편에서 벗어나 정상적인 교육단계를 거쳐 제때에 매스컴부문에 일할 수 있었더라면 우수한 취재요원이나 논객으로 성장했으리라 상정하기 어렵지 않다. 또는 지금과 같은 여건 하에서라도 보다 일찍 자신의 '재능'에 확신을 갖고 매진의 길에 들어섰더라면 더 일찍, 더 좋은 기록물을 남겼으리라 의심치 않는다.

백세를 넘긴 어느 유명 철학교수는 자기 일생의 최성기(最盛期)는 의외로 노익장(老益壯)하던 75세부터였다고 한다. 바로 吳작가 현재 시점과 비슷하다. '늦었다고 생각될 때가 빠를 때'란 말 그대로이다. 吳작가 역시 앞으로 남은 25년 사이 더 새롭고 휘황찬란한 작품들을 쏟아 내리라 믿어진다. 유머와 위트에 가득한 그의 단편 수필 '돼지고기 계세요', '이름 이야기', '알아서 긴다'처럼 남은 인생을 즐기면서도 얼마든지 재미있고 유익한 작품들을 남길 것으로 기대하며 친지들 모두가 성원을 아끼지 말았으면 싶다.

차 례

5장

월남 참전기

6장 데카메론

1장

돼지고기 계세요

돼지고기 계세요

얼마 전, 세탁기가 영 시원찮아 바꿔 볼 욕심에 근처 이마트에 갔더니 총각으로 보이는 젊은이가 제품설명을 하는데 말끝마다 '세요, 세요'다. "그 모델은 이제 없으세요" "내일부터 10% 세일이세요", 손님인 나한테 높임말을 쓰려고 하는 것은 알겠는데 신경이 거슬렸다.

이상해져 가고 있는 요즘 젊은이들의 말버릇에 그건 아니라고 말해주고 싶었지만 괜히 나만 웃기는 손님 취급받는 것은 아닐까 하는 생각에 그만 둘려다가, "사장님 신한카드 계세요?"라기에 속이 뒤집혔다. "자네! 내가 돼지고기 계세요? 하고 묻는다면 어떻게 대답 할래", "돼지고기는 안계시고 세탁기는 계세요가 정답이잖아!" 했더니 "제가 잘못 배워서 버릇이 됐습니다. 앞으로 고치도록 노력하겠습니다"라는 말을 듣고서야 직성이 풀렸다.

높임말 바로 쓰자! 특히 서비스업종에 가보면, 은행원이 "잔고가 3

만 원밖에 안되시거든요", "이 카드, 수수료는 안 나오시거든요." 중국집은 "짜장면 나오셨습니다", "이쪽 방이 제일 따뜻하십니다." 백화점에서는 "등산용품은 5층이십니다", "저희 매장은 세일이 안 들어가세요." 병원에 가면, "환자분 이쪽으로 오실게요", "수납 먼저 하고 오실게요." 모임에 가면 "회장님께서 인사말씀이 계시겠습니다", 혹은 "사장님 차가 더 크십니다." 등등, 위에 나열한 문장들은 모두 틀린 표현이다.

한국어가 어렵다고 하는 이유 중 하나가 바로 존댓말에 있다. 우리나라 성인 남녀 거의가 '사장님', '사모님'으로 대접받기를 좋아하는 세상이 되다보니 종업원들도 무조건 높이고 보는 잘못된 어법을 쓰고 있다.

위에서 말한 '회장님께서 인사 말씀이 계시겠습니다'의 '회장(會長)'에는 '長'에 이미 높임이 포함된 말이다. '님'을 붙이는 것은 일반화된 표현이라 어쩔 수 없다손 치더라도, '께서'를 붙이는 것은 '가능하면 2중 경어는 사용하지 않는다'에 어긋난다. 더구나 '말씀이 계시다'는 '돼지고기가 계시다'와 얼추 다를 바가 없다. 정리해 본다면, '회장님의 인사말씀이 있겠습니다'가 맞는 표현이라 할 수 있다.

또 '환자분, 이쪽으로 오실게요'는 '환자분, 이쪽으로 오세요'라고 하던지 '환자분 이쪽으로 오십시오'가 맞는 표현이다. 다시 말해 '환자분'에 이미 환자를 높이는 '분'이 들어갔고, '오세요', '오십시오'라는 말 자체가 존댓말이기 때문에 문장이 자연스럽게 성립된다. '이쪽으로 오실게요'는 올바른 존댓말이 아닐뿐더러 의미 자체가 논리적으로 결합되지 않는다.

존댓말(존칭 또는 敬語)은 이야기의 주체가 되는 인물이나 이야기를 하는 상대를 높일 때 쓰는 말이다. 자기 가족이나 자기 편 사람을 남에게 말 할 때는 낮춰야 한다. 라디오나 텔레비전에서 대담이나 강연 중에 청취자나 방청객에게 "우리 할아버님께서 일찍이 독립운동을 하셨고"라든가, "어머님께서는 나를 기르시느라 온갖 고생을 하셨으며…" 자칭 엘리트에 속한다는 우리 동기 중에서도 "우리 부친께서 몸이 편찮으셔서 병원에 입원하고 계신다"라고 말하는 사람이 있더라.

또한, 전무가 "김 부장 어디 갔지?" 물었을 때, 전무도 상사이고 부장도 상사일지라도 "김 부장 출장 가고 자리에 없습니다"가 맞는 표현이다. 그런데 "김 부장님은 출장 가시고 자리에 안 계십니다"라는 표현으로 점점 굳어져 가는 게 현실이다. 그래야만 옆에서 듣고 있는 박 부장도 기분이 좋을 게 아닌가, 그렇다면 묻는 전무의 기분은 어떨까?

만약에 할아버지가 "애비는 어디 있느냐?"는 전화가 걸려 왔을 때, "아버님께서는 몸이 좀 편찮으셔서 주무시고 계십니다"라고 대답하면 제대로 존댓말을 쓴 것일까? 자기가 아버지에게 "아버님 어디가 편찮으십니까?"는 가능하지만 남에게 자기 쪽을 말 할 때나 자기보다 윗사람 일지라도 더 윗사람한테는 낮춰 말하는 것이 바른 표현이다.

나 역시 존댓말이 뒤죽박죽 되어버린 혼돈의 사회에 살고 있기에 헷갈리는 표현들이 너무 많고 그 속에 젖어 있기에 모르고 지나치기 때문이라 생각한다. 우리나라와 비슷하게 존댓말 표현이 어려운 일본에서는 상대방이 이쪽보다 아무리 낮더라도 자기 쪽을 항상 낮춰, "죄송합니다만 사장(또는 이름)은 자리에 없습니다"로 말하지 않으면 실례가 되기에 철저하게 지킨다. 이참에 우리도 헝클어진 존댓말을 개선

해 나가도록 하자.

며칠 전, 나한테 '돼지고기 계세요?'에 당한 이마트 직원으로부터 '차가운 날씨에 건강 잘 챙기세요, 늘 행복한 나날 되시기 바랍니다'라는 문자 메시지가 날아 왔다.

고객관리 차원에서 그냥 하는 것인지는 몰라도 아무튼 나를 알아준데서 흐뭇했다. 내가 지어 낸 말, '돼지고기 계세요?' 바로 알고 바로 쓰자!!

동생을 먼저 보내고

인생은 가이드 없는 짧은 여행길이라고 하더라. 재벌이든 가난뱅이든 권력자이든 말단 공무원이든 누구나 태어나면 반드시 늙고 병들어 죽는 길을 걷는다. 늙어서 죽는 것은 지극히 단순하고 합리적인 자연현상에 지나지 않는 일이건만 모든 사람들은 죽음 길을 두려워한다. 죽음에 이를 때까지 겪게 되는 마음의 불안과 신체적 고통이 두렵고 그리고 사후 세계에 대한 무지가 인간이 느끼는 죽음에 대한 공포심이 아닐까 싶다.

지난 5월 10일, 6남매 중 다섯째가 맨 먼저 저세상으로 떠났다. 평생 호의호식 한번 해보지 못하고 부산에서 홀아비로 살던 남동생이 65세를 끝으로 하늘나라로 갔다. 세상 뜬 지 석 달이 흘렀으나 쉽게 잊어지지 않고 이따금 눈앞에 아른거린다. 저승으로 떠난 동생이 다시 보고 싶고 평소 못 했던 말을 하고픈 심정이나 내 졸렬한 글 솜씨도 그렇거니와 아직도 생생하게 나의 가슴에 남아 있는 슬픈 감정 탓에 글로 표현하기가 생각보다 무척 어렵고 조심스럽다.

셋째 동생 오성만(吳成萬), 1955년생이다. 6·25 전쟁이 끝난 이후 모두가 살기 힘들었던 혼란기에 태어났다. 가난한 집, 불행하게도 태어나서부터 어머니의 젖마저 부족하였다. 밥이 끓을 때 솥뚜껑을 열고 밥물을 떠서 먹이는 것이 다반사였다. 지금도 홍시를 숟가락으로 받아먹던 동생의 모습이 생생하다. 우유가 귀한 시절인데다 돈조차 없었으니 어머니로서는 이것 말고 다른 방법이 또 있을 수가 있었겠나?

약골로 태어났기에 어려서부터 늘 병치레를 했다. 부모님은 일하러 가고 누나와 내가 번갈아가며 업어 키웠다. 동생이 초등학교를 마치고 중학교를 가야 되지만 장남인 나를 고등학교에 보내기 위해 동생의 진학은 꿈도 꾸지 못하고 국졸로 학력이 끝났다. 막내 동생만큼은 내가 벌어서 중·고등학교를 보냈지만 나 빼고 나머지 가족들은 '입벌이'를 하기 위해 나서야하는 어려운 형편이었다.

못 먹고 자란 탓에 동생은 체격이 왜소하고 내성적이었다. 일찍부터 양장점에 들어가 심부름 일부터 시작하며 열심히 기술을 배웠다. 성인이 되고나서 죽을힘을 다해 모은 돈으로 부산의 서민마을에 맞춤전문 양장점을 차렸다. 그러나 돈은 그를 따라주지 않았다. 개업한지 얼마 못가서 값싼 기성복들의 홍수에 밀리게 되었다. 배운 게 양재일이니 헌옷 수선으로 전환하여 호구지책을 삼았다. 그러나 이번에는 나라경제가 호황이라 수선은 커녕 멀쩡한 옷도 버리는 세상이 되고 말았다.

하는 일마다 풀리지 않는데다 설상가상 혼기마저 놓쳐 가정을 꾸리지 못했다. 동생의 삶이 갈수록 힘들어지니 가족 간 연락도 잘 하지 않고 명절이나 제사 때가 되어도 아프다는 핑계로 나타나기조차 싫어했다. 이토록 서로 보지 않고 지내다보니 형제간에 거리가 멀어지게 되었다.

어느 날 부산의 여동생으로부터 연락이 왔다. 동생이 갑자기 쓰러졌다고 한다. 평소 기관지 천식으로만 알고 동네병원 정도만 다녔는데 쓰러졌다는 것이다. 동아대학병원에 입원시킨 후 시행한 검진결과는 천식에다 폐결핵을 동반한 합병증이란다. 중환자실에서 20일간 입원치료 후 일반병실에 있을 때 세 차례 병문 갔으나 갈 때마다 호전되기는커녕 점점 악화되어 가고 있었다.

동생은 중환자실에서 다른 환자들이 겪는 고통의 모습을 보았던 탓인지 아니면 가족에게 신세를 지기 싫어선지 자신은 상태가 악화되어도 산소 호흡기를 동반한 여타 연명치료는 하지 않겠다고 하였다. 가족들도 담당의사에게 연명치료 거부의사를 밝혔다. 이틀 후 의사가 상태가 심상치 않다며 다시 중환자실로 옮겨야겠다고 한다. 만약에 이보다 상태가 더 나빠지더라도 연명치료를 하면 회복할 가능성이 높으니 일찍 포기하지 말고 적극적 치료를 하라고 권한다. 이 말을 듣고 동생은 살고 싶은 욕망에 연명치료를 받겠다고 뜻을 바꾼다. 가족들은 난감한 상태가 되고 말았다.

이튿날 중환자실에서 코에 보조호흡기를 달고 누워있는 동생의 몰골이 말이 아니다. 여동생과 함께 성만아! 성만아! 몇 차례 이름을 불렀지만 눈은 뜬 상태였으나 미동도 하지 않는다. 여동생은 “오빠, 어찌 하렵니까?” 울먹이며 나의 결정을 기다린다. 문득 ‘결초보은(結草報

恩)'이란 고사성어의 유래가 떠올랐다. 병이 위독해지면 정신이 혼란스러워진다. 동생의 정신상태가 맑았을 때 "연명치료는 않겠다"고 말했다. 맑은 정신 때의 뜻을 따르자며 연명치료 거부의사를 밝히고 서약서를 제출하였다.

나의 판단이 옳았을까, 흐릿한 정신이었지만 동생은 연명치료를 원하지 않았는가, 내가 그 뜻을 어길 자격이라도 있다는 말인가, 버스를 타고 집으로 오는 사이 머리가 복잡하고 마음이 아파 견딜 수가 없었다. 그날 오후 6시 여동생으로부터 부음을 들었다. 예상하고 있던 죽음이라 그런지 아니면 내 감정을 억제한 탓인지 슬퍼하거나 놀라지 않았다. 대신에 사후처리만큼은 동생에게 최선을 다해야 한다는 중압감이 어깨를 누른다.

동아대학병원 영안실이다. 오늘따라 장례식장은 텅 비어 음산하니 더 외롭고 허전하다. 부음을 받고 하나 둘 친척들이 모여 빈소를 차린 뒤 영정사진을 바라보니 그제야 눈물이 흐른다. 돌봐주는 가족 없이 혼자 참고 견디느라 얼마나 아팠을까, 찾아오는 문상객 없이 가족끼리 그럭저럭 밤을 보냈다.

다음날 이승에서의 마지막을 깨끗이 하고 내세에 입을 수의를 입히는 입관식이다. 평온해 보이는 동생과 마지막을 나눌 수 있는 짧은 시간에 후회와 아쉬움이 많이 겹쳤다. 이제 죽은 동생은 꽁꽁 묶여 여섯 자밖에 되지 않는 관에 갇혀 누워버렸다. 남은 일은 화장 후 유골을 어떻게 처리하는 것이다. 영락공원묘지에 의뢰하는 방법, 바다에 수장하는 방법, 그리고 불법이긴 하지만 부모 묘소에 뿌리는 방법이 거론되었다. 딸린 식구도 없으니 흔적을 남겨봐야 무슨 소용이 있겠나 싶어 수장하기로 결정하였다.

영락공원 화장장으로 가는 영구차를 뒤따르며 인간이 죽음을 어떻게 받아들여야 하는가를 생각했다. 시대에 따라 삶의 모습이 다르듯이 죽음에 대한 인식도 옛사람들과 많이 다르다. 죽으면 모든 것이 끝난다고 하던데 과연 그럴까? 오만가지 생각은 다 들지만 해답은 얻지 못한다.

화장장에 도착하니 각지에서 몰려온 많은 영구차들이 대형마트의 계산대처럼 붐빈다. 무슨 제조공장 같은 느낌도 든다. 차례를 기다려 동생의 관이 불 속으로 들어가는 순간 갑자기 울음이 터진다. 두 시간가량 지났을까, 살았던 육신이 조그만 오동나무 유골함에 담겨져 나온다. 유해가루를 만져보니 살아있는 듯 따뜻하나 허무하다. 막내 동생을 앞세워 유골함을 뒤따르니 인생지사 빈손으로 왔다가 빈손으로 가도다.

해운대 요트경기장에 도착하니 3시까지 기다리라고 한다. 그늘을 찾아 자리를 깔고서 장례식에 사용했던 과일과 떡으로 점심을 때웠다. 근사한 요트를 타고 20여 분 바다로 나가 부산시에서 지정한 장소에 왔다.

오륙도와 동백섬이 보이는 곳에서 가루를 한 줌씩 뿌리고 남은 것을 종이에 싸서 불을 붙인다. 오동나무 상자가 종이배처럼 파도에 넘실거리다 기우뚱거린다. 한참을 뒤돌아봐도 가라앉지 않고 떠다닌다. 넓은 바다, 푸른 하늘에 이제는 가난과 노동의 고달픔, 그리고 고독과 병마의 고통에서 해방되어 웃으며 떠다니는 동생에게 손을 흔들며 작별 인사를 나눴다.

때마침 부처님 오신 날에 저승에서는 괴로움과 걱정이 없는 곳에 극락왕생하여 부잣집에 태어나 젖배 곯지 말고 고관대작이 되어 호의호식 하며 살기를 빌었다.

“성만아, 잘 가라, 내가 못해줘서 미안하다, 정말 못해줘서 미안하다, 성만아.”

모든 절차를 마치고나니 마음이 개운하다. 특히 바다에서 마지막 장례식은 내게 교훈을 준다. 죽음 이후의 선택으로 내가 예약된 목욕탕 신발장만한 영천호국원의 납골당보다는 넓은 바다에 영혼이 뿌려지는 것도 괜찮겠다는 생각이 든다.

동생의 죽음을 돌이켜보면 맏형이면서 아버지 노릇까지 하느라 늘 꾸중만 했던 것이 마음에 걸린다. 거지가 잘 사는 세상이 되었음에도 내가 무심하여 동생을 기초수급자 혜택도 누려보지 못한 채 병든 몸으로 죽게 했다는 사실이 가슴 아프다. 내가 낸 세금으로, 내가 월남서 싸운 돈으로 만든 나라의 복지혜택을 내 동생은 무지와 양심 탓에 죽었기에 더 분하고 원망스럽다.

동생을 먼저 보내고 나니 태어난 순서대로 죽지 않는다는 말이 실감난다. 동생하나 보낸 슬픔이 이럴진대 배우자나 자식 먼저 앞세운 사람의 심정은 어떠하겠나.

슬픔을 지우려고 애써 노력하지 않겠다. ‘사람이 태어남은 한 조각 구름이 생겨남이요, 죽음이란 한 조각 구름이 흩어짐(生也一片浮雲起, 死也一片浮雲滅)’이라고 했다. 세월이 약이겠지요…?

한글날에 한글 유감

오늘은 한글날이다. 세종대왕이 중국말을 사용함으로써 의사소통이 잘 되지 않는 백성을 불쌍히 여겨 한글을 창제한 기념일이다. '백성을 가르치는 바른 소리'인 훈민정음(訓民正音)을 일제강점기 주시경(周時經) 선생이 '크다', '바르다'라는 뜻이 담긴 '한글'로 부르자고 했다. 한글의 본래 이름은 '언문(諺文)' 또는 '암글'이라 불렀는데 평민(상놈)이 쓰는 글자라는 뜻이다.

5백년이 넘는 긴 세월 동안 인간만큼 한글도 많은 아픔을 겪었다. 양반은 한글을 천대하였으며 연산군 시절에는 그의 학정을 비난하는 한글로 된 글이 나돌자 언문을 가르치지도 말고 배우지도 말라고 했다. 이미 배운 사람도 못쓰게 하였으며 언문을 아는 자는 고발당했다. 일제강점기 때는 우리 민족의 정신을 말살하려는 일제의 혹독한 탄압정책으로 당시 조선어학회와 한글학자들이 수난을 당하기도 했다. 지금에 와서 한글이 또 다른 위기를 맞고 있다.

일상에서 각종 외래어, 은어, 속어가 난무하고, 청소년들 사이에서는 무분별한 줄임말, 국적불명의 외계어 등의 사용이 심각한 수준이다. 시대가 발전하고 세대가 바뀌면 사회적인 흐름에 따라 언어도 자연스럽게 바뀌게 마련이다. 국제화시대인 지금 외래어 사용이 필요한 부분이 있겠지만 우리말을 이해하고 익히는 노력 없이 무조건 외래어를 남발하는 게 문제다.

식민지와 근대화를 거치면서 일본이나 서양 것이 좋다는 편견에 빠져 외국어를 써야 지식인으로 취급한다. 영어교육이 우리사회에서 각광을 받는 이유는 영어를 잘하는 사람이 성공해왔기 때문이다.

커피, 컴퓨터, 코로나, 엔진, 헬리콥터 등은 외국에서 들어온 말이지만 국어처럼 쓰이는 단어라 어쩔 수 없다. 그러나 네일 아티스트(손톱미용사), 레시피(조리법), 싱크탱크(두뇌집단), 팩트(사실), 콘서트(연주회), 시뮬레이션(모의실험), ○○포럼, ○○심포지움, ○○워크숍은 토론회, 연수회로, 이런 것은 반드시 우리말을 써야 된다.

코로나19로 인해서 요사이 '언택트(비대면/비접촉)'이란 말을 자주 접한다. 나훈아 언택트 공연, 언택트 수업, 언택트 마라톤 대회를 '비대면/비접촉'으로 바꿔서 쓰면 좋겠다. 손흥민 선수가 '햄스트링' 부상이라는 뉴스를 보고 '허벅지 뒤쪽 근육' 부상이라 말하면 안 될까라는 생각도 해봤다. 코호트, 해시태그, 인스타그램, 컨셉, 매니페스토, 패러디… 스마트폰으로 검색해봐도 금방 잊어버리는 단어들이다.

아파트 이름도 우리말 놔두고 이상한 외래어가 많다. 시골의 시어머니가 찾아오지 못하도록 어렵게 지었다는 우스갯소리도 있다. 힐스테이트(언덕나라), ○○팰리스(궁전), ○○캐슬(성), 루체하임, 그라시움,

블레스테지, 리센츠, 헬리오시티 등은 2~3개의 합성어로 알고 있다. 확실한 것은 아파트 이름이 집값에 영향을 받지 않는다는 것이다. 외국어 간판도 마찬가지다. 페이스샵, 모닝글로리, 큐티플러스, 뮤직티, 메디컬센터… 사방천지가 외국어 간판이다.

이 같은 한글파괴에는 정부와 공공기관도 앞장서고 있다. 코레일, K-Water, 캠코, 중소벤처기업부, LH공사, SH공사, '농협'이 'NH'로 바꾸더니 이제는 NongHyup 이라고 커다랗게 써 붙였다. 농협이 농민을 상대하기 위해 만든 은행이 아닌가? '디테일하다'는 디테일(detail 상세/세부)의 영어단어를 모르는 사람은 무식꾼이 된다.

우리말은 중국의 표의문자(表意文字/ 뜻글자)에 기반을 둔 표음문자(表音文字/ 소리글자)로 70~80%가 중국 글자다. 그래서 漢字의 도움 없이 한글만으로는 상대방에게 정확하게 의사전달이 되지 않는다. 예를 들면, 프로야구 두산 베어스가 '2연패'했다는 기사를 보면, 두 번 졌다(連敗)는 말인지, 두 번 우승(連覇)했다는 뜻인지 끝까지 읽어보지 않으면 이해할 수 없다.

'공사관계로 통행에 불편을 드려 죄송합니다.'에서 순 우리글은 로, 에, 을, 드려, 합니다 뿐이고, 工事, 關係, 通行, 不便, 罪悚은 전부 중국글이다.

고속도로 공사구간에 '노견 없음'이라는 안내판을 볼 수 있다. 늙은 개가 없다는 뜻이냐 뭐냐는 항의에 '갓길 없음'이라는 예쁜 우리말로 고쳐 쓰고 있다. 참말로 웃기는 것은, 노견의 漢字는 길(路), 어깨(肩)인데, 유식한 체하느라 '길 어깨 없음'이란 안내판이 있었다. 이거 농담 아니고 진짜다.

동네 뒷골목에 '○○동 하수관거 BTL공사'란 현수막을 본 적이 있을 것이다. 하수관거(下水管渠)는 폐수나 빗물을 모아 하수처리장으로 보내는 것이고, BTL은 민간이 투자하여 공사를 한 뒤 국가에 이전하고 임대료를 받는 조건을 말한다. 음악그룹 BTL과 전혀 연관이 없다. 그냥 '민간투자 하수관 공사'라 했으면 좋으련만 왜 이렇게 알지 못하는 어려운 말로 표현하는지 모르겠다.

차를 타고 고속도로를 달리는데 친구가 '염수분사구간'이 뭐냐고 묻기에 농담으로, 염소가 똥을 싸는 구간이라고 했다. 겨울철에 도로가 얼지 않도록 소금물을 뿌리는 것인데, 달리 나타내는 방법은 없을까?

북한에서는 시진핑(習近平) 중국 주석을 '습근평'이라 부른다. 만약 "습근평 씨 안녕하세요?"하면 알아듣겠는가? 우리가 즐겨먹는 '부사'라는 사과가 있다. 부사(富士)는 일본말로 '후지(FUJI)'라 부르는 사과 품종의 이름이다. 따라서 '습근평'이나 '부사'는 고유명사이기 때문에 '시진핑', '후지'로 부르는 게 원칙이다.

9년 전, 외국인에게 한글을 가르쳐줘야겠다는 큰 뜻(?)을 품고 경주 동국대학교 국제교류교육원에서 두 달간(120시간) 한국어 교원 양성 과정을 이수한 적이 있다. 전문대학 이상을 졸업한 사람이 이 과정을 수료하면 한국어교사3급 시험자격이 주어진다. 어릴 때 꿈이었던 선생이 되고 싶어서다. 그런데 평소에 쓰는 우리말이고 글자니까 문법 정도나 알면 되는 줄 알았다. 천만의 말씀이었다. 발음, 어휘, 문법, 말하기, 듣기, 쓰기 등 과목 수만 열 가지가 넘는다.

우선 맞춤법을 살펴보자. 몇일/며칠, 역활/역할/, 오랫만에/오랜만에, 왠 일이야/웬 일이야, 희안하다/희한하다, 웬지 모르게/왠지 모르게, 내일 뵈요/내일 봬요, 치고박고/치고받고, 폐가망신/패가망신, 활인/할인, 있슴/있음, 설겆이/설거지…

여기서 앞의 것이 틀린 말인데 헷갈릴 것이다.

~로서/~로써, 넘어/너머, ~데/~대, ~에/~에게, 율/률, 어떻게 이해하고 가르칠 것인가?

띄어쓰기는 더 어렵다. 대표적인 것이 '아버지가방에들어가신다'에서 아버지가 '방에 들어가시는지', '가방에 들어가시는지'붙여 쓰면 알 수 없다. '서울대공원'이 서울에 있는 대공원인지, 서울대학에 있는 공원인지?

교원자격시험은 더 어려워서 합격률이 10%도 채 안 된다고 했다. 실제 기출문제를 살펴봐도 틀리도록 유도하는 문제가 많았다. 자신이 없어 포기하고 말았지만 한글이 과학적이니, 알기 쉽다느니 마치 세종대왕처럼 행세하는 사람, 나오라 그래!

한글날에 漢字교육의 필요성을 강조한다면 맞아죽을 일이지만, 중국에서 들어온 漢字가 우리 학문과 생활을 지배하고 있기 때문에 배우지 않으면 안 된다. 마산의 무학산은 학이 춤추는듯한 형상이라 무학산(舞鶴山)인데, 漢字를 제대로 배우지 못한 사람은 학이 살지 않는 무학산(無鶴山)이 되어버린다.

일본식민지교육으로 길들여져서 그런지 일본말과 일본식 漢字가 판을 치고 있다. 앗사리, 짬뽕, 유도리, 노가다, 시다바리, 세꼬시, 고도리, 고참(古參), 납득(納得), 대다수(大多數), 잉여(剩餘), 택배(宅配), 대절(貸切), 낭인(浪人), 대합실(待合室)… 일본이라면 치를 떠는 사람들이 앞장서서 고쳐야 할 말들이다.

지금 한글이 영어보다 푸대접 받으며 점차 외래어에 밀려나고 있는데도 심각성을 느끼지 못하고 있다. 외국에서는 한국어 열풍이 부는데 한국은 오히려 외래어 천지에서 살고 있다.

이 뿐만 아니라 국적불명의 신조어들이 자고나면 생기니, 나 같은 영감쟁이는 따라가지 못해 꼰대소릴 듣게 된다. 추캉스, 악플러, 금스크, 확찐자, 뉴 노멀, 쓱세권, 코로나 블루, 코비디어트, 동학개미, 빚투, 영끌, 코로노미 쇼크, 애빼시… 답답하면 인터넷 검색을 바란다.

가수 서태지(SEO TAIJI)는 성(姓)이 서 씨고 이름이 태지로 알거나 그저 예명인줄 아는 사람이 많다. 본명은 정현철이고 스테이지(Stage 무대)란 영어 발음을 우리말로 옮겨 쓴 것이다. 알고 나니 재미있다는 것이지 서태지란 이름이 잘못됐다는 얘기가 아니다.

세계화시대에 외국어교육도 중요하지만 이러다가는 100년 안에 영어가 국어로 바뀔 것이라 자신한다.

외래어를 적게 쓰고 우리말로 순화된 말을 쓰기 위해 정부는 물론이고, 방송, 신문, 잡지 등 언론매체와 학교 그리고 공공기관의 역할이 큰데 현실은 그렇지 않아서 안타깝다.

코리아도 있고, '우리나라'라는 이상한 나라도 있는데, 대한민국은 어디로 갔소? 테스 형~~!!

이름 이야기

모든 사물에는 이름이 있다. 하찮은 잡초에서부터 임금에 이르기까지 태어났을 때 그에 대하여 평생 동안 부르기 위해 부모 또는 다른 사람이 지어 주는 것이 이름이다. 사람이 태어나면 보통 웃어른이 음양오행(陰陽五行)과 길흉화복(吉凶禍福) 같은 것을 따져서 이름을 지어준다. 좋은 뜻을 가진 이름은 평생을 불리는 동안 그 사람의 인생을 축복해주는 효과가 있고, 나쁜 의미를 가진 이름은 평생 동안 그 사람의 인생을 힘들게 만든다고 한다. 이것이 바로 성명학(姓名學)의 기본 철학이다. 그래서 부모들은 자식에게 좋은 이름을 지어주기 위해 용하다는 철학관이나 학자를 찾아다니는 등, 애를 쓰는 것이다.

원래 나의 이름은 오질만(吳質萬)이다. 지금도 동도초등학교 동창이나 신천동 불알친구들은 그렇게 부르고 있으며 그렇게 불리어지기를 나는 좋아한다. 질만(質萬)이라는 이름은, 외할머니가 자식을 열둘이나 낳았지만 어머니와 이모 한 사람만 건지고 나머지 열 명은 앞서 보냈다고 한다. 그런데 나의 어머니가 형을 낳았으나 세 살 때 죽게 되자 외할머니는 대물림으로 이어지는 자신의 기구한 운명에 죽기로 결심했으나 모진 생명, 마음대로 되지 않았다고 한다.

어머니가 위로 누나를 낳고 나를 가졌을 때 외할머니는 가난 탓에 깊은 산속의 절(寺) 대신에 대문 앞의 길에다 매일 치성을 드렸다고 한다. 드디어 내가 태어나자 '길에서 많이 빌어서 낳은 자식'이라 '길만'이가 정식 이름이 돼야 하는데, 경상도에서는 '길'을 '질'이라 발음하기에 '질만'이가 되어 중학교 들어가기 전까지 불려졌다(참고로 내 동생들은 수만, 성만, 춘만이다).

중학교 응시원서에 첨부하게 되는 호적등본을 당시에는 본적지에서 발급 받아야 했다. 아버지가 멀리 경남 의령군청까지 가서 떼어 왔는데, 거기에는 내 이름이 오만이(吳萬伊)로 되어 있었다. 웬일인지 연유를 알아봤더니 출생신고를 하러 간 일자무식의 어머니에게 동사무소 직원이 이름이 뭐냐고 물었을 때 그냥 경상도 식으로 끝자리만 '만이'라고 했던 게 그대로 호적에 등재되고 말았다.

이후 이름 때문에 겪어야만 했던 고초는 이루 말할 수 없이 많았다. '어머니'의 북한식 발음 '오마니'와 같은데다 중학교에 입학하니 공교롭게도 1학년 8반(담임선생 별명이 '개파'라 개파반이라 불렀다)에 숫자로 된 이름을 가진 세 사람이 있었다. 오만이(50,002), 이만백(20,100), 이영(20)이다. 셋 중에 내가 끗발이 제일 높다고, 이만백과 이영은 덩달아 놀림을 당하는 손해를 보게 되는데, 이상길 외에 몇 사람만 우호적이었던 것으로 기억된다. 특히 권영재, 정병영 같은 놈들은 '교육'이라는 후천적 효과로 점잖아진 것이지 어릴 땐 심술궂은 놈이었다. 결국 이영은 나중에 이름을 기목(基穆)으로 개명을 하고 만다.

이름에 얽힌 이야기가 어디 나에게만 국한된 것이겠는가. 동사무소 직원 실수로 이름이 잘못된 경우 중에 우리 동기생 남영양(南英陽)은 본관을 묻는 줄 알고 영양(英陽)이라 했더니 그게 이름이 돼 버렸다. 포스코 동료 중에 김엽(金燁)이라는 사람은 성명 앞에 金씨 성을 더 붙여 김금엽(金金燁)이가 되어 재직 중에 개명을 하느라 애를 먹는 것을 보았다.

또 유명인 때문에 고통을 받은 사람도 있다. 포스코 재직 시 공장장의 아들이 당시 코미디언 이기동과 같은 이름이라 '땅딸이 이기동'이라고 놀리는 바람에 애가 학교에 가지 않겠다고 해서 어렵사리 개명을 하는 것도 봤다. 내 사위 이름이 신창헌인데, 탈옥수 신창원과 발음이 비슷하여 한동안 기를 펴지 못하고 지낸 적이 있었다고 한다.

또한, 나처럼 성(姓)과 이름의 부조화로 놀림감이 되는 경우가, 주길연, 노숙자, 이강도, 권태기, 신문지, 여인숙 등이 있는데, 내가 만약 정 씨 성을 가졌다면 '정만이'가 되니 얼마나 다정다감한 멋진 이름이 아니겠나?

이름 얘기를 꺼내니 한정열 군이 자기 딸(75년생)의 이름을 순수 한글로 '한아름'으로 지어 주었더니 초등학교 때 친구들이 놀린다고 이름을 바꿔 달라고 울곤 했었는데 이제는 오히려 좋다고 한다.

그리고 그의 선배 회사에 강경화란 여 사무원이 있었다고 하니, 비뇨기과 전문의사 김세철의 병원에는 간경화라는 간호사가 있다고 한다. 이에 질세라 윤창준이는 대학 다닐 때 안암동 하숙집의 가정부 이름이 함화자였는데, 밤늦은 시간에 부르면 진짜로 자기 방으로 올까봐 겁이 나서 안 불렀다고 한다.

이제, 손자 손녀들이 태어남으로 이름을 짓게 되거나 관여를 해야 하는 나이가 되었다. 참고로 너무 흔한 이름인 영수, 철수, 영희, 정희, 경희 등과, 발음상 부르기와 쓰기가 까다로운 재-제, 성-승, 근-건, 열-렬, 용-룡 등은 피하는 게 좋지 않나 생각한다.

그리고 욕설이나 수치감을 일으키는, 주기자, 석을년, 나죽자, 이세기라든가, 흉악범이나 부도덕한 자들의 이름을 연상케 하는 고재봉, 유영철, 이완용, 김일성 등은 배제하는 것이 좋겠다.

따라서 옛날처럼 항렬이나 한자(漢字)에 너무 구애 받지 말고 부르고 듣기에 편한 이름이 좋겠다. 글로벌시대인 요즘은 영문(英文)으로 풀어쓰기에 좋은 이름, 나리, 세리, 나라, 가람, 등이 어울릴 것 같다. 아예 영어 이름으로 지어 주는 작명소도 있다고 하니 차제에 손자가 생기면 '오바마'라는 이름은 어떨까 생각 중이다.

아무튼, 나는 이름 때문에 어릴 때는 놀림을 당하고, 커서는 수치심과 출세를 못하는 것도 이름 때문이라 여기고 부모를 원망하면서 살아왔다. 세월이 흐르고 흐른 지금은 5년마다 행사처럼 수갑을 차는 사람 중의 한 사람이 되어 있지 않아서 좋고, 아버지보다 13년이나 장수(?)하고 있어 행복하기만 하다. 대구 김용철 군의 와이프는 가끔 모임에서 만나면 지금도 오마니! 오마니! 하고 부르는데, 나는 아이 러브 유!로 받아들이고 그냥 씨-익 웃고 만다.

중구절에 대한 나의 생각

음력 9월 9일은 옛날부터 중양절(重陽節), 또는 중구일(重九日)이라 했다. 중양이란 음양사상에 따라 양수(홀수)가 겹쳤다는 뜻이며, 중구란 숫자 '9'가 겹쳤다고 해서 부르는 말이다. 옛 어른들은 음력에서 홀수가 두 번 겹치면 복이 들어오는 좋은 날이라 하여 단오나 칠석날처럼 중구절(重九節)도 명절로 삼았다. 또한 홀수는 태양의 기운을 뜻하기 때문에 만물을 생성, 성장시키는 것은 물론이고 열매를 맺게 해서 사람이 살 수 있게 도와준다고 믿었다. 그중 3월 3일(삼짇날)은 씨를 뿌리는 농사의 시작이요, 9월 9일(중구일)은 추수의 마무리 시점으로 농사짓는 사람들에게는 가장 중요한 날이었다.

세시(歲時) 풍속을 중요시 여겼던 우리 조상들은 중구절에 여러 가지 행사를 벌이는데, 국가차원에서 임금이 참석하여 큰 제사를 올리기도 하고, 임금과 신하들이 함께 모여 시를 짓고 품평을 하는 일종의 백일장도 열었다.

또한 이날은 죄를 지은자의 형(刑) 집행을 금했다고 하는 등 추석만큼이나 명절 대접을 받았던 때가 있었다.

이 중구절에는 귀신을 쫓는다는 붉은 수유 열매를 머리에 꽂고 산에 올라 시를 지었다고 하며, 국화(菊花)를 감상하거나 국화잎을 따다가 술을 담그고 화전을 부쳐 먹는 풍습이 있었다. 무엇보다 중구절에는 제사날짜를 모르거나, 제사를 지내드릴 자손이 없거나, 젊은 나이에 세상을 떠난 영가(靈駕 죽은 사람의 영혼)에게 제사를 지내면 그 공덕이 살아있는 사람에게 돌아온다고 믿었다.

특히 추석이 양력으로 9월 중순경일 때는 햇곡식과 햇과일이 나오지 않아 추석의 의미가 없다. 그래서 어떤 집안은 추석차례(茶禮)를 아예 지내지 않고 오곡백과가 풍성한 중구절에 제사를 지낸다. 퇴계 선생의 종가(宗家)는 추석에 차례를 지내지 않고 중구절에 제사를 지냈는데 휴일이 아니면 시간 맞추기가 어려워 10월 셋째주 일요일로 바꿨다고 한다. 안동지역 종가들은 대부분 이와 비슷하며 아직도 중구절을 고집하는 집안도 많다.

올해 중구절은 10월 25일(일)이다. 현대인들에게는 잊혀져버린 날이지만 중구절에 대한 의미를 다시 한 번 되새겨볼 기회가 되었으면 좋겠다.

나는 고등학교를 졸업하던 해인 1965년에 아버지가 돌아가셨다. 당시의 장례문화는 화장보다 매장이 월등히 많았으나 가정형편이 어려워 원치 않는 화장을 했다.

아버지의 유골을 팔달교 아래 금호강에 뿌린 것으로 끝난 줄 알았는데 그게 아니었다. 좁은 방이지만 구석에 빈소를 차려놓고 음력 초하루와 보름에 상복(喪服)을 입고서 제사(삭망전)를 1년간 지냈다. 죽은 사람을 살아있을 때와 똑같이 섬긴다는 의미에서 예전에는 3년상을 치렀는데, 나의 1년상은 그에 비하면 아무것도 아닌데도 신경이 쓰였다. 초하루와 보름날 아침이 되면 어머니가 밥을 지어 올리고, 나는 상복을 입고 '아이고, 아이고' 곡소리를 내야했다. 이런 제도가 대대로 내려오는 의식이라지만 언제까지 대를 이어야 하는지 의문을 가지기 시작했다.

원래 기제사(忌祭祀)는 4대봉양(奉養)이라 하여 고조부모, 3대봉양 집안이면 증조부모까지 제사를 모신다. 그러나 나는 2대 봉양으로 조부모, 부모 제사만 지내왔다. 그래서 어머니가 돌아가시기 전까지 할아버지(祖父)는 제삿날에, 할머니(祖母)는 돌아가신 날짜를 몰라 족보에 적혀 있는 대로 중구절 아침에 제사를 모셨다. 이때 어머니는 큰 그릇에 밥과 나물을 따로 수북하게 담고 집에 있는 숟가락과 젓가락을 모두 올려놓았다. 증조부 이상의 조상에게 합동제사를 지내는 의미로 볼 수 있다.

어머니가 돌아가신 후 나는 우리 집안의 제사를 간소화 해야겠다고 마음먹고 우선 할아버지 제사를 중구절로 옮겼다. 그러다가 6년 전부터 조부모 제사를 포함 보경사에 맡겼다. 재작년에는 홀로 지내다 세상을 떠난 불쌍한 동생의 제사를 모른 척 할 수 없어 보경사에 맡기고 중구절에 합동제사를 지내주니 내 마음이 한결 편안했다. 또 작년부터는 부모 제사도 없애고 설날과 추석차례상에 아버지 어머니의 사진을 올려놓고 제사를 대신하고 있다.

나는 자식들에게 "내가 죽게 되면 제사를 지내지 말고 현충일 열 시에 사이렌이 울리면 묵념만 하라, 대신에 재산을 얼마나 남겨줄지 모르겠지만 그 돈으로 봄에는 친가(親家), 가을에는 외가(外家)쪽 식구들과 파티를 하고 노래방에나 가서 즐겁게 놀아라" 라는 유언 같지 않은 유언을 이미 남겼다.

45년 전에 우리나라를 처음 방문하는 일본 기술자가 "산에 볼록볼록한 게 뭐냐"고 묻기에 죽은 사람의 무덤이라 했더니 신기해 여기면서 "자연훼손 아니냐?"고 했다. 맞는 말이나 한국의 장례문화라 어쩔 수 없다고 둘러댔지만 이러다간 온 산이 무덤으로 변할까봐 염려했었는데 지금 와서 그것은 쓸데없는 걱정이었다.

요새는 장례문화가 바뀌어 대부분 화장을 한 뒤 유골을 공원묘지에 봉분(封墳) 없이 묻어버리거나 수목장(樹木葬) 또는 납골당에 모시는 추세다.

내가 살고 있는 여주(驪州) 李씨 옥산마을에도 평지에 조성된 가족단위 묘지가 늘어나고 있다. 커다란 봉분과 비석 대신 표지석에 기록만 남긴 것을 보고 잘하는 일이라 생각한다. 근래에 와서는 벌초나 묘지관리가 귀찮다며 시멘트로 덮어버리거나 남의 눈에 잘 띄지 않게 초록색 페인트로 칠한 무덤이 늘고 있다는 뉴스를 본 적 있다. 이런 행위는 오히려 조상을 욕보이는 짓이다.

풍수지리 전문가의 말을 빌리면, 무덤을 그냥 둔 채 3백년이 지나면 왕릉도 그 흔적이 없어진다고 한다. 조상의 묘를 파 옮겨 대통령이 됐다는 소문에 너도나도 유행처럼 이장(移葬)을 했지만 그것 때문인지 몰라도 쫄딱 망한 집안도 많았다고 한다. 묘지관리가 어렵고 귀찮으면 건드리지 말고 그냥 놔두자. 그대로 두면 무해무득(無害無得)이란다.

제사도 마찬가지다. 코로나 때문에 지나간 추석에 벌어진 일들을 기억할 것이다. 정부에서 코로나 확산을 방지하기 위해 고향방문을 자제해 달라고 계속하여 홍보를 했다. 여기에 동참하느라 객지의 자식들에게 이번 추석에 오지 말라고 했더니 가뜩이나 명절증후군에 시달리는 젊은 세대들은 서운한 채 하면서 좋아라했다.

추캉스(추석+바캉스)라 하여 연휴기간 관광지 숙박업소 예약은 일찌감치 끝나고, 제주도에만 48만 명이 몰렸다고 한다. 과연 고향방문을 자제하여 코로나 확산방지에 얼마나 도움이 되었을까? 올해 추석만 도둑맞은 게 아닌 것 같다. 다가오는 설날에는 '설캉스'란 새로운 말이 생길 게 틀림없다. 요사이는 예전과 달리 뿔뿔이 흩어진 가족들이 한자리에 모여서 즐겁게 노는 데 제사의 목적이 있다고 생각한다. 따라서 자손들이 화합하고 즐거워한다면 제사는 어떻게 지내도 조상들은 이해해줄 것이다. 그래서 한동안 추석이나 설날에 온가족이 콘도나 펜션에 모여 주문한 차례상으로 조상을 맞이한 가정도 많았다. 그러나 이제는 그마저도 생략해버리는 것 같아 씁쓸하지만 세월의 흐름을 거역할 수 없는 노릇이다.

핵가족시대라 앞으로는 고모, 이모, 사촌형제도 없을게 뻔하다. 모여서 즐길 가족도 없을뿐더러 제사음식은 잘 먹지도 않는다. 코로나 시대로 접어들면서 가기 싫어도 의무감으로 가야했던 고향방문도 슬그머니 사라진다. 이렇게 변하고 있는 사회분위기 속에 장남으로 태어난 죄밖에 없는 내가 억지로 동생들과 자식을 불러서 내키지도 않는 제사를 강요해야 하는지 늙어갈수록 고민만 깊어진다. 삶의 방향을 잃고 혼란에 빠진 내게 테스 형이 '너 자신을 알라'고 했다. 그렇다, 이제 설날과 추석의 부모 제사도 집이 아닌 보경사 합동차례에 맡기고 남들처럼 명절연휴를 가족들과 여행지에서 보내고 싶다. 나 살아있는 동안 해야 하고, 하고 말 것이다.

경로당 봄나들이

인생 황혼 길을 걷는 사람들 틈에 나도 함께 걸어간다. 평소 경로당에는 왜 가? 반문하며 살았다. 그러나 막상 시골생활을 해보니 원주민과 동화되어야 한다는 생각에 경로회에 가입했다. 입회한지 얼마 되지 않아 뭘 믿고 그러는지 천만 원이나 되는 돈을 내가 맡아서 관리해 달라고 한다.

경주시 안강읍 옥산1리는 신라시대 때부터 경주 설(薛)씨, 수원 백(白)씨가 대를 이어 살아온 오래 된 고장이다. 조선시대 때 여강(驪江, 또는 여주) 李씨가 터를 잡고 주류를 이루며 오늘에 이르렀다. 동방5현으로 불려지는 성리학자, 회재 이언적(李彦迪) 선생의 후손들이 독락당을 중심으로 오순도순 모여 살고 있는데, 생업으로는 농사를 짓는 순박한 사람이 대부분이다. 이들에게 정치 이야기는 분위기도 어울리지 않고 그럴 시간도 없다. 그저 "콩은 어떻게 심나요? 들깨모종 남았는데 하시겠어요?" 정도가 그들과 소통하는 나의 전부다. 언뜻 보기에는 지금 대통령 이름도 잘 모르거나 박근혜가 아직 대통령인줄 알고 있는 사람도 있을 듯하다.

회원 58명 중 나처럼 외지에서 전입해온 사람도 있지만 소수이고, 주류는 여강 李씨 친척, 인척, 일가들로 구성되어 있다. 특히 봄, 가을 두 차례 있는 야유회에는 나 빼고는 외지에서 들어온 사람은 거의 참석하지 않는다.

어제가 야유회 가는 날이었다. 아침 여덟시까지 독락당 주차장에 모이기로 했는데, 한 사람도 지각하지 않고 오히려 전세버스가 도착하기 전에 이미 나와서 기다리는 사람도 있었다. 어릴 때 소풍가는 전날처럼 설레어 잠이 오지 않았다며 웃는 사람도 있었다.

31명 속에 부녀회에서 지원 나온 4명 외 27명 회원이 강원도 삼척을 목적지로 전세버스를 탔다. 그동안 네 번이나 참가했더니 나름대로 적응하는 노하우가 생겼다. 여행은 일단 경로회에서 가보지 않은 곳이어야 하고, 거리는 두 시간 반 정도 걸리는 곳이 적당하다. 너무 멀면 힘들어하고, 짧으면 재미없다고 더욱 안 된다.

식사는 가만 앉아 있으면 한 상 차려다 주는 걸 선호한다. 뷔페식은 천하다며 어림도 없다. 오가는 버스 속에서 막춤 추며 신나게 뛰고 노래 부르며 놀다오도록 해주면 잘했다고 칭찬 받는다. 그러나 관광버스에서 가무행위는 단속대상인데, 놀이 갈 때마다 심히 걱정스럽다. 베테랑 버스기사들의 눈치 있는 요령에 맡기는 수밖에 없다.

안강 지역을 벗어난 버스가 7번국도가 아닌 해안 길로 가고 있었다. 왜 길을 우회하는가? 의아했는데, 도착해보니 흥해읍 오도리에 위치한 '사방기념공원'이었다. 70년대 박정희 대통령이 이곳의 황폐한 산림을 비행기로 직접보고 전 국토에 녹화사업을 결심한 계기가 된 곳이다. 전시실에는 산림에 대한 다양한 정보가 잘 정리되어 있었다. 밖에는 당시의 조림사업(사방공사) 모습을 보여주고 한쪽에 박 대통령의 친필인 治山治水, 그 옆에서 산림 관계자들로부터 보고를 받는 박 대통령의 조각품을 보니 머리가 숙여졌다. 박 대통령이 治山만 잘 했을까? 전국적으로 가뭄이 심했을 때는 동네 이름에 물과 관계있는 川, 泉, 井 등에 무조건 관정(管井)을 뚫도록 지시를 내렸다. 간혹 실패한 곳도 많았지만 그때는 모든 일이 리더를 중심으로 일사불란하게 움직이지 않았던가. 박 대통령의 진실한 애국애족 정신이 아직도 내 가슴에 찡하게 전해 온다.

요사이 새롭게 불거진 4대강사업이 잘 된 것인지 잘못된 것인지 나는 모른다. 다만 가뭄이 심한데도 정부가 사주하고 환경단체를 비롯한 반대세력은 물 고인 보를 때려 부수기로 했다니 이들이 진정으로 나라를 사랑하는지 의문이 든다.

아무튼 점심시간을 맞추기 위한 운전기사의 재치 있는 우회작전이 옛날을 되돌아 볼 수 있는 좋은 기회가 되었다.

버스에 오르니 운전기사가 '가요무대'의 단골 메뉴인 흘러간 노래를 영상으로 틀어주며 박수치기를 유도해보지만 어쩐지 반응이 시큰둥하다. 눈치 빠른 기사가 레퍼토리를 디스코 가락으로 바꾸니 한사람 두사람 슬슬 통로로 나오기 시작한다.

안전벨트만 매지 않아도 단속대상인데 통로에서의 가무행위는 운전기사의 목숨 건 도박이다. 이렇게 모험을 하지 않으면 우리나라 관광업이 몽땅 망하기 때문에 어쩔 수 없다는 기사의 말이다. 모두들 춤추고 흔드는 모습이 딱 구국본 군의 스타일인데 나는 족탈불급(足脫不及)이다. 하지만 '건방지다'는 소리 들으며 강제구인 당하기보다 자진하여 통로로 나갔다. 몇 잔 마신 소주 힘으로 박수치며 흔드는 체 하지만 내심 빨리 식당에 도착하기를 바랄 뿐이다.

예약된 삼척 항 주변의 횟집에다 생선회정식을 시켰는데, 기본으로 여러 가지 먹거리가 차례로 들어왔다. 내 앞의 할머니는 와사비도 못 먹는다며 투덜대다가 스시(초밥)를 보더니 "그걸 우예 묵노"하며 밥 빨리 달라고 짜증을 낸다. 드디어 큼직한 접시에 싱싱하고 먹음직한 생선회가 나왔는데, 각 테이블마다 이미 배가 불러 다 먹지 못하고 매운탕 속에 넣는 기이한 모습을 보였다.

드디어 귀가 길이다. 남는 시간을 소비하기 위해 기사가 건어물 가게로 안내한다. 야유회 참석 못한 회원들에게 선물용으로 다시마를 샀다. 그리고서 용화해수욕장에 설치된 케이블카를 타러 갔더니 비수기라 그런지 운영하지 않는다. 휴업이라고 화장실 문까지 폐쇄시킨 것에 대하여 화장실 출입이 잦은 노인들의 불만이 많았다.

동해안 7번국도, 탁 트인 도로에 차량도 많지 않은데 기사는 디스코를 틀고 최대한 저속으로 달린다. 볼륨을 얼마나 높였는지 발바닥에 진동을 느낀다. 버스 안에서는 여전히 춤판이다. 억지로 당기면 통로로 나가 춤추는 흉내를 내고 돌아온다. 고단해서 자는 체 눈을 지그시 감고 있으니 강권하지 않았다.

안강읍에 도착하니 5시 40분, 2차로 노래방에 들러야 한다고 아우성이다. 시골치고는 그럴듯한 라이브 카페에 스테이지도 꽤 넓었다.

알고 보니 우리 동네 마트를 하는 사장이 투잡을 하는 곳이었다. 몇 안 되는 애창곡 중에 '외나무다리'를 불렀더니 박수가 터져 나왔다.

노래방 행사를 마치고, 안강 '딱실못'이라면 모르는 낚시꾼이 없었던 곳인데, 그 명성 어디로 가고 저수지는 한가롭기만 하다. 한산한 매운탕 집에서 저녁식사를 마치고 아침에 출발했던 독락당 주차장에 8시에 도착했다. 12시간의 기나긴 하루였다.

4백만 원 가량의 예산으로 "잘 놀았다", "수고했다"를 수없이 듣고 집으로 왔다. 작년 봄에는 찬조금이 150만 원 들어왔다. 올해도 그 정도는 들어오겠지 '통빡'을 굴렸는데 빗나가 80만 원에 그쳤다. '소득주도 성장'이 여기서도 제동이 걸린 것 같아 씁쓸하다. 그렇다고 경비 많이 썼다며 나무랄 사람은 없지 싶다. 왜냐하면 농사 안 된다고 대통령을 욕하는 사람은 보지 못했기 때문이다.

오늘 아침에 텃밭에 나갔더니 기온이 사흘째 영하로 내려가는 바람에 애써 심어놓은 강낭콩이 얼어 죽었다. 콩은 비닐을 덮고 구멍을 뚫은 뒤 콩알 두 개씩 넣고서는 주전자로 물을 부어야 한다. 포항, 경주보다 5일 내지 일주일 정도 늦게 심어야 냉해를 입지 않는다며, "서두르지 마라, 늦게 먹으면 될 거 아니냐?"를 이웃 어른에게 배웠다.

내일은 안강 장에 씨앗을 사러 가야겠다. 실패를 해가면서 배우는 것도 늦지 않으니 말이다.

콩 심은데 콩나는 줄 알면서 살아가는 사람들 틈바구니에서 여생을 보내는 나는 행운아다.

나는 돌팔이 야구감독이었다

홀로 일본여행 중이던 지난 2월 9일 아사히(朝日)신문 스포츠 란에 '한국의 배구도 야오쵸(八百長 : 미리 짜고 하는 엉터리 시합) 의혹'이라는 기사를 보았다.

작년 프로축구에 이어 프로배구에서도 승부조작 사건이 일어난 것을 보고 한국의 스포츠계조차 구석구석 썩지 않은 곳이 없다는 생각과 함께 한 달 후면 열리는 프로야구는 괜찮을까 하는 두려움이 생겼다. 아니나 다를까 며칠 전부터 터져 나오기 시작하는 승부조작 의혹을 지켜보면서 가슴이 터지는 것 같은 느낌을 받았다.

나의 어린 시절, 대구에서는 야구가 제일 인기스포츠였다. 장비 구하기가 어려워 교모를 뜯어 실로 기워 글로브를 만들어 '동네야구'를 하는 형편이었다. 잘 사는 집의 애들은 양키시장(교동시장)에 가서 미군들이 쓰던 중고품 글로브를 살 수 있었지만 형편이 어려웠던 나는 글로브를 살 엄두도 내지 못했다.

경북중학교에 입학하니 야구부가 있어 마음껏 꿈을 펼칠 수 있겠다는 생각을 했다. 하지만 1학년 때는 '볼 보이'노릇만 하였고, 2학년 올라가서는 몸이 아파서 제대로 훈련도 못하여 레귤러 멤버에 한 번도 끼지 못한 채 야구를 그만두게 되었다. 당시 동기였던 김동앙, 현성철, 이선행, 안재구 등의 활약으로 전국대회에 준우승하여 축하 퍼레이드를 벌일 때 뒤에서 박수친 게 기억난다.

공부도 뛰어나지 못하고, 야구도 어정쩡한 탓에 일찌감치 기술이나 배워 취직이나 하자는 생각으로 대구공고에 입학을 했더니 뜻밖에 야구부가 있었다.

선수 출신인 45회 윤세양, 유 훈, 두 선배에 붙잡혀 어쩔 수없이 야구를 다시 시작하게 되었다. 그러나 대구공고는 신생 팀에다 우수한 선수를 받지 못해 시합을 했다하면 늘 지기만 했다.

졸업이 다가오자 이제 야구와는 연을 끊고 취직을 하려고 했지만 대구·경북의 야구 발전을 위한다는 명목으로 대구상고와 대구고의 묵인하에 졸업 후 선수생활을 1년 간 더하게 되었다. 지금은 있을 수 없는 일이고, 이때 경북고의 야구부가 부활되는 시기였다.

기억에 남은 시합이 제20회 청룡기 전국고교야구대회였다. 이전까지는 전국에서 예선전을 거친 16개 팀이 경기를 했었는데, 20회라 20개 팀이 출전하는 데 끼는 행운을 얻었다. 하지만 1차전에서 그 해 우승 팀인 동대문상고에게 4:0으로 지고 그날 밤차를 타고 내려와야 하는 서러움도 겪었다. 졸업 후 부산동아대학교에 체육특기자로 입학하면서부터 본격적인 훈련을 받게 되었다.

대학시절 기억에 남는 시합이 일본 게이오(慶應)대학 초청경기에서

22:0으로 대패한 것이다. 지는 경기가 훨씬 많아 늘 학교에 대한 미안함이 나의 어깨를 눌렀다.

그러다 투수 훈련 중 무리를 하여 팔꿈치 부상으로 야구를 할 수 없게 되었다.

눈물을 머금고 1학년 중도에 자퇴를 하고 대구로 올라오게 된 것이 야구선수생활의 마지막이었다.

막상 대구에 오니 먹고 살 길이 막막하여 야구협회에 찾아 갔더니 삼덕초등학교에 보내 주었다. 이것이 나의 돌팔이 야구감독으로 첫 발을 내디디는 계기다.

1966년 삼덕초등에서 생애 처음으로 받은 월급 7,000원이 지금도 잊혀지지 않는다.

요즘도 운동선수들에 대한 체벌이 언론에 오르내리고 있지만, 당시 삼덕초등학교에서도 내가 퇴근하면 6학년 선배가 4, 5학년 후배들을 야구방망이로 체벌을 하고 있다는 것을 까맣게 몰랐다.

어느 날 한 학부형이 찾아와서, "감독님, 우리 애 시퍼런 엉덩이 보십시오, 선배들이라고 이렇게 빳따를 치면 야구를 시킬 수 있겠습니까"라는 항의를 받았다. 엉겁결에 "싫으면 그만 두세요, 얘도 고학년이 되면 마찬가집니다"며 오히려 세게 나갔더니, "그런 게 아니고 잘 좀 가르쳐 달라는 뜻입니다"로 마무리 되었다.

그때 4학년 그 어린애가 자라 한국 야구계에 이름을 떨치고 작년에 세상을 떠난 장효조였다. 요즘은 어떤지 모르겠지만, 당시 초등학교에서조차 하급생은 상급생에게 반드시 존댓말을 써야할 정도로 위계질서가 엄했다.

삼덕초등에서 3개월 정도 지나서일까 야구협회에 불리어 갔더니, 성주중학교에서 지도자 요청이 계속 오고 있으나 시골이라 갈 사람이라고는 너 말고는 없다기에 어쩔 수 없이 가게 된다.

야구협회에서 일러 준대로 정구왕(54회) 선수의 부친이며 성주중학교 육성회장인 정경택(작고)씨를 먼저 찾아가게 되었다. 성주의 야구수준과 나를 부르게 된 사연을 들려주고서는 서무과장에게 전화를 거는데(핸들을 돌려 교환수를 통하여 거는 자석식 전화기), 옆에서 엿들으니 서무과의 일을 운동선수 출신이 어떻게 감당할 수 있겠느냐며 거절하는 눈치였다.

이 때 정 선수의 부친이 "여보, 백 주사, 이 친구 이력서를 보니 경북중학 출신인데 서무과 일이 얼마나 어려운지 모르겠지만 야구감독하면서도 잘 할 수 있을 것 같으니 한 번 시켜나 보시오" 이렇게 말하자 더 이상 토를 달지 않고 나를 받아 주었다.

그 무렵 성주군에서는 초, 중학교에 각각 두 팀이 있었지만 정식 지도자 없이 동네야구 수준이라 정 선수의 부친이 야구협회에 여러 번 요청했지만, 협회에서는 시골이라 마땅히 보낼 사람도 없고, 학교 측에서는 직원으로써 한 자리를 차지해야 하는 상황이라 차일피일 미루게 되었단다.

기다리다 못한 정구왕 선수는 내가 부임하기 직전에 대구 경상중학교 야구부로 전학을 가버리고 말았다.

시골에서 야구를 가르친다는 것이 무척 힘들었지만 이곳에서 어깨가 강한 황규봉(54회)을 발굴하여 투수로 훈련 시켰다. 이듬해인 1967년 김천고등학교 운동장에서 열린 서부지역 중학교 야구대회에 첫 원

정 갔을 때의 일이다.

평소 황규봉에게 피처 플레이트(투수판)에 발이 닿게만 하여 던지도록 시켰는데 시골심판이 투수판 위를 밟고 던지지 않으면 부정투구라고 경고를 줬다. 투수판을 밟고 던지는 게 숙달이 안 된 어린선수가 스피드는 고사하고 컨트롤까지 난조로 연속 볼 넷에 수없이 안타를 얻어맞고, 쉬운 상대에게 1차전에 지고 말았다.

시골이라 선수모집이 어려운데다 농촌이라는 한계에 부딪쳐 내 손으로 팀을 해체해 버리고 황규봉 선수를 경상중학교로 전학 보내면서 돌팔이 감독의 간판도 내렸다. 내게 굳이 할 말 있으면 해보라 한다면, "모심기 철에는 학교에도 오지 않는 선수를 어떻게 야구를 가르치란 말인가"

육군에 입대하여 월남전에 참전하기 전까지, 강원도 첩첩 산중의 포병부대는 전기조차 들어오지 않았기에 야구경기 중계도 볼 수 없었다. 월남에 갔더니 마침 내가 소속된 맹호부대 기갑연대장이 야구를 무척 좋아하여 배팅 볼을 던져 주며 개인지도를 하거나, 장교들끼리의 연습경기에 심판을 봐 주는 등, 전쟁터에서도 야구로 인해 여유로운 날을 보내기도 했다.

제대 후 대구의 옥산초등학교에서 감독 제의를 했으나 겉으론 화려하게 보일지언정 '춥고 배고픈 직업'이라 거절했다. 감독은 성적이 나쁘면 바로 목이 달아나는 비정규직이라, 야구로는 먹고 살 수 없다는 판단아래 새 출발 하자며 포항제철 생산현장의 기능공으로 입사를 하였다. 그런데, 여기서도 철강협회가 주최하는 야구대회에 아마추어 선수로 뽑혀 두세 번 출전하기도 했다. 그러나 철강회사들 간의 과열로

부정선수를 끌어들이는 바람에 대회가 폐지되었다.

87년도부터 불어 닥친 민주화 열풍에 포스코 내에서도 여러 동호인 그룹들이 생겼다. 나는 약간의 정치 냄새가 풍기는 야구 동호인 연합 회장을 맡는 것을 끝으로 야구인생은 막을 내린다.

지금은 야구시즌이 되면 TV중계를 보거나 가끔 야구장을 찾아 관전을 하기도 하지만, 나는 어디까지나 돌팔이다. 포스코 시절에 전국 직장야구대회에서 3위를 한 것이 감독 생활 최고의 성적으로 기억에 남는다. 그러나 나는 야구를 통하여 패배와 좌절을 맛보며, 지는 것에 익숙해진 것이 오히려 살아가는데 큰 도움이 되지 않았나 생각한다. 또한 강한 정신력과 투지, 그리고 실수를 줄이기 위해서는 사회적으로 문제가 되고 있는 체벌(기합)은 훈련성과를 높이는 차원에서 어느 정도 필요하다고 생각한다.

스타선수 출신이라야 일류감독이 될 수 있다는 풍조가 우리나라 스포츠계를 지배하다보니 일부 계층만 누리는 이른바 엘리트 스포츠로 변해 버렸다. 돈에 눈이 먼 사람들 때문에 예전엔 없었던 부정시합 의혹이 야구계에도 일파만파 퍼져, 단순하고 착한 선수들이 희생양이 되고 있는 현실이 몹시 안타깝다.

끝으로, 불가능한 일이겠지만 만약에, 만약에 말이지 내가 죽었다가 다시 태어난다면 그때는 관중석에서 박수를 치는 구경꾼이 아닌 그라운드를 누비는 야구선수가 되리라.

물난리

'소문난 잔치에 먹을 게 없고, 홍수에 마실 물 없다'는 말이 있다. 글 제목을 보고 태풍이 온 것도 아니고 장마철도 아닌 한겨울에 생뚱맞게 웬 물난리 얘기냐며 의아스럽게 생각하는 사람이 있을 것 같다. 폭우가 쏟아져 축대가 붕괴되면서 사람이 죽거나, 급류에 휩쓸려 실종되는 그런 물난리 이야기가 아니고 물의 귀함을 모르다가 겪을 난리를 말하는 것이다.

지난해 40년 만에 찾아온 극심한 가뭄으로 인해 피해가 속출하였던 게 엊그제 같은데 사람들은 그게 언제 있었냐는 듯 잠잠하다. 물이 부족한 우리나라는 지구 온난화에 따른 이상기후로 가뭄과 홍수가 반복적으로 발생되다가 작년에는 사상 최악의 가뭄을 맞게 되었다. 충청지역에서는 제한급수를 하고 소양강 댐의 수위가 낮아져 사상 최악의 기후라고 보도하는 뉴스도 있었다. 다행히 늦가을에 그나마 비가 내려 추수를 못할 지경으로 만들긴 했으나 위기를 일단 넘긴 셈이다.

현재 겨울 가뭄으로 충남 서북부 지역에 물을 공급하는 보령 댐의 저수율은 24%이며, 평년의 절반에도 미치지 못해 심각한 단계라고 한다. 물 부족 현상은 우선 강수량의 감소이고 그 외에 지하수의 고갈, 용수 사용의 증가 등이다.

공급이 줄어서 부족하든, 소비가 늘어 부족하든 어쨌든 물 부도위기에 처해 있다고 보아야 할 것이다. 이대로 가다가는 올해 농사는 물론이고 식수도 고갈될지 모르는데도 우리 국민들 모두가 태연하다.

내가 어릴 때 살았던 집은 신천동 제2신천교를 건너 지대가 점점 높아지는 언덕의 맨 꼭대기에 있었다. 먹을 물이 귀한 곳이라 초등학교 4학년 때부터 물지게를 져야만 했다. 집에서부터 100여 미터 떨어진 우물에 가서 두레박으로 물을 퍼야 한다. 물은 적게 고이고 퍼는 사람은 많았다. 그러다 두레박 끈이라도 엉키는 날이면 어른들한테 꾸중 듣기 일쑤였다. 양철통 두 동이 받으려면 한 시간은 좋게 걸린다.

5학년 때부터인가 동신교 쪽 방향에 지하수를 펌프로 끌어올려 돈 받고 파는 곳이 생겼다. 내 기억에 물 한 동이 값이 2환이었던 것 같다. 돈을 주더라도 시원스럽게 물동이를 채워주기 때문에 기다리지 않아서 좋았다. 그러나 출렁거리는 물지게를 지고 작은 언덕배기 하나를 넘은 뒤 피란민수용소를 비스듬히 가로질러서 1㎞ 떨어진 집까지 오자면 몇 번이나 쉬어야 했다.

요령이 부족했던 초보시절엔 스텝이 안 맞아 출렁거리다보면 4분의1 정도는 길바닥에 흘려버리게 된다. 그렇게 죽을 고생을 해서 길어온 물지게를 내려놓으면 물동이 속을 본 어머니가 계모처럼 나를 호되게 혼낸 적이 한두 번이 아니었다.

중학교에 들어가서부터는 대구시청 뒤 동인동에 이모가 살았는데, 그 곳은 수돗물이 나오는 지역이었다. 이모 댁의 물은 공짜라서 2㎞가 넘는 먼 거리여서 힘은 들었지만 신나게 물을 져 날랐다.

그땐 수돗물에서 웬 소독약 냄새가 그렇게 심하게 났던지 처음에는 마시기 싫었다. 고등학교 때는 코오롱그룹 창업자인 이원만 씨가 우리지역에 국회의원 출마를 하면서 식수문제를 해결해준답시고 시추장비를 몇 군데 설치하였다. 열심히 뚫는체하더니만 당선되고 나서는 장비가 슬그머니 사라져 버렸다. 4년 후 국회의원 선거에 출마하면서 우리 동네에 또 시추장비를 가져다 놓는 쇼를 하더니, '원만하다 이원만 마음 놓고 찍어 주자!'는 구호를 외쳐댔다. 당선되자말자 시추장비는 또 다시 사라져 버렸다. 50년 전이나 지금이나 국회의원은 도둑놈이라 생각한다.

힘들게 구한 물이라 아낄 수밖에 없었던 그런 시절을 살았던 터라 그런지 지금도 물에 대한 절약정신만큼은 남다르다. 그런데 요즘 세상을 보라! 아무리 물자가 풍부하다지만 음식, 옷, 종이, 물 등등, 이렇게 흥청망청해서야 되겠느냐 말이다. 이러다가 천벌을 받을까 두렵다. 내가 아침운동 가는 포항공대 실내수영장의 샤워장을 살펴보자. 수도꼭지를 틀어놓은 채 면도를 하는 사람, 샤워기를 켜놓고 아예 자리를 비운 사람, 이걸 보고도 끌 줄 모르는 사람 등 천태만상이다.

나만 빼고 다 그런 것 같으니 간섭도 못하겠고 참고 보자니 나의 성질만 더러워지는 것 같다. 매스컴에서는 우리가 물 부족 국가라고 떠들어대지만 귀담아 듣지 않으니 걱정은 하면서도 대책이 무대책이다. 환경부에 의하면 한국인은 하루 평균 282리터의 물을 사용함으로써 세계에서 가장 많은 물을 사용하고 있다고 한다.

그런데 옛날부터 우리나라는 물에 대한 인식과 교육이 잘못 된 것 같다. '돈을 물 쓰듯 한다.' 심지어 노태우 전 대통령을 '물태우'라고 불렀으니 말이다.

평소 나의 어머니는 '물을 아낄 줄 모르는 사람은 절대 부자가 될 수 없다'고 늘 말해 왔다. 그렇지만 나의 어머니의 며느리는 물이 흔한 청송군 출신이라 다른 건 아껴도 물만큼은 마음대로 써야겠다며 물을 흥청망청 쓰는 통에 요즘도 나랑 종종 다툰다. 성장하면서 오랜 습관 때문인지 물을 낭비하는 와이프의 버릇이 쉽게 고쳐지지 않는다. 다행히 나만이라도 목숨 걸고 물을 아낀 덕택인지 인생말년에 부자는 되지 못해도 남에게 돈 빌리러 다니는 신세는 면하고 산다.

습관이 얼마나 무서운지 담뱃값에서 그 예를 한 번 들어보자. 2014년 2,500원하던 담뱃값이 2015년에 무려 2,000원이 인상되어 4,500원이 되었다. 초반에는 너무 비싸다는 반응이었지만 시간이 흐를수록 무감각해지면서 금연 열풍이 작심삼일로 끝나는 사람이 많았다. 국민건강을 위해 금연하자는 뜻에서 담뱃값을 올렸지만 결국에는 제자리걸음으로 그쳤다. 실제로 담뱃값 인상과 금연은 크게 상관이 없다. 피울 사람은 피운다는 얘기다. 건강을 해친다는 담배도 이 지경인데, 하물며 물 낭비쯤이야 뭔 잘못인가 대수롭지 않게 여기는 세상이다.

이웃나라 일본은 우리보다 비도 자주오고 산천에는 물이 넘치는 나라인데도 물관리가 철저하다. 우리는 수돗물을 끓이거나 정수기를 통하지 않고는 그냥 먹을 수 없다. 우리나라의 생수시장이 날로 커지고 있다. 반면에 일본은 수돗물이 청정하여 그대로 마실 수가 있다.

그래서 일본인들은 물을 굉장히 소중하게 여긴다. 일본에는 프로야구팀이 12개 있는데, 그 중 6개 구단이 돔구장을 가지고 있다. 돔구장은 천장에 떨어진 빗물을 모아 두었다가 잔디, 화단, 수목에 물을 주거나 화장실 등의 청소에 사용하고 있다. 나라에서도 상수도 물을 그냥 흘려보내지 않고 정화해서 다시 쓰는 중수도시설을 도입한지도 오래다. 밤에 강물이나 저수지의 물을 펌프로 끌어올려 낮에 물을 흘려 전기를 얻는 양수발전기가 곳곳에 있다.

우리나라에도 삼성전자 수원공장과 롯데월드 같은 곳에 중수도를 운영하는 것으로 알고 있다. 그러나 정화시설비가 많이 든다는 이유로 활성화되지 않고 있는 실정이다. 물 값이 싼 것도 중수도 도입이 지지부진한 이유 중 하나인지도 모르겠다.

중수도는 한번 사용한 수돗물을 생활용수나 공업용수로 다시 쓸 수 있도록 하는 시설이다. 전문가들은 중수도 설치가 도심에 작은 댐을 건설하는 효과와 맞먹는다고 한다.

비교삼아 일본의 가정에는 수도료가 얼마인지 알아보았다. 나가사키(長崎)시에 거주하는 쿠사바(草場) 씨에게 의뢰했더니 다음과 같이 이 집 부부 두 사람의 사용량과 요금을 알려왔다. 2015년 11월분, 사용량 14톤에 수도료 2,748엔, 하수도료 2,073엔, 합계 4,821엔(한화 약 48,000원)이다. 12월은 사용량 15톤에 수도료가 3,029엔, 하수도료 2,268엔, 합계 5,297엔(한화 약53,000원)이다.

우리 부부 두 사람이 사용한 11월분의 사용량이 26톤에 15,300원, 하수도료 5,330원, 합계 20,630원이다. 12월분 역시 우리 아파트는 3개월 평균치로 부과하기 때문에 11월과 똑같다. 여기서 주목할 것은 우리 부부 사용량은 쿠사바 씨의 두 배가 되지만 그에 비해 요금은 1/4에 불과하다. 쿠사바 씨가 놀란 것은 일본의 수도료가 훨씬 비싸다는 것이고, 내가 놀란 것은 일본의 하수도 요금이 우리보다 8배나 더 비싸다는 것이다.

물 부족국가인 우리나라가 이렇게 방심하고 물을 낭비하다가는 머지않아 물이 없어 난리 칠 것이고 나아가 물 때문에 전쟁이 일어날지도 모른다. '빗물 저류조'는 간간히 내리는 빗물을 모아 재사용하는 것이다. 가뭄과 홍수를 대비한 비상용수 확보차원에서 반드시 필요한 시설이다. 이런데도 정부가 추진하던 빗물 저류조 설치 의무화가 백지상태로 되돌아갔다. 아파트 같은 공동주택, 학교, 골프장, 대형점포 등에 의무적으로 설치하도록 환경부가 법안을 마련했었다. 그러나 건설사들의 비용을 줄여준다며 없던 일로 되고 말았다.

홍수가 나면 물은 많아졌지만, 정작 더러워서 마실 수가 없다. '물이 부족하면 물을 대체할 수 있는 것은 물밖에 없습니다'라는 공익광고를 보고도 들은 체 만 체하는 배짱 좋은 민족 앞에 더 이상 할 말을 잃는다.

이길 수 없는 적

"일본을 이길 수 있다고 생각하는가?" 병정놀이하는 어린애들에게 던지는 질문 같지만 지구상에서 미국을 까부수겠다고 큰소리치는 나라는 북한이고, 일본을 우습게 여기는 사람은 한국인 뿐이라는 말이 있어 해본 소리다. 평소 남을 업신여기며 제멋대로 행동하는 오만방자한 태도가 자신을 잘난 체, 우월하다 착각하며 살아가는 우리 국민성 때문에 빚어지는 현상인 것 같다.

적(敵)이란 상대가 나보다 강하거나 또는 비슷하거나, 실제로 비슷해도 어떻게 해결하지 못하는 불편한 대상을 우리는 적이라고 부른다. 실제 우리와 북한, 일본의 관계가 그렇지 않은가? 격화소양(隔靴搔癢)이라고 가려워서 미치겠는데 손이 닿지 않아 긁지 못하는 위치처럼 말이다. 그 가려움이 점점 심해져 미칠 지경에 이르면 찻잔을 던져 화분을 깨트리는 엉뚱한 행동을 저지르게 되는 경우와 같다.

나는 반공(反共)과 반일(反日)에 대하여, 세상에 태어나 단 한 번도 알지도 만나보지도 못한 상대들 즉, 북한과 일본 그리고 그들에 동조했던 과거의 인물들에게 적개심을 갖도록 교육받았다. 이렇게 북한과 일본이라는 대상을 북괴, 빨갱이 그리고 쪽발이, 왜놈이라고 비하를 하고 그들을 적으로 판단하면서 분노와 응징의 대상으로 삼았다. 나의 아버지가 일제에 의해 홋카이도(北海道)의 탄광에 끌려가 3년이란 긴 세월을 강제 노역에 동원되었기 때문이라 여느 사람보다 더욱 그랬을지도 모른다.

최소한 1972년 포항제철(주)에 입사하기 이전까지는 그랬다. 그러나 대일청구권자금으로 건설되는 제철소 현장에 '나쁜 놈'으로 여겨왔던 일본인 기술자들이 기계를 설치하는 작업에 그들을 도와 잡일을 하게 되면서 달라지기 시작했다. 일사불란하게 움직이며 진지하게 우리들을 가르쳐주는 그들의 태도가 나의 생각을 바꾸기 시작한 것이다.

1977년 드디어 나에게 난생처음 일본으로 기술연수를 가는 기회가 얻어졌다. 담당경찰관에게 뇌물을 줘야했던 까다로운 신원조회, 조총련이나 북한공작원에게 포섭되지 않도록 받는 보안교육을 거쳐 신일본제철(주) 나고야(名古屋) 제철소에 가게 되었다. 생산현장에서 한 달간 그들과 숙식을 같이하면서 기술교육 이외에 근면성과 절약정신 그리고 기록하는 습관을 보고 따라서 배웠다. 연수교육을 마칠 즈음에 태산같이 걱정하는 내게 설비가동과 품질관리에 필요한 자료까지 챙겨주면서 격려를 아끼지 않았던 일본인이다. 이후 길게는 한 달, 짧게는 2박 3일 여권에 스탬프 찍을 공간이 없을 정도로 일본을 자주 드나들었다. 그 후 그렇게 보고 듣고 배운 기술로 30년 동안이나 우려먹고 살았으니 그 은혜를 부정할 수 없다. 최근 야마구치(山口)를 여행하면서 본 깨끗한 거리, 얄

밉게까지 느껴지는 교통흐름, 가는 곳마다 베푸는 친절에 탄복하지 않을 수 없었다.

우리는 韓日관계를 흔히 '가깝고도 먼 나라'라고 말한다. 이것은 한국인들 중에는 한일 간의 모든 불행의 원인을 자신한테서 찾는 것이 아니라 일본에 전가시키는 경향 때문이다. 못난 사람은 과거지사에 대한 미련이나 원한 때문에 자신의 에너지를 미래에 두지 못하고 과거지사를 처리하는데 시간과 정력을 소모한다. 과거에 대한 집착은 개인이나 나라의 미래문제에 충분한 대비를 못하게 함으로 나라의 중요문제를 그르치게 된다. 그래서 결국 또 남의 나라의 원조나 보호에 의존하는 신세가 되고 만다.

실제 우리나라가 오래 전부터 '자주국방'을 외쳤지만 아직도 미국의 바짓가랑이를 붙들고 매달리고 있지 않은가? 기껏 자주국방 한답시고 막대한 예산을 빼돌리고 엉터리 무기를 만들거나 외국으로부터 도입하는 과정에서 끼리끼리 해먹어 '방산비리'만 낳고 말았다.

조선시대 왜 일본에게 나라를 빼앗겼다고 생각하는가? 나의 좁은 소견으로 첫째는 당시 극심한 관료사회의 폐단과 부패이고, 둘째는 타협을 모르는 소모적 당쟁이다. 이런 폐단은 오늘 이 시간에도 계속되고 있어 우리가 뼈저리게 반성해야할 대목이다. '역사에서 교훈을 얻지 못하는 민족에게는 미래가 없다'고 했다.

그렇다면 그 시절 일본은 어떻게 우리보다 강해졌는지 생각해보자. 그 근본은 메이지 유신(明治維新)이다. 일본이 강해질 수 있었던 원동력은 차별의 철폐였다. 모든 가능성을 가진 인재들에게 기회를 주어 신분이나 환경이 과학자가 될 수 없던 자도 과학자가 되고, 글을 배울 수 없던 자도 대작가나 사상가가 되고, 장군이 될 수 없던 자가 장군이 되니 어찌 나라가 부강해지지 않았겠나?

해방 후 우리나라 정권의 권력기반은 자유당 때는 반공과 반일이었고, 유신시절에는 반공이었다. 기업으로 치면 그걸로 재미를 본 셈이다. 지금의 박근혜 정부도 과거정권의 수법대로 해묵은 위안부문제를 다시 끄집어내어 반일장사를 하려고 하나 주위의 국제적 여건이 여의치 않아 재미를 보지 못한다.

우리의 어머니, 할머니들이 태평양전쟁 중에 일본군의 위안부 노릇했다는 것 자체가 부끄러운 일이다. 이런 수치스런 과거를 무슨 자랑거리라도 되는 듯 계속 되뇌이며 일본의 사죄와 배상을 요구하는 모습이 과연 떳떳한지 의심스럽다. 매스컴도 문제다. 국제 조류를 굳이 외면한 채 오직 반일감정을 자극하는 기사만 열심히 만들어 국민들을 분노케 부추기고 있다.

내가 참전한 월남전에서 한국군이 당시는 적군이었던 월맹군과 베트콩을 수없이 죽였다. 우리정부는 2001년 김대중 대통령이 베트남 국가주석과의 정상회담에서 "불행한 전쟁에 참여해 본의 아니게 베트남인들에게 고통을 준 데 대해 미안하게 생각하고 있다"고 사과하자 보수진영은 크게 반발했다. 하지만 지금의 베트남 사람들이 우리에게 사죄와 배상은커녕 오히려 양국 간의 관계가 더욱 돈독해지고 있다는 사실이다.

이런 사실은 호치민(胡志明)이 죽기 전의 유언에 따른 것이다. 첫째 모든 적들의 잘못을 용서하라, 배상을 받거나 사과를 받으려 하지마라. 둘째는 전쟁 중에 죽거나 다친 군인들의 고마움을 영원히 잊지 말고 보상해주라. 마지막으로 나의 무덤은 아주 작게 만들라고 했다.

당시 총사령관이었던 지압 장군(102세에 사망)도 재작년 죽기 전에 중앙일보와 서면 인터뷰에서 이렇게 말했다. "나는 당신네 나라가 저지른 잘못을 기억하고 있다. 하지만 다 용서한다."라고…

사람이 살다보면 부끄러운 일을 어디 한두 번 당했겠는가? 나 역시도 일본과 관련 있는 부끄러운 이야기가 있다. 부산 동아대학교 야구선수시절이었던 1966년, 일본 게이오(慶應)대학 야구팀이 한국을 방문하여 구덕경기장에서 친선경기를 치룰 때의 일이다. 결과는 야구경기에 좀체 볼 수 없는 22:0의 대기록을 세우며 졌다. 원래 친선경기에는 콜드게임 승부가 없는지라 그 때 투수 마운드에 서서 그 극성스런 부산 관중의 야유가 아직도 기억 속에서 사라지지 않고 있다.

물론 스포츠경기는 이길 수도 있고 질 때도 있다. 그렇기 때문에 승패에 크게 좌우하지 않는다. 그러나 유독 한일전은 무슨 죽고 사는 일이라도 되는 듯이 라이벌 운운하면서 지면 분통해 하고 이기면 거드름을 피운다. 일본에게 스포츠 경기 결과가 엇비슷하니 국력도 양국이 비슷한 줄 착각하고 있다.

국력을 옳게 평가하는데 노벨상만한 기준이 없다. 노벨상은 여전히 세계에서 가장 권위 있는 상이기 때문이다. 놀랍게도 일본과 한국은 24:1이다. 일본은 평화상 하나, 문학상 둘을 제외한 21개가 과학 분야이다. 부정할 수 없는 결과다. 이런 식으로만 가다가는 한국은 절대 일본을 이길 수 없다고 나는 생각한다. 극일(克日)을 위한 방법은 우리가 그들보다 더 너그럽고 성실하고 실력 있는 민족임을 보여주고 그들에게서 진심으로 우러나오는 신뢰감과 존경심을 바탕으로 상호 협력하는 길밖에 달리 대안이 있겠나?

2장

도덕산은 알고 있다

도덕산은 알고 있다

토요일이다. 내일 밤 영남알프스 신불산(神佛山)쪽으로 달빛산행하기로 약속되어 있다. 코로나 때문에 산행이 갑자기 취소될지 모르겠으나 젊은 사람들에게 민폐가 되지 않으려면 사전에 연습 겸 체력테스트를 해볼 필요가 있다.

혼자서 집 뒤 도덕산(703m)에 오르려고 배낭을 챙기니 그 속에 말라비틀어진 쑥떡이 들어 있었다. 역추적해보니 5월에 가지산 철쭉산행 후 한번도 등산을 가지 않았다는 얘기다.

텃밭에 시금치 심을 준비를 해야 하는데 산행연습이 더 급하다. 9시에 정혜사지 13층 석탑을 출발하여 오르막을 올라가는데, 여태까지 산책수준의 평지만 다녔더니 숨이 차는 게 당연하다.

덤벼드는 모기를 쫓아가며 자옥산~도덕산 삼거리에 도착하니 열 시다. 도덕산을 향해 오르는데 뒤에서 사람소리가 들려 돌아보니 반갑게도 재작년 일본 北海道 등반 때 가이드 겸 산행대장을 맡은 김재식 씨였다.

동료 세 사람과 자도봉어(자옥산, 도덕산, 봉좌산, 어래산을 말함)를 종주할 작정이란다. 그를 보니 열흘 동안 야영을 하며 대설산을 비롯한 2천m급의 산을 여덟 개나 올랐던 기억이 다시 살아났다.

북해도 첫날은 간사이공항이 잠기는 태풍에 놀랐고, 이튿날은 북해도를 공포와 암흑으로 만든 지진에 전기와 통신이 끊어지고 부탄가스를 구하지 못해 라면도 끓일 수 없었다.

뉴스를 보고 본국의 가족과 친지들은 빨리 귀국하라 야단인데 현지 사람들이 질서를 지키며 자연재해에 대처하는 모습에 불편했지만 불안하지는 않아 계획된 일정을 전부 마쳤다.

나는 노인 신분이라 체력이 허용하는 만큼 산행을 했지만 비바람에 텐트가 날아가는 고초까지 겪었던 북해도의 감회가 새로웠다.

김재식 씨 일행에게 앞서가라 해놓고 하산하면 독락당 앞 새로 생긴 커피숍에서 만나기로 했다.

드문드문 등산객을 만나 인사를 나누면서 정상에 도착하니 11시 30분이다. 배도 고프니 일찍 점심을 먹어야겠다며 배낭을 열어 도시락을 꺼내니 만포장이다.

완두콩이 섞인 밥에다 훈제오리고기를 상추에다 쪽파를 얹어 쌈된장으로 한입가득 넣으니 임금님 수랏상이 부럽지 않다. 김치와 장아찌도 산에 와서 먹으니 더욱 맛있고, 소주 반병을 곁들이니 힘이 저절로 솟아나는듯하다.

지금부터는 힘들지 않은 하산길이다. 정상 바로 아래 바위에서 멀리 바라보니 안강읍 소재지와 나락이 누렇게 익은 안강들판도 보인다. 오른쪽 눈의 시력이 나빠져 독락당은 보이나 우리집 태극기는 식별이 안 된다. 외손녀가 바다로 알고 있는 옥산저수지는 손바닥만 하다.

신라 때 선덕왕이 다녀갔다는 이곳은 원래 두덕산(斗德山)이라 불렀으나 5백여 년 전 이언적 선생이 도덕산(道德山)이라 이름을 새로 고쳐지었다.

아마도 이 산을 오르거나 바라보면 자연적으로 인간이 지켜야할 도리를 깨닫고 참된 사람이 되라는 뜻으로 지은 이름 같다.

내가 도덕산에 올랐으니 道德을 논할 인물은 못되지만 한마디 해야겠다. 남자나이 75세가 되면 이름 석 자 뒤에 옹(翁)자가 붙고, 경조사에 참석하지 않아도 흠이 되지 않으며, 대통령 이름을 함부로 불러도 괜찮은 나이라고 한다.

'道德'의 기본의미는 인간이 지켜야할 도리나 바람직한 행동규범을 말하며, 法이 외적인 규제를 가하는 데 비해 道德은 내적인 규제로 작용한다고 하겠다.

교육적 의미의 道德은, 인간의 도덕성을 기르고 정서를 순화시킴으로써 사회생활에 적응하는 건전한 인격을 갖추도록 가르치는 교과목을 말한다.

우리세대는 德이 무엇인지 배워나가는 길(道)이란 뜻으로 도덕과목을 열심히 배우고 시험까지 쳤는데, 요사이는 '국민윤리'라고 한다. 도덕과 윤리는 같은 의미지만 수능시험과 관계없는 과목이 되다보니 그 시간에 자습이나 부족한 과목을 가르친다고 들었다. 현실이 이러니 윤리가 윤락으로 변질돼버려 지금의 교육이 한국을 병들게 한다고 말하는 사람이 많다. 그런데, 도덕교육 자체를 없애는 게 해결책이라 하는 사람도 있다.

인생살이 환갑을 넘긴 사람이라면 지금 이 나라의 도덕이 땅에 떨어졌다고 느낄 것이다. 근래에 벌어지고 있는 세태에서 그 답을 찾을 수 있다.

문재인 정부가 탄생하면서 적폐청산을 내세워 전직 대통령 둘이나 감옥에 넣을 때만해도 앞으로 나라의 기강이 바로서고 기회는 평등하며, 과정은 공정하고, 결과는 정의로울 줄 알았다.

그러나 반칙투성이다. 불륜과 로맨스가 뒤바뀌고, 럭비경기에서 스크럼을 짜서 상대를 밀어붙이는 것처럼 자기편이 이기기 위해서는 수단과 방법을 가리지 않는다.

法보다 道德과 常識이 앞서는 세상이 돼야하는데, 법적으로 문제가 없으면 무슨 짓을 해도 괜찮다 생각하고 오히려 떳떳하다 자랑으로 여기는 세상이 되어버렸다.

道德, 道德이란 단어를 되풀이 하며 내려오다 봉좌산으로 가는 삼거리에서 자전거를 타고 올라오는 세 사람의 젊은이를 만났다. 쉼터에서 휴식을 취하는 내게 질문과 대답이 공손하여 아직은 도덕이 살아있구나 생각하고 임도를 따라 계속 내려왔다. 10분쯤 지났을까 옛 직장 동료한테서 전화가 걸려왔다. 자기 와이프가 차를 타고 신호대기 중 브레이크를 꽉 밟지 않아 밀리면서 앞차의 범퍼에 살짝 부딪쳤단다. 골프를 치고 되돌아가는 길이라는 네 사람 중, 세 명이 정형외과병원에서 치료를 받겠다며 보험처리 해달라고 하니 어쩌면 좋은지 나더러 하소연한다.

사고 정황상 병원치료해야 할 정도도 아니고 골프를 칠 정도면 돈이 궁핍하지 않을 듯싶은데 못된 놈들에게 걸렸다. 나도 경험해봤지만 이런 사고가 심심찮게 일어난다.

어쩔 수 없지 않은가, 서 있는 차를 박았으니 백퍼센트 가해자다. 분통터지더라도 차분히 대처하고 상대방의 요구나 필요하다면 녹음하여 '청와대 국민청원'에 올려서 공감을 얻어 보라고 해줬다.

골짜기에서 갑자기 쏟아지는 빗물 피해를 줄이기 위해 만든 미니 댐을 여러 개 지나니 포항제철소 건설당시 콘크리트에 섞어 넣었다는 돌산이 나타났다. 이 도덕산의 돌들이 시멘트와 함께 제철공장의 기계기초에 쓰였으니 고맙기도 하다.

도덕암 입구를 지나니 길가에 버려진 쓰레기더미를 보고 정부를 비판하거나 대통령을 욕할 자격이 없는 인간들이라 생각했다.

집에 도착하니 10㎞를 여섯 시간 걸린 3시다. 자도봉어 팀에게 현재의 위치를 물었더니 어래산을 오르는 중이란다. 이들은 자도봉어 19㎞를 6시간 30분에 종주를 했으니 놀라운 일이다. 커피보다 막걸리가 좋겠다기에 시원한 막걸리로 갈증을 풀고 어탕국수로 소주 몇잔 마시고 그들을 보낸 뒤 집으로 돌아왔다.

TV를 켜니 며칠째 해양수산부 공무원을 총으로 쏴죽이고 시신을 불태웠다는 뉴스가 코로나 다음으로 큰 이슈가 되고 있다. 사실이 정확하게 밝혀져야겠지만 김정은의 '미안하다'에 계몽군주(합리적이며 개혁적인 정치를 추구하는 군주라는 뜻)라 추켜 세우는 정치인도 있더라.

법적으로 문제없다며 죽창가에 이순신 장군을 앞세우나 했더니, 안중근 의사가 환생하여 휴가를 다녀왔다. 머지않아 태조 왕건이나 세종대왕도 등장할 게 뻔하다.

도덕과 상식이 통하지 않는 이 나라에 언제까지 살아야 하는지, 하루 내내 답답했던 마음을 친구들에게 보낸다.

아~ 道德이 대한민국 땅에서 왜 사라졌는지 도덕산아 말해다오, 너는 알제~!?

내 몸은 누구의 것인가

김용만의 노래에 '제 잘난 맛에 사는 게 인생'이란 가사가 있다. 나 역시 그렇다고 생각하며 호의호식을 목표로 돈을 벌어 부자로 사는 것이 행복이라 여기며 편협한 이기심으로 살아왔다. 환갑이 지나면서 내 몸은 단지 나를 위해서만 있는 것이 아니라 타인을 위해서도 존재하는 것임을 조금씩 알게 되었다. 따지고 보면 내 몸을 내 것이라 단정적으로 생각하는 데서 고통이 따르고, 남을 원망하거나 한탄하는 마음이 일어나며, 죽음에 대한 두려움이나 공포심이 일어난다는 옛 성현의 말씀도 조금 배웠다.

약간의 앎이 생긴 뒤 맨 먼저 실천에 옮긴 것이 '내 몸은 빌린 것이나 다름없으니 돌려주자'는 생각이 들어 장기기증을 서약하게 되었다. 누군가에게 새로운 삶의 희망을 전하는 것이 사회에 보탬이 된다고 여겼기 때문이다.

이후부터 학문적으로 기초를 닦고 싶어 사이버대학에서 2년간 사회복지학을 공부하여 2016년 3월에 사회복지사 2급 자격증도 취득하였다. 일자리를 구하기 위해서가 아니다. 우리나라도 과거에 비해 사회복지정책이 확대되고 있지만, 특히 고령화로 노인인구 및 독거노인 증가에 따른 심각한 노인문제에 대하여 체계적으로 공부하고 싶었다.

그런데 포항장애인단기보호시설(현 장애인통합지원센터)에서 120시간의 실습을 하면서부터 생각이 달라졌다. 이곳은 자폐증을 동반한 중증장애인들이 사회복지사의 도움으로 생활하고 있다. 우리나라 장애 인구는 전체의 5%가 넘는다고 한다. 나중에야 알았지만 그 많은 장애인들은 다 시설에 수용되어 있는 것도 아니고, 집에 있어도 밖으로 잘나가지 않는다는 것을 알았다. 장애인들과 생활하다 보니 내게 장애가 없고, 가족 중에도 그런 사람이 없다는 데서 무한한 감사를 느꼈다. 또한 여기서 일하는 분들은 사명감 없이는 일할 수 없는 직업임을 알게 되었다.

비록 나이는 많지만 나의 건강한 몸으로 이들에게 보탬이 되고 싶어 사회복지사가 휴가를 갈 때면 대리근무를 자청하였다. 거동이 불편하고 언어 소통이 안 되는 장애인과 24시간 숙식을 같이하며 지낸다는 것이 여간 힘든 일이 아니었지만 횟수가 증가하면서 익숙해져 갔다.

나이를 먹어감에 따라 봉사활동도 소극적으로 변해가는 내게 큰 변화를 맞게 된다. 평소 포스코 퇴직자들이 모여 바둑이나 잡담으로 시간을 때우던 우리들에게 입사 후배이나 상사였던 강대희 씨가 찾아와 봉사단체 결성을 제안하게 된다. 그는 퇴직 후 복지학을 전공하고 이미 여러 단체에서 자원봉사활동에 참여하고 있었다. 대부분 80살을 바라보는 우리는 무덤덤한 기분으로 그의 말을 듣고 있었다. 그는 노인들도 분명 봉사할 기회와 일이 있음을 강조했다. 무엇보다 재직 중인 포스코 직원은 자매마을 또는 소속 단체에서 여러 가지 봉사활동을 하고 있는데, 퇴직자 모임의 봉사단체는 단 한곳도 없음을 지적하였다. 그 말을 듣고 보니 부끄러웠다. 우리는 용기를 내지 않을 수가 없었다. 3일 만에 21명의 멤버를 확보하고 드디어 2018년 1월 18일 김택희 회원의 농장에서 '포스코패밀리 실버드림봉사단'의 창단식을 가졌다. 매월 2회 쉬운 일부터 찾아 나서기로 한 창단멤버의 평균연령이 75세, 나는 이보다 두 살이나 적으니 젊은 축에 속한다. 이 자리에서 가장 나이가 적은 강대희 씨를 단장으로 추대하고 '포스코정신'을 되살려보자고 다짐했다.

2월 1일, 창단 후 첫 번째 자원봉사 하던 날을 잊을 수가 없다. 신규로 가입한 회원을 포함, 26명이 조끼를 입고 송도송림테마공원에서 쓰레기 줍기와 솔방울을 수집하여 한 곳에 모아두는 봉사였다. 처음이라 어색하기도 하고, 쓰레기와 솔방울을 뒤섞는 실수를 하여 다시 분류하기도 했다. 지정된 장소가 아닌 곳에 솔방울을 버리는 바람에 다시 포대에 담는 웃지 못 할 일도 벌어졌다.

이날은 봉사의 즐거움과 더불어 덤으로 옛 동료들의 건강한 모습과 선후배의 근황도 알게 된 유익한 하루였다.

점차 활동 영역을 넓혀 포스코 휴먼스 세탁공장에서 후배들의 작업복과 타월 등을 정리하는 일에도 참여하였다. 무더웠던 올 여름은 장애인들이 일하는 사회적 기업 바이오파크의 시원한 에어컨 밑에서 건강식품 포장작업도 하였다.

비록 출발한지 1년이 채 안 되는 단체지만 벌써 여러 기관에서 도움을 요청해 오는 것을 보면 강 단장의 치밀하고 철저한 관리의 결과로 볼 수 있다. 그는 정기적인 봉사일 외에도 장애인 단체와 바둑대회도 열고, 포항시자원봉사센터와 유기적 협력으로 회원들에게 스마트폰 교육을 주선 해주는 등, 옆에서 보면 마치 봉사와 헌신에 미친 사람처럼 보일 정도이다. 이제 회원도 37명으로 불어났다. 우리 봉사단의 향후 목표는 재직 중 여러 분야에서 습득한 노하우를 기업체나 관련단체에 무료로 제공하는 일이다. 나는 봉사활동 중에 제일 어렵다는 독거노인 및 취약계층을 직접 찾아 안부를 묻거나 말동무가 되어주는 일을 하고 싶다.

인생은 정답이 없다. 봉사는 남을 돕는 것이지만 오히려 자신에게 득이 된다는 것을 안다면 자원봉사는 누구나 할 수 있게 된다. 지금이 시간에도 사회 곳곳에서 소리 소문 없이 희생과 헌신으로 봉사하는 사람들이 수 없이 많다. 나는 명예도 부귀도 관심이 없어졌다. '내 몸은 누구의 것인가'를 생각하면서 봉사로 보람을 느끼며 곱게 늙어가고 싶다.

다시 가본 오음리

흙수저로 태어난 나는 어려서부터 가난의 고통 속에서 자랐다. 배고픔 때문에 6남매가 밥을 먹을 때면 서로 먼저 많이 먹으려고 다투기도 했다. 음식을 빨리 먹는 버릇이 지금껏 고쳐지지 않는 것도 그 때 영향이며 형제 중에 키가 제일 큰 것도 내가 많이 빼앗아 먹은 탓이 아닐까도 생각해본다.

학창시절에는 멀쩡한 척 남에게 배고픔을 감추는 것도 어려운 일이었다. 동아대학 야구선수시절 부산 보수동 세무서 앞 하숙집에는 입이 짧은 세무공무원들이 남긴 밥과 반찬은 내 차지였다.

이토록 기아선상에 허덕이던 내게 닥친 더 큰 파도는 군대생활이었다. 남자라면 누구나 겪는 군대생활이지만 고된 훈련이나 아픈 기합보다 더 참기 어려운 게 배고픔이었다. 50사단 신병교육대에서 일과를 마치면 제일 먼저 달려가는 곳이 PX였다. 건빵이 주린 배를 채우는데 가장 좋고 경제적이기에 항상 건빵을 감추며 먹었다. 어느 날 취침

시간에 모포를 뒤집어쓰고 몰래 건빵을 먹다 입에 넣은 채 잠들었다가 주번사관에게 들켜 혼이 난 적도 있었다. 당시 훈련병이 철조망 밖에서 파는 떡을 사서 입에 넣은 채 뛰어오다가 목구멍에 걸려 사망한 사고가 있었기에 훈련병은 PX 출입조차 제한시켰을 때다.

신병훈련을 마치고 광주 포병학교에 가니 형편이 조금 나아졌다. 환경 자체가 나아진 게 아니라 키 큰 덕에 40명 중 교번이 1번이라 교번 순서대로 식판에 밥을 받아먹는다. 재빨리 먹고 맨 뒷줄에 서면 한 번 더 타먹을 수가 있었다. 꼬리가 길면 밟히는 법, 그러다 어느 날 배식구 앞에서 두 번씩 타먹는 병사를 가려내는 고참 기간병에 걸리고 말았다. 식판에 묻은 고춧가루가 문제였다. 들키면 시범케이스로 어퍼 컷에 '쪼인트'가 깨지는지라 단단히 각오하고 부동자세로 서 있는데, 내 명찰을 자세히 보던 고참이 "너 50사단 나왔구나, 고향이 어디야!?"에 "대굽니다"했더니 "나도 대구야"하면서 "앞으로 배식병에게 들키지 않게 고춧가루 깨끗이 닦고 한 번 더 타먹어"라고 하였다.

이후부터 그 기간병 덕분에 배고픔은 어느 정도 해소되었다. 7주간의 포병 통신교육을 마치고 배치받은 부대가 운 나쁘게 사람도 살지 않는 민통선 안에 있는 강원도 양구 2사단 18포병 대대였다. 1969년 4월 25일, 보급품을 실어 나르는 트럭을 타고 어두워졌을 무렵 부대 내무반에 도착하니 무슨 부대라는 곳이 전기도 없이 사병들이 석유등(호야불)을 켜놓고 짚으로 새끼를 꼬고 있었다. 여기서 군인도 아니고 농부처럼 3년을 살아야 한다고 생각하니 한심하면서 두렵기까지 했다. 그날 밤 그 풍경이 아직껏 내 기억 속에서 사라지지 않고 남아있다.

이튿날부터 시작되는 자대생활은 배고픔이야 덜하겠지 생각했는데 그게 아니었다. 민통선 안이라 외출 외박이 없으니 식수인원은 항상 총원 그대로라 남는 밥이 없다. 게다가 영외 거주하는 하사관들이 쌀과 부식을 제 집으로 빼돌리니 병사들의 배는 더 고팠다. 취사반에는 남한산성(육군형무소) 출신들이 대부분이다. 그들은 밥알을 세워서 그릇에 퍼줄 정도로 밥 퍼주는 데는 선수다. 한 달 뒤 다행히 무전병에서 행정병으로 보직을 바꿔니까 취사병들이 내겐 호의적이었다. 그래도 굶주림이 줄어든 것이지 배불리 먹을 수는 없었다. 신병 생활을 넘어 20개월 쯤 지났을 무렵 월남에서 우리부대로 전출 온 중사가 월남에 가면 먹을 것 천지라고 한다. 더구나 무전병이라도 포병으로만 가면 보병과 달리 살아 돌아올 확률도 높고 돈도 벌 수 있다고 하면서 자기는 또 월남가고 싶다고까지 했다.

이 말에 현혹되어 나는 마음을 달리 먹게 되었다. 그래, 죽어도 좋다! 월남가자! 배불리 먹고 돈까지 벌어보자! 만약에 전사하더라도 어머니를 원호대상자(보훈대상자)로 만들어 드리면 죽어서 효도하는 것이라 생각했다. 포대장을 찾아가 파월 신청을 했더니 가뜩이나 무전병 지원자가 없던 차에 얼씨구나 1주일 만에 파월명령이 떨어졌다.

더블백을 매고 2사단 사령부에 도착하니 월남전에 차출된 장병들을 싣고 갈 트럭이 대기하고 있었다. 파월 장병 훈련소인 화천 오음리로 가는 병력 중에는 본인의사와 관계없이 전출 명령 하나로 월남전에 가는 사람이 더 많았다.

눈물을 감추는 병사도 있고 노골적으로 대놓고 훌쩍거리는 병사도 보인다. 분위기 상 나도 침통한 표정을 지을 수밖에 없었다. 강원도 화천군 간동면 오음리에 있는 육군 제7보충교육단을 '오음리' 또는 '7보단'이라면 모르는 사람이 없다. 그곳에는 월남 전장을 연상시키는 지형지물을 만들어 놓고 훈련을 시킨다. 오음리에서의 한 달간은 비록 훈련은 고달파도 내무생활은 어느 정도 자유스러웠다.

죽음의 전쟁터로 보내는 장병들이라 먹을 것을 풍부하게 주어 좋았다. 일인당 통닭 반 마리를 주거나 어느 날은 돼지고기도 넉넉하게 먹여주었다. 여기서는 밥이 충분하니 두 번 타먹을 이유도 없다. 부대 밖에 술 마시러 나가면 오늘 점심에 나왔던 통닭이 술안주로 나오는 일도 있었다. 오음리에서 한 달은 내 생애 최고로 배가 불렀던 시기였다.

지난여름 휴가를 겸한 여행에 권영재 부부와 우리 부부가 합류를 했다. 먼저 강원도 인제군 기린면의 점봉산 곰배령을 등산한 뒤 화천에 있는 평화의 댐을 비롯하여 양구, 인제, 홍천 등 전방부대 곳곳을 샅샅이 누비고 다녔다.

북한군의 탱크를 저지하기 위해 만든 전차방호벽도 눈에 띄었다. 드디어 '추억의 오음리'로 간다. 그곳에 10년 전 다양한 병영체험 및 베트남 재현마을 등을 조성한 '참전용사 만남의 장'이 마련되어 있다고 해서다. 기념관 내에 숙소도 있다는 정보도 들었다. 그러나 내가 훈련받으며 기합도 받던 추억은 흔적도 없었다. 그나마 기념관의 문조차 닫혀있고 인적도 보이지 않았다. 문득 어슴푸레 생각이 떠올랐다. 현재의 베트남은 당시 우리와 서로 죽고 죽이는 적이었다. 그러나 베트남이 도이머이를 도입한 뒤 우리와는 우방이 되었다. 현 정권도 월남전을 부각시키면 양국 간의 관계가 어색해질까 두려워 그 흔적들을 애써 지운 느낌이 들었다.

죽기 전에 꼭 가보고 싶었던 오음리, 꿈에도 가끔 나타나던 연병장, 언제나 죽음을 연상하게 하던 유격장은 없었다. 휑하니 기념관만 덩그렇게 지어져 있고 옛날의 모습은 보이지 않았다. 거리조차 을씨년스러웠다. 여기서 하룻밤 묵으면서 반세기 전의 기억을 되살리고 싶었으나 기념관 앞에 하나뿐인 허름한 여관에는 주인조차 없어 우리가 주인을 찾아 헤매는 기이한 일도 했다.

2002년 월드컵 경기에서 한국 축구사상 최초로 16강에 올랐을 때, 히딩크 감독이 이렇게 말했다. "나는 아직도 배고프다". 이제 절대빈곤에서 벗어난 대한민국이다. 그러나 나는 아직도 배고프다, 비록 오음리는 깨끗하게 청소하듯 없어졌지만 아직도 세상은 넓고 가고픈 곳이 많기 때문에 나는 울지 않는다.

이럴 줄 알았다

꼭 44년 전, 내가 월남전에서 겪은 이야기부터 먼저 시작하고자 한다. 우리군은 작전에 투입되기 전에 먼저 식량이나 실탄 등 전투장비들을 제대로 갖췄는지 군장검열부터 꼼꼼히 한다.

왜냐하면, 출전 때 철모가 무겁다며 하이버(헬멧)만 쓴 채 전투하다 베트콩이 쏜 총알 한방에 머리를 맞고 소대장이 전사하고, 신형 방탄조끼의 납덩어리가 거추장스럽다며 빼 놓고 작전나간 병사가 파편에 맞아 죽거나 다치는 등 전투수칙을 지키지 않아 피해를 입는 일들이 비일비재하였기 때문이다.

물론 40도를 오르내리는 더위 탓도 있겠지만 통제를 안 하면 속이거나 얼버무리는 우리 국민성이 어쩔 수 없이 이런 군장검열제도를 만든 것이다.

반면에, 미군들은 별다른 절차 없이 시누크(병력수송용 헬기)를 타고 출전하는데, 어느 날은 기타를 메고 헬기에 탑승하는 걸 보고 깜짝 놀란 적이 있었다.

처음에는 “미친놈들 전쟁터로 나가면서 기타는 지랄하려고 가져가나?”라고 했었는데, 알고 보니 미군은 전투와 휴식을 엄연히 구분할 줄 안다는 것을 깨달았다. 말 그대로 법테두리 안에서 자율적이다.

6월 21일, 강원도 고성군에 위치한 육군 제22사단 GOP에서 임 모 병장이 총기를 난사해 동료 5명을 사살하고 7명에게 부상을 입힌 뒤 달아난 사고가 발생했다.

무기를 휴대하는 군인의 특성상 이런 사고는 불가피하다고 할 수 있겠다. 그러나 이번에 일어난 총기사고는 그냥 그렇게 적당히 넘어갈 수 없는 일이기에 어설프고 짧은 나의 군대지식으로나마 한번 짚어 볼까한다.

제일 큰 문제점이라면, 임 병장이 총격을 가하면서 30~40㎧ 거리의 생활관(내무반)까지 쫓아가는 동안에 7~8명의 무장병력이 있었음에도 누구하나 대응사격을 못한 점이다. 동료가 피를 흘리며 비명을 지르는데도 총 한방 쏘지 못하고 달아난 현장을 상상해 보라! 아직도 ‘쏠까요, 말까요’ 상관에게 물어보느라 못 쐈을까? 아니면 군기 빠진 우리 군의 허약함이 이렇다는 증거일까?

그곳은 북괴군과 대치한 최전방이라 이런 위급상황 발생 시에는 자신과 동료의 생명이 함께 달려있으므로, 정해져 있는 규범대로 즉각적이고 정확한 대응이 실행되어야 한다.

월남전에서 보면, ‘탕’하는 총소리에 신병들은 그 자리에서 바로 머리를 처 박고 아무데나 총을 갈긴다. 그러나 경험 있는 고참병은 총성이 울린 쪽을 향해 대응사격을 하며 엎드린다. 군대용어에 ‘먹고 놀아도 고참이 낫다'는 말이 이런데서 나온 것으로 '같이 살자'는 전우애다.

이번 사건의 또 다른 문제점은, 도주한 임 병장이 수류탄을 터뜨렸는지 아니면 한발을 휴대했는지를 모르는 것도 말이 안 된다. 수류탄 폭음과 총성은 확연히 다르며, 부상자의 파편을 봐도 알 수 있다. 그리고 실탄 60여 발을 소지했다하더니 그 다음 날은 290여 발의 가능성이 높다고 했다. 평소 부대 운영이 얼마나 주먹구구였는지 이 실탄관리 하나만 봐도 알 수 있는 대목이다.

그리고 보고체계에도 문제점이 드러났다. 사고 두 시간 후에야 비상령을 내렸다니, 만약 임 병장이 월북할 생각이 있었다면 철조망 통과는 식은 죽 먹기였을 것이다. 보나마나 상황파악도 제대로 못한 채 상부에 보고하자니 문책을 당할 것 같고, 처벌이 겁나서 말 맞추느라 어정거리다 늦지 않았나 싶다.

부상자 수송에도 문제가 많다. 사건 발생 후 4시간이 지나서야 팔에 관통상을 입은 김 모 병장이 구급차에 실려 강릉아산병원에 도착했다고 한다. 관통상은 출혈이 심한 중상인데, 헬기는 뭐했나, 없었나?

월남전에서는 부상자가 발생하면 무전으로 미군에 헬기를 요청하는데, 전투현장의 위험도가 높고 기상상태가 나쁘더라도 즉각 날아온다. 이렇게 목숨을 중시하는 미군들의 태도에 우리는 경의를 표하지 않을 수 없었다.

보도도 마찬가지다. 23일 오전에 '생포' 했다는 긴급속보가 나와 한숨 놓이더니, 잠시 뒤에 '투항을 권고 중'이라 정정보도가 나오는 등, 혼선을 빚기는 세월호사고 때와 흡사하다.

그리고 도주 후 19시간이 지나서야 추격 중이던 소대장이 임 병장과 교전 중 총상을 입었다. 짐작컨대, 장교는 어쩔 수 없이 앞장서고 사병들은 몸 사리느라 뒤에 처져 있었을 게다. 수색작전은 횡대로 펼쳐 부채꼴로 하는 게 기초적인 전술이다. 요즘 우리군대의 수색작전은 지휘관이 앞장서고 병사들은 그 뒤를 따르는 일렬종대가 대세라 하더니 소대장이 다친 걸 봐서 그 말이 맞는 것 같다.

예전에도 간혹 군대적응을 잘 못하거나 어벙한 병사들이 있어 이들을 '고문관'이라 부르며 놀리기도 했다. 이번 사건을 보고 옛날 고문관에 해당하는 병사를 '관심사병'이라는 제도를 만들어 관리하고 있는 것을 처음 알았고, 관심사병의 기준을 '자살'에 초점을 둔 것도 참 흥미롭다.

A급은 자살을 계획했거니 경험한 사병, B급은 자살을 생각한 적이 있는 자살 우려자, 그리고 C급은 결손가정이나 신체결함, 경제적 빈곤자 등이 포함된단다. 임 병장이 A급에서 B급으로 승급(?)되어 GOP에 투입시켰다고 한다. 22사단 병력의 15%에 해당하는 1,800명이 소위 말하는 사고 칠 위험이 있는 '관심사병'이라니 놀랄 일이 아닐 수 없다.

한쪽에서는 병력이 모자라 최전방에 관심병사라도 투입할 수밖에 없었다고 아우성치고, 다른 한쪽에서 복무기간단축으로 선심 쓰고 있으니 박자조차 맞지 않는다.

그렇다면 한강 이남의 후방 사단에 결함 없는 병사를 전방에 투입하고, 전방의 관심사병을 후방으로 교체하면 간단할 텐데, 병력이 모자라 관심사병이 GOP에 투입된다는 것은 말이 되지 않는다.

왜 이런 조치를 못하냐면, 내 생각에는 후방에 있는 사병들은 대개가 빽이 있는 고관대작이나 잘 사는 집의 자제들이어서 전방으로 못

보내는 것이 아닌가 하는 의심이 든다. 이참에 22사단 병사들 아버지의 직업을 발표해보게 하고 싶다. 그곳에 높은 사람, 부잣집 자제들이 과연 몇 명이나 있는지를…

불과 2년 전에, 나는 늦깎이로 20대 초반의 학생들과 대학공부를 같이 한 적이 있다. 이들과의 대화 내용에서 왜 병역을 기피해서는 안 되는지, 군대 기강이 어찌하여 이 모양인지, 우리는 어떻게 해야 하는지 그 답을 찾을 수 있었다.

예전에는 '남자는 군대를 다녀와야 사람 된다'는 말이 있었는데, 요즘 젊은이들은 구분이 잘 안 된다. 그래서 "너 군대 갔다 왔느냐?" 했더니, "창피스럽지만 육군 만기전역 했어요"라는 대답이다. "이 놈 봐라, 군대 간 게 왜 창피한데?" 이 물음의 대답이 정말로 기가 찬다. "부모 잘 만난 애들은 요리조리 다 빠지고, 저같이 능력 없는 부모 만난 애들만 끌려갔다 오잖아요"였다.

옛날에는 주민등록증에 병적사항이 다 적혔는데, 계급, 군번, 주특기, 전역사유 등이 기재되어 있었다. 그 주민증을 남에게 보여 주며 으스대던 그때와 지금은 달라도 너무 달라졌다. 군대에 안가면 '왕의 아들'이고, 가면 '어둠의 자식'이라는 말세가 되었다. 영국은 왕의 아들이 참전을 하고, 로마는 왕이나 귀족의 아들만 군대를 가며, 노예나 천민들은 군대를 가지도 못했는데 말이다.

우리군대는 전우를 총쏴죽이고 월북을 하지 않나, 민간인이 철책을 뚫고 언제 월북한지도 모르고, 북한군의 '노크귀순'이라는 웃어서는 안 될 일마저 일어나고 있는데도 태연하다. 노크귀순 때는 하사 한 사람만 솜방망이 징계를 받고 딴 고위층은 처벌도 받지 않았다. 참 좋은 세상이다.

작금에, 자유와 방종을 구분 못하는 우리민족에게는 한국적 민주주의가 필요하다는 말이 곳곳에서 들린다. 우리군대도 이번 사고를 계기로 몇 명의 지휘관만 처벌하는 식의 미봉책으로 끝낼 일이 아니다.

국회의원이나 장관의 아들, 부잣집 도련님도 다 입대를 하고, 철저하고 혹독한 훈련만이 나라를 지킬 수 있다는 신념이 필요한 시점에 와있다.

바다에서는 꽃다운 고등학생들이 수장되고, 유병언은 국가를 빈정대며 도망 다니고, 축구조차 16강행이 까마득하니 국가의 전반적인 비극이 아닐 수 없다.

기강이 없고 정의가 죽어가더니 내 진작부터 이럴 줄 알았다!!

학도 의용군

"어머니, 나는 사람을 죽였습니다. 그것도 돌담 하나를 사이에 두고 10여 명은 될 것 같습니다. 나는 4명의 특공대원과 함께 수류탄이라는 무서운 폭발 무기를 던져 일순간에 죽이고 말았습니다. 수류탄의 폭음은 나의 고막을 찢어버렸습니다. 지금 이 글을 쓰고 있는 순간에도 귓속에는 무서운 굉음으로 가득 차 있습니다.

어머니, 적(敵)은 다리가 떨어져 나가고 팔이 떨어져 나갔습니다. 너무나 가혹한 죽음이었습니다. 아무리 적이지만 그들도 사람이라고 생각하니 가슴이 답답하고 무겁습니다.

어머니, 전쟁은 왜 해야 하나요? 이 복잡하고 괴로운 심정을 어머님께 알려드려야 내 마음이 가라앉을 것 같습니다. 저는 무서운 생각이 듭니다. 지금 내 옆에서는 수많은 학우들이 죽음을 기다리는 듯 적이 덤벼들 것을 기다리며 뜨거운 햇빛 아래 엎드려 있습니다. 적은 침묵을 지키고 있습니다. 언제 다시 덤벼들지 모릅니다. 적병은 너무나 많습니다. 우리는 71명입니다. 이제 어떻게 될 것인가 생각하면 무섭습니다.

어머니, 어서 전쟁이 끝나고 어머니 품에 안기고 싶습니다. 어제 저는 내복을 손수 빨아 입었습니다. 물내나는 청결한 내복을 입으면서 저는 두 가지 생각을 했습니다. 어머님이 빨아 주시던 백옥 같은 청결한 내복과 내가 빨아 입은 내복 말입니다. 그런데 저는 청결한 내복을 갈아입으며 왜 수의를 생각해 냈는지 모릅니다. 죽은 사람에게 갈아 입히는 수의 말입니다.

어머니, 어쩌면 제가 오늘 죽을지도 모릅니다. 저 많은 적들이 그냥 물러갈 것 같지는 않으니까 말입니다.

어머니, 죽음이 무서운 게 아니라, 어머님도 형제들도 못 만난다고 생각하니 무서워지는 것입니다. 하지만 저는 살아가겠습니다. 꼭 살아서 가겠습니다. 어머니, 이제 겨우 마음이 안정이 되는군요.

어머니, 저는 꼭 살아서 다시 어머니 곁으로 가겠습니다. 상추쌈이 먹고 싶습니다. 찬 옹달샘에서 이가 시리도록 차가운 냉수를 한없이 들이키고 싶습니다. 아! 놈들이 다가오고 있습니다. 다시 쓰겠습니다.

어머니, 안녕! 아 안녕은 아닙니다. 다시 쓸 테니까… 그럼."

〈1950년 8월 10일 포항여중(현 포항여고) 전투에서 전사한 19세 학도병 이우근 학생이 절박했던 순간 어머니에게 쓴 편지이다. 이우근 학생은 이 편지를 마지막으로 산화했고 국군이 사체 유품을 점검하다 이 편지를 발견하였다. 그러나 안타깝게도 어머니는 아들의 편지를 받아보지 못하고 전쟁 중 세상을 떠나고 말았다고 한다.〉

학도 의용군, 1950년 6·25전쟁이 발발하자 15세 중학생부터 20대

초반 대학생까지 약 2만5천~3만 명은 풍전등화(風前燈火)의 조국 안위를 외면할 수 없다며 어린 학생 신분임에도 전쟁에 자발적 참전한 개별적인 학생 단체를 말한다. 이 중에는 바다 건너 일본에서 온 '재일학도의용군'도 포함된다. 이들 가운데 일부는 옳게 훈련도 받지 못하고 교복과 교모를 입고 쓴 채로 전선에 투입되기도 했다.

일부는 보충대에서 소총과 실탄을 지급받아 6월 29일부터 한강방어선을 지키고 있던 국군부대에 편입되어 전투에 참가하였다. 그러나 국방부는 젊은 학도들의 청춘만리를 생각해서 실전배치를 가급적 피하면서 대부분의 학도의용군들에게 피난민 구호, 전황보도 및 가두선전 등 주로 후방에서 선무공작을 담당하도록 하였다. 하지만 피 끓는 많은 학생들은 이럴 바에는 왜 입대했겠느냐며 주어진 후방임무에 분개하며 개별적으로 현지입대를 자원하여 국군 정규부대의 장병으로 참전하였다. 이들 중에는 상당수의 여학생들도 간호원으로 출정하였다.

이후 학도의용병들은 대구로 내려가 다시 한번 조직을 강화한 다음 각각 국군 10개 사단과 그 예하부대에 편입되어 6·25전쟁의 우리측 마지막 보루였던 낙동강 방어선에서 계급도 군번도 없이 백의종군하여 혹은 죽고 혹은 부상을 당하며 혁혁한 전공을 세웠다. 내 친구의 외삼촌도 의성군 사곡면에서 학도병으로 참전하여 싸우다 안강전투에서 전사하였다고 한다. 그러나 정규군이 아니라는 이유로 보상은커녕 국립묘지에도 묻히지 못했다. 지금이라도 그들을 위한 보훈정책과 국민적인 관심을 불러일으켜 객사했다고 집에서도 괄시 받고 나라에서도 버림받은 어린 영혼들의 서러움을 늦었지만 지금 달래 줄 때가 되었다고 생각한다.

오늘이 66년 전 6·25전쟁이 일어난 날이다. 내가 다섯 살 때, 지게에 이불과 살림살이를 짊어진 아버지의 뒤를 따르고, 어머니는 두 살짜리 동생을 업고 누나와 피란길을 갔다. 때때로 사이렌이 울리면 마당에 파놓은 방공호에 몸을 숨겼던 일들은 평생 동안 잊어지지 않는다. 철없던 그때는 신기하고 재미나는 일이기도 하였다. 나이가 들어 어린 시절의 즐거웠던 피난 추억이 사실은 크나큰 비극임을 그제야 알게 되었다.

학창 시절엔 6월이 되면 가슴에 '상기하자 6·25'라는 리본을 달고 다녔고, 기념식에서 /아아 잊으랴 어찌 우리 이날을/ 조국을 원수들이 짓밟아 오던 날을/… 노래도 불렀지. 그 바람에 나는 아직도 비극의 전쟁을 잊지 않고 산다.

매년 이맘때가 되면 6·25참전 당사자들은 관련 행사에 참석하며 당시 끔찍했던 비극의 전장을 되뇌고 또한 화랑담배 연기 속에 먼저 사라져간 전우를 기억하며 눈시울을 적실 것이다. 유가족들은 국립묘지나 충혼탑을 찾아 남편 혹은 자식의 차디찬 비석을 쓰다듬으며 아직도 아물지 않은 자신의 가슴 상처와 그리고 조국 분단의 현실에 가슴을 쥐어뜯고 있을 것이다. 조국을 지키기 위해 자신을 바치고 가족을 바친 전쟁, 차마 전쟁을 직접 겪어보지 못한 대다수 국민은 당사자들의 아픈 영혼과 가슴을 실감하지 못할 것이다.

다만 6·25전쟁을 언론매체나 글을 통해 알뿐, 북한의 도발에 열받는 일이 생겨도 잠시 시간이 지나면 또 다른 관심사에 파묻혀 설마 하는 안이한 생각에 젖어들게 된다. 비극은 죽은 놈만 손해라는 생각이 들게 하는 요즘의 현실이다.

수학여행 가다 죽어도 몇 억이 생기는 요즘, 참전용사의 대가는 무엇인가? 며칠 전 커피전문점 '스타벅스'가 한국전쟁을 잊지 말자고 6·25를 맞아 대통령 특별휴가를 받은 군 장병에게 커피를 무료로 준다니까 '워마드'라는 여성 단체에서 성차별이라고 발끈해 덤벼들었다는 이야기와 6·25전쟁을 '고기파티'라는 표현이 우리의 가슴을 아프게 한다. 한때는 6·25전쟁이 '북침'이라 가르치고, 좌파정부 시절에는 북한을 자극하면 안 된다는 이유로 기념식도 못하게 했다. 한국전쟁이 북남통일의 절호의 기회였는데 이승만이 방해를 했고 군인들은 그의 졸개라고 아직도 비웃는 단체가 있다. 심지어 한국전쟁의 영웅 백선엽 장군의 안보강연회도 못하게 막아버리는 곳, 이곳이 정말 우리가 목숨 바쳐 지켜야 할 조국이 맞는가?

지난 5월 모교 '개교117주년 기념행사' 때 총동창회에서 역사관을 새로 보완하였다. 그중 눈에 띄는 것은 6·25 때 학도병으로 참전하여 전사한 경북중학교(당시 5년제) 선배들의 숫자와 명단이 확인되어 게시된 것이다. 놀랍게도 53명이나 전사했는데, 이는 군산중학교 전사자 97명에 이어 전국에서 두 번째로 많은 동문이 희생되었다.

항간에 경북중·고등 출신들이 대한민국을 말아먹었다는 등 악의와 모함에 찬 말들을 쏟아붓는데, 이 자료를 보았다면 무슨 말을 할까? 안중근 의사가 자나 깨나 그의 품에 지니고 다녔던 공자의 말씀 '견리사의'(見利思義 : 이익된 일을 보면 먼저 의로운가를 생각해라), 경북중·고등 선배들이 행했던 기본정신이 바로 이와 같은 것이다.

남을 위해 목숨을 바치는 것보다 더 큰 보시가 세상에 어디 있을까? 이것이야말로 더없는 사랑의 행위일 것이다. 나라를 위해 목숨을 바치는 것이 군인의 본분(爲國獻身軍人本分)이라고 말씀하신 안중근 선생을 생각하며 날이 밝으면 포항 용흥동 '학도의용군 전승기념관'에나 다녀와야겠다.

수성못

대구사람이라면 수성못을 모르는 사람은 없을 것이다. 지금은 유원지로 변해 주변의 옛 모습들은 찾기 힘들지만 저수지만은 그대로 남아 있다. 여름에는 시원한 바람을 맞으며 아침저녁으로 산책하기도 좋거니와 봄가을에는 못 둑의 의자에 앉아 야경을 바라보는 것도 즐거움이 아닐 수 없다.

어릴 때는 그렇게 크게 느껴졌던 수성못이 지금은 조그맣게 보인다. 신천동에 살았던 탓에 나는 수성못에 대한 추억이 많다. 학창시절, 김밥에 삶은 달걀과 사이다를 싸들고 소풍 가던 곳, 야바위꾼에게 주머니를 털린 사람이 내 돈 돌려달라며 애걸하는 모습도 볼 수 있었던 곳이다. 데이트를 즐기던 동네 형은 애인에게 점수 따려고 손바닥이 터지는 줄 모르고 보트의 노를 젓던 곳이 수성못이었다.

그 중에도 벼가 누렇게 익을 무렵에는 메뚜기를 잡아 됫병에 넣어오면 어머니가 간장에 볶아서 도시락 반찬을 만들어 주던 추억이 아직도 생생하다. 쌀농사가 최고이던 그 시절에는 수성들에 논을 많이 가진 사람이 대구의 부자였고, '황청동'이란 이름의 어감이 듣기에 좋지 않다고 하여 '황금동'으로 개명을 한 것도 이 황금들판 때문이었을 것이라는 생각이 든다. 그러나 이렇듯 대구의 곡창이라 말할 수 있는 수성들에 저수지가 생기게 된 유래에 대하여 알고 있는 사람은 그리 많지 않을 듯하다.

10여 년 전, 수성구 지산동에 살고 있는 처제 집에 들렀다가 수성못 주위를 산책 하던 중, 우연히 잡초가 무성하게 자란 곳에 수성못의 사연이 적힌 초라하게 생긴 무덤 하나를 발견하게 되었다. 기록을 보니 수성못은 미즈사키 린타로(水崎林太郎)라는 일본사람이 가뭄과 홍수에 고통을 받고 있는 대구 농민들을 위하여 조선총독부에 찾아가 공사비를 지원 받고, 또 자기 재산까지 희사하여 10년간에 걸친 공사 끝에 저수지를 완공 시켰다고 한다. 1939년 미즈사키 씨는 임종을 맞아 "수성못이 보이는 곳에 한국식 무덤으로 묻히고 싶다"는 유언에 따라 여기에 안장하게 되었다고 적혀있다. 이때까지만 해도 나는 미즈사키 린타로라는 일본사람이 수성들판을 비옥하게 만든 고마운 사람 정도라 생각하고 그동안 잊고 지냈다.

그런데 재작년 여름, 위덕대학교 일본어학과와 교류회를 갖는 일본 기후(岐阜)현의 기후 여자단기대학의 학생 일행이 여름방학을 이용하여 위덕대학교에 왔을 때 그들의 스케줄에 수성못이 포함되어 있어 깜짝 놀랐다. 미즈사키 린타로 씨가 기후(岐阜)현 출신이라 그들의 조상을 찾아보고 참배하기 위한 일정이라 했다.

이걸 보니 당장 걱정되는 것이, 잡초가 무성한 모습으로 내팽개쳐진 미즈사키 씨의 묘소를 이들이 보게 될 것이라는 생각이 들었다. 내가 먼저 묘소를 둘러보고 주변이 더러우면 혼자서라도 청소를 하고, 일이 크면 구청에 찾아가 주변정리를 부탁하려고 현장에 갔다. 그런데 예상외로 10년 전의 모습은 사라진데다 안내판도 세워져 있고 묘소가 깨끗하게 잘 정비되어 있었다. 웬일인가 했더니 수년 전부터 이 묘소를 〈한·일 친선교류회〉라는 단체에서 관리를 해 왔으며 이를 계기로 수성구청과 기후시(岐阜市)는 자매도시결연을 하게 되었다고 한다. 현재는 두 도시가 학생교류, 교육, 문화 등 상호간 다양한 친선활동을 펼치고 있는 것으로 알고 있다.

그 후부터 나는 수성못에 가게 되면 이 분의 묘소에 들린다. 지난 일요일에도 참배를 하고 왔는데, 참배라 해봐야 그냥 고개를 숙이고 "당신이 있었기에 내가 굶어 죽지 않고 잘 살고 있소" 라며 고마움을 표시하는 정도이긴 하지만 내 나름대로는 성의를 다한다. 아마, 미즈사키 씨의 노력과 희생이 없었다면 대구사람은 이렇게 아름다운 수성못을 볼 수 없었을지도 모를 일이다.

선거철이다. 정치꾼들의 상투적수법이 종전에는 빨갱이를 팔더니 요즘은 일본을 판다. 친일파니 왜놈이라고 욕하며 자신들은 그 그림자 속으로 숨어 들어가 버린다. 내가 수성못을 축조한 일본인 묘소에 참배하는 것도 친일(親日)에 해당하는지 이들에게 묻고 싶다.

나의 아버지는 일제 말기에 강제징용 되어 北海道 탄광에서 3년간이나 노역을 당하고 해방이 돼서야 무일푼으로 겨우 귀향한 뼈아픈 상처가 우리 가족에게 남아 있다. 그렇다고 언제나 일본과 일본인에 대하여 증오만 하면서 살아야 하는가? 감정적으로 대한다면 쳐 죽이고 싶은 일본이지만 그게 어디 마음대로 되는 일이 아니다.

한 때 강제징용 피해자와 그 가족을 대상으로 신고를 받은 적이 있었지만 나는 알고도 응하지 않았다. 이미 끝난 일이고, 대일청구권 자금으로 건설한 포항제철에서 밥 굶지 않고 살았으니 그것으로 상쇄시킨 셈으로 쳐 버렸다. 또한 돈으로 보상을 받는다하더라도 이제 와서 무슨 의미가 있겠는가하는 생각에서다.

일본은 나의 증오의 대상이다. 그래도 일본의 장점은 인정하고 칭찬도 해야 된다고 생각한다. 그래야 우리가 일본을 이겨 낼 수 있고, 상호간에도 건강한 이웃이 될 것이라 믿는다.

'법보다 주먹이 먼저'라는 말이 있다. 힘이 없어 당해 놓고서 대들어봤자 패자의 한심한 하소연에 불과하다. 겉으로는 일본을 왜놈이라고 깔보고 욕하지만 그건 오히려 우리의 열등감의 또 다른 표시인지도 모른다. 우리가 과거사 문제에 집착하며 국력을 낭비하는 동안에 일본은 그들의 속내를 감추고 말없이 국력을 키우고 있다. 내가 알고 있는 일본과 일본인은 무서우리만큼 대단한 나라이고 국민임을 잊어서는 안 된다는 생각을 늘 하고 있다.

수성못 도로변에 안내표시는 아예 없고, '오리학교'라는 한 식당의 주차장을 사이에 두고 산자락에 묻혀있는 미즈사키 씨의 무덤, 수성못이 내려다보이는 곳에 묻어 달라는 그의 무덤이 지금은 3층짜리 레스토랑 건물에 가려 수성못이 보이지 않는다.

10년 전에 비해 묘역이 잘 정리되어 있긴 하지만 어쩐지 그의 애절한 수성못 사랑에 보답하지 못하는 것 같아 송구스럽다. 일본은 미워도 인간 미즈사키 린타로 씨는 나의 존경의 대상이다.

알아서 긴다

1970년대 초, 온 나라가 새마을운동으로 한창일 때의 일이다. 박정희 대통령이 새마을운동이 벌어지고 있는 전국 각지를 순회 다니다가 열차를 타고 영천역을 지날 즈음 "영천은 한 개도 안 변했구먼" 이라고 했다는데 다음 날 영문도 모른 채 영천군수가 옷을 벗었다는 얘기가 있다. 박 대통령이 초급 장교시절의 추억을 회상하며 했던 독백이었을까, 아니면 당시의 시대적 상황으로 비추어 볼 때 새마을 사업이 부진했다고 생각한 비서관이 대통령의 혼잣말만 듣고 인사조치하도록 시킨 것인지, 아무튼 관선(官選)시절의 군수라 찍소리 못하고 집에 애 보러 가야했다.

마치 조선시대 때 임금이, "요사이 몸이 무겁고 기력이 떨어지는 것 같애"하면서 '밤이 무서워' 이 말에 눈치 빠른 이조판서가 강릉부사에게 물개 거시기를 당장 구해 오라고 명령을 내렸다고 한다. 지금도 우리 주위에는 이처럼 알아서 기는 일들을 자주 볼 수 있다.

나의 경험을 이야기 하자면, 50사단 신병교육대에서 훈련을 마치고 특과학교로 보내진 곳이 광주에 있는 포병학교였다. 7주간 '포병통신'에 관한 교육을 받는 과정이다. 40명 교육생을 입교 첫날에 침상 양쪽으로 세워 놓고 내무반장(포병학교에서는 '지도하사'라 부름)이 신상파악을 하는데, 나더러 "너 유도 했지!?"라며 묻기에, "유도 안 했습니다"에, "이 자식 내 눈은 못 속여, 유도 했지!?" 재차 묻는 바람에 잘못 했다가는 키가 190cm에 손바닥이 솥뚜껑만한 내무반장 황 하사에게 얻어터질 것 같았다. 어쩔 수 없이 "조금 했습니다!"라고 대답 했더니, "몇 단이야?" 며 또 물으니 "그냥 조금 했을 뿐입니다"라고 기어 들어가는 목소리로 말했다. 그런데 교육생들 앞에서 "너거들 잘 들어! 원래 운동을 잘하는 사람일수록 겸손한 거야. 함부로 덤비면 안 돼" 하는 것이었다.

유도도장 근처에도 가본 적이 없는 나는 본의 아니게 유도 3~4단 정도의 '어깨?'로 알려지며 교육을 받게 되었다. 어느 날 식사를 했음에도 배가 고파 한 번 더 타먹으려고 새치기를 했는데 아무도 제지를 하지 않아 그 다음부터는 계속 두 번씩 타먹었다.

그러던 어느 날 교육생 중 한 명이 시골의 부모님이 면회를 오셨는데 교육생은 일체 면회사절이라 자식 얼굴도 못보고 돌아섰다며 가지고 온 떡 보따리만 전해 받았다. 고민인 것이 교육생 모두 나눠 먹을 수는 없고 친한 친구 몇이서 먹자니 빈대가 붙을 것 같다며 내게 해결해달라는 요청이 들어왔다. 언뜻 생각난 곳이 사병들은 출입할 수 없는 장교변소를 알고 있었기에 거기서 다섯 명이 문을 걸어놓고 쭈그리고 앉아 그 많은 떡을 순식간에 해치운 일도 있었다. 유도선수로 알고 내게 고맙다는 인사까지 했던 그 동기생은 지금 무얼 하고 있을까?

요즈음, 박 모 국회의장의 돈 봉투 사건과 '형님'으로 통하는 이 모 국회의원의 뇌물사건, 그리고 최고 시중 잘 들기로 소문난 이 사람, 세 늙은이를 TV에서 자주 비춰주고 있다. 보기도 안 좋을 뿐더러 그 꼴이 불쌍하기까지 하다.

국회의장쯤 되는 사람이 정말 돈 봉투를 돌리라고 지시를 했을까, 위의 사례들을 보아 밑에서 조무래기들이 알아서 긴 것임에 틀림없을 것이다. 지놈들끼리 살려고 한 짓임에도 사건이 터지니 '모르쇠', '물귀신 작전'으로 일관하며 책임지겠다는 놈 하나 없으니 국민들의 가슴만 답답할 뿐이다.

또, 방통위원장에서 물러나지만 뇌물은 먹지 않았다고 하더니, 국회의장은 뇌물이 아니고 변호사 수임료로 받은 것이라고 둘러대는 꼴이, 과거 김지미, 최무룡이 이혼할 당시에 '사랑하기 때문에 헤어진다'고 했다. 한참 후에는 김대중 선생이 '다시는 정치를 하지 않겠다'는 말을 남기고 영국으로 떠난 뒤, 김포공항 입국장에서 기자회견 때 어느 기자가 "왜 거짓말을 하느냐?"고 물으니 "거짓말을 한 것이 아니라 약속을 지키지 않았을 뿐이다"라고 했다.

속이 훤히 들여다 보이는 말과 행동이다. '모든 것이 나의 잘못이고 책임이며 부하는 죄가 없다'고 말하는 사람은 찾아볼 수가 없다.

어찌하여 이 나라에는 主君을 위해서라면 기꺼이 목숨을 던지는 '사무라이 정신'을 가진 사람이 한 놈도 없다는 말인가. 나 같으면 할 수 있을 것 같기도 한데….

나는 천재다

며칠 전 미국에 살고 있는 박영륭 군이 문자 메시지로 내가 천재라는 말이 들리던데, 그렇게 된 경위를 듣고 싶다고 했다. 돈도 명예도 없어 인성이나 풍부한 사람이 되고자 사자소학(四字小學), 명심보감(明心寶鑑)을 공부 중인데 뚱딴지같은 소리지만 싫지는 않다. 미국서는 나같이 사는 사람을 천재라고 하는가 보다. 그렇다면 내가 천재의 길로 걸어 온 인생행로를 말해보겠다.

첫 번째 이야기

나는 대구 신천동에서 6남매의 장남으로 태어나 그곳에서 자랐다. 말이 대구지 6·25전쟁이 일어나기 전까지는 농사로 생업을 이어가는 조용한 시골 마을이었다. 1953년 휴전이 되면서 각지에서 수많은 사람들이 우리 동네로 몰려들었다. 피란민수용소가 들어서고 고아원을 비롯한 소위 혐오시설들이 빼곡히 들어서서 난장판을 이루었다. 주정뱅이, 노름꾼, 깡패, 넝마주이, 술집아가씨, 아편쟁이 등 싸구려 인간들이 모였기에 절도와 싸움질이 끊이지 않았다.

나는 어머니 손에 이끌려 집에서 4㎞ 가량 떨어진 범어동 동도국민학교에 입학하게 되었다. 당시에는 대다수 대구의 학교들이 군부대에 징발되어 우리학교 역시 교실도 없는 곳에서 공부를 하였다. 3학년 말까지 범어성당과 옹기 굴에서 거적때기를 깔아놓고 엎드려 공부를 해야만 했다. 4학년 때 겨우 송판으로 지어진 가건물에서 공부를 했고, 5학년 돼서야 본교사를 반환 받았다.

우리 동네 애들은 하학하면 공부는 뒷전이고 물지게를 진다거나 난로 불쏘시개용 솔방울 줍기와 관솔 따기, 잔디 씨 채집도 한몫을 했었다. 농삿집 아이들은 농번기가 되면 부모가 학교도 보내주지 않았으며 특히 여학생 결석률이 높았던 것으로 기억된다.

모기장만한 땅조차 없었던 우리 집은 막노동꾼 아버지가 교육열은 높아 그 덕에 결석 없이 학교를 다녔고, 4학년 때 구구단을 다 외웠으나 어떤 애는 6학년이 되어도 못 외워 방과 후 공부를 하였다. 나는 반에서 2~3등은 했으며 기억력이 좋다고 선생님께 칭찬을 받았다.

6학년 말 진학상담 때의 일이다. 우리 집안에서 제일 똑똑한 경북여고 2학년에 재학 중이던 이종사촌 누나가 학부모 자격으로 담임선생과 상담을 하게 되었다. 나의 장래희망이 교사였기에 누나는 사범학교의 전 단계인 "사범병설중학교에 지원서를 내 달라" 하였고, 담임은 "애는 공부도 잘하고 운동 또한 잘하니 경북중학에 보내야 된다. 나중에 사관학교에 들어가면 돈 없이도 대학공부를 할 수 있을뿐더러 장차 장군이 될 수 있다"며 강권하다시피 하여 경북중학교에 원서를 내게 되었다.

1959년 운 좋게 경북중학에 합격했더니 초가집 대문에 아버지 문패는 없고 경북중학 마크가 찍힌 나의 문패가 걸려 있었는데, 지나가는 사람들이나 동네 어른들이 "이 집에 천재 났다"는 소리를 듣게 되었다. 한 마을에서 자란 이병갑 군은 학군을 위반하여 동인국민학교를 다녔고, 나와 같이 경북중학교에 입학하였는데 섬유공장 부잣집 아들이란 죄로 '보결'로 단정 지어져 신천동에서는 나만이 진정한 챔피언이었다.

동도국민학교에서는 범어동 출신 김만조 군과 달랑 둘만 경북중학에 들어갔는데, 지금은 명문이 되어 위장전입 때문에 골치를 앓고 있다는 동도초등학교, 당시 나를 가르쳐주신 6학년 4반 권창학 선생님이 고맙지만 육군병장으로 전역하게 되어 죄송스럽다. 아울러 본의 아니게 보결 소리를 듣게 된 이병갑 군, 이미 고인이 되었지만 미안스런 마음을 전한다.

두 번째 이야기

경북중학교에 입학하면서 공부보다는 야구를 하고 싶어 반 대항 야구시합을 하다 보니 체육선생의 눈에 띄어 야구부에 들어가게 되었다. 4㎞ 거리의 동도국민학교를 거의 매일 뛰다시피 등하교 했고, 중1때 개교기념 전교마라톤대회에서 5등을 했다. 거기다 왼손잡이였으니 야구선수로서 기본기는 갖추어진 셈이다. 동급생 중에 김동앙, 현성철, 이선행, 박무인 등은 이미 국민학교 때부터 야구선수였다. 그들과 경쟁을 해야 하는데, 어려운 것은 걔네들보다 집이 가난하여 제대로 먹지 못해 체력이 달린 것이다. 결국 2학년을 끝으로 야구선수의 꿈을 접어야 했다.

3학년이 되자 공부는 뒤처진 상태고, 가정 형편상 고등학교 진학은 엄두도 내지 못할 상황이라 탁구장이나 영화관 같은 곳을 쏘다니며 방황했다. 그러나 부모님이 나는 장남이라고 굶어가며 고등학교 진학을 허락해 주었다. 그렇지만 그동안 공부를 하지 않았던 탓에 인문계는 포기하고 대구공고에 진학하기로 작정했다. 거기서 기술을 배워 공장에 취직하는 게 상책이라 생각하고 기계과에 지원서를 제출하였다.

지금은 부모의 등골이 휘든 말든 똥통대학교라도 대학을 나와야지 실업계 고등학교는 사람 취급을 하지 않는다. 그때는 가정이 어렵거나 시골의 우수한 학생들이 상고나 공고를 졸업하면 취업이 쉬워 상대적으로 굉장히 경쟁률이 높았다.

허겁지겁 벼락치기 공부로 기계과에 입학했더니, 아뿔싸 이 학교에 야구부가 있다니 이게 웬 말인가. 겨우 창단 2년차, 중학교 야구선수 출신 1년 선배에게 붙잡혔다. 야구를 하지 않겠다는 나에게, "너는 덩치 때문에 야구부가 아니라도 럭비부나 축구부에서 그냥두지 않을 테니 좋은 말 할 때 야구해라!"고 강요했다. 주먹이 무서워 다시 시작한 야구였는데, 신생팀이라 1학년 때부터 레귤러 멤버로 활약하였다.

그 당시 경북고 야구부는 해체된 상태였고, 대구의 야구는 대구상고가 명맥을 유지하면서 대구고, 대구공고, 성광고가 뒤처지는 신생팀에 불과했다.

1965년 졸업하던 해에 경북고 야구부가 재창단하면서 선수 수급이 어렵게 된 신생팀들은 해체 위기에 놓인다. 나는 최종적으로 대구·경북의 야구 발전이란 미명 아래 희생양이 되어 졸업 후 1년 더 선수생활을 하게 되었다. 지금 같으면 선수등록 자체가 안 되지만 그땐 통했다.

아버지가 53세의 나이로 돌아가신 1965년, 고교선수들의 꿈의 무대인 제20회 청룡기 전국고교야구대회에 처음 출전하여 동대문 야구장을 밟아 보았다. 예선에서 탈락했지만 내겐 영원한 추억으로 남아 있다. 야구선수들은 전국체전이 끝나면 뿔뿔이 흩어진다. 나는 부산 동아대학교 야구 특기생으로 발탁되어 동계훈련부터 참가하였다.

이듬해인 1966년, 체육특기생으로 입학은 보장받지만 형식적이나마 입시전형에 응시해야만 했다. 합격자 발표 날, 체육학과 전임강사 겸 야구감독이셨던 안영필 감독께서 나를 포함한 신입생 7명의 성적을 불러주는데, 400점 만점에 116점을 얻은 내가 최고 점수였다. 이 점수가 그해 체육특기생 45명 중 Top을 차지했다면서 30명 가량의 선수들 앞에서 "너거 잘 들어! 일마 이거 천재다"라고 하셨다.

대학서 A급 장학생에게 지급되는 월 4,000원을 가지고 하숙비 3,500원을 빼면 남는 돈 500원이 담배를 비롯한 용돈이 되니 턱없이 부족했다. 간혹 연습이 없는 휴일에는 학교 측에서 점심을 제공하지 않기에 감독께서 집으로 나를 불러 밥을 먹여준다. 구덕운동장 앞 종점에서 지상으로 다니는 전차를 타면 동래구 명륜동까지 꼬박 두 시간 걸린다.

이토록 어려운 여건 속에서 열심히 훈련했지만 팀 성적은 좋아지지 않았다. 서울에서 대학연맹 리그전을 하면 겨우 동국대에 1승을 거둔 것이 기억날 정도다.

1학년이지만 나 때문에 성적이 오르지 못하는 것 같은 죄책감에 사로잡혀있던 여름 방학, 일본 게이오 대학(慶應大)과의 구덕운동장에서 벌어진 친선경기에 22:0으로 참패를 당하고 나니 더 이상 투수생활을 할 엄두가 나지 않았다. 설상가상으로 팔꿈치 부상마저 도져 선수생활을 그만두기로 결심하게 되었다.

안영필 감독이 여태 살아계신다면 90세 정도일 것이다. 철없는 나는 감독님과 일언반구 상의 없이 야반도주했음에 정말 죄송한 마음이다. 하숙집 밥만으로 체력을 유지할 수 없었던 피맺힌 사연이 내게 있었다. 키 182㎝에 체중이 68~69㎏밖에 안 되니 어디서 파워가 나오겠으며, 어떻게 부상을 입지 않을 수 있었겠습니까? 이 말씀을 이제 와서 감독님께 변명삼아 올립니다.

세 번째 이야기

경력이라고는 야구선수 밖에 없는 내가 포항제철 기능직사원으로 당당하게 합격했다. 운이 따르는 것 같아 앞으로 이 길로 쭉 나가기로 마음먹었다. 헝그리정신이 먹혀들었는지 일본으로 기술연수도 보내주고, 입사 5년 만에 서른 두 살의 새파란 나이에 현장 최고직인 주임에 이르렀다. 지금은 변했지만 그때는 고졸과 대졸 간의 직위가 엄격하게 구분되어 있었다.

80년대 후반, 민주화바람이 포항제철에도 불어 노동조합 결성의 주역이 되었다.

3연속 대의원을 하고나니 주위의 후배들이 나를 그들의 선봉장으로 모셨다. 이 바람에 간이 점점 커졌고, 급기야 1만9천 명이 넘는 거대 노동조합의 위원장에 출마하였으나 낙방하고 말았다. 이후 현실노조의 투쟁방향과 추구하는 목표가 나의 사상과는 괴리가 너무 커 노조활동도 그만뒀다.

그렇지만 '유전대졸, 무전고졸'의 한은 여전히 남아 있었다. 어느 날 모 철강회사에서 임원자리 제의에 20년 가까이 젊음을 바쳤던 포스코를 뛰쳐나왔다. 개인회사의 임원생활도 그리 녹록지 않아 1997년 말에 터진 IMF사태로 하루아침에 직장에서 쫓겨나는 신세가 되고 말았다. 그로부터 새 직장을 구하기까지의 2년간은 너무 힘든 나날이었다. 임원이란, 임시직원의 준말임을 가슴깊이 새기고 새 직장에서 더욱 노력하려고 애를 썼으나 능력의 한계로 우울증까지 겹쳐 2년 만에 사표를 던지고 천하에 재수 없는, 천재로 살았다.

때로는 친구로부터 "흙수저로 태어난 신분에, 생산현장 기능공에, 노조활동까지 좋은 경력을 갖춘 너가 어찌 빨갱이(사회주의자)가 왜 안됐지?"라고 물으면, 항상 나의 대답은 이렇다. "일찍부터 가난과 싸우며 굶어죽지 않고 사느라 대학을 못 다녀, 마르크스 레닌주의나 변증법적 유물론을 탐독하지 못해 빨갱이가 될 시간이 없었다"고 말해준다.

올해가 백수생활 17년차다. 힘든 때도 많았으나 와이프를 비롯하여 가족들의 헌신적인 노력과 친구, 친지들의 도움으로 산골에서 건전한 노후를 보내고 있다.

작년에 열두 명, 올해 이미 두 명의 동창이 세상을 떠났다. 나 또한 밤새 안녕을 할지 못할지 알 수가 없다.

가난에 찌든 어린 시절을 생각하며 '먹는 것에 최선을 다하는 사람이 되자!' 그리고 '늘 이만해서 다행이다'를 생활신조로 삼고 있다. 아직 한자리에서 소주 세 병 깔 수 있으니 천하에 재수 있는, 나는 천재다~!!

양구의 추억

1969년 4월, 대구 제50사단 신병교육대에서 6주간 육군 기본훈련을 마치고, 후반기 교육을 광주 포병학교에서 통신교육을 받은 나는 강원도지역으로 배치되는 병력들의 집결지인 춘천 103보충대에 오게 되었다. 요즘은 구경조차 할 수 없는 빈대가 밤잠을 설치게 하는 103보에서 2~3일 기다린 뒤 수백 명의 병력을 연병장에 모아놓고 부대배치를 시작한다.

담당자가 내 이름을 포함한 수십여 명을 호명한 뒤 "이상, ○○명! 죽어도 못가겠네 2사단 죽곡리(양구)~!" 하는 게 아닌가. 당시의 기억을 되살려 보면, "십오야 밝은 달에 15사단 명월리(화천)~", "살아도 백골 죽어도 백골, 3사단 신수리(철원)~", "인제가면 언제 오나 원통해서 못가겠네 12사단 원통리(인제)~" 등이 생각나는데, 지금 생각하면 부대 이름을 외우기 좋으라고 붙인 재미있는 표현이 아닌가 싶다.

병력수송을 위해 대기하고 있는 수십 대의 트럭에 '죽곡리' 팻말이 붙은 트럭에 올라탔다. 작전차량이라 덮개가 씌워져 밖은 내다 볼 수 없으나, 비포장도로에 뽀얀 먼지를 일으키며 달린 뒤 도착한 곳이 난생 처음인 양구, 2사단 보충대였다.

이튿날, 대다수 신병들이 팔려나가고 남아 있던 나는 보충대 선임하사에게 "18포병대대가 어딥니까" 물었다. "저 멀리 허연 산이 보이지? 눈이다. 저기가 6·25때 쓰던 105미리 곡사포부대로, 포병 중에서는 북한과 제일 가까운 18포병대대다. 골이 깊어 하늘은 3천 평 밖에 안 되고, 민통선 안쪽이라 사람구경하기 어려운 곳이다. 너는 키 크고 폼도 괜찮으니 돈을 쓰든 어찌하든 위병소로 빠지는 게 좋겠다. 그리고 탈영할 생각은 아예 하지마라, 월북하기보다 탈영이 더 어렵다"고 했다.

보충대에서 나 홀로 이틀을 더 보내고 나니 18포병대대 통신연락병이 나의 인적사항을 확인하더니, "양구 소재지까지 걸어가야만 보급품 수송트럭을 탈 수 있다. 둘러 가면 멀고, 강을 건너면 빠른데 어쩔래"라는 물음에 강을 건너겠다고 했더니 "나를 업고 건너야 된다"고 했다. 내 돈 내고 일찌감치 양구 소재지에서 저녁을 먹고 보급품 수송트럭에 탔더니, 한참 후 내리라고 한다. 여기가 바로 '유엔고지'라며 내리막길에 차량이 전복된 사고가 있었기에 선임탑승자 이외는 전부 하차하여 걸어서 내려와야 한단다.

해가 빠진 뒤 도착한 18포병대대 본부포대 내무반에 들어가니 희한한 일이 벌어지고 있었다. 전깃불이 아닌 석유등불(남포) 아래서 짚으로 새끼를 꼬고 있는 게 아닌가? 대대본부에 전기가 들어오지 않는다니 말이 안 되는 군대라는 생각이 들었다. 한쪽 구석에는 예비군복을 입은 제대 말년 병장들이 내게, "군대생활 몇 개월 했느냐"고 물어도 신통찮을 판에 "제대 몇 개월 남았냐?"고 비아냥 투로 묻는다. 큰소리로, "33개월 남았습니다"했더니, "얼마 안 남았네, 다 됐네"라며 나를 놀리고 저희들끼리 낄낄거리며 좋다고 웃는다.

본부포대 행정반에 배치된 나는 이튿날부터 전방부대 적응훈련을 받게 된다. 일반적인 군대훈련이 아니고, 기다란 통나무를 어깨에 메고 걷는 연습, 대검으로 소나무 껍질을 벗기는 일, 새끼 꼬는 보조 등, 소위 말하는 '노가다' 훈련이다. 이런 일에 어느 정도 적응이 되면 하사관 인솔 하에 소나무를 베러 산에 가게 된다.

우리부대는 시멘트 블럭으로 된 내무반 막사 이외는 전부 통나무로 지어진 벙커거나 식당, 창고, 무전차고 등이니 많은 소나무가 필요했다. 대민지원 해 주고 얻은 볏짚으로 이엉을 엮어 초가지붕을 얹고, 새끼를 꼬아 차량이나 대포의 위장망을 만들었다.

69년 12월부터 이듬해 겨울동안, 추운 건 당연하지만 어찌나 눈이 그렇게 많이 내리는지 밥만 먹으면 제설작업에 투입된다. 눈 내리는 밤에는 총은 둘러메고 빗자루로 눈을 쓸면서 초소까지 가야하고 되돌아 올 때도 눈을 쓴다.

행정반 졸병인 내가 할 일 중의 하나가 해뜨기 전에 국기게양이다. 태극기를 묶자면 장갑을 벗어야 하는데 추위에 손가락이 잘려 나가는 듯했다. 지금에야 국경일, 현충일 관계없이 일 년 내내 그대로 게양하니 세상 참 편해졌다는 생각이 든다.

나 같은 졸병은 매일 저녁 남포등의 새카만 그을음을 닦다가 유리에 손을 베기 일쑤였다.

또 전방부대에서 겨울이면 빼놓지 않는 게 혹한기 훈련이다. 매년 1월초에 실시되는 이 훈련은 언 땅에 텐트를 치고 자야하며, 식사 도중에 밥알이 얼어버리는 날도 겪게 된다.

68년, 김신조 일당의 북괴 무장공비 침투사건 이후 생겨난 '완전군장 100리 행군'은 여름철에는 죽을 맛이다. 발에 차는 모래주머니가 무거워 모래를 빼고 볏짚을 넣거나, 행군도중에 방독면 알맹이를 몰래 감춰두고 돌아 올 때 되찾기도 했다.

당시 전방부대의 제일 큰 사업이 철책선 따라 시멘트벙커를 구축하는 일이었다. 나는 본부포대원이라 벙커작업에 동원되지 않았으나, 예하 A, B, C(알파, 브라보, 찰리) 포대원들은 보병들을 지원하는 일을 해야만 했다. 40kg 시멘트 한 포대 또는 물과 모래를 짊어지고 올라가서 벙커와 벙커 사이에 교통호를 파는 작업을 했다.

이러다보니 정작 해야 할 훈련은 시간이 없어 못하게 되는데, 골치아픈 게 사격훈련용 실탄이 소비를 못해 남는다는 것이다. 상급부대로 탄피를 반납해야할 시기가 되면 행정병인 나는 여지없이 사격장에 불려나가 원도 한도 없이 총을 쏴야 했다. 덕분에 사격 솜씨가 좋아 사단 사격대회에 나간 적은 있었으나 특별휴가는 얻지 못했다.

이즈음 양구에서 세상을 떠들썩하게 만든 사건이 있었는데, 바로 한국 최초의 양구 '소라다방 인질사건'이다. 우리부대 박 모 중사의 동생이 형과 다툰 후 형의 실탄을 훔쳐, 양구 소재지로 나가 때마침 세워둔 지프차의 카빈소총을 탈취하여 소라다방에서 인질극을 벌린 사건이다. 아마 몇 사람 죽인 걸로 기억된다. 이 사건 이후 많은 모방 인질사건이 일어나는 계기가 되었다.

군대생활에서 또 하나 빼 놓을 수 없는 것이 단체기합 아니든가? 소위 말하는 '줄빳따'다. 고참 순서대로 미제 야전곡괭이(5파운드) 자루로 쳐대는 단체기합도 자주 맞으니 면역이 생겨 아픔에 적응이 될 정도였다.

그런데, 너무 많이 맞으면 핏자국과 팬티가 붙어버려, 엎드려 자거나 새우잠을 자지 않으면 또 다른 고통이 온다. 이럴 때마다 '며느리 커서 시어머니 되는 법'이라 여기고 어금니를 깨물며 참는다.

내가 전방생활에서 제일 참기 어려웠던 것은 고된 훈련도, 힘든 작업도, 얻어맞는 기합도 아닌 '배고픔'이었다. 육군 정량에 잘못이 없지만 구조적으로 행해지는 부정부패가 문제였다. 상급부대에서 내려 줄 때 일정량 빼 먹고, 민간인 통제구역이라 외출, 외박이 거의 없으니 쌀이 남을 리 없고, 박봉에 시달리는 영외거주자들이 쌀과 부식을 제 것처럼 가져가고, 1종계 담당은 팔아먹어버리니 모자랄 수밖에 없다. 고된 훈련과 작업에 시달려야 하는 내게 덩치 크다고 밥 더 주지는 않더란 말이다. 통상 취사반에는 남한산성(육군형무소) 출신들이 군기반장으로 있기 때문에 밥 더 달라고 했다가는 얻어터지고 만다. 그저 일 년에 단 한 번뿐인 25일간의 정기휴가 이외 희망이라고는 없는 나날을 보내야만 했다.

남루한 군복에 발꼬랑내나는 국방색 통일화를 신다가 휴가명령을 받으면 남의 군화와 옷을 빌려 입는다(당시는 군화가 귀해서 사병들은 영내에서 군화를 신지 못하게 했다). 보급품 수송트럭을 얻어 타고 양구까지 가서, 거기서 또 서울 마장동 시외버스 터미널로 가야하는데, 소양호 댐 공사 할 때인지라 발파작업 시간에 걸리면 하염없이 기다려야 했다.

마장동에서 다시 용산역으로 다시 가 '용사의 집'에서 기다렸다가 시간을 맞추어야 겨우 공짜 군용열차를 탈 수 있었다. 밤 군용열차를 타고 대전역에 정차하면 지금도 침이 넘어가는 플랫폼의 우동을 먹지 않을 수가 없다. 거무스레한 국물에 단무지 한 조각, 시간이 모자라 두 그릇 이상은 먹을 수가 없었기 망정이지 서너 그릇 해치울 수 있었을 때다.

새벽 무렵 대구역에 도착하니 완전히 하루를 까먹는 셈이다. 이렇게 오고가며 이틀을 제하면 강원도 병력들은 이래저래 손해다. 특히 겨울철 눈이 많이 내리면 유엔고지를 넘을 수 없으니, 중동부전선 속담에 '휴가는 유엔고지를 넘어봐야 안다'고 했다.

70년 9월, 군대생활 20개월째다. 정기휴가를 다녀 온 상병 때, 나는 중대결심을 하게 되는데 바로 월남전 지원이다. 그때 나의 심정은 이판사판 죽을 때 죽더라도 배불리 먹고 죽자, '먹고 죽은 귀신이 화색이 좋다더라'는 말이 유행처럼 번지고 있을 무렵이다. 그러니 세계평화를 위해 월남 간다? 내겐 당치도 않는 허울 좋은 말장난이었다. 다만 기아를 벗어나기 위해 죽음의 전장으로 갔을 뿐이다.

나는 주특기가 무전병이라 지원하자마자 차출명령이 떨어졌다. 무전병 주특기는 섣불리 지원했다가는 죽을 확률이 높아 모두들 꺼리기 때문에 돈이나 빽을 안 쓰고도 갈 수 있었다(월남전 초기에는 죽기 싫어 서로 안 가려고 했는데, 나중은 괜찮은 주특기는 5만 원 정도 줘야 파월이 되었다).

드디어 육군으로 월남전에 파병되는 장병은 반드시 화천군 오음리의 제7보충단에서 한 달간, 영화 세트장처럼 인위적으로 만든 실전훈련장에서 훈련을 받고 간다.

이 오음리 7보단에 가려면 아흔아홉구비, 지금은 '배후령'이라 부르며 터널까지 뚫렸지만, 그때는 '오음리 고개'로 통했다. 7보단으로 가는 장병들은 이 고개를 넘을 때 모두가 눈물을 흘린다 해서 '아리랑 고개'라고도 불렀다. 트럭에 실려서 같이 가는 병사 중에서 나 빼고는 다 우는 것 같았다. 특히 본의 아니게 차출되어 가는 병사의 슬픔이야 말할 수 없을 테지만 나는 눈물 한 방울 흘리지 않았다.

이제야 배고픔을 떨쳐버릴 수 있는 절호의 기회가 내게 찾아 왔기 때문이었다.

다시는 양구 쪽을 향하여 오줌도 누지 않을 것이라고 다짐을 하며 7보단으로 갔다.

그로부터 45년이 지나버린 2015년 4월 18일, 재경 동기회 주관으로 부인회원 포함 77명이 두 대의 전세 버스로 양구일대 봄나들이 안보관광을 가게 되었다. 마침 와이프의 정기검진일과 연결되는 바람에 동참하는 행운을 얻었다.

나는 단지 양구에서 군 생활을 했다는 것만 기억하지, 두타연, 을지전망대, 제4땅굴, 박수근 미술관 등등은 듣도 보도 못했었다.

다만 6·25때 치열했던 전투지역, 유엔고지를 넘으면 양구군 방산면이고, 가까이에 백석산이 있었다는 것, 21사단 65연대 곁에 우리부대가 있었다는 것 정도이다.

왜냐하면 휴가나 훈련 때가 아니면 밖으로 나올 기회가 거의 없었기에 지리를 모를 수 밖에다. 다행이 내 옆에 양구의 지리에 밝은 신

영창 군이 도움을 줘서 어슴푸레 조금씩 기억을 되살리게 되었다. 그리고 주변을 돌아보니 차츰 이곳이 내가 군 생활 했던 곳과 매칭이 되어 지더라. 바로 내가 있었던 부대가 우리 최동진 장군이 육사 졸업 후 첫 부임지였던 21사단 169포병대대와 맞바꾼 곳이라기에 더욱 감회가 깊었다.

이제 백발이 된 친구들과 6·25때 이곳 양구전투에서 전사한 영혼들을 모셔둔 위령탑에서 묵념을 올리고, 두타연 계곡을 걸어가며 봄을 만끽하였다.

옛날엔 연명을 위해 먹었던 시래기가 건강식품으로 이곳의 특산품이 되어 관광객의 주머니를 털고 있는 것도 아이러니다. 눈물의 '오음리 고개'는 우리나라 최장 5.1㎞의 터널이 뚫려 있었고, 박수근의 대표작 '빨래터'는 복사본도 찾아볼 수 없었으나 잘 지어진 미술관은 대도시에 내 놔도 손색이 없을 정도였다.

을지 전망대에서 북녘 땅을 바라본 군사분계선, 남방한계선, 북방한계선, 비무장지대라는 용어들을 되 뇌이며 양구에서 배고프고 서러웠던 기억은 애써 다 버린 뒤, 좋은 추억만 모아 가슴에 담고 전세버스에 올랐다. '양구에 오면 십 년은 젊어진다'나 어쩐다나?

끝으로 내게 이런 추억의 기회를 종종 만들어 주는 정남진 서울 동기회장과 총무단 동기생들의 공익근무 자세에 경례를 보낸다. 멸공!!

3장

짜장면도 된다

짜장면도 된다

우리말이 어렵긴 어렵다. 초등학생을 데리고 목욕탕에 간 아버지가 뜨거운 물에 들어가면서 '시원하다'고 하니 아들이 '세상에 믿을 놈 하나도 없네!'라고 했다는 우스갯소리가 있다. 다문화 가정의 여성이 자기가 잘못을 저질렀는데도 시어머니가 '잘 한다'고 해서 어리둥절했단다. '어떻게 오셨어요?' 물음에 '버스 타고 왔어요'로 대답하는 학생이 있다는 공공기관 민원실 담당자의 얘기도 그럴듯하다.

그렇다면 외국인에게 '다음 주 화요일에 시간 있습니까?'라고 물으면 어떻게 대답할지 궁금하지 않는가? 어느 날 외손자가 교통신호등을 가리키며, "할아버지, 초록색인데 왜 파란불이라 하느냐?"는 질문에 궁색한 대답으로 "초록색이라도 파란불로 알고 있으면 된다!"고 얼버무렸다. 우리나라 사람은 '푸른 산, 푸른 하늘'을 동일한 색깔로 머리에 굳혀져 있기 때문이라 생각한다. 그러나 Green과 Blue는 엄연히 색깔이 다르다. 같은 '손'이라도 의미가 어떻게 다른지 알아보자. 손이 부족하다(사람). 손을 빌리다(힘). 손을 끊다(관계). 부인의 손에 놀아나다(영향력). 물건을 손에 넣다(소유). 대통령의 손에 달렸다(결정). 손이 빠르다(능숙함). 손이 거칠다(서투르다). 쉽다는 우리말도 이처럼 따지고 들면 한량없이 어려워진다.

그렇다면 우리글(한글)은 어떨까? 한글예찬론자들은 세계에서 가장 배우기 쉽고 어느 나라 말이든 다 표현할 수 있다며 입에 침이 마르도록 자랑을 늘어놓는다.

특히 한글날을 앞두고서는 온통 세종대왕을 극찬하느라 야단법석이다. 정말 그럴까? 한글을 세계만방에 알리려면 국제 언어라 할 수 있는 영어 표기가 쉬워야 된다. 예를 들면, '은과 언'은 분명히 다른 글자인데 영문표기는 똑같이 'un'이다. 최(崔)라는 한 음절도 영문표기는 두 음절인 Choi(초이)로 발음된다. 표지판의 영문표기도 Pusan, Busan 제멋대로다. 같은 박(朴)씨 성을 가진 박찬호 선수는 Park이고, 박세리 선수는 Pak이다. 그래서 박세리는 알(?)이 없다는 유머도 있다.

어린이들이 보는 만화프로에 '사람' 대신에 인간(人間)이라는 말을 쓰는 통에 '인간'이 뭐냐고 손자로부터 되물음을 당했다. 나는 연속극은 전혀 보지 않는다. 그러나 KBS에서 아침에 방영하는 '인간극장'만은 즐겨본다. 논픽션이기 때문에서다. 자세히 보면 대화중에는 '계란(鷄卵)'이라 하는데, '달걀'이라고 자막처리 되는 것을 볼 수 있다. '닭의 알'의 순수 우리말인 '달걀'은 예전에 우리 어릴 때는 썼는데 요즘은 아무도 쓰지 않는다. 동네 마트에 가도 '계란'이라 한글로만 적혀 있다. 다만 '달걀귀신'일 때만 쓰일 뿐이다. 우리가 쓰는 말과 글의 70~80%가 중국의 漢字를 빌려서 그대로 사용하고 있는데도 과연 한글이 최고인지 묻고 싶다.

얼마 전, 내가 쓴 〈포스코도 망할 수 있다〉는 글에 달아놓은 댓글에, 답글로 '바람마저 불어 으시시 하더라'에 '으시시'가 아니라 '으스스'가 표준말이라고 이용웅 군에게 지적을 받았다. 정말 서울사람들은 모두 '으스스'로 말하는가?

나는 2011년 6/28~8/27까지 꼬박 두 달간, 동국대 경주캠퍼스에서 '한국어 교원 양성과정'을 수강한 적이 있다. 전문대학이나 대학교 2년 이상의 학력소지자가 120시간을 이수하면 한국어교사 3급 시험에 응시 할 수 있다. 여기서 말하는 '한국어 교사'는 국어를 모어(母語)로 사용하지 않는 외국인, 재외동포를 대상으로 한국어를 가르치는 사람을 말한다. '국어 교사'와는 개념이 다르다.

배워야했던 이유는, 다문화 가정의 여성들이 말(소리)은 일상생활을 통하여 습득이 되지만 글(문자)은 읽고 쓰는 게 대부분 안 된다는 것이다. 이른바 '문맹자'가 많다는 얘기다. 이들에게서 태어난 자식도 국민이다. 이들이 자라면서 학교, 군대, 취업, 결혼을 해야 하는데, 이 과정에서 홀대를 받는 일이 너무 많단다. 혼혈아로 취급받아 "내 자식은 얘 네들과 같은 반에서 공부할 수 없다" 며 학교로 몰려오는 부모도 있다고 한다.

또, 포항의 철강공단에도 외국인 근로자들이 많다. 자기네 나라에서는 대학까지 나왔으나 조상을 잘못만난 탓에 한국의 3D업종은 그들의 차지다. 무거운 철강재를 다루는 곳에는 쇳가루도 많이 날리고, 기계들이 육중하여 안전사고가 나면 크게 다치거나 사망에 이르기도 한다. 이래서 외국인근로자들이 즐겨 쓰는 말이 '사장님 나빠요'다.

이렇게 다문화 가정이나 외국인 근로자를 도와줄 생각으로 시작한 한국어 교사 양성과정이 그토록 어려울 줄이야 상상조차 못했다. 인기가 없는 강좌였는지 수강생이 20명 이하이면 폐강시킨다고 했다. 나와 같이 7기생으로 수강신청한 사람은 모두 22명이라 폐강은 면했으나 일주일이 지나면서부터 하나 둘 포기하는 사람이 생기기 시작했다.

한국어 어문규범, 국어 어휘론과 의미론, 한국어 문법론, 대조 언어학, 한국어 화용론, 사회언어학, 한국어 음운론 등등에 숙제와 모의수업을 비롯한 평가까지 어느 하나 쉬운 게 없었다. 예사로 여겼던 맞춤법과 띄어쓰기도 두 달 내내 나를 괴롭혔다. 만만찮은 수강료가 아깝기도 하고 한국어가 얼마나 어려운지 끝까지 해보자는 오기마저 생겨 계속 버텼다.

수료식이 다가오자 절망적인 얘기들이 나돈다. 한국어교사 자격시험은 불합격을 시키기 위한 시험이라는 둥, 합격을 해도 봉사정신이 투철하지 않으면 배겨날 수가 없다고 한다. 기출문제집을 사서 펴보니 정말 어렵다. 마치 '우리말 달인'을 뽑는 것 같은 문제들과 여기 출연자의 수준은 돼야 풀 수 있는 문제들이다. 게다가 합격하지 못하면 또 1년간 시험공부를 하지 않으면 안 되는 현실 앞에 나 역시 한국어 교사 되기를 포기하고 말았다. 그나마 한 가닥 희망은 양성과정의 수료만으로도 가르칠 수 있다고 했다. 포항시청에 문의 전화를 했더니 계획조차 없다는 담당자의 퉁명스런 대답이 아직도 생생하게 귀에 들리는듯하다.

차제에, 내가 수강했던 교재를 꺼내놓고 우리가 잘 모르고 있었던 우리말과 글에 대하여 한번 짚어보고자 한다. 가장 틀리기 쉽고 애매

모호한 두음법칙(頭音法則)에 대하여 알아보자. 한국어 어문규정을 보면 한자어(漢字語)는 첫머리에 'ㄹ, ㄴ'이 오는 것을 기피한다고 되어 있다. 대표적인 예로 알타이어족의 많은 언어들에서 어두에 'R' 또는 'L' 음이 오는 것을 꺼리는 현상을 발견할 수 있다. 이런 현상을 두음법칙이라고 규정하고 있다.

1) 'ㄹ'을 첫소리로 가진 말이 단어의 첫머리에 올 때, 'ㄹ'은 'ㄴ'으로 바꾸어 표기해야 한다. 즐길 락(樂)자가 단어의 첫머리에 오면 '락원(樂園)'이 '낙원'으로 된다. 단, 첫머리가 아닐 경우는 본래 표기대로 적는다. 예를 들면 '쾌락(快樂), 고락(苦樂)'이다.

2) 구개음(입천장소리)인 'ㄴ'이 반모음 'ㅣ(이)'를 만나면 두음법칙을 적용하여 단어의 첫머리에 오는 'ㄴ'은 'ㅇ'으로 쓴다. 그래서 '냐, 녀, 뇨, 뉴'는 단어의 첫머리에서 '야, 여, 요, 유'로 적는다. 예를 들면 계집 녀(女)자는 단어의 첫머리에서는 '여'자로 적고(녀성→여성), 첫머리가 아닐 때는 '남녀'처럼 본음대로 적는다. 그런대도 '남여'로 적는 사람이 많다. '부녀(父女)'가 '부여'가 될 수 없다는 뜻이다.

3) 연쇄 적용되는 두음법칙, ㄹ→ㄴ, ㄴ→ㅇ의 규칙에 연쇄적으로 적용될 때도 있다. 즉, 'ㄹ'이 모음 'ㅑ, ㅕ, ㅛ, ㅠ' 등과 결합하여 '랴, 려, 료, 류'가 될 때이다. 이들이 단어의 첫머리에 올 때는 'ㄹ→ㄴ'의 규칙에 따라 '냐, 녀, 뇨, 뉴'가 된다. 그다음에는 'ㄴ→ㅇ'의 규칙에 따라 '야, 여, 요, 유'가 된다.

연쇄 적용되는 두음법칙의 예를 들면 량심(良心)→냥심→양심(ㄹ→ㄴ→ㅇ)으로 된다. '어질 량(良)'자는 단어의 첫머리에서는 '양심'으로 적고, 첫머리가 아닐 때는 '선량(善良)'처럼 본음대로 적는다.

4-1) 두음법칙에서 유의해야할 것은 의존명사는 본음대로 적어야 한다는 것이다. 예를 들면, '년', '리'의 경우 백 년, 그럴 리가 없다와 같이 단어의 첫머리에 쓰이지만 두음법칙을 적용하지 않는다. 그래서 '○년, ○○리'처럼 한 단위로 인식을 한다.

4-2) 두음법칙이 적용된 단어에 다른 말이 붙어도 본음으로 돌아가지 않는다. '신여성'의 여(女)는 단어의 첫머리가 아니므로 '신녀성'으로 적어야 될 것 같지만 두음법칙이 적용된 단어 '여성'(←녀성)에 '신'이 접두사처럼 붙은 말이므로 '신여성'으로 적어야 한다. '연이율, 중노동' 같은 말도 '이율(利率), 노동(勞動)'에 '연, 중'이 접두사처럼 붙은 것이다. '해외여행'의 경우에도 '해외'라는 단어와 '여행'이라는 단어가 결합한 말이다. 그래서 '여행'은 '려행(旅行)'의 두음법칙을 여전히 받는다.

4-3) '모음'이나 'ㄴ'받침 뒤에 오는 '렬, 률'은 '열, 율'로 표기한다. '나열(羅列)'은 모음받침 뒤에 오기 때문이고, '선열(先烈)'은 'ㄴ'받침 뒤이므로 '열'로 적는다. 그러나 '행렬(行列)'은 그런 조건이 아니므로 본음대로 '렬'로 적어야 한다.

마찬가지로 '모음'이나 'ㄴ'받침 뒤에 오는 '백분율, 비율, 환율'의 경우는 '율'로 적어야 하고 '출석률, 능률, 취업률'은 그런 조건이 아니므로 본음대로 '률'로 적어야 한다.

4-4) 수량을 나타내는 '량/양(量)', 글 싣는 자리를 뜻하는 '란/난(欄)'은 두 가지로 적는다. 첫째, 두음법칙을 적용하는 경우이다. 고유어, 외래어와 합성할 때의 예를 들면 '구름양, 칼로리양'으로, '가십난, 어린이난'으로 적는다. 둘째, 본음표기를 적용하는 경

우이다. 漢字語와 합성할 때는 본음대로 적는다. 예를 들면 '강수량, 적설량', '독자란, 비고란' 등이다.

위에서 살펴본바와 같이 '두음법칙' 하나만으로도 한글이 얼마나 어려운지 알았을 것이다. 북한에는 우리처럼 골치 아픈 두음법칙이 없다. 로동당, 리발, 령도자, 리설주, 란초, 등을 매스컴을 통해 보고 들은 적이 있을 것이다.

여기서 우리들은 일상생활에서 두음법칙을 바르게 적용하고 있는지 스포츠 스타를 예로 들어보겠다.

삼성 라이온즈의 진갑용/룡 선수의 유니폼에는 '진갑용'으로 되어 있다. 어떻게 읽고 써야하나? 발음이 정확해야하는 아나운서마다 조금씩 다르다. 진감용, 진갑농, 진갑룡, 진갑용, 진감농, 진가봉 등으로 불려진다. 어느 것이 맞는지 아는 사람 있는가? 이걸 알려면 진갑용 선수의 漢字이름을 정확히 알아야 한다. 만약 '용'자가 날랠 용(勇)이나, 떳떳할 용(庸) 또는 녹일 용(鎔)이면 '진갑용'으로 쓰고, 읽을 때는 '진가봉'이다. 그러나 용 룡(龍)자면 문제가 달라진다. 실제 진갑용 선수의 한자 이름은 '陳甲龍'이다. 그렇다면 '진갑룡'이라 쓰고 '진감농'이라 읽어야 한다. 그런데 왜 '진갑용'인가?

며칠 전, 스위스의 축구 대표 팀과 평가전에 출전한 우리 선수 중에 '이청용'과 '기성용'이 있다. 두 선수 모두 '용'이라며 '쌍용의 활약이 대단했다'는 표현을 썼는데, 맞는지 알아보자. 이청용의 한자 이름은 李靑龍이고, 기성용의 한자 이름은 奇誠庸이다. 용 룡(龍)은 '룡'이고, 떳떳할 용(庸)은 '용'으로 표기해야 한다.

흔히 두 마리 용(龍)을 '쌍용(雙龍)'이라 부르는데 '쌍용'은 잘못된 표기이다. '雙龍그룹'이 요즘 고전을 면치 못하는 것도 '쌍용'이라 쓰기 때문이 아닐까하는 나만의 생각이다.

선동열/렬 감독은 漢字이름이 宣銅烈이다. 매울'렬(烈)'이기 때문에 두음법칙 상 '선동렬'이 맞다. 그러나 본인이 선호한다는 이유로 '열'을 쓰고 있다. 왜 이런 현상이 일어날까?

1994년 이전까지는 호적에 이름을 漢字로 썼기 때문에 큰 문제는 없었다. 그 이후에 예규가 바뀌면서 호적에 한글과 漢字를 같이 적게 되면서 문제가 터진 것이다. 금융실명제 때 가장 큰 걸림돌이 류 씨 성(姓)을 가진 '버들 류(柳)'와 '죽일 류(劉)'였다. 그래서 1996년에 모든 성씨에 두음법칙을 적용해서 기재하라는 예규가 바뀌면서 강제로 'ㄹ'로 시작되던 성을 가진 사람들의 이름이 'ㅇ'으로 바뀐 것이다. 지금은 두음법칙을 쓰라는 규정이 위헌(違憲) 결정이 나서 柳, 劉는 '류'와 '유' 둘 다 표기가 가능하고, '그러할 兪'는 '유'로만 표기하도록 되었다.

류/유현진, 유/류중일 어느 것이 틀리고, 바르다고 할 수 없다. 4촌 형제간에도 '류'와 '유'로 현재도 같이 쓰고 있으니 성(姓)씨가 다르다고 말할 수 없는 형편이다.

어린이 만화프로에 '사람'이라는 우리말이 있는데도 굳이 '인간(人間)'이라 표현하는 바람에 외손자로부터 '인간'이 뭐냐는 질문을 받게 만든다. 이제 막 한글을 깨우치고 있는 일곱 살짜리 외손자에게 '전화번호(電話番號)'를 써보라고 했더니, '저나버노'라 썼다. "틀렸어!" 했더니 "할아버지가 '저나버노'라 말했지 않았느냐"는 반문에 난감했다. 그래서 '민주주의의 의의'를 읽어보라 했더니 '민주주의의의의'라고 글자의 발음 그대로 읽더라. 위의 두 가지 모두 漢字의 뜻을 모르기 때문에 일어나는 현상이다.

스포츠 신문에 '삼성 3연패'라는 한글 타이틀만 보면 두 가지로 해석할 수 있다. 세 번을 연달아 졌다는 뜻과 세 번을 연달아 이겼다는 정반대의 뜻을 가지게 된다. 때문에, 기사 내용을 읽지 않고 제목만으로는 알 수 없다. 그러나 3연패(連敗)면 진 것이고, 3연패(連覇)는 이겼다는 것을 금방 알 수 있다. 한글이 어떤 말이든 다 표현할 수 있다는 것에는 동의 하지만 '뜻'을 알리기에는 절대적으로 불리하다고 생각한다.

'정열'에도 情熱, 整列, 貞烈, 晶烈, 正烈 등이 있다. 정열(情熱)의 뜨거울 열(熱)만 '열'이고 나머지는 '렬'로 표기하는 것이 맞는 표현이다.

그렇다면 한글이 왜 이렇게 뒤죽박죽, 엉망진창이 되었을까? 한마디로 말해서 원칙 없는 기준에, 제멋대로 해도 간섭하지 않은 탓이다. 옥편(玉篇)에 보면 '열'은 반드시 'ㅇ'에서 찾아야 하고, '렬'은 반드시 'ㄹ'에서 찾지 않으면 안 되도록 되어 있다. 그러나 내 PC의 〈한글2007〉에 저장된 漢字를 보면 '열'과 '렬'은 어느 곳에서나 찾을 수 있다.

국립국어원에서 2011년 8월31일, 일상에서 흔히 사용되고 있지만 그동안 표준어로 인정되지 않던 단어 39개를 표준어에 넣기로 했다.

그 대표적인 단어가 짜장면(기존 표준어 '자장면'), 먹거리(먹을거리), 복숭아뼈(복사뼈), 손주(손자와 손녀를 통칭), 맨날(만날), 남사스럽다(남세우스럽다) 등이 복수 표준어가 된 것이다.

이제 중국집에서 맘 편하게 "짜장면 주세요!" 해도 된다며 국립국어원이 큰일이나 한 것처럼 우쭐댄다. '짜장면'을 써도 된다고 마냥 좋아할 것은 아니다.

정신과 의사들이나 사회학자의 말을 빌리면, 사회가 피폐할수록 우리말이 경음화(된소리)된다고 한다. 소주-쏘주, 주꾸미-쭈꾸미, 부러지다-뿌러지다, 닦다-딲다, 잘리다-짤리다 등이 곧(?) 표준어가 될 성싶다.

한글예찬론자들은 한글날을 23년 만에 공휴일로 되찾았다고 으스('으시, 어시'는 틀린 말)대고 있는데, 길거리를 다니다보면 '통행에 불편을 드려 죄송합니다.'라는 안내판을 보았을 것이다. 이것을 '한글에 不便을 드려 罪悚합니다'로 고쳐서 목에 걸고 다니심이 어떨는지 묻고 싶다. 그리고 한글날만이라도 한글에 대한 연구실적을 내 놓아라. 북한보다 못하면서 노는 것만 좋아하는 것들아! 에라이…

화장실 이야기

1970년대까지만 해도 화장실(化粧室)이란 말이 없었던 것으로 기억된다. 언제부턴가 변소(便所)라는 용어가 차츰 사라지기 시작하더니 88올림픽을 기점으로 '변소'가 사라지고 '화장실'로 그 이름이 굳혀진 것 같다. 1972년 포항제철에 입사하여 현장에서 일할 때까지도 '변소 청소'니, '변소에 낙서금지'라는 말이 10년 넘도록 사용하고 있었다. 이제 자라나는 어린이들은 변소라는 용어 자체가 모르는 말이 됐을 것이다. 예전, 분뇨를 거름으로 쓰던 이른바 푸세식 화장실에서 수세식으로 바뀌고, 이제는 좌변기에 비데까지 기본으로 설치돼가고 있는 추세다.

72년도에 일본 무로란(室蘭) 제철소에 기술연수를 다녀온 직장 선배의 웃지 못할 얘기 한 토막이다.

일본인 기술자의 집에 초대받아 식사를 마치고 화장실이라고 들어

갔더니 변기는 없고 세면기가 두 개 있더라는 거다. 다시 나와서 주인에게 물으니 좌변기를 가리키더란다. 난생처음 보는 좌변기가 머리를 감는 것인 줄 알았다는 것이다. 불과 40년 전의 일인데 달라도 너무 달라진 것 같다(나는 1970년 월남 가는 미군 수송선에서 좌변기로 처음 볼 일 봤다).

우리나라에 처음으로 관광 온 중국인이 化粧室(화장실)이란 글씨를 보고 얼굴을 화장하는 곳으로 알았다는 것이다. 일본에서는 손을 씻는다는 의미로 '手洗(데 아라이)'라 해서 정말로 볼일은 안 보고 손만 씻고 나가는 사람을 본 적이 있다. 우리나라에도 얼굴화장만 하려고 화장실에 들어가는 사람이 있는지 모르겠다.

요즘 고속도로 휴게소나 공원 같은 공공장소의 화장실을 보면 으리으리할 정도로 잘 꾸며져 있다. 평당 건축비가 고급 아파트보다 비싼 600~800만 원에 이르는 곳도 있단다. 음향기기, 수유시설, 기저귀 갈이 대, 유아용 보조의자에 또 파우더 룸은 뭔가? 변소라는 말보다 화장실이라는 표현이 우아하고 깨끗하다는 의미에서 붙여진 이름이라면 과연 이름에 걸맞은 화장실 문화인가 알아보자.

2011년 1월, 겨울 방학을 이용하여 일본 벳푸(別府)대학에 일본의 언어와 문화를 배우기 위해 3주간 연수를 간 적이 있었다.

기숙사의 수용능력 때문에 인근의 여관을 빌려서 숙소로 제공하는데, 첫날 여관집 주인이 한국에서 온 20여 명의 학생을 모아 놓고 생활관(여관)의 수칙을 말하면서 화장실에서 뒤처리한 휴지는 반드시 변기에 넣어달라고 당부를 한다. 학생 신분인 나를 인솔자로 보았는지 "왜 한국 사람은 휴지를 변기에 넣지 않느냐? 쓰레기통마저 치웠는데도 그냥 바닥에 버리는 이유가 뭐냐"고 묻기에 서툰 일본어로 답변하면서 꽤 무안했던 적이 있었다.

화장지가 귀하던 시절 신문지나 시멘트포대 종이로 뒤처리할 때는 변기가 막혔다. 화장지가 있는 곳에선 그걸 훔쳐 갔다. 이런 시절이 오랫동안 이어져 머리에 박혀서 그런지 지금도 화장실에는 '휴지는 변기에 버리지 말고 반드시 휴지통에 버립시다'로 써져 있는 곳이 많다. 서울의 일류 예식장에도, 대학의 도서관에도, 경주국립공원에도, 실내 수영장 내의 화장실에도 붙어 있다. 이제는 화장지를 훔쳐 가는 수준은 지났고 공공화장실에는 아예 예비 휴지도 마련되어 있기에 휴지로 인해 막힐 일은 없다.

야구공처럼 둘둘 뭉쳐서 처박아 넣지 않는 한 막힐 일은 없다고 본다. 굳이 막히는 게 염려되면, '휴지 이외는 변기에 넣지 마세요'가 정답이다. 문명은 발달했지만 문화가 뒤처져 따라가는 속도가 맞지 않다는 얘기다. 생각해보라, 딱딱한 변도 분해가 되는데 휴지 때문에 변기가 막힌다는 것은 있을 수 없다. 만약 막혔다면 다른 이유이지 휴지 때문에 막혔다면 마트에서 파는 압축기로 충분히 내릴 수 있다.

어느 날 쓰레기를 버리려고 아파트 쓰레기통 뚜껑을 여니 앗! 종량제 봉투에 뒤처리한 휴지가 수북하게 들어있지 않은가? 이 얘기를 어떤 모임에서 했더니 젊은 부부가 결혼 전 각자 다른 환경에서 살다보니 아내는 휴지를 변기에 버리지 못하게 하고, 남자는 변기에 버려야 한다고 다투다 결국 아내 말을 쫓아 여태까지 그렇게 지냈다고 한다. 나의 얘기를 듣고서 그제야 고맙다면서 의기양양(?)한 모습을 보았다.

그 좌석에서 말이 난 김에 화장지를 어떻게 처리하느냐고 물었더니 일반주택에서는 휴지를 모아서 별도로 처리해야하고 아파트는 변기에 버리는 것으로 알고 있다는 등등 다양한 대답들이다.

제발 부탁이다. 화장지는 그냥 변기에 흘려보내면 된다. 공공장소의 경우는 '화장지 이외는 변기에 넣지 마세요'라든가, '화장지만 변기에 버리세요'가 맞다.

그리고 남자 화장실에는 휴지통이 필요 없고, 여자 화장실만 뚜껑 달린 작은 휴지통이면 충분할 것이다.

이러고 있는데 또 문제가 생겼다. 석 달 전 내게 항상 도움을 주는 일본인 한 사람을 초청하여 송이버섯 채취 체험을 겸해 일주일간 이곳저곳을 다니다가 울진의 어느 식당에 갔다. 식탁 위에 두루마리 화장지가 있는 것을 보고 "오 상(吳 樣), 화장실 휴지가 왜 여기에 있느냐?" 라고 묻는다. 그렇다, 일본에서는 화장실용 두루마리 휴지의 이름조차 토이렛또 빼파(Toilet Paper)라고 부르며 항상 화장실에만 있다. 일본인뿐만 아니라 서양인들도 화장실 휴지가 식탁에 있으면 질겁한다.

나는 즉석에서 주인을 불러 시정했으면 좋겠다고 건의를 했다. 아직까지도 두루마리 휴지를 사용하는 식당에 가면 나는 엄포를 놓는다. "티슈로 바꾸지 않으면 다시는 오지 않겠다"고 말이다. 내가 무슨 새마을 운동 때 지붕 개량, 화장실 개량 시절마냥 화장실 계몽운동을 하는 사람처럼 됐다.

화장실 문화, 이대로 가다가는 아무리 돈이 많아 풍족한 생활을 하더라도 선진국이라고 할 수 없다. 마치 중동의 부자 나라, 사우디아라비아나 쿠웨이트를 우리는 선진국이라 부르지 않듯이 말이다.

후쿠오카의 하카타 역 앞에 있는 컴포트 호텔 로비 층 화장실에 낯뜨거운 스티커를 열흘 전에 발견했다. '화장지는 변기에 내려보내 주십시오' 한글로 쓰여 있는 이 글귀가 없어지는 그날까지 캠페인을 벌일 참이다. 그런데, 혼자서는 힘이 부친다.

❖ Tip:일본인조차 잘 모르고 있는 일본 화장실에 대하여 ❖

옛날의 일본화장실 구조는 우리와 달리 문을 열고 바로 앉는 자세로 되어 있다. 다시 말해 엉덩이가 문을 향하게 되어 있기에 화장실을 잘못 지었나 하고 물었더니 그게 일본의 전통 화장실이란다. 내 말이 거짓이라면 벳푸의 간나와(鐵輪) 온천지역에 미나토야(港屋)라는 낡은 여관의 공중 화장실에서 확인할 수 있다. '日中韓 表の顔 裏の顔(일본, 중국, 한국의 겉모습과 속모습)'라는 책, 63~64페이지의 일부를 번역하였다.

…(중략), 일본에서 처음 공중화장실(재래식)을 이용할 때 어리둥절한 적이 있었다. 그것은 어디에도 없는 변기의 방향이 문(門)과 반대의 안쪽을 향하고 있었던 것이다. 다시 말하면 엉덩이를 門쪽으로 향해서 몸을 쭈그리고 앉아야 하니 위화감을 느끼지 않을 수가 없었다. 중국에서 오랫동안 문을 향해서 정면 혹은 옆을 향해 쭈그린 자세의 화장실에 익숙해진 엉덩이를 문 쪽으로 향하게 하는 것은 왠지 불안한 기분이 들었다. 한국도 중국과 같은 방향이었다.

어느 일본 학자가 이 방향에 관하여 한국인에게 '어떻게 문을 향하여 쭈그리고 앉지 않으면 안 되는가?' 설문조사를 한 적이 있다. '방위본능', '불안' 때문이라 답한 이외에도 '노크하기 쉽다'라고 실용적인 의견도 보였다. (중략)

막노동꾼 치과의사

지난해 12월, 서울대 수시모집에 16세 최연소로 컴퓨터 공학과에 합격한 배○○ 군이 연세대 치의예과에도 동시에 합격하여 화제가 된 적이 있었다. 이 학생이 어린 나이에 대학에 입학할 수 있었던 이유는 중학교 1학년 때인 2008년 한국수학올림피아드에서 금상을 받았기에 중학교 1학년 과정만 마치고 서울 과학고에 입학하였다. 과학고 학생들은 학교과정을 2년만 마치면 대학에 진학할 수 있기 때문에 만 16세의 나이로 대학에 진학할 수 있었단다.

나는 어느 쪽을 택할지 마음이 조마조마했다. 그런데 이 학생은 수학, 과학 분야의 영재임에도 서울대 컴퓨터 공학과를 포기하고 연세대 치의예과를 선택하고 말았다. 주된 이유가 '안정적인 미래를 위해서'라고 하는데, 쉽게 얘기해서 돈벌이가 괜찮은 직업이라는 생각에서 일 거다.

물론, 본인의 결정에 제3자인 내가 뭐라 끼어들기가 좀 그렇긴 해도,

16세면 아직 어린 나이라 혼자 판단한 일이 아니고 분명 옆에서 펌프질을 한 사람이 여럿 있었을 것 같다. 과연 치과의사가 '안정적인 미래를 보장 받는가'에 대하여 이의를 제기한다.

나의 사위가 치과의사다. 3년 전, 우리 동기회가 전국합동산행으로 강원도 무릉계곡에 간 적이 있었다. 마침 서울에서 치과를 개원하고 있는 안규소 군과 나란히 걷게 되면서 이런 저런 것을 물어봤다.

"마흔도 안 된 사위 놈이 벌써 어깨와 허리가 아프다면서 침을 맞거나 물리치료를 받고 있다. 이게 직업병의 시초가 아닌가?"에, 안규소 군의 대답인즉슨 "오버 페이스를 하는 것 같은데 환자 수를 줄여 보라"는 대답이었다. 어떻게 찾아오는 환자를 인위적으로 조정하는 게 쉬운 일은 아닐 것임에 틀림없지만 행복한 고민이기도 했다.

사위는 6년 전 월급쟁이에서 벗어나고 싶다며 개원을 했을 때 나는 걱정이 태산 같았다. 시간이 날 때마다 치과에 들러서 하는 일을 지켜보았는데, '치과의사' 이거 장난이 아니더라. 철강회사에서 30여 년간 기계를 다룬 속칭 '노가다'출신인 나보다도 훨씬 노동 강도가 높았다. 더구나 기계는 말이 없지만 사람(환자)은 입이 있어 이것저것 따지고 들 때는 행여 트러블은 일어나지 않을까? 하는 걱정에서부터, 삐딱한 자세로 장시간 환자의 입냄새를 맡아가며 손놀림을 해야만 먹고 산다는 직업에 나는 서슴없이 노가다(막노동꾼)라고 말한다. 어떤 날은 환자가 없어 파리 날리고 있을 적에는 불안해 한 것도 사실이다.

그런데도 공부 잘 하는 우수한 학생들이 왜 의사되기를 고집 하는가? 나의 물음에 안규소 원장은 이렇게 말했다. "의사는, 일부 특수한 분야를 제외하면 고등학교에서 중간 정도의 성적이면 누구나 할 수 있다. 내 자식은 능력(공부)도 안 되지만 설령 된다고 해도 의사를 시킬 생각은 없다."라며 우수한 학생이 의과대, 법과대로의 편향된 사회구조를 지적했다. 이 말이 맞아떨어진 것인지 몰라도 어느 직종이나 마찬가지처럼 돈벌이가 잘 된다는 소문만 나면 비집고 들어오는 세상이 아니던가?

사위의 치과 주변에 차츰 치과의원이 하나 둘 생기더니 나중에는 상권마저 타 지역으로 빼앗겨 '환자 수 조절'이 저절로 되면서 위기감마저 느꼈든지 작년에는 병원을 옮기게 되었다. 날로 번성하라는 뜻으로 돼지머리를 놓고 고사까지 지낸지 1년이 지난 요즘 겨우 밥은 먹고 지내는 것 같다. 그러나 종전만 못해서인지 사위 녀석이 내 앞에서도 이렇게 중얼거린다. "로또복권만 당첨되면 당장에 때려치우겠다."라고.

어느 날 사위에게 배○○ 군이 컴퓨터 공학과를 포기하고 치과대학을 간다는 뉴스를 봤는데, 자네는 어떻게 생각하느냐고 물었더니 거침없이 이렇게 대답하더라.

첫째, 치과의사는 공부보다는 손재주가 우선이란다. 아무리 일류대학을 나와도 타고 난 손재주나 경험이 짧으면 서투른 횟집 주인이 칼질하는 것과 다를 바 없다며 단지, 환자들에게는 일류대학 출신이라 오진이나 실수를 해도 그러려니 넘어가 줄 정도이고,

둘째는 서너 명 거느리는 치과의원도 경영인데, 경영 역시도 공부 잘하는 것과는 비례하지 않는다는 것이다. 간호사와 호흡도 잘 맞아야 하며, 별별 환자 중에는 주로 돈을 깎기 위해 생트집을 잡는다든지 하여 흥정의 대상이 되거나, 심지어 구두상품권으로 치료비를 대체할 수 없겠냐고 할 때는 억장이 무너진단다.

셋째, 비전에 관한 문제인데, 현재 포항에는 등록된 치과의사 수가 약 150명이고 치과의원 수는 120곳 정도로, 계속 늘고 있어 중국집 숫자보다 많다고 한다. 게다가 1년에 1,000명이나 되는 치과의사가 쏟아져 나온다. 그중에는 일반대학에서 성적은 우수한데도 원하는 직장을 구하지 못한 졸업생이 학사 편입하여 4년이면 가능한 치의과대, 한의대로 몰려서 한마디로 포화상태라고 한다.

이러다 보니 비집고 들어가 의원을 차려 놓고 안 되면 덤핑도 마다 않는다. 두 번 옮겨서 잘 안되면 신용불량자가 되거나 문을 닫는다고 한다. 심지어 자살에 이르는 치과의사도 있다고 하니 보통사람들이 생각하는 치과의사 세계와는 상당한 거리가 있는 듯하다.

배○○ 군! 그리고 치과의사 지망생들에게 고하노니, 배추 값이 비싼 이듬해에 너도나도 배추를 심어 결국 배추밭을 갈아엎어 버리듯이, 이제 치과의사는 '안정적인 미래'를 보장받을 수 없는 직업이라고 단언한다.

배○○ 군은 아직 나이가 어리니 치의예과 2년을 배워보고, 해병대나 공수부대를 경험한 뒤 그렇게 좋아한다는 컴퓨터 분야로 가거라. 너 같은 사람이 과학강국을 만들어 여러 사람이 잘 사는 나라가 되도록 해야 한다. 막노동꾼 치과의사가 쉬운 직업인 줄 아는 모양인데 치과의사를 사위로 둔 사람으로서 간절한 부탁이다.

국가유공자

나는 작년에 국가유공자가 됐다. 환갑이 훨씬 지난 나이에 나라를 위해 무슨 공을 세웠기에 국가유공자가 됐냐고 의아해 하는 사람이 있을 듯하다. 다름 아닌 월남전(요새는 베트남 전쟁이라 부르더라)에 참전하고 돌아온 지 꼭 40년이 지난 작년 10월 1일 자, 대통령 이명박 명의로 어린애 주먹 크기의 도장이 콱 찍힌 유공자증서를 받았다. 진청색의 껍데기 속, 누런 종이에 봉황과 무궁화 문양이 새겨진, 얼핏 보면 훈장증서와 흡사한 것으로 국가유공자증서에는 이렇게 써져 있었다.

'우리 대한민국의 오늘은 국가유공자의 공헌과 희생 위에 이룩된 것이므로 이를 애국정신의 귀감으로서 항구적으로 기리기 위하여 이 증서를 드립니다.'로 되어 있다.

내가 참전할 때, 살아서 돌아오면 '국가유공자'로써 예우를 해 달라는 계약서를 쓰지 않았기 때문인지는 몰라도 늦어도 한참 늦은 것 같다. 게다가 대통령이 '택배'로 보내버리라고 하지 않았을 것 같은데 씁쓸하기도 하다.

나는 이래서가 아니고 국가유공자로 불리어 지는 것이 달갑지 않은 것은, 지금까지 국가유공자란 이름이 너무 더렵혀진 까닭에서다.

2년 전이던가, 감사원에서 가짜 국가유공자에 대한 대대적인 감사를 실시한 결과, 술 취해 도로를 무단 횡단하다 다친 공무원도, 근무시간 중에 축구를 하다 다친 사람, 음주 운전에 자기가 다쳐 놓고도 공무상 출장이기 때문에, 심지어 배구경기 관람하다 심근경색을 일으켜 수술을 받은 것을 근거로 국가유공자로 인정받고 월 160만 원이 넘는 연금을 타 먹고 있는 공무원 등등, 400여 명이 적발되었다고 한다. 그게 가능한 것은 초록은 동색이라 공무원끼리는 통한다고 한다.

그런가 하면, 근래에 와서는 군대에서 가혹행위를 견디다 못해 자살한 병사도 국가를 상대로 행정소송을 제기하면 대부분 국가유공자로 대접을 받는 세상이다. 죽은 사람에겐 안됐지만, '오냐 오냐'세대에 태어난 탓에 군 생활 부적격자였기에 자살로 이어졌는데도 어찌하여 국가유공자란 말이더냐, 무슨 공을 세웠냐?

설령, 상사나 동료로부터 구타나 가혹행위를 견디지 못해 자살했다면 그에 상응하는 피해보상을 해주면 됐지 국가유공자? 조금은 어색하지 않은가?

지난주에는 국가유공자에게 주어지는 혜택을 받고 싶어 남의 집 양자로 들어가 공무원 시험에 열한 번이나 낙방한 놈을 두고 처벌을 해야 하느냐 말아야 하느냐로 법원이 고민하다 결국 벌금을 먹였다고 한다. 양자로 입적 시켜준 그놈은 왜 가만두느냐?

나를 더욱 화나게 만드는 것은 6·25동란 때 나라를 위해 싸운 국군 용사들 중에서 생존해 있는 얼마 안 되는 80 넘은 노인들이 쓸쓸히 살아가고 있다는 보도를 접했다. 수년 전 이들에게도 '국가유공자'라는 이름을 붙여주고, 참전 명예수당이라며 월 9만 원을 30% 이상 대폭(?)인상하여 12만 원이 지급되고 있다. 그중에는 12만 원이 수입의 전부라는 사람도 있다고 하는데, 최저 생계비 정도는 지급해야 되지 않을까? 이들에 의해 대한민국이 존재하고 있다는 것을 모르고 산다는 게 더 큰 문제다. 그러고 나서 작년에 겨우 월남참전용사에게도 국가유공자란 이름을 붙여주고 월 12만 원의 명예수당이 지급된다. 그것도 만 65세가 넘어야 받을 수 있으니, 65세가 안 된 월남 참전자가 과연 몇 명이나 될까? 그게 고령수당이지 어째서 명예수당이냐?

따지고 보면 월남전 수행 당시 우리나라는 미국 정부로부터 많은 돈을 받았다고 한다. 그런데 정권이 여러 번 바뀌었는데도 여태 밝혀지지 않은 채, 내게 상병 때 45불, 병장 때 54불을 준 것 외는 나라에서 다 가져갔다. 파월장병이 벌어준 돈의 이자의 이자도 안 되는 금액이다. 더욱이 그 돈이 경제부흥의 종잣돈이었다는 사실을 잘 모르고 있는 사람이 많다. 정부가 제대로 알리지 않았기 때문이다.

바라건대 나는 남의 나라에 돈 벌러 전쟁터 갔다고 치자, 그리고 불리어지기조차 싫지만 '고엽제 후유의증'이라는 명칭을 얻어 한 달에 30만 원이 넘는 많은 돈을 받고 있다. 그렇지만 6·25 참전용사는 내 나라를 지키기 위해 희생하였으니, 이제 먹고살 만한 것 같다면 '무상급식'에 '등록금 반값'만 외치지 말고 지금도 나라를 걱정하며 여생을 보내고 있는 진짜 국가유공자들이 편히 눈을 감을 수 있도록 해 주는 것이 도리가 아니겠느냐?

택배로 보내진 국가유공자 증서와 함께 '월남 참전 유공자께 드리는 감사의 글'이라는 국가보훈처장의 편지가 그럴 듯하다.

'(중략) 대한민국이 지금과 같이 세계 속에서 당당히 제 목소리를 낼 수 있는 것도, 다 50여 년 전 세계의 평화를 위해 헌신하신 여러분의 노고가 뒷받침되었기에 가능한 것이었습니다. (중략) 앞으로 국가보훈처는 국민의 안보의식 고취와 나라사랑 정신 함양을 위해 청소년들을 대상으로 하는 나라사랑교육에 힘쓸 생각입니다. 또한 여러분을 비롯한 국가를 위해 희생하고 헌신하신 분들이 최고의 예우를 받는 사회를 만드는 데 한 치의 소홀함이 없도록 할 것입니다.'로 되어 있다.

나는 에티오피아의 용사들이 한국전쟁 참전 이후에 그 나라가 공산화되면서, '적국을 도와준 반역자'로 낙인찍혀 지금까지 수용소 생활을 하고 있다는 보도를 보고, 나 역시 늘그막에 아오지 탄광으로 끌려가지나 않나 하는 두려움이 생긴다. 이제 힘도 없는데 말이다….

이참에 오줌인지 맥준지 먹어 보고도 모르는 자식들아, 6·25 때 붉은 완장 찬 놈들로부터 죽창에 찔려 죽은 사람이 많았다는 얘기를 들은 적이라도 있거들랑 제주 해군기지를 하루빨리 건설하라!! 국가유공자의 애원이다.

＊이 글은 2012년 3월 초 경북중·고 46회 카페에, 국가유공자의 서글픈 현실을 알리고, '관광도시 제주에 해군기지가 웬 말이냐!?'며 반대데모가 심할 때 올렸던 글입니다. 미국의 하와이는 해군기지이면서 세계적인 관광도시 아닙니까? 안보와 국방은 뒷전이고 국민의 혈세를 복지, 복지하면서 갈라먹기에 열중하고 있는 터라 새삼 올려봅

니다.

나중에 알았지만 다른 도시에서는 단체장이 다과회를 베풀고 직접 증서 전달식을 했던 곳도 있었답니다. 올 여름 포항시에서 '국가유공자의 집'문패도 보내 주는가 하면, 포항시로부터 월 5만 원씩 받고 있습니다. 물질적인 도움도 중요하겠지만 대통령 명의의 국가유공자 증서가 택배라니 어쩐지 이상하다는 생각이 들지 않습니까.

2021년 현재, 저는 고엽제 후유의증 수당(경도 장애)으로 매월 489,000원을 받고 있으며, 그냥 참전(한국전, 월남전)만 했으면 '참전명예수당'이라는 이름으로 매월 340,000원 지급됩니다. 각 지방자치단체에서 금액은 다르지만 별도로 참전명예수당 월 150,000원(경주시)을 받습니다. 그런데 저는 월남전에 참전하였지만 고엽제 후유의증 수당을 받는다는 이유로 정부의 참전명예수당은 2중 수혜라고 주지 않습니다. 이것도 이상하지 않습니까?

나도 대학생이다

이제 한 달만 지나면 졸업을 하지만 그래도 아직까지 나는 엄연한 대학생이다.

사람이 살다 보면 서럽다고 느낄 때가 어디 한두 번이겠냐 마는, 나는 첫 번째가 배고픈 설움이고, 두 번째는 부모를 일찍 여의는 설움이고, 세 번째는 배우지 못한 설움이라 생각한다. 이 세 가지 모두를 겪지 않았다면 복을 많이 받은 사람이며, 한 가지 설움만 겪었다면 아주 행복한 사람이고, 두 가지 설움을 겪었다면 그래도 행복한 사람이라 믿는다. 내가 이것을 깨닫는데 참 오랜 시간이 걸렸다.

나는 세 가지를 다 겪었다고 생각되지만 어디까지나 나의 편견이고 주관적일 수 있다.

우선 제일 서럽다는 배고픔은 우리세대라면 정도의 차이는 있겠으나 대부분 겪어 본 일이다. 나의 어린 시절은 배고픔이 연속으로 이어졌다.

점심을 굶고 저녁때가 다가오면 '오늘은 저녁을 먹을 수 있을까' 이런 걱정을 한 적이 더러 있었고, 학창 시절에는 배가 고파 운동(야구)조차 하기 힘들었다. 막상 군대에 와보니 이곳 역시 배를 채울 수 없었다. "에라 모르겠다, 죽을 때 죽더라도 월남에나 가자"며 월남전에 지원을 하게 된 동기도 밥이나 실컷 먹자는 생각에서였다.

두 번째 서러움은 근근이 생계를 꾸려 나가던 아버지가 1년간 투병 끝에 내가 고등학교를 졸업하던 그 해에 돌아가셨다. 요즘 같으면 내시경으로 쉽게 발견할 수 있는 '위암'을 그냥 손 한 번 써보지 못하고 '속병'으로만 알고 세상을 떠난 것이다. 이제 내가 가족의 생계를 이어가야 하는데 물려받은 것이라고는 '호주상속'뿐이었으니 이 또한 서러움이 아니겠느냐?

세 번째 서러움, '못 배운 설움은 평생 간다'는 말이 있듯이 가난 때문에 배울래야 배울 수 없었던 아픔은 너무도 컸다. 물론 고졸 학력이 어때서? 라고 반문할 수도 있겠지만 중학교 다닐 때부터 진학을 해야 한다는 꿈은 버려야 했기 때문이다. 아래로 네 명의 동생들과는 세 살 터울씩이라 내가 고등학교에 진학하려면 동생이 중학교에 들어가야 되기에 더 이상 가르칠 수 없다는 게 아버지의 방침이었다.

다행히 중학교 졸업 무렵에 억지를 부려 대구공업고등학교에 진학을 하지만 나로 인해서 누나와 세 명의 동생들은 최종학력이 '국졸'로 돼 버려 늘 죄책감이 따랐다. 다소나마 위안이 된 것이 막내 동생만은 내가 벌어 중·고등학교를 보낸 준 것이다.

이렇듯, 나뿐만 아니라 온 식구가 배우지 못한 것이 가난 때문이었기에 더더욱 서러움이 컸던 것이다.

지금 우리나라는 학력 위주의 사회가 아닌가. 특히 제조업 분야는 학력의 비중이 너무 커서 대졸은 화이트 컬러, 그 밑으로는 블루 컬러로 이름이 붙어버리는 사회구조이다 보니 너도 나도, 지나 개나 대학으로 몰리는 현상이 일어나는 것이라 생각한다. 이러니 화이트 컬러의 일자리는 한정돼 있는데 실력이 부족한 사람이 비집고 들어가기 어려워지니 청년 실업자가 늘어난다며 아우성이다.

반대로 중소기업의 생산현장에는 일할 사람이 없어 외국인들을 고용해야 하는 구조적 모순이 해마다 반복되고 있는 것이다.

이렇듯 학력차별을 겪는 사회에 살다 보니 나에게는 '죽기 전에 꼭 가봐야 할 대학'이 되고 말았다.

나의 대학 생활은 이랬다.

10여 년 전, 직장생활 틈틈이 야간에 2년제 전문대학을 다닌 끄나풀을 이어보자는 생각으로 환갑을 훨씬 넘긴 나이에 위덕대학교 3학년에 편입학을 했다.

가장 큰 걱정이 녹슨 머리로 젊은 애들을 따라갈 수 있을까, 나처럼 나이 든 학생이 있을까, 두려움과 긴장 속에서 강의실도 잘 못 찾고, 강의시간도 몰라서 허둥대는 시행착오를 겪었다. 차츰 자신감을 얻게 되어 MT도 가보고, 짧지만 일본으로 어학연수도 다녀왔다. 단지 기억력이 종전만 같지 않아 잘 외워지지도 않고, 외운 것도 쉽게 까먹기는 해도 반드시 외워야 하는 것은 그리 많지 않았다.

그런데 놀라운 사실은 인터넷이라는 매체가 공부하는데 엄청 도움이 된다는 것과, 요즘 대학생 태반이 공부를 열심히 하지 않기에 상대적으로 학점 따기가 어렵지 않았다는 것이다. 실제로 애들에게 방학

기간에 무엇을 했느냐고 물어보면, 대부분이 공부는 뒷전이고 학비 충당이나 용돈을 벌기 위해 아르바이트를 했노라고 한다.

어느 특정 대학에만 국한된 것이 아니라 우리나라는 대학을 나와도 취직이 안 되는 것은 공부를 게을리 하는 데 있다고 본다. 오죽하면 환경미화원 모집에 대졸자와 심지어 대학원 졸업자까지 지원을 하는 판이 되었다. 4~50년 전만 해도 우리나라보다 훨씬 잘 살았던 필리핀에 의사면허를 가지고 택시기사를 하거나 대졸 여성이 우리나라에 가사도우미로 일하는 사람이 많다니 남의 나라 일 같지 않다.

우리세대는 꼭 대학에 가지 않아도 상고나 공고를 나오면 쉽게 직장을 얻어 떳떳하게 살 수 있는 분위기였다. 그러나 지금은 대학 진학률이 80%에 육박하는 수준이 되고 보니 이력서의 빈칸 채우기 위해서라도 가야 되는 곳이 대학이다. 개인적인 생각이지만 진학률 50%대를 유지하면서 '등록금 반값' 정책이 최상이 아닌가 싶다. 왜냐하면 공부도 안 하는 놈에게 나라에서 등록금을 대주는 것은 말이 안 된다. 공부 열심히 해서 장학금 받으면 될 텐데 말이다.

나더러 그 나이에 대단한 사람이니, 늙어서 공부는 무슨 공부 등, 입방아에 오르내리기도 하지만 대학이라는 울타리 안에 들어오기 전에는 나도 그랬다.

공부란 평생을 해야 한다는 것과 공부가 제일 쉽다는 것도 알게 되었다. 나이 때문에, 아니면 공부가 어렵다는 생각에 망설이고 있는 사람들에게 대학을 다니라고 권하고 싶다. 요즘은 들어가기 쉽고, 하면 되는 것이 공부더라. 제일 잘 늙는 방법이 '학생이 되는 길'이라 생각하며 공부를 계속할 작정이다.

명심보감 근학편(勤學篇)에서 주문공(朱文公)이 말하기를, "집이 만약 가난하더라도 가난하다는 이유로 배우는 것을 포기하지 말 것이요, 만약 집이 부유하더라도 부유한 것을 믿고 학문을 게을리 해서는 안 된다. 가난한 사람이 부지런히 배운다면 출세할 수 있을 것이요, 부유한 사람이 부지런히 배운다면 이름이 더욱 빛날 것이다. 오직 배워서 지식을 넓히는 사람만이 훌륭하게 되는 것을 보았으며, 배운 사람이 뜻을 이루지 못하는 것은 보지 못했다. 배움이란 곧 몸의 보배요, 배운 사람이란 곧 세상의 보배다. 그러므로 배우면 군자가 되고 배우지 않으면 천한 소인이 될 것이니 후에 배우는 사람은 마땅히 각각 배움에 힘써야 한다."고 하셨다.

나는 죽기 전에 꼭 가보고 싶은 대학을 마치니, 혼자서 일본을 순회하는 졸업여행 계획도 세워졌다. 이것도 공부다, 배워서 남 주자!!

도둑놈 소굴

일본어를 배우다 보면 반드시 해야 되는 것이 한자(漢字)공부다. 그런데 우리 세대에 한문수업이 폐지되긴 하였지만 그래도 책이나 신문 등이 漢字를 병행하여 사용해 왔기에 지금도 쓸 줄은 잘 모르지만 읽기와 뜻은 어느 정도 가능하다고 본다.

하지만 한글전용에 휩쓸린 요즘 세대들은 漢字 간판을 구경하려면 중국이나 일본, 아니면 대만에나 가야만 볼 수 있을 정도로 우리 곁에서 漢字가 사라진 지 오래다.

물론 한글의 우수성은 누구나 인정하지만 밭전(田)자도 알지 못하고, 더구나 써 보라하면 거의 그림 그리는 수준의 대학생이 수두룩하니 걱정이 아닐 수 없다. 우리가 자랑으로 여기는 우리말의 70% 이상이 漢字에서 나왔다는 것을 잊어버리고 지내는 사람이 너무도 많기 때문이다. 예를 들면, 어차피, 도대체, 혹시, 무척, 급기야, 점심 등은 순수 漢字 그대로이고, 소리가 바뀐 漢字는 방귀(방기), 숭늉(숙랭), 김치

(침채), 배추(백채), 아이고(애이고), 양재기(양자기) 등이며, 漢字와 우리말이 결합된 것은, 간신히, 기어이, 늘상, 정말로, 단번에 등이 있다.

이렇듯 漢字에서 빌려 쓰고 있는 게 우리말인데, 漢字 표기를 하지 않으면 어떻게 될까? 〈주경야독〉을 '낮에는 가볍게 마시고, 밤에는 독한 것을 마신다.' 틀린 것일까? 〈만수무강〉을 '만수네 집에는 요강이 없다.' 이게 틀렸다면 漢字로 된 사자성어를 알고 있는 사람일 테고, 모르는 초등학생에게 이렇게 가르치면 먹혀 들어간다.

이건 어떤가, 술잔을 돌리거나 권하는 음주문화를 바꾸자는 뜻을 가진 순수 우리말 사자성어 〈지부지처〉, '지가 부어 지가 처마신다.' 漢字로 써 봤자 뜻이 올바르지 못할 것이다.

요즘은 매스컴에서도 흔히 쓰는 말인데, 〈복마전〉을 내가 처음 접했을 때 '복'자가 들어가기에, 복(福)과 관계가 있거나, 아니면 어린 시절 운동회 때의 '기마전'을 연상하기도 했었다. 군대를 안 갔다 온 사람이나 여성들은 '해병대에서 새로 개발한 전술'일 것이라 생각할 수도 있겠지?

복마전(伏魔殿), 엎드릴 복, 마귀 마, 대궐 전이다. 국어사전에 '마귀가 숨어 있는 집이나 굴'로 되어 있다. '비밀리에 나쁜 일을 꾸미는 무리들이 모이는 곳을 비유적으로 이르는 말'이라고 적혀있다. 조금 유식하게 표현하면 '마귀들의 전당'이 될 것이고, 속된 말로는 '도둑놈 소굴'이다.

지금 한미 FTA로 온 나라가 시끄럽다. 국회와 청와대라는 큰 복마전끼리 혈투를 벌이고 있는데 죽어도 물러설 수 없다는 태세다. 마귀들의 전당 국회, 노무현 FTA와 이명박 FTA와는 뭐가 다른가? 내가 보기에는 독소조항 다 똑같은 것 같다. 노무현이 할 때는 읽어 보지도 않고, '노무현이니까 어련히 잘 하겠지'하며 믿었기에 아무 탈이 없더니, 미운 이명박이 하니까 그냥 싫어서 걸고넘어지려다 보니 이것저것 튀어나오는 게 아닐까?

우리나라 정치인들, 개인별 학벌이나 경력을 보면 다 똑똑한 사람이지만 '정치인'이라는 딱지만 붙으면 시정잡배나 다름없이 행동한다. 마치 예비군복만 입혀놓으면 평소 멀쩡한 놈도 입에 욕이 붙어 다니고, 아무데서나 오줌 갈기듯이 말이다.

역시, 파란기와로 지어진 복마전, 이번 서울시장 보궐선거를 앞두고 터진 이명박의 내곡동 사저 파문, 집 빼고는 전 재산을 사회에 환원한다 해놓고 논현동의 사저는 경호상의 이유로 곤란하다고 한다. 그것도 아들 명의로 땅을 샀다가 말썽이 나니까 '없었던 일'로 하겠다는 것은 전형적인 후진국형 범죄다. 이 때문에 경호처의 예산이 내곡동 땅 사는데 묶여서, 사저에 경호실 지을 돈이 없다니 이를 어쩔꼬. 이참에 퇴임한 대통령의 경호에 대하여 재고해 볼 필요가 있지 않을까?

조금 오래된 얘기지만, 자전거로 출퇴근 한다는 스위스의 대통령을 외국 기자가 차를 타고 쫓아가서 "어찌 경호원 하나 없이 자전거를 타고 퇴근하십니까?"라고 묻자, 그 대통령이 "어느 누가 자전거를 타고 가는 사람을 저격하겠습니까?"라는 대답에 기자는 더 이상의 질문을 하지 못했다고 한다.

그렇다, 우리네 사정상 재임 중에는 어쩔 수 없다고 치더라도 퇴임 후에는 폼 잡을 일이 아니라면 이제 민주화도 많이 됐으니 자전거나 타고 다녔으면 얼마나 보기 좋겠는가. 퇴임 후 총 맞지 않으려고 재임 중에 열심히 일할 테니 말이다. 자전거 뒤에 손녀 태우고 다닌 평화스럽던 노무현의 모습이 떠오른다.

복마전, 서울에만 있을까? 수소문을 해 봤더니 지방에도 천지 빼까리다. 대표로, 지난 6월 울산 울주군에서 벌어진 성폭행 미수 공무원의 탄원서 사건이다. 울주군에서 장애인 지원을 담당하는 한 공무원이 자기가 맡은 14세 장애 여중생 집에 흉기(칼)를 들고, 복면을 쓴 채 들어가 성폭행(강간)하려다 손에 상처를 입히고 미수에 그친 사건으로, 구속 수감되어 1심에서 징역 5년 형을 선고 받았다고 한다. 그런데, 죄질도 좋지 않은 사람을 울주군 사회복지담당 공무원 40여 명, 울산시 산하 4개 구청 공무원, 시설 수용자 등 200여 명이 그가 '성실하게 일해 온 공무원이며 가장(家長)'이라는 이유로 법원에 선처를 호소하는 탄원서를 제출했다고 한다. 집단이기주의 차원을 넘어 '동업자 정신'에 투철한 결과라고 해야 하지 않을까? 아마도 항소할 것임에 틀림없을 것 같다. 우리나라는 이상하리만치 항소심에 올라가면 형량이 뚝 떨어지는 걸 자주 보는데 여기도 복마전인가?

북한산 자락의 조그만 사찰에 주지스님이 쓴 漢字로 된 재치가 넘치는 글, 우리말을 조롱하듯, '多佛有時'(W.C=화장실)가 있다는데 본 사람 있는가? '복마전', 이처럼 언뜻 봐서 어려운 말들은 漢字를 병행해서 표기해 주든가, 아니면 알기 쉽게 번역하여 '마귀들의 전당'이라 함이 좋을 것 같다. 우리끼리는 묻지도, 따지지도 말고, 공공기관이나 큰 건물을 보면 그냥 '도둑놈 소굴'이라 부르자!!

사라지는 산업역군

사라지는 산업역군 (1)

1972년 그해 여름은 정말로 더웠다. 포항종합제철주식회사의 직인이 찍힌 합격통지서를 받고 이불과 군화, 그리고 간단한 옷가지를 챙겨 포항행 시외버스를 타러 대구역 건너편으로 갔다. 경부고속도로가 개통된지라 경주방향으로 가야 할 버스가 영천 쪽으로 가고 있었다. 왜 고속도로로 가지 않느냐고 물었더니 이 버스는 고속으로 달리는 버스라며 고속도로로 가는 버스와 도착시간은 같다고 한다. 그러고 보니 유리창에 붙어있는 '고속도로 운행'과 '고속도 운행'의 속임수에 걸려든 걸 알게 되었다.

해 질 무렵 이불 보따리와 가방을 둘러메고 포항제철소 앞 독신료(獨身寮, 독신자 숙소의 일본식 표현)에 도착하니 신병훈련을 마치고 특과학교의 입소 첫날 같은 기분이었다.

이튿날인 7월 24일, 연수원에 115명 동기들이 황소를 상징한다는 누런 제복을 입고 군화를 신었더니 직업군인으로서 군대 생활을 새로 하는 것처럼 느껴졌다. 동기생 대다수가 나처럼 공업고등학교를 나왔지만 철(鐵)을 만드는 경험이 없는 25세에서 30세 사이의 젊은이들로, 투지 하나만 가지고 뛰어든 것이다. 기혼자들은 부엌 딸린 방 한 칸에 월세 500원으로 살림을 시작했으며, 총각들은 독신료에 기거하며 회사식당에서 점심은 80원 조, 석식은 60원 했던 시절에 산업역군의 길을 택한 것이다. 당시 쌀 한 가마(80kg) 값이 공무원 초임과 비슷한 1만 원이었던 것으로 기억한다. 처음에는 길어야 5년, 직장 경험도 쌓고 해수욕이나 실컷 하고 미련 없이 떠나자고 마음먹었던 것이 애 셋 낳고도 포항을 벗어나지 못한 데는 사연이 많다.

포항종합제철주식회사는 식민지배와 전쟁으로 황폐했던 나라를 가난에서 벗어나 부강한 나라를 만들어보자는 박정희 대통령의 조국 근대화 비전 달성을 위해 1968년 4월 1일 창립하였다.

그러나 미국을 비롯한 5개국 8개사가 참여하는 국제제철차관단(일명 KISA)이 발족했으나 세계은행(IBRD)은 한국의 종합제철소 사업은 경제적 타당성이 없다는 이유로 차관제공에 부정적인 보고서를 냈다.

자본과 기술, 경험은 물론 자원마저 없으니 당연한 결과였다. 포항에 300만 평이나 되는 제철소 부지를 마련해놓고 허허벌판을 바라만 보던 박태준 사장은 농업 분야에 사용하기로 되어 있는 대일청구권 자금을 전용하는 아이디어를 구상, 정부는 물론 일본 정재계를 직접 설득했다. 결국 일본으로부터 차관과 기술을 제공받는 방법으로 '산업의 쌀'을 생산하는 종합제철소 건설을 성사시켰던 것이다.

비로소 창립 2년 뒤인 1970년 4월 1일, 온 국민의 성원 속에 조강연산

103만 톤 규모의 1기 설비를 착공하였다. 조상들의 고귀한 피의 대가인 대일청구권 자금으로 제철소를 건설하는 만큼 만약에 실패하면 오른쪽 영일만에 모두 빠져 죽자는 '우향우 정신'이 여기서 생겼던 것이다.

이후 누런 제복에 군화를 신은 우리들을 외부에서 황군(黃軍)으로 불리면서 근로기준법이 있는 줄도 모른 채 지금으로서는 상상조차 할 수 없는 고난의 나날이 시작되었다. "항상 애국심을 가지고 일해 달라"는 박태준 사장의 말씀이 아직도 머릿속에서 지워지지 않고 남아 있다.

한 달간의 도입교육을 마친 동기생들은 대부분 열연공장(Hot Strip Mill)과 후판공장(Plate Mill)으로 배치됐다. 후판공장은 호주에서 수입한 슬래브(Slab)로 이미 생산에 돌입하여 7월 말에 첫 제품을 출하하는 기념행사에 박수부대로 동원되기도 했다.

72년 10월 3일, 내가 일하는 열연공장이 준공되었다. 호주에서 수입한 슬래브를 1,200도 정도로 가열하여 여러 개의 롤(Roll)을 통과하는 압연과정을 거쳐 냉각시키면서 순식간에 두루마리 형태로 감아버리는 공정을 열간압연(熱間壓延)이라 한다. 줄여서 '열연'이라 하는데, 여기서 생산된 제품을 핫코일(Hot Coil) 또는 열연코일이라 부른다.

나는 핫코일이 식으면 이것을 다시 펴가면서 연속으로 절단하는 설비의 제품검사공으로 첫 보직을 받았다. 연속으로 지나가는 철판을 육안으로 합격, 불합격품을 식별한 뒤 적치대로 보내는 일이다.

조업이 안정되면서 12월에 안전화와 청색 작업복 그리고 자전거가 지급되었다. 일본 안전화를 모방하여 잘 만들었으나 색깔(검은색) 때문에 국방부와 마찰이 생겼다. 군화와 식별이 안된다 하여 이듬해부터 갈색으로 변경하였지만 검은색이 좋다며 일부러 염색하는 해프닝도 벌어지고 등산화 대용으로도 신고 다녔다.

순면으로 만들어진 청색 작업복은 너무 뻣뻣하여 세탁기가 없던 시절이라 기름 묻은 작업복을 빠는 데 부인들이 무척 힘들어했다.

제철소 특성상 24시간 가동해야 하지만 시내버스는 오후 8시 30분 이후에는 운행하지 않아 자전거가 출퇴근 수단으로 지급되었다. 회사에서 현금으로 일괄 구매하여 직원들에게는 12개월 할부로 지급했는데, 일반형 자전거가 15,300원, 경쾌형(일명 쌍라이트)은 16,500원이었다. 공무원 두 배의 월급인 2만원을 받았지만 당시 공산품 가격이 얼마나 비쌌는지를 알 수 있을 것이다.

이러다 보니 자전거가 귀중품이 되어 5층 계단을 낑낑대며 방에 들여다 놓은 사람도 많았다. 자전거를 탈 줄 모르는 사람들은 공터에서 부인이 붙잡아주고 연습하는 과정에서 티격태격 부부 싸움이 일어나기도 하였고, 총각들은 지나가는 아가씨를 태우고 놀러 다니기도 했다. 우리가 '야타족'의 원조였으며 이게 인연이 되어 결혼까지 한 친구도 있었다.

73년, 새해부터 맹추위가 불어닥쳤다. 철판 수요에 비해 턱없이 모자라는 공급을 메우기 위해 12시간 맞교대 작업으로 들어갔다. 운전실도 없는 한겨울에 생산보고서를 작성하는데 볼펜이 얼어 사타구니에 넣어 녹이기도 하고, 발이 시려 걸레 뭉치로 축구공 차듯 하면서 몸을 움직였다. 부족한 인원이 차츰 충원되면서 3조 3교대 작업으로 전환되었고, 야근 때는 커피와 과자(건빵, 맛동산 등)가 제공되었다.

6월 8일, 고로(용광로)에 불을 붙이고(화입) 6월 9일 처음으로 쇳물이 쏟아질 때 만세를 부르는 모습이 매스컴을 통해 전국에 알려졌다.

드디어 7월 3일, 박대통령이 참석한 종합준공식에는 키가 큰 덕에 맨 앞줄에 서서 연단에 오르는 박 대통령의 모습과 카랑카랑한 목소리를 들었다.

여기서 '종합제철'이란 어떤 것인지 이해를 돕기 위해 간단히 설명해야겠다. 먼저 철광석과 석탄(코크스)을 용광로(高爐)에 넣고 열풍(熱風)에 의해 끓여진 쇳물을 용선(鎔銑) 또는 선철(銑鐵)이라 부르고 이 공정을 '제선(製銑)'이라 한다. 선철은 불순물이 많고 탄소(C) 함량이 높아 잘 깨어지는 성질 때문에 쓰임새가 적다. 선철(銑鐵)을 질기고 단단한 강(鋼)으로 만들기 위해 고철과 니켈, 알루미늄, 구리 등 여러 가지 금속을 첨가시켜 필요한 강종(鋼種)을 얻는 이 공정을 '제강(製鋼)'이라 한다. 제철소의 핵심기술이며 생산능력(Capacity)이 여기서 결정된다.

용융 상태의 강(鋼)을 다시 형틀에 넣고 응고시키면서 필요한 길이로 절단해서 꺼내는 공정이 '연속주조(連續鑄造)'이다. 연속주조된 슬래브(Slab)를 가열하여 여러 가지 형태의 롤(Roll)을 거쳐 최종 제품을 생산하는 공정을 '압연(壓延)'이라 한다. 압연에는 열간압연(熱間壓延)과 냉간압연(冷間壓延)이 있는데, 열연 소재를 열을 가하지 않고 압연하는 것을 냉연이라고 한다.

이렇게 제선, 제강, 압연의 세 공정을 모두 갖췄다 하여 처음에는 종합제철(綜合製鐵)이라 불렀다. 우리나라 최초의 일관제철소(一貫製鐵所)란 의미에서 '종합'을 강조했는데 이후 종철-포철-포스코 순으로 변했다. 제철소에서 생산된 제품이 자동차, 조선, 건설, 기계, 가전 등에 널리 쓰이면서 경제발전의 원동력이 되었음은 두말할 필요가 없다.

1974년, 연산 260만 톤 규모의 2기 확장공사가 조업과 병행하여 시작되었고, 1억 불 수출을 달성했다고 난리를 쳤다. KBS의 '꽃피는 팔도강산'이 방영되면서 탐방객이 몰려들어 열연공장이 '관광공장'까지 겸하게 되어 청소하느라 애를 먹었다.

가을에 회사가 마련해 준 연립주택에 어머니와 3명의 동생이 대구에서 이사를 하면서 총각이지만 생계를 책임져야 했기에 포항에 뿌리를 내리는 계기가 되었다.

1975년 4월 30일, 돈이 없어 당시 27세 결혼 적령기를 놓치고 서른 살에 동료에게 빌린 20만원으로 결혼을 했다. '외상살이' 인생을 살면서 그해 여름 처음으로 선풍기를 한 대 사서 가족 모두가 기계 바람의 혜택을 누리기도 했다.

입사 3년 만에 나보다 경력과 나이가 많은 선배들을 제치고 반장이 되었다. 담당계장에게 능력이 부족하다며 사양을 했더니 "하기 싫으면 관 둬!"라는 말에 오기가 생겼던 모양이다.

1976년, 2기 종합준공과 동시에 550만 톤 체제의 3기 확장공사가 시작되었으며, 5월에 첫딸이 태어났으나 어머니는 아들이 아니라고 한동안 시큰둥한 반응을 보였다.

집집마다 냉장고 붐이 일어났기에 우리 집도 한 대를 구입하여 안방에 보물처럼 모셔두고 사용했다. 겨울철에는 보관할 음식이 별로 없는데다 전기 아낀다고 사용하지 않았던 적이 있었는데, 그때를 겪어보지 않은 사람은 거짓말로 여길 것이다.

어느 날 출근하기 위해 새벽에 일어나다 방바닥에 쓰러졌다. 목숨까지 앗아가는 연탄가스에 중독되었지만 다행히 출근에 지장이 없었다. 연탄불에 밥을 하고 도시락까지 싸야 하는데 화력이 시원찮으면 교대근무자의 부인들에게는 가장 큰 고통이었다. 이때를 대비하여 어려운 살림에 석유곤로 한 대를 샀더니 와이프가 날뛰듯 좋아했다.

사라지는 산업역군 (2)

지금은 어린애 장난감용밖에 되지 않는 2~3천 원짜리 디지털 손목시계가 처음 일본에서 들어왔을 때는 4만 원이었다. 바늘 대신 초 단위까지 숫자로 표시되고 우레탄 밴드에 생활방수까지 되어 결혼예물로도 팔렸던 그 시절로 시계를 되돌려보자.

1977년 4월 24일, 제강공장에서 창사 이래 최대의 화재사고가 발생했다. 야간작업 중이던 천장크레인 기사가 100톤 래들(쇳물 통)을 연주공장으로 이송 도중에 엉뚱한 스위치를 조작하여 쇳물을 바닥에 쏟아부은 것이다. 시커먼 연기와 함께 전기 케이블이 몽땅 타버리면서 불은 순식간에 공장 전체로 번졌다. 소방차가 모자라 대구, 울산의 소방장비를 지원받아 저녁이 되어서야 불이 꺼졌다.

일본을 비롯한 선진국 제철소의 전문가들은 완전복구에 1년 이상 걸릴 것이란 소문이 나돌았다. 일본 기술진이 급히 사고현장을 확인하고 내린 진단이, 복구하려면 3~4개월이 소요될 것이라고 했다. 이 기간 동안 전후공정에서 생산을 못하니 회사로서는 엄청난 손실이 아닐 수 없다.

그런데 놀랍게도 한 달 만에 복구시켜 보란 듯 조업을 재개한 것이다. 다행이었던 것은 3기 설비 확장공사용으로 들어온 기자재를 가로채기 할 수 있었기 때문이었다. 회사 내에서 숙식을 하며 복구 팀에 참가했던 친구는 이렇게 말한다. “속옷을 챙겨가지고 정문에 나타난 마누라 얼굴을 1주일 만에 처음 봤다.”

사고원인을 조사하는 과정에서 운전자가 연탄가게를 하느라 피로가 쌓여 졸음운전을 했다는 것이다. 이로 인해 투잡(Two job) 금지명령과 함께 주거지를 제철소 반경 6㎞ 이내로 제한하는 조치가 내려지고 실제로 단속도 했다. 회사는 이 사고를 잊지 않기 위하여 해마다 4월 24일을 '안전의 날'로 정하고 4월이 되면 안전의식을 특별히 강조하는 행사를 벌렸다.

막내 동생이 포철공고를 졸업하고 산업기능요원으로 입사하게 되니 학비부담이 없어지면서 가정형편도 조금씩 풀리기 시작했다.

77년 여름, 박태준 사장이 건설현장을 순찰하던 중 발전송풍설비의 기초콘크리트에 주먹 크기의 구멍을 발견하고 불호령이 떨어졌다. 이튿날 모든 건설회사 현장소장을 비롯한 책임자들을 모아놓고 공사가 80%나 진행된 상태에서 다이너마이트로 폭파시켰다. 불량공사는 절대 용납할 수 없다는 경각심을 불러일으키는 계기가 됐다. 이 영향을 받아서 포스코건설에서 시공하는 '포스코 더샵' 아파트가 다른 건설사가 짓는 아파트보다 인기가 더 높은 것이 아닐까 생각한다.

입사한지 5년, 서른두 살의 새파란 나이에 현장 최고책임자인 주임(당시는 일본식 표현인 作業長이라 불렀음)으로 승진했다.

이즈음 국내 수요가들은 열연공장에서 생산된 제품을 구하기 위해 줄을 서서 기다리는 상황이었다. 판매가 아니라 배급을 받던 시절이기에 품질은 묻지도 따지지도 않다가 그동안 쌓였던 수요가들의 불만이 클레임으로 이어졌다. 핫코일은 감겨져 있는 상태에서는 멀쩡해 보이지만 펼치게 되면 두께가 1.2~2.3㎜의 박판은 양쪽 사이드가 물결(Wave)처럼 나타난다. 이 상태를 보고 평탄도가 좋다, 나쁘다를 가름하는데, 핫코일에서 가장 큰 결함이며 평탄도가 나쁘면 수요가들이 애를 먹고 손실도 발생한다. 1기 건설 때 이미 알고 있었지만 예산부족으로 도입을 못했는데 품질에 문제가 발생하니 급기야 발등에 불이 떨어졌다. 핫코일의 평탄도를 향상시키기 위한 교정설비(Hot SkinPass Mill)가 발주되고 이 설비를 다룰 사람을 일본으로 서둘러 연수를 보내게 되었다. 나를 포함해 선발된 세 사람이 연수원에서 한 달간 벼락치기로 일본어 교육을 받았다.

77년 10월, 선배들에게 얘기는 들었지만 난생 처음 일본을 가게 되니 모든 게 신기하고 두렵기도 했다. 신일본제철(주) 나고야(名古屋)제철소 직원의 안내로 숙소(독신료)에 도착하여 한 달간 머무를 방을 배정받았다. 2층으로 된 낡은 목조건물인데 계단을 오를 때 삐걱삐걱 소리가 나고 층간소음은 물론이고 옆방의 라디오 소리까지 들렸다. 2층에는 야간근무를 마친 사람이 잠을 잘 수 있도록 극장처럼 캄캄하게 해둔 방이 별도로 있었다. 식사는 구내식당을 이용하고 도시락을 싸서 다녔는데 비위가 약한 나는 일본음식에 적응하느라 무척 힘들었다.

공동으로 사용하는 세면장에서 벌어진 웃고픈 이야기를 하나 해야겠다. 개인 세면도구를 대야에 담아두고 사용하는데, 동료가 일본인의 세면도구서 뭔가 슬쩍하더니 “이 로션 한번 발라봐라, 향은 기가 막히는데 조금 미끄럽다”고 한다. 나도 새파란 병에 담긴 걸 조금 발랐더니 향이 정말 좋았다. 귀국할 때 하나 사가야겠다 마음먹고 이튿날 자세히 보니 밀크로션이 아니라 한국서 한 번도 써본 적이 없는 샴푸였다.

1주일이 지나고 2주차부터 교대근무에 편성되었다. 우리를 담당한 기쿠치(菊池) 반장이 이것저것 기초부터 가르쳐주더니 핵심이 되는 압연기술(SkinPass)을 내게 집중적으로 훈련을 시키는 것이다. 여기서 Skin Pass 압연기란, 쉽게 말해 철판을 옷에 비한다면 와이셔츠를 다

림질하는 아이론(다리미)에 해당한다고 보면 된다.

두께의 0.3~1.0% 정도로 가볍게 압연하면 표면이 평탄하게 되는데 입측 형상을 보고 라디오 볼륨을 만지듯 스위치를 조작한다. 이론은 간단하고 쉽게 보여도 만만치 않은 기술이다. 그러니까 여태까지 우리나라 핫코일 수요가들은 와이셔츠를 다리지 않은 채 입고 다닌 셈이다.

처음에는 쉬운 소재로 실습을 시작하여 차츰 숙달이 되니 마지막 관문에는 기름이 묻은 산세코일을 압연하는 차례가 되었다. 반장이 천천히 속도를 내보라면서 "잘한다, 스피드 올려, 더 올려"하기에 1분당 300m까지 속도를 올리는 순간 '와장창' 소리를 내더니 철판이 압연기 중심에서 이탈하여 천장으로 솟아오르고 말았다. 기쿠치 반장이 비상스위치를 누르고 응급조치 후 롤(Roll)을 새로 교체하는 것으로 사고수습을 마쳤다. 도요타 자동차로 보낼 제품 하나를 내가 못쓰게 만들었기에 겁이 나서 이날은 더 이상 실습을 그만두겠다고 했다. 그랬더니 기쿠치 반장이 "불량제품이 발생하여 손해가 생겨도 당신 회사로부터 받은 연수비용에 포함되어 있으니 걱정 말라"고 했다. 그리고 다시 해보라기에 용기를 내어 무사히 실습을 마쳤다.

언어가 잘 통하지 않았지만 못사는 나라에서 온 우리들에게 정성을 다하여 가르쳐주고 필요한 기술 자료까지 챙겨준 그들이 정말 고마웠다.

귀국날짜가 다가오자 고민이 생겼다. 이 정도의 기술습득으로 과연 가동할 수 있을까, 그리고 선물은 어떤 것을 사야하나였다. 기쿠치 반장은 자기가 가르쳐 준대로 하면 문제없을 것이다 했지만 마음에 걸렸다. 선물로는 상사에게 줄 샤프 펜과 동료와 친구에게는 샤프심과 1회용 라이터를 준비했다. 그리고 연수비 아낀 돈으로 플래시 내장형 소형카메라도 한 대 샀다. 두 살배기 딸에게 사준 샌들은 걸을 때마다 뽕, 뽕 소리가 나는 것이라 샌들을 신고 나가면 동네사람들이 부러워했다.

1978년 1월 18일, 이날을 기억하고 있는 사람은 나밖에 없을 것이다. 박태준 사장이 내 뒤에서 철판의 교정상태를 직접 확인하는 준공 날이다. 며칠 연습은 했지만 신인가수가 첫 무대에 오르는 것처럼 떨렸다. 호랑이 앞에서 잘못했다가는 연수비 물어내고 쫓겨날 수도 있기 때문이다.

평탄도가 나쁜 재료가 압연기를 통과하니 반듯하게 교정되어 나오자 "음, 잘 되는구먼", 이 한마디에 살았다는 안도감, 해냈다는 성취감이 함께 교차하는 순간이었다.

단군 이래 최대의 공사인 3기 설비 종합준공을 앞두고 비상이 걸렸다. 3기 설비는 1, 2기 설비의 두 배나 되는 엄청난 물량을 소화시켜야함에도 인력부족으로 공사가 지연되고 있었기 때문이다. 가장 큰 이유는 사우디아라비아를 비롯한 중동의 건설 붐과 국내 아파트 건설에 수많은 건설기술자와 기능공이 빠지면서 공사에 필요한 절대 인원마저 부족했다.

공기단축을 해야 할 마당에 오히려 지연이 되고 있으니 비상이 걸린게 당연했다. 필수요원들에게는 눈에 잘 띨 수 있게 빨간색 안전모를 착용시켜 게으름을 피우지 못하게 했다. 각 부서에서 차출된 인원으로 별동대(別動隊)를 조직하여 공사 중 발생한 폐자재와 쓰레기를 치우고 자재 정리에도 동원되었다. 건설회사는 부족한 인력을 채우기 위해 경험도 없는 농민과 어민, 심지어 부녀자까지 투입하였다.

이 지경이 되니 안전사고가 끊이지 않고 일어났으며, 철강공단 내에서 일하는 기술자도 차출되는 희한한 일까지 벌어졌다.

78년 6월, 전반적인 공사 지연이 현실로 나타나자 박태준 사장은 건설비상을 선포하고 각 설비별 카운트다운에 들어갔다. 준공예정일을 2개월 앞두고 추석이 닥쳤는데 추석휴가를 실시할 경우 공기를 지킬 수 없는 상황이 되었다. 회사는 위기를 모면하기 위해 추석 5일 전부터 과장급 이상 간부사원들을 새벽 5시에 출근시켜 출입문마다 배치돼 건설노동자들에게 '추석휴가 반납캠페인'을 벌렸다. 추석 성묘를 가지 못하는 사람들을 위해 정문 옆에 커다란 제수 상을 차려놓고 합동차례를 지내도록 해주었다. 나의 기억이 정확한지 모르겠지만 당시 제수 상 뒤에 '나라 위해 바친 추석 조상인들 탓할 소냐'라는 큼직한 현수막이 걸려 있었던 걸로 알고 있다. 이 같은 노력으로 공사기간을 5개월 앞당겨 28개월 만인 1978년 12월 8일 드디어 3기 설비가 준공됨으로써 550만 톤 체제를 구축하게 되었다.

이토록 전쟁을 치르듯 한 공사를 감행하지 않으면 안 되는 것은 공기를 단축하여 공사비를 절감하고, 국내 철강재 부족을 조금이라도 더 앞당겨 생산하기 위함이다.

이런 와중에서도 부서 대항 체육대회는 해마다 열렸다. 축구, 배구, 계주, 줄다리기 종목에서 나는 배구와 줄다리기 선수로 참가하여 열연부가 여러 번 종합우승을 차지하는데 기여했다. 당시 부서별 경쟁이 얼마나 심했나 하면, 70명이 겨루는 줄다리기 시합에 모 부서 선수들이 몸무게를 늘리려고 작업복 양쪽주머니에 손바닥 크기의 철판을 넣고 나온 것을 두고 부정이냐 아니냐로 시비가 붙기도 했다.

뭐니 뭐니 해도 부장, 과장, 여직원이 반드시 선수로 참가해야 하는 800m 계주가 최고 인기였다.

자전거 출퇴근에 획기적인 변화가 일어났다. 비바람을 맞으며 자전거를 타고 낑낑거리며 출근하는 직원을 본 사장이 "저렇게 힘을 다 빼면 회사에서 무슨 힘으로 일하겠나, 대책을 세워라"고 지시를 내렸다. 새롭게 교통수단으로 등장한 게 90cc 오토바이였다. 대당 30만 원에 회사에서 구입해주고 24개월 할부조건이었다. 비행기를 타고 다니는 기분이었다. 운전면허시험을 치기 위해 위법이지만 모두들 오토바이를 타고 포항경찰서 마당에 모였다. 경찰관이 문제와 답안을 불러주면 맞는 답을 백지에 써넣는 시험방식이다. 머리를 숙이는 사람이 많을 때가 정답인 걸 은근 슬쩍 알게 됐다. 나중에는 응시자가 너무 많아 경찰관이 연수원 강당에 출장 와서 시험을 보는데, 하늘 같았던 연수원장이 불합격하여 이야깃거리가 되기도 했다.

오토바이가 수 천 대로 불어나자 사고가 끊이지 않았다. 어제는 누가 사람을 치어 경찰서에 붙잡혀 있다거나, 동료가 다쳐서 입원했다는 등, 병원과 경주교도소에 면회 가는 일이 덤으로 생겼다. 재테크에 밝은 사람은 오토바이를 시중에 29만원 받고 팔아버리고 월 이자 5%의 돈놀이하는 사람도 생겼다. 당시 순서를 정해놓고 돈이 급한 사람은 높은 이자를 내고 타가는 번호 계(契)가 유행하였다.

어느 날 1근(07:00~15:00) 근무를 마치고 시내에서 회식 후 집으로 가는데, 형산교의 군경합동 검문소에서 검문을 받으려고 정지를 했더니 만취상태라 중심을 잡지 못해 쓰러지고 말았다. 경찰관이 오토바이를 일으켜주면서 "이래가지고 집까지 가겠습니까" 하며 걱정해주는 낭만도 있었다.

사라지는 산업역군 (3)

세상에 직원들 출퇴근 시켜주려고 열차를 무료로 제공하는 회사가 어느 나라 어떤 기업이 있단 말인가. 늘어나는 직원들의 교통편의를 위해 자전거, 오토바이와 함께 효자 주택단지에서 제철역까지 통근열차도 운행되었다.

이즈음 형산교를 건너면 강 둑 아래 자동차는 다닐 수 없는 자전거 전용도로가 있었는데, 검문소를 지나 왼쪽부터 '옥이집'을 비롯한 식당과 술집은 언제나 퇴근길 손님들로 북적댔다.

단체회식을 하고나면 총액을 사람 수에 나누기하여 월급 때 공제하는 '분빠이' 시절에 있었던 에피소드 하나만 소개한다.

평소처럼 자전거를 타고 식당 앞을 지나가는 동료를 불렀더니 쳐다만 보고 그냥 지나치더란다. 퇴근길에 회식한다고 알렸는데도 이유없이 빠졌고, 불렀는데도 참석하지 않았기에 분빠이에 포함시켜야 마땅하다는 판결이 내려졌다. 이후로는 이름을 불러도 절대 돌아봐서는 안 된다는 법칙이 생겼다.

1979년 1월 야간근무 중에 아들이 태어났다.

어머니가 이제 됐다고 하실 줄 알았는데 아들 하나로 부족하다며 대책도 없이 하나 더 낳으라고 한다.

79년 2월, 신설되는 2열연공장 조업추진반에 차출되었다. 3기 준공으로 철강재 생산능력은 크게 증가했지만 공급부족 현상은 여전하여 곧바로 850만 톤 규모의 4기 공사에 들어간 상태였다. 교대근무에서 상주근무로 바뀌면 월급은 적으면서 퇴근시간이 일정하지 않을 게 뻔했지만 명령이라 어쩔 수 없었다. 이때 컴퓨터가 도입되면서 모든 조업이 컴퓨터로 이뤄지기 때문에 볼펜과 종이가 필요 없어진다기에 이상하게 생각했다.

여기서 제철소 특성상 생산 현장은 대부분 24시간 가동하는데, 3교대근무체계가 어떤지 알아보자.

3조 3교대란, 1근(07:00~15:00), 2근(15:00~23:00), 3근(23:00~익일07:00)을 하루 8시간씩 5일간 근무 후 교대가 바뀐다. 야간근무와 휴일에도 일을 해야 하기에 월급은 상주근무보다 조금 많다. 휴일은 기껏해야 1근 마치고 다음날 3근 출근 사이의 32시간이 전부다.

이것을 '육거리'라 불렀는데, 마침 포항에 6거리가 있어 그렇게 부르는 줄 알았다. 나중에 알고 보니 일본말 윳꾸리(천천히, 느긋하게)가 변형된 것이다. 별도의 휴가를 내지 않으면 육거리 때 고향집 또는 단체로 야유회를 가거나 낚시를 즐겼다.

그러나 5일간의 3근을 마치는 날 바로 2근에 들어가는 '곱배기' 근무 첫날은 비몽사몽간에 일을 한다.

그 당시 족구(足球)가 얼마나 유행했던지 1근 마치고 퇴근하지 않은 채 공장의 빈터나 이면도로에서 족구를 했다. 높은 분이나 외부손님들이 근무시간 중에 족구 한다고 지적하는 바람에 잠시 금지시켰으나 그 열기를 꺾지 못했다.

79. 12. 26 박정희 대통령이 시해되어 사회가 혼란기에 빠졌음에도 조업과 건설은 차질 없이 진행되었다.

1980년 1월, 신일본제철 기미츠(君津) 제철소 열연공장으로 연수를 가게 되었다. 이때 일본은 포항제철이 예상보다 빠른 속도로 기술과 생산량이 늘어나자 부메랑 효과라며 경계심을 보였다.

실제 실습은 계약에 없는 사항이라며 질의응답 형태로 이뤄졌다. 연수 중 교육을 마치고 5~6명이 낚시용품을 사러 길을 건너야 하는데, 횡단보도에 신호가 바뀌지 않아 마냥 기다리고 있었다. 무단횡단을 할까 말까 망설이는 찰라 저 멀리서 트럭 한 대가 오더니 차를 세우고 기둥의 버턴을 누른 뒤 우리가 지나가기를 기다렸다. 통행이 뜸한 횡단보도에 버턴식 신호기가 설치되어 있는 것을 처음 알았다. 나는 이 광경을 보고 일본과 일본사람에 대하여 더 많은 관심을 가지게 되었다.

80년 7월 1일, 2열연공장이 4기 설비 중에서 앞당겨 준공했다. 단일 공장으로는 우리나라 최대로, 가열로부터 제품창고까지 공장길이가 1.2㎞, 압연기 구동 모터 하나가 집채만 해 사다리로 오르내렸다. 두께 22㎜의 후판을 힘 안 들이고 두루마리 형태로 감아 버리니 일본 기술자도 연신 넘버원을 외친다.

나는 생산된 열연코일을 풀어가면서 검사, 연속절단, 평탄도 교정을 하는 5개 설비를 담당하고 있었다. 제철소가 확장을 거듭함에 따라 현장 기능공이 부족하여 공업고등학교 출신만으로는 턱없이 모자랐다. 회사는 인문계 고졸자를 뽑아 별도의 직업훈련소에서 3개월 또는 6개월 훈련 과정을 거친 뒤 현장에 바로 투입시켰다.

7월 31일, 눈앞에서 사망사고가 발생했다. 갓 공고를 졸업한 20세 신입사원이 온도를 측정하기 위해 기계 밑에 들어갔다가 작업복이 기계에 말려들어 아까운 목숨을 잃고 말았다. 기강이 해이해져서 그렇다지만 초창기에는 경험부족에서 다치는 경우가 더 많았다.

안전사고뿐만 아니었다. 핫코일을 연속으로 풀어서 철판을 생산하는 시어 라인(Shear Line)에서 품질에 문제가 생긴 것이다. 이 설비는 두께 1.2~12.7㎜를 길이 12m까지 자르도록 설계가 되었다. 그러나 박판을 자르는 전단기(Flying Shear)에서 길이가 6m 넘는 사이즈는 칼날이 직각 상태에서 커팅되지 않고 약간 비스듬하게 커팅되어 철판 앞부분에 칼자국이 생기는 흠이 발생했다.

처음에는 기계설계자가 오더니 원인을 찾지 못해 미쓰비시(三菱)기술연구소까지 동원되었는데 뭔가 숨기는 듯했다. 이후 김종진 열연부장 주재로 일본의 설비공급업체와의 회의석상에 불려갔다.

"오 주임, 너 때문에 FAC(최종 완공증명서)가 발급되지 않아 미쓰비시가 대금청구를 못하고 있다니 싸인 좀 해줘라. 하자처리는 책임지고 해 주겠단다."며 통사정을 한다.

"너 죽을래!" 했다면 어쩔 수 없이 싸인 했겠지만, "일본에 가서 제 눈으로 직접 보지 않고는 싸인 못 하겠습니다"며 거절 했더니 미쓰비시에서 난리가 났다. 갑자기 초청장이 날아오고, 2열연공장장과 둘이서 열흘간 일본 제철소 설비를 둘러보는 출장을 가게 되었다.

나리타(成田)공항에서부터 칙사 대접 받으며 도쿄(東京) 한복판의 특급 게이오(慶應)호텔에 숙소가 정해졌다. 그런데 문을 닫으면 저절로 잠기는 줄 모르고 안에서 잠금장치 찾느라 헤맸고, 오사카(大阪) 지역에 갔을 때는 프랑스식 레스토랑에서 핏빛이 비치는 스테이크로 식사를 하는데, 속이 메스꺼워 와인을 연거푸 서너 잔을 원샷으로 마셨다. 와인을 그렇게 마시면 안 되는 줄 몰랐으니 촌놈 행세를 단단히 했다.

고베(神戸)에 있는 미쓰비시중공업 고베조선소를 견학시켜 주는데, 옆에는 경비행기 활주로가 딸려 있었다. 연필에서부터 항공모함까지 만들어내는 미쓰비시의 저력에 기가 죽지 않을 수가 없었다.

일본의 6~7개 제철소를 돌아본 결과 우리와 유사한 설비는 없었다. 결국 화물차의 기능을 갖춘 승용차를 만들어 달라는 식의 우리 측 요구를 미쓰비시 측이 쉽게 받아들인 게 문제였다. 미쓰비시가 칼자국이 생기지 않도록 보조 장치를 달아주겠다고 했으나 길이 6m 이상의 박판은 자르지 않는 것으로 결정지어버렸다. 지금 같으면 미쓰비시에 대하여 내가 '갑질'을 더 할 걸 그랬나 싶은 생각이 든다.

1980년 12월에 컬러TV가 방송되면서 이듬해 회사에서 24개월 할부로 14인치 컬러TV를 공급했다. 손으로 채널을 돌리는 로터리식이 32만 원, 버턴 터치식은 34만 원이었는데, 2만 원 아끼려고 로터리식을 샀다가 나중에 수리비가 많이 들었다. 요사이 얼마쯤 하는지 인터넷 검색했더니 32인치 LED TV가 14만 원밖에 하지 않으니 그야말로 격세지감을 느낄 만큼 우리나라가 발전했다.

당시는 시청료를 징수원이 가정을 방문하여 받으러 다녔다. 800원 하던 흑백TV 시청료가 컬러로 방송되면서 갑자기 컬러는 2,500원으로 인상되었다. 징수원의 초인종 소리가 나면 TV를 끄고 이불이나 장롱 속에 감췄다. 이웃의 친구는 아이들 시력이 나빠진다고 일부러 컬러TV를 사지 않았는데, 징수원이 에어컨 있는 집에 컬러TV가 없다는 게 거짓말이라며 실랑이 끝에 장롱과 벽장까지 열어서 확인시켜주는 웃지 못할 일도 있었다.

81년 1월 1일, 새해가 밝았다. 담배 한 대 피워 물고 올해는 어떤 계획을 세워볼까 궁리를 했다. 하루에 두 갑씩 피우던 담배를 끊어야겠다고 마음먹었으나 남들처럼 작심삼일이겠지 하며 큰 기대는 하지 않았다. 그런데 1시간을 못 참던 내가 사흘을 끊고 나니 자신이 생겼다. 그 후로 오늘까지 한 개비도 피지 않았으니 금연에 성공한 셈이다.

더위가 한창이던 8월에 셋째가 태어났다. 이번에도 출산을 지켜보지 못했으나 멱살을 잡히는 일이 없어 다행이라 생각했다. 딸이라 어머니가 또 아들 하나 더 낳으라 할까봐 내가 선수를 쳤다. '둘도 많다'며 산아제한을 부르짖던 시절이라 셋째부터는 출산비용부터 의료보험이 적용되지 않고 부양가족으로 인정도 받지 못한다. 연말정산에도 빠진다고 투덜대며 살기 힘들어 죽겠다고 했더니 어머니는 조용했다.

81년 2월 18일 850만 톤 4기 종합준공식에 공로표창장과 금메달을 받았다. IMF 때 금모으기 운동에 다른 금붙이는 팔았으나 금메달만은 고이 간직했다가 아들에게 결혼 기념으로 물려줬다.

82년 1월 5일, 야간통행금지가 해제되었다. 그 시절 밤 문화는 오늘날과 완전히 달랐다. 자정이 넘으면 모든 거리는 쥐새끼 한 마리도 얼씬 못했으며 곳곳에서 군경 합동검문이 시작된다. 단속에 걸리면 경찰서 유치장에서 밤을 새우고 이튿날 즉결심판을 받았다. 동료 한 사람이 회식 후 귀가 중에 통금위반으로 벌금을 물었는데, 벌금도 분빠이 포함시키자는 제안이 묵살 당했다.

법이란, 예나 지금이나 상황에 따라 바뀌지만 말도 안 되는 그 시절이 그리운 건 늙었기 때문인가?

PS : 당시 김종진 열연부장은 포항제철소 부소장, 광양제철소장과 포스코 사장 역임 후 동국제강(주) 회장으로 영입되었습니다.
2001년 7월 5일 임직원 등 12명이 헬기로 거제 대우조선으로 가던 중 기상악화로 헬기가 추락하여 세상을 떠났습니다.
살아계셨다면 우리나라 철강분야를 더 발전시켰을 분인데 안타깝습니다.

열연부장 때 자기집 연탄화덕 뚜껑의 철판이 얇아서 빨리 삭는다며 두꺼운 철판으로 만들어 달라고 해서 집으로 가져가신 게 기억납니다.

다시 한번 고인의 명복을 빕니다.

사라지는 산업역군 (마지막)

사람이 살아가면서 자신의 이름 외에 한두 개쯤 별명을 지니기 마련인데, 2열연공장에서 일할 때 나의 별명은 '호메이니'였다. 과격하면서 절대 권력을 가진 이란의 시아파 회교지도자인 호메이니와 닮았다는 데서 붙여진 별명이다.

2열연공장의 조업이 차츰 안정되면서부터 근무기강이 해이해져 일어난 사고들이 많았다. 매월 정해진 생산목표량을 달성하기 위해서 조별로도 경쟁을 했던 시절의 이야기다. 주문 받은 철판을 생산하는 과정에서 운전자가 길이 세트를 10㎜ 짧게 하여 두 코일(약 30톤)이나 불합격 처리되었다. 매뉴얼대로 검사만 했더라면 일찍 발견할 수 있었는데 '맞겠지' 하며 그냥 지나쳐버린 것이다.

야간작업 중 스무 살짜리 신입사원이 스위치 조작미스로 설비고장을 일으켜 생산이 중단되는 사고가 있었다. 수습 후 화가 나서 "시말서 써와!" 했더니 '심할서'라고 써 왔기에 배꼽잡고 웃었다. 직업훈련소 출신에게 건너편 공구 박스에서 "파이프렌치 제일 큰 거 가져와라" 했으나 머뭇거리기만 하기에 알고 보니 파이프렌치를 모르고 있었다. 어디 그뿐이랴, 설비 점검 중에 서로 간 신호 미스로 손가락이 잘리거나 다리라도 다치는 안전사고가 일어난 날은 퇴근도 못하고 윗사람에게 혼쭐나기 일쑤였다.

5개 설비에 부하직원만 45명이나 되니 마음 편할 날이 없었다. 틈만 나면 숨어서 '짤짤이'를 하거나 야근 때는 졸지 못하게 단속하러 돌아다녀야 했다.

이러다 보니 욕설이 나오고 때로는 손찌검도 해야만 했다. 그렇다고 이유 없이 때리지는 않았다. 이토록 엄한 호메이니 밑에서 얻어터지면서 참고 견뎠기 때문에 정년퇴직을 할 수 있었다는 후배도 제법 있다.

1982년 봄, 최초로 프로야구가 개막되었다. 학창시절 야구선수가 꿈이었던 내게 프로야구는 대리만족을 시켜주는 최고의 스포츠였다. 9회 말 투아웃에도 얼마든지 역전이 가능했기에 인생역전을 기대하는 사람이 비단 나뿐만 아니었다.

1985년 바다 위에 광양제철소가 착공되면서 숙련시킨 후배들을 광양으로 보내고 부족한 인원을 신입사원으로 채워 넣는 일이 연속되었다.

1986년 아시안게임을 거치고 87년에는 민주화 물결이 곳곳에서 터져 나왔다. 포항제철 역시 6·29선언 이후 제철정비, 삼풍공업 등 협력업체의 노동조합 설립투쟁이 마침내 노조를 인정하는 박태준 회장의 담화가 발표됐다.

1988년은 나라 안팎은 물론 회사와 나에게도 엄청난 일들이 벌어졌다. 무노조 경영을 내세우던 회사였기에 노사협의회 8대 근로자위원 선거를 실시했다. 주위의 출마 권유로 별로 내키지 않은 근로자 위원에 당선되었는데, 이게 노동조합으로 발전하리라고 전혀 생각지 못했다.

전반적으로 노사관계가 대립하는 흐름 속에 6월 29일 근로자위원을 주축으로 노동조합을 설립하였다. 이후 실시된 대의원 선거에 당선되면서 노조의 상징인 빨간 조끼를 입고 노조활동을 시작했다.

당시 포항제철 노사 간의 가장 큰 쟁점은 직급체계였다. 4년제 정규 대학 출신은 '기간직 사원', 고졸 이하는 '기능직 사원'으로 직급이 두 개로 나눠진 것을 단일화 시키기 위해 투쟁했다. 군대에 비유하자면 장교와 사병의 계급 체계와 같아서 좀처럼 관철되지 않았다.

6월 10일, 증권시장에 기업을 공개하며 포항제철이 국민주 1호로 상장되면서 종업원지주제가 도입되었다. 우리사주(10,500원)와 국민주(15,000원)를 더하여 760주를 배정받은 후 나중에 27,500원에 팔면서 좋아라 했는데, 76만 원까지 올랐을 때는 배가 아팠다.

88년 9월 17일, 온 국민의 기대와 전 세계의 관심 속에 서울올림픽이 개최되었다. 한국이 종합순위 4위를 하면서 그동안 헐벗고 굶주린 나라로 알고 있었던 국가들이 올림픽을 통해 한국의 경제성장을 보고 깜짝 놀랐다고 한다.

1989년 선진국 노동조합의 실태를 조사하기 위해 노조간부 8명이 일본과 미국으로 열흘간 출장을 가게 되었는데, 강성으로만 치닫는 우리나라와는 사뭇 다른 노조를 경험했다.

1990년 조합원 19,000명의 거대 노동조합의 3대 위원장 선거에 출마했으나 낙선했으며 이때 강성노조가 탄생했다. 이후부터 노사 간의 갈등이 더욱 격화되어 엄청난 희생이 뒤따랐다. 비록 3년밖에 안 되지만 실제 경험한 노조활동에서 우리나라의 노사관계를 나름대로 짚어보면 대략 다음과 같다.

노조는 자연스럽게 사측과 대립할 수밖에 없다. 노동자들은 회사의 경영실적이나 상황에 관계없이 더 많은 걸 요구한다. 회사가 존립 위기까지 몰려도 복지나 임금 인상을 강요하기 때문에 경영자들은 노조

설립을 꺼린다.

지금도 파업 찬반투표를 하면 대부분 찬성으로 가결된다. 이것은 파업을 통해 협상국면을 유리하게 이끄는 강성노조의 전략이 노조원들에게 먹혀들어가기 때문이다. 또한 파업을 하게 되면 무노동 무임금 원칙이 지켜져야 하나 파업이 끝나면 생산 장려금이란 명목으로 회사가 되돌려주는 것도 문제다. 노조 때문에 기업을 못 하겠다면서도 망하는 회사가 극히 드문 것을 보면 우리나라 노사관계는 정말 요지경이다.

입사 20년째 접어든 1991년, 46세 때 나는 선택의 기로에 서게 된다. 물려받은 재산 하나 없이 월급만으로 생계는 유지되지만 정년퇴직(만 55세) 후 살아갈 일이 막막했다. 앞만 보고 달리느라 거기까지 생각할 겨를이 없었던 것이다. 기능직으로서 이미 최고 직위에 올라 승진 기회도 막혔으니 '유전 대졸, 무전 고졸'의 한풀이 할 곳은 없을까 머릿속에 그림도 그렸다. 거기다 노조활동을 했던 직원에 대하여 회사의 시선도 곱지 않았다.

그 무렵 열연제품 판매 대리점인 모 철강회사에서 핫코일 가공설비에 문제가 많다는데 진단을 좀 해주라는 공장장의 지시를 받게 되었다. 3일 동안 샅샅이 살펴봤더니 설비가 나빠 생산성이 떨어지고 품질불량이 생긴 것이 아니라 관리 잘못이 원인이라고 보고를 했다. 설비에 문제가 있다면 공장 문을 닫겠다던 사장이 제발 살려달라고 매달렸다. 나는 그 자리를 피하려고 적당한 사람을 추천해 보겠다며 물러섰다.

돌아와서 동료들에게 직장을 옮길 생각 없느냐 물었더니 장래가 불투명한 개인회사에 갈 이유가 없다는 대답뿐이었다. 저쪽에서는 재촉

전화가 오고, 언뜻 내가 한번 가볼까 하는 생각을 했더니 머리가 복잡해졌다. 어머니와 아내에게 슬쩍 얘기를 꺼냈더니 안정된 직장을 왜 버리려하느냐며 한사코 반대다. 주위에서도 열에 아홉은 말렸는데, 어쨌거나 담판을 지어야 했기에 사장을 만나 사정 얘기를 하고 포기하겠다고 말했다. 그랬더니 아버지 같은 분이 내 손을 덥석 잡으며 애원하는 모습에 그냥 일어설 수 없었다. 하루만 더 시간을 달라 해놓고 집에 와서 별의별 생각에 뜬 눈으로 밤을 새운 뒤 이튿날 수락해버렸다.

회사에 사직원을 제출했더니 8월 29일 자로 사표가 수리가 되었다는 통보를 받았다. 소지품을 정리하기 위해 책상 서랍을 여는데 나도 모르게 눈물이 펵 쏟아졌다.

돌이켜보면 먹고살기 위해 얻은 고마운 직장에서 열심히 일을 하니 내가 해야 한다는 사명감이 생겼고, 목표를 달성하니 성취감이 보람으로 이어졌다. 이런 과정에서 회사와 회장님에 대한 불만도 없지 않았다. 여섯 식구 사는 게 힘들고 불편했지만 그렇다고 불행하지는 않았다.

세월은 흐르고 또 흘러 입사 40년째가 되는 2012년 7월 24일, 연락이 닿는 동기생 11명이 모였다. 운 좋게 정년퇴직한 사람, 나처럼 중도퇴직자, 그리고 명예퇴직이란 이름하에 토사구팽(兎死狗烹)을 당한 동기들이 모여 입사날짜에 맞게 '724동기회'로 명칭을 정하고 매월 24일 모이기로 했다.

모였다하면, 태풍으로 살림살이가 떠내려간 동기생에게 된장 간장을 퍼 날라 준 이야기, 노조에서 사복출퇴근을 강행하자 회사와 부하 사이에 끼여 난감했던 일, 자식 키운 이야기와 등산, 목욕탕, 야유회 등으로 떼 지어 다니며 우애를 다졌다.

웃을 일이 끊이지 않던 모임도 차츰 건강 얘기가 많아지고 2년에 한 사람 꼴로 세상을 떠나 이제 7명이 남게 되었다. 고심 끝에 모임을 해체하기로 하고 지난 가을 동해안 쪽으로 나들이 하면서 생선회도 사먹고 노래도 부르며 남은 회비로 미역과 오징어를 사서 나누었다. 앞으로 매년 7월 24일에 만나기로 하고 7명이 단체사진을 찍었다. 누구든 사망하면 영정사진 옆에 이 사진을 두기로 약속하고 동기회를 해체했다.

지난 12월 13일은 박태준 회장의 9주기일이다. 포항공대(포스텍) 교정에 세워져 있는 동상에 해마다 '포스코 실버드림봉사단'이 참배와 더불어 혹시 외부 인사나 현직 후배들이 오면 맞이하려고 일찍 나와서 기다렸다. 그러나 동상 앞에 아홉 개의 추모화환만 놓여 있을 뿐 한 시간을 기다려도 참배객이라고는 팔순을 지난 선배와 80을 바라보는 동료, 이렇게 봉사단 여덟 명이 묵념을 마치고 사가(社歌)를 부른 뒤 쓸쓸이 돌아섰다. 그 모습을 보니 아무리 세상이 바뀌었다지만 이럴 수가 있냐는 생각이 들었다.

박태준이 누구더냐, '철강왕'이란 수식어는 늘 따라다녔으며, 중국 국가주석 덩샤오핑(鄧小平)이 일본을 방문하여 신일본제철(주) 이나야마(稻山) 회장에게 중국에도 포항제철 같은 제철소를 지어달라고 요청하자 중국에는 박태준이 없기 때문에 안 된다며 거절한 일화는 모르는 사람이 없을 것이다.

그런데 포스코 출신도 아는 듯 모르는 듯한 얘기 몇 가지 소개한다. 박 회장이 돌아가시기 3개월 전인 2011년 가을, 주택단지 한마당 체육관에 '뵙고 싶었습니다'라는 현수막이 걸렸다. 자신이 몸담고 있을 때 함께 일했던 반장, 주임 3~4백 명이 위로연 행사에 초대를 받았다. 당시 회장님은 건강 상태가 나빠져 행사를 하느냐 마느냐 결정을 못했다는데 회장님이 강행토록 하셨다. 가수 하춘화와 김연자가 출연하여 흥을 돋우더니 회장님이 불편한 몸으로 무대에 나오셨다.

정확히 기억나지 않지만 회장님이 "지금은 억대 연봉을 받는다는데 나는 여러분에게 참아달라고만 했다. 내가 미안하다." 눈물을 흘리시며 이런 기회를 자주 만들겠다고 약속하셨지만 그게 끝이었다.

나는 회장님의 "미안하다" 이 한마디에 그동안 섭섭했던 감정이 태백산 눈덩이가 봄비에 소리 없이 녹아내리듯 사라졌다. 그런 뒤 12월 13일, 폐 질환이 악화되어 서울 세브란스병원에서 눈을 감고 말았다.

포스텍(포항공대) 교정에 세워진 동상 전면에 鋼鐵巨人 教育偉人 朴泰俊 先生(강철거인 교육위인 박태준 선생)이라 새겨져 있다. 박 회장은 제철소 건설에 눈코 뜰 새 없이 바빴음에도 국제수준의 연구중심대학을 목표로 포항공대를 설립했다.

대학 본관 앞 노벨동산이라 이름붙인 곳에는 에디슨, 뉴턴, 아인슈타인, 맥스웰, 네 명의 과학자가 좌대 위에 흉상이 얹혀있다. 그 옆 제일 좋은 위치 좌우로 빈 좌대 두 개가 있는데, '미래의 한국 과학자'의 흉상이 놓일 자리다. 포항공대 출신이 노벨상을 받으면 흉상을 세울 좌대가 개교 이래 35년이 된 지금까지 임자가 없다.

왜 한국은 노벨 과학상을 받은 사람이 아직까지 나타나지 않는지 짧은 나의 식견은 이렇다. 우리나라 부모는 자식이 공부를 잘하면 법과대학이나 의과대학에 보내 법관이나 의사가 되게 하려고 기를 쓴다. 권력을 쥐거나 돈 많이 벌어야 성공한 사람으로 쳐주기 때문이다. 그래서 이공계가 홀대를 받는다.

시험을 치기 위한 공부는 이미 주어진 답을 이해하거나 정답을 빨리 아는 방법을 배우는 것이지만, 연구란 정답이 주어져 있지 않은 문제에 도전하는 것이다. 아직 답을 모르는 탓에 실패의 가능성이 있어 싫어할 뿐 아니라 10년이 넘는 긴 시간 동안 하나의 주제에 매달려 연구할 수 있는 여유가 없다. 그래서 기초과학이나 기초의학은 돈이 안 되기에 기피 당한다. 우리나라에는 의학과 과학 분야에 노벨상 수상자가 한 사람도 없는데 일본은 24명이나 된다.

축구경기에서 일본에게 1:0으로 져도 대표 팀 감독 바꿔라, 저 선수 퇴출시켜라 야단치면서 노벨상 24:0에는 왜 침묵하는지, 이러고도 어떻게 일본을 단숨에 따라잡겠다는 말인가?

박태준 회장이 저 세상에서도 포항공대 출신이 노벨상 받기를 고대하듯이 나도 생전에 빈 좌대 한 개만이라도 채워지기를 소망한다.

홍수가 나서 자동차가 물위에 둥둥 떠다니고, 집안에 물이 차 들어와도 출근하여 회사를 지켰던 산업역군들이 하나 둘 세상을 떠나니 나도 박 회장 곁으로 가야할 때가 가까워지고 있음을 느낀다.

박태준, 말년에 진흙탕에서 개들이 싸우는 정치판에 끼어들어 결국 망명생활에 병까지 얻게 된 그는 내가 아는 그 누구보다도 조국을 위해 헌신했던 진정한 애국자다. 맥아더 장군이 의회에서 했던 퇴임연설, "노병은 죽지 않는다, 다만 사라질 뿐이다" 속으로 이 말 중얼거리며 끝을 맺는다.

수영장

내 어린 시절 신천동의 목조다리 동신교는 홍수가 나면 종종 떠내려갔다. 더 볼품없는 우리 마을의 신천교(현 제2신천교)는 큰물이 지지 않아도 저절로 떠내려가기도 했다. 다리가 없어지면 우리 동네 사람들은 어쩔 수없이 한참을 돌아 경부선 열차가 다니는 '푸른다리'를 걸어서 장 보러 칠성시장에 가거나 시내 볼일을 보러 갔다.

푸른다리는 기차 전용이라 난간대도 없고 기차가 지나갈 때는 목숨을 걸고 다녔다. 철부지였던 나는 홍수가 나면 다리야 떠내려가든 말든 신이 나서 친구들과 발가벗은 채 신천에서 물놀이를 즐겼다. 신천이 마르면 저수지를 찾아가 개헤엄을 치며 놀다보니 어느덧 생존을 위한 수영을 배우게 되었다.

1959년, 경북중학교에 입학하니 수영장이 있었다. 부대시설이라고는 아름드리나무 몇 그루와 녹슨 함석판으로 둘러쳐진 펜스가 고작이었다. 지금으로 보면 말이 수영장이지 시멘트 저수지라고 해야 할 것이다. 당시 학교수영장은 대구·경북에 우리학교와 대구여중뿐이었다. 수영장에서 제일 가까웠던 우리 1학년 8반은 '개파'라는 별명을 가진 악명 높은 김재성 선생이 담임이었다. 중간고사나 기말고사가 끝나면 모두 모여 그 시험을 다시 치고 집으로 보내주면서 매일 1등부터 꼴찌까지 짧은 당구작대기로 우리를 두들겨 팼다. 성적이 나쁠수록 더 많이 맞았다. 곤장을 맞은 뒤 우리는 수영장으로 달려가 엉덩이를 까놓고 누구의 멍이 더 시퍼런지 비교하며 깔깔대고 물놀이를 하였다. 수영대회가 열리기도 하였으며 물이 없을 때는 영어암송대회도 하였다.

그해 추석날 사라호 태풍에 거목 두 그루가 쓰러지면서 수영장이 망가진 이후로 더 이상 수영장에 대한 기억이 나지 않는다. 경북중학교에 수영장이 언제 만들어졌는지 잘 모른다. 다만 학교가 100여 년 전 일제강점기 때 설립된 공립학교라 일본인이 만들었으리라 추측한다. 해방 전까지 일본사람이 교장이었다는 사실을 보면 그럴 것이란 짐작이다(최근 밝혀진 바에 의하면 경북중·고교는 106년 전 대구 유지들이 만든 사립학교라고 한다).

일본도 우리의 세월호 사고처럼 큰 상처가 있었다. 1955년 5월 11일, 수학여행을 떠난 아이치(愛知)현 초등학생과 고치(高知)현의 중학생을 태운 시운마루(紫雲丸)호는 세토나이카이(瀨戶內海)를 지나가고 있었다. 이 해역은 조수간만의 차도 크고 조류도 빠른 곳이다. 사고 당일 시운마루호는 짙은 안개가 끼었는데도 불구하고 운항을 강행했다. 때마침 같은 항로의 반대편에서 화물선 제3우코마루(第3宇高丸)호가 오고 있었다. 과속하던 두 배가 서로 접근하고 있음을 알고 피하려 했으나 모두 같은 방향으로 꺾는 바람에 충돌하고 말았다. 이 사고로 168명이 사망했다. 시운마루호 침몰사고 이후 일본은 선박의 안전기준을 강화하고 충돌사고를 막기 위해 세토대교를 건설하였다.

사고 당시 수영을 하지 못해 죽은 학생이 많았다는 사실을 안 정부는 각 학교마다 수영장을 만들어 수영교육을 강화시켰다. 현재 대부분의 일본초등학교에는 수영장시설을 보유하고 있으며 좀 괜찮은 학교는 실내수영장도 있다. 심지어 학교시설이 부족한 곳은 옥상에 수영장을 둔 학교도 있다고 하니 우리 실정과는 너무 다르다. 지금도 세토나이카이는 선원 실습생의 훈련장소로 활용되고 있으며 시운마루호 사고 이후 현재까지 유사한 해난사고가 한 건도 일어나지 않았다고 한다.

2014년 4월 16일, 안산의 단원고등학교 학생을 비롯한 300여 명의 생명을 앗아간 세월호 침몰사고가 발생했다. 일본과 달리 본질이 호도되고 촛불집회와 태극기집회로 국론이 양분되더니 대통령이 탄핵되는 엉뚱한 결과를 낳았다.

3년이 지난 현재도 책임문제만 가지고 떠들었지 수영장 만들자는 위정자는 없다. 피해자 가족들이나 국민들도 마찬가지다. 나는 세월호 인양작업에 반대했다. 그 돈으로 수영장을 짓게 하라고 목에 핏대를 세웠다. 교통사고나 비행기가 추락하면 수습하는 비용은 차주나 보험사 아니면 항공사가 부담하는 게 원칙이다. 교통사고를 국민세금으로 수습해주는 것은 옳지 않은 일이다. 전례가 될 수도 있다.

피해자 가족들이 비용부담을 감당하기 어렵다면 찬성 측은 기부금으로 인양해야하고 모금이 안 되면 포기하는 것이 맞다. 국민 혈세 수

천억 원을 써서 무슨 보물선 건지듯 3년이란 세월이 지난 뒤 과연 우리는 무얼 건졌는가? 미래보다는 과거에만 집착하는 우리 국민성, 초가삼간을 태울지라도 빈대를 잡아 죽여야 직성이 풀리는 악습이 뿌리 깊게 내린 탓이다. 나는 이렇게 생각한다. 세월호 인양에 앞서 단원고등학교나 안산시에 세월호 사고의 표징이 될 수 있는 수영장을 지어주는 것이다. 이 수영장이야말로 공포에 떨면서 차가운 바다에 수장된 어린 학생들의 영혼을 달래주고 더 이상의 희생을 없애자는 뜻도 있어서다.

작년에 교육부가 물놀이 사고로 어린아이들이 사망하는 사고가 매년 늘어나자 초등학생을 대상으로 생존 수영 교육을 의무화 하겠다고 밝혔다. 잘하는 일이다. 그런데 수영복을 챙겨서 수업에 참가한 외손자 말을 들어보니 많은 학생이 한꺼번에 들어가 교육을 받으니 헤엄은커녕 물장구 몇 번치고 나왔다고 한다. 수영장이 턱없이 부족하니 당연한 일이다.

50만 인구의 포항에 수영장 시설이 제대로 갖춰진 곳은 포항실내수영장 단 한 곳뿐이고, 정식 규격은 아니지만 그나마 전문 강사의 지도를 받을 수 있는 곳이 두 세 곳 정도에 지나지 않는다.

작년에 시골로 이사 오기 전까지 포항공대(포스텍) 실내수영장에서 6년 가까이 수영을 했다. 개장하기 전 시민들의 관심과 기대가 컸다. 그러나 막상 개장하니 처음 반짝하고는 열기가 식었다. 박태환 선수가 금메달 땄을 때 부모 손에 이끌려 온 학생만 조금 불어나고는 맨날 그 얼굴밖에 없다. 이런 사태의 이유 중 하나는 비싼 월 이용료 8만5천원도 해당이 될 것이다.

내가 바라는 것은 근사한 실내수영장이 아니다. 지방마다 여름 한철만이라도 서울 한강변처럼 탈의실과 샤워장 정도만 갖춰놓은 수영장이면 된다. 특히 어린이들에게는 전문 강사를 통해 기초부터 가르치는 게 필요하다. 물과 친근해지면 공포심도 사라지고 영법을 배우면 차츰 자신감을 얻게 된다. 물에 대한 두려움만 버리면 설령 불의의 사고를 당해도 살 수 있다. 우리 몸은 배영과 비슷한 자세로 하늘을 보고 드러누워 양손만 움직여주면 물위로 뜨게 된다. 체력소모도 줄이고 호흡도 편해 가장 쉬운 생존 수영법이다.

우리나라는 반복되는 대형사고가 일어날 때마다 안전 불감증에서 비롯된 인재라고 떠든다. 얼마 전 15명이 희생된 영흥도 낚싯배 사고도 구호에만 그친 대책이 빚은 결과다. 그리고 사고 때마다 대통령이 유가족을 찾아가 위로하고 '국가의 책임'이라 사죄해야 국민들의 지지도가 높아지는 것도 도무지 이해가 안 된다.

59년 전 나의 앳된 중학생 시절, 이준상 체육선생이 우리에게 하신 말씀이 지금도 생생하다. "우리나라는 삼면이 바다고 북쪽으로는 도망조차 갈 수 없는 처지다. 만약에 또다시 6·25와 같은 전쟁이 터지면 바다로 뛰어들 수밖에 없는데, 헤엄을 칠 줄 모르면 죽은 목숨이다"라고 강조하셨다. 당시의 체육선생님은 돈이 많으면 수영을 못해도 비행기로 도망칠 수 있다는 것을 예견하지 못하신 것 같다. 돈과 권력을 가진 자들은 자식들을 군대는커녕 미국 등으로 빼돌려놓고 여차하면 자신들도 튈 준비가 된 상태다. 나처럼 힘없는 민초들은 물에 빠져죽지 않으려면 수영장 만들어달라고 외치는 길밖에 없다. 촛불이 필요한가?

사회복지사의 하루

사람이 이 세상에 태어날 때 주위 사람들의 한결같은 소망이 정상적으로 태어나고 건강하게 자라기를 바랄 것이다. 그러나 불행하게도 장애를 가지고 태어나거나 살아가면서 장애를 얻는 경우도 허다하다. 다행히 나는 자녀 셋과 손자 손녀 모두가 정상인으로 태어났으며 지금까지 장애를 입지 않고 살아가고 있음을 늘 고맙게 여긴다.

장애자는 자신이나 부모들의 죄 때문에 그렇게 되었을까? 지난해 서울 강서구에서 장애아동 특수학교 설립 문제로 교육감 주재 주민토론회장에서 무릎을 꿇고 눈물을 흘리며 학교설립을 호소하는 장애학생 어머니들의 모습을 뉴스를 통해 본 적이 있다. '이상한 학교'가 들어서면 집값이 떨어진다는 주민들의 반대에 무릎 꿇고 빈 것이다. 그러나 주민들은 "쇼하지 말라"고 목소리를 높이며 1, 2차 토론회가 모두 중도에 무산되고 말았다. 흔히 우리는 '상대방 입장에서 생각해보라'는 말을 자주 쓴다. 말은 쉬워도 본인이 똑같은 상황에 처하지 않으면 상대방의 처지를 절대 이해할 수 없다. 그 동네 아파트에 내걸린 '국립 한방병원 건립하여 우리도 한번 잘 살아보자!'는 현수막에 주민들의 속내가 함축되어 있다.

내 자식이나 손주가 장애를 가지고 태어날 수 있다. 실제 우리나라 장애인은 선천성보다 후천성 장애가 더 많다고 한다. 장애는 죄가 아닌데 아직도 정서적으로 미숙한 한국사회의 지적 성숙의 길은 험하고 멀다. '밥이 답이다'라는 공익광고가 있던데, 돈에 환장한 사람에게는 아예 답이 없는가?

나는 사회복지사다. 우연한 기회에 독도가 우리 땅이 맞는지 아닌지 알고 싶어 우리나라에 하나뿐인 한국복지사이버대학 독도학과에 등록하게 되었다. 그때 곁들여 노인복지에 대해 공부 좀 해보려고 사회복지학도 함께 수강하였다. 취업을 위해서도 아니고, 70 넘은 나이에 스펙을 쌓기 위함은 더더욱 아니다. 2년 후 120시간의 현장실습을 마치고 2016년 3월, 보건복지부장관으로부터 사회복지사 2급 자격증을 받았다.

내가 실습을 했던 포항의 모 장애인복지시설에는 남녀 복지사가 주 5일간 24시간씩 근무하고 다음날 퇴근하는 맞교대 시스템이다. 간혹 이곳에서 내게 전화나 문자메시지로 의뢰가 온다. 두 명의 남자 사회복지사 중에 휴가를 가거나 결원이 생기게 되면 대체근무자가 필요하게 될 때 대타요원으로 내가 간다. 남들은 무료봉사하는 걸로 알지만 약간의 경비를 받기에 아르바이트 성격이 짙다.

나의 하루는 이렇다(장애인과 이 시설에 누를 끼칠 수 있어 이름은 밝히지 않는다). 한손에는 세면도구와 옷가지 등을 챙긴 가방, 다른 한손에는 장애인과 종사자들을 즐겁게 해 줄 간식꺼리를 들고 08:30 시설에 도착하면 곧 바로 인수인계가 시작된다. 전날에 일어났던 일들 그리고 특이사항을 주고받는 중요한 시간이다. 9시가 지나면 셔틀버스나 보호자에 의해 장애인들이 속속 입소하는데, 내가 맡은 파트는 대략 열 명 정도다. 연령은 20~40대로 대부분 의사소통이 안 되는 자폐증과 함께 다른 장애도 가지고 있는 중증 장애인들이다. 자폐증이란, 다른 사람과 상호관계가 형성되지 않고 정서적인 유대감도 일어나지 않는 아동기 증후군으로, '자신의 세계에 갇혀 지내는' 것 같은 상태라고 하여 이름 붙여진 발달장애를 말한다.

예를 들면, A라는 30대 남성은 충동이 일어나면 괴성을 지르며 배구선수처럼 점프를 하며 난동을 부린다. 1층 사무실은 그 소음을 참고 그냥 지낸다. B라는 30대 여성은 다운증후군으로 어린애 체격에다 지능이 낮아 기저귀를 차고 일상생활을 한다. 그의 어머니가 매일 출퇴근 시켜주는데, 놀랍게도 언제나 웃음 띤 얼굴이 천사같이 보였다. C라는 40대 남성은 시력이 나빠 사물의 형체를 거의 식별하지 못하며 종일 의자에 앉아 손가락을 만지작거리며 하루를 보낸다. D라는 20대 남자는 충동을 일으키면 책이나 종이를 찢는 행동을 한다. 너무 억압을 해서도 안 되고 때때로 종이나 헌책을 준다. E라는 20대 여성, 출.퇴소 때는 의족을 신어야하며 기저귀를 찬다. 1년 전에는 숟가락질을 못해 밥을 절반 이상 흘렸는데, 요즘은 특수숟가락을 손에 끼고 거의 흘리지 않고 밥을 먹는다. 훈련의 결과다. 이 외에도 종일 서서 있다가 틈만 있으면 밖으로 나가려고 하는 사람, 스킨십을 요구하는 사람, 그네타기로 충동이 억제되는 사람, 종이에 자동차만 그리는 사람, 자기

손으로 입을 때리며 괴성을 지르는 사람 등 여러 가지 유형이 있다. 대체로 자유스런 행동은 할 수 있으나 간혹 타인에게 폐를 끼치는 사람은 제재를 한다.

이러한 일들을 사회복지사 두 명이 감당하기 어려워 낮에는 사회복무요원(공익근무자) 두 명이 보조를 해준다.

이 시설의 목적은 장애인이 사회에서 자립할 수 있도록 도와주는 것이다. 자활훈련과 생활지도 등이 유료로 진행된다. 훈련 프로그램을 몇 가지 소개하면, 블록 맞추기, 공놀이, 매트에서 구르기, TV화면을 통한 노래듣기, 식빵에 잼 발라먹기 등을 한다. 그러나 대부분 관심이 없거나 할 줄 모른다. 잼을 바르기 전에 빵을 먹어치우거나 아예 잼 바르기가 불가능한 사람도 있다. 그래서인지 장애아 부모의 소원이 자식 죽고 난 다음날 죽는 것이란다.

점심시간이 되면 1층에 있는 구내식당에서 나는 밥을 사 먹는다. 이곳 식당 종사자들은 대다수 자원봉사자들로 구성되어 있어 밥값이 싸다. 2천 원이다. 내 파트의 장애인들은 공익요원이 식당에서 밥을 가지고와서 별도의 장소에서 식사를 할 수 있도록 거들어 주어야 한다.

이렇게 이들과 부딪치다 보면 오후 4시가 되고 장애인들이 집으로 돌아갈 시간이다. 지역별로 셔틀버스를 타거나 보호자에 의해 퇴소를 한다. 6시가 되면 공익요원도 퇴근을 하고 여성복지사가 원생들의 저녁식사를 준비한다. 보통 여섯, 일곱 명이 저녁밥을 먹는다. 이후 서너 명이 귀가하면 네 명 정도가 이곳에서 잠을 잔다. 샤워를 시켜주고 이들이 입었던 옷을 세탁하고 상비약을 먹이거나 발뒤꿈치에 바셀린을 발라준다. 취침을 시켜놓고 나면 밤 열시, 드디어 하루의 일과가 끝난다. 이튿날 여섯시에 일어나 아침밥을 먹이고 인수인계 준비를 한다. 어제처럼 그날 일어났던 일들을 주고받는다. 9시경 사무실에 내려가 근무일지와 근로계약서에 사인을 하면 나의 일은 끝난다. "힘들지 않으세요?"라는 인사차 묻는 말에 "또 불러주세요"로 대답하고 사무실을 나선다.

나도 한때는 장애인이었다. 15년 전 심한 우울증이 걸렸다. 만사가 귀찮고 낙심하여 밥도 제대로 못 먹고 잠도 오지 않으니 죽고 싶은 마음밖에 없었다. 대구적십자병원 보호병동에서 입원치료 했고, 이듬해 포항의료원에서 또 입원 치료한 적이 있다. 퇴원 뒤에도 수년간 잔유 증상을 약물과 정신치료를 받았다.

지금 생각하면 그때 죽지 않았던 게 천만다행이었다. 그때는 진리처럼 느꼈던 사실이 이제는 시시한 일임을 알게 되었다. 참고 견디면 고통을 극복할 수 있다. 노인이 되어 남에게 도움을 받아야 할 이 나이에 건강을 되찾아 역지사지(易地思之)하며 남을 도울 수 있는 사회복지사로서 일할 수 있음은 하늘이 내게 내려준 축복이라는 생각을 한다.

4장

여행기

50년 만의 수학여행

남들은 학창 시절의 즐거운 수학여행의 추억이 내게는 지울 수 없는 슬픈 기억으로만 남아있다. 공납금을 제때 내어 본 적이 없어 항상 교무실에 불려가 혼난 뒤에야 겨우 납부했으니 수학여행 같은 건 언감생심 꿈도 꿀 수 없는 일이었다. 중학교 때, 우리 반 애들 대부분을 서울로 수학여행을 떠나보낸 뒤 학교에선 열 명도 채 안 되는 낙오자(?)를 교실에 모아놓고 자습을 시켰다. 공부가 될 리 있겠나? 그때 나는 우리엄마가 계모일 것이라 생각했다.

일찌감치 공부를 포기하고 취업하기 위해 들어간 대구공고에는 가정이 어려운 학생들이 많아서 나처럼 수학여행을 못 간 동지들이 많아 중학교 때보다 덜 슬펐다. 선생님들은 우리를 교실에 가두어 놓고 공부를 시키는 게 아니라 대구시내에서 제법 큰 공장이나 기업체 견학을 시켜주었다. 이때는 어느 정도 머리가 큰지라 우리 어머니가 계모가 아니라 다만 돈 없는 부모라는 사실을 알게 되었다. 우리 어머니가

"만아, 배가 고프거든 물을 마셔라"는 노하우를 가르쳐 주었기 때문에 그 진실을 알게 되었던 것이다.

50여 년이 흐른 이때 우리 동기회에서 해외여행을 간다는 소문을 듣고 한평생 가슴 속에 응어리진 수학여행의 한을 풀 수 있는 기회를 잡았다고 생각했다. 그러나 무정한 우리집 마나님은 그곳이 이름난 관광지도 아니며, 더구나 배를 타면 멀미를 심하게 하는 자신을 데리고 물경 80만 원이라는 돈 걱정까지 하면서 가기 싫다고 버틴다. 하지만 사나이 체면을 구겨가며 수학여행 못 간 한을 핑계로 몇날 며칠이나 꼬드기고 읍소 끝에 신청 마감 전날에야 러시아 블라디보스토크 행 여행자 명단에 끼일 수가 있게 되었다.

드디어 6월 2일(일) 08:00, 부산의 이용웅 군을 포항터미널에서 만나 승용차 편으로 강원도 동해항 인근 식당에 11:00 도착했다. 한정열 군의 여자 친구 네 명, 인솔 가이드 포함 37명이 모였고, 예상 했던 대로 이름과 얼굴매칭이 잘 안 되는 친구들도 많았다. 이신근 군도 그런 친구 중에 한 사람이었다. 우리는 장상식 서울동기회 회장을 '단장'이라 부르기로 하고 간단히 점심을 먹은 뒤 동해항으로 이동, 출국수속을 하고 있는데 문제가 생겼다. 승선 후 파티에 쓸 생선회 40만 원어치를 "반입할 수 있느냐"고 어리석게 물어보다 퇴짜를 맞은 것이다. 궁리 끝에 겨우 절반 값으로 식당에 되파는 밑지는 장사를 하고 말았다.

블라디보스토크 행 DBS 크루즈(정원 530명)에 승선을 했더니, 다행히 선실은 한 명씩 잘 수 있는 2층 침대에 커튼을 칠 수 있는데다 여행객이 적어 2층 모두를 혼자 쓸 수 있었고, 더구나 바닥으로 된 넓은 선실을 독차지하는 행운도 잡았다.

단장의 명령으로 머슴아들만 모여 술판을 벌이게 되는데, 지명을 받은 사람은 하고 싶은 얘기를 하자며 그 사회는 달변 이용웅 군에게 이른바 '토크쇼' 진행을 맡겼다.

13:30 출항을 기다리며 맨 처음으로 나선 정창준 군, 어릴 때부터 우리가요에 심취, 성장해서는 경북 고령에 계시는 부모님을 뵈려 서울에서 차를 몰고 내려가면서 부르던 그 노래들과 우리카페에서도 이미 잘 알려진 그의 해박한 가요지식을 듣게 되었고, '찔레꽃'을 직접 라이브로 들려주었다.

이 노래는 헤어진 동창생을 그리워하며 부른 노래가 아니란다. 3절까지 가사를 음미하며 들으니 일제의 탄압을 피해 연해주와 만주 등지에서 고국인 '남쪽나라'를 그리며 배고픔과 나라를 잃은 서러움을 달래던 선조들의 애달픈 망향가였다는 말에 새삼 숙연해졌다. 정창준 군의 노래는 여행 중에 언제나 많은 박수를 받으며 여러 번 앙코르로 이어지기도 했다.

이어서 지명을 받은 나는, 무식하여 평생을 자기 이름을 손수 써보지 못하고 세상을 떠난 부모 이야기, 그런 가정에서 경북중학교에 입학한 이야기, 결국은 그 가난 탓에 학업을 포기하고 체육특기자로 동아대학교에 들어갔던 이야기, 그나마 중도에 야구를 접어야만 했던 이야기를 하였다. 내 딴은 이야기가 긴 것 같아 많이 생략하고 포항제철에 기능공으로 입사한 이야기로 내 순서를 마감하려는데, 단장이 시간제한을 이유로 옐로우 카드를 내민다.

내가 행복하게 살아가고 있는 방법으로 첫 번째는 죽는 날짜를 한국 남성의 평균 수명인 77세로 정해 놓고 사는 것, 두 번째는 장기기증을 통하여 자신의 몸을 더 아끼며 생활을 하는 것이라고 순서를 끝냈다. 이때 이용웅 군이 "나는 이미 장기기증을 했다!"면서 카드를 내밀었다. 나의 뜻에 공감하는 몇 사람이 장기기증에 동참하겠다는 약속을 받고서 서둘러 말을 마쳤다.

다음으로 정남진 군은 교단에 서는 사람답게 갑판 위에 올라가 잠시 메모를 했다는 종이를 꺼내어 늦깎이로 독일 유학을 다녀 온 얘기에 앞서 "나는 신체적 장애 때문에 하고 싶은 운동선수도, 또한 군대마저 갈 수 없는 콤플렉스를 가지고 지금껏 살아왔는데 친구들 앞에서 이 이야기는 난생처음으로 한다"는 용기 있는 말에 박수를 받았고, 앞으로 돈을 떠나 철학과 사회학을 공부하고 싶다며 권영재 군의 말을 인용, 앞으로 인생 미용체조비에 아낌없이 투자하겠단다. 그리고 늦게 배운 골프지만 85타를 치는 날 잔치를 벌이겠다는 말에 모두들 찬사와 박수를 보냈다. 옆에서 누군가 프로 골퍼 출신인 김태호 군에게 레슨을 받으면 올해 안에 가능하다는 말도 들렸다.

이 와중에 건너편 선실에서는 평소 여성분과위원장이라 자처하는 구국본 군의 노래와 웃음소리, 그리고 내 와이프와 '셋셋세'를 하면서 한창 재롱을 떨고 있는 듯하다. 보지 않아도 늘 자기는 치과의사라 '빼고 돈 받고, 박고 돈 받는다'면서 지갑을 꺼내어 돈 자랑을 하고 있을 것이며, 그의 부인은 행여 부인들 앞에서 실수나 저지르지 않을까 노심초사하는 모습이 눈에 선하다. 나는 부인들 앞에서 바지를 내리는 병이 재발하지 않기를 빌고 있었다.

이어서 임용택 군이 마침 우리의 여행지, 블라디보스토크에 2003년도 투자조사단의 일원으로 참여하여 구 소련시절의 피복 공장을 인수해서 국내의 시설과 기술자를 파견, 의류를 만들어 미국에 수출하는 사업을 했던 곳이란다. 한편으로 D그룹사의 유니폼을 만들어 납품하여 제법 돈을 벌었단다. 그러나 사회주의 국가에서의 기업경영에는 한계가 있어 중국으로 옮겨 지금도 미국 등지로 의류를 수출하고 있으나, 중국에도 야반도주하는 우리기업이 속출하는 등, 기업환경이 나빠져 베트남으로 시설 일부를 옮겨가며 사업을 계속하고 있단다. 때마침 사전교육 차원에서 블라디보스토크와 러시아인을 이해하는데 많은 도움을 주었다. 웃고 즐기던 가운데 어느 듯 18:00, 저녁 식사시간이 되어 기대를 하고 식당에 갔더니 밥과 김치 같은 한국인의 입맛에 맞춘 반찬들은 있었으나 과일이 없는 등 다소 부족한 점이 많았지만 모두 별문제 없이 식사를 마치고 또다시 토크쇼에 참석했다.

다음은 진철수 군의 사진 이야기다. 직장에서 은퇴를 하면 노후를 어떻게 보낼 것인가를 고민하다가 대학 때 카메라를 다뤄본 경험을 살려 사진공부를 본격적으로 시작했단다. 특히 현대그룹의 임원시절, 노사분규로 회사가 어려울 때 노조원들과 산에서 열흘이 넘도록 함께 어울려 다녔는데도 은퇴하고 나니 남는 게 없고, 여행을 다녀와도 뭔가 허전하여 이런 일들을 기록으로 남겨야겠다는 생각에 시작한 사진이 이젠 생활의 일부를 차지하게 되었단다. 사진이야말로 혼자서도 할 수 있는 가장 좋은 소일꺼리며, 건강유지를 겸할 수 있다고 했다. 무거운 카메라를 매고 이번에도 친구들을 따라다니며 열심히 행복한 모습을 담아(순간포착) 보겠다는 대목에서 박수와 또 한 차례 소주를 들이

키지 않을 수 없었다.

다음 순서였던 강원구 군은 직업인 회계사에 대하여 일반인들에게 잘못 알려진 부분과 하는 일을 소상하게 얘기하였고, 이야기 도중 이번 여행에 참석하지 못한 동기생들의 이름이 나오면 서울 동기회에서 총무로 잔뼈가 굵은 김봉식 군이 중간 중간 근황을 알려 주었다.

토크쇼가 다소 느슨해지자 누군가의 제안에 따라 나이트클럽에 가 필리핀 종업원들의 민속춤과 노래들을 즐긴 뒤 선실로 내려오다 나는 한정열 군과 그의 여자 친구에 붙잡혀 또 마셨다. 22:00에 블라디보스토크와는 2시간 시차 때문에 24:00로 시계를 맞추고 뒹굴어 잤는데 다행스럽게도 파도가 잔잔하여 멀미하는 사람은 없는 듯 했다.

6월 3일(월), 새벽에 일어나 일출을 보려고 했으나 날씨가 흐려 해가 뜨지 않았다. 아침에 배가 조금 흔들린다 했더니 서병일 군의 부인이 속이 거북하다기에 단장이 준비해 온 구급약 가방을 뒤졌더니 그 속에는 약과 청진기까지 준비되어 있어 그의 직업의식에 놀랐다. 아침 식사를 하고 또 선실에 모여 또다시 토크쇼가 진행되는데, 구국본 군은 어제 기쁨조 활약으로 지쳤는지 목이 쉬어 말도 못하고 늘어졌다.

최동진 군은 경주에서 중학교 다닐 때까지만 해도 자기가 최고인줄 알았는데, 막상 경북고에 입학하니 자기보다 공부 잘하고 집안 좋은 사람이 너무 많아 기가 죽어지냈다는 이야기, 숙식을 해결하기 위한 입주가정교사 집에서 세 명이나 가르치라는 통에 내가 공부하러 왔는지 공부 가르치러 왔는지 어리둥절한 적도 있었다는 이야기도 하였다. 최 군도 집안 경제를 생각한 끝에 돈 안 들고 공부할 수 있는 육사에 진학했다고 한다. 육사 입학 후 체격 좋고 인물 좋은 사람 틈에 끼여 상대적으로 작은 체구에 무리한 체력단련을 하다가 결핵에 걸렸다고 한다. 그러나 내가 출세할 수 있는 길은 오직 '일에 미치고, 스스로 빽을 만들자'는 일념으로 결핵조차 극복할 수 있었단다. 내가 볼 때, 그는 운이 좋아서 어깨에 별 두 개를 단 운장(運將)이 아니라 오직 일에 미쳤기 때문에 가능했을 것이라 여겨진다.

마지막으로 국방부 무기획득 국장으로 일하면서 그는 김대중 대통령에게 천문학적 예산이 투입되는 F-15K 전투기와 이지스 함의 도입 필요성을 브리핑한 끝에 결재를 득했다고 한다. 자기가 경험한 김대중은 빨갱이는 아니더라는 얘기에 또 한 번 박수를 받았다.

윤창준 군은 생애에 가장 기억에 남는 여행이, 동기회에서 환갑기념으로 중국 황산여행을 한 것인데 그 여행은 자신이 기획해 놓고 부인의 암이 재발하는 바람에 도저히 떠날 수 없는 상황이었다고 한다. 고민 끝에 차라리 부인과 마지막이 될지 모르는 여행을 함께 하자며 주위의 만류를 뿌리치고 동행을 결심했다는 얘기에 모두들 조마조마 숙연해졌다. 결국 귀국 후 얼마 살지 못하고 부인을 먼저 보내야 했다는 그 대목에서 모두가 눈물을 흘리지 않을 수가 없었다. 그는 농담 삼아 지금이라도 능력은 충분하다며, 좋은 사람 있으면 소개 시켜달라고 하지만 그의 마음속에는 영원히 故 김황희 여사를 지울 수 없을 것 같은 생각이 든다.

홍진영 군은 처남이 암으로 오늘 내일 하는 상황인데도 친구간의 약속을 지키기 위해 합류를 했다고 한다. 홍 군은 처음에는 자동차 부품

관련업체에 근무하다가 甲에게 굽신거리기 싫어 교사의 길을 걷게 되었단다. 초창기 동기회 인터넷 카페를 운영하면서 겪었던, 글로써 싸움질하는 동기들 간의 갈등 문제, 교사로서 느낀 우리나라의 사교육을 죽여야 하는 이유, 부업삼아 끼어들어 경험한 뷔페식당의 원가관리에 이르기까지 여러 분야의 경험을 조목조목 예를 들어 설명한 뒤에, "환갑 지난 나이에는 물건을 살까 말까 망설여지면 사지 말고, 여행을 갈까 말까 망설여질 때는 무조건 가는 게 남는 장사"라는 말이 기억에 남는다.

이용웅 군은 경북고 학생회장 출신은 서울대에 합격을 못하는 전통을 깨자며, 2차 지망이지만 미학과에 합격을 했다는데, 나는 미술교육학과를 줄여 미학과라 부르는 줄 알았더니 용웅 군 자신도 그곳이 뭐하는 학과인지 모르고 들어갔다면서, 알기 쉽게 표현하자면 '예술철학'이란다. 온갖 잡동사니를 다 배우다 보니 요즘은 각광을 받는 인기학과가 되었단다.

구국본 군의 말에 의하면, 경북고 학생회장에다 서울대 출신이 사업에 실패하고서도 저렇게 당당한 사람은 용웅이 뿐이라고 지적하였다. 나도 그의 그런 소탈한 인격과 신체의 크기에 반비례한 인간성에 반하여 그를 좋아하고 가까이 지내고자 하는 마음을 갖는 것이다.

박종국 군의 할아버지께서는 조선 말기에 과거를 보러 가기 전 날 꿈에 나타난 산신령이 한양 길 가는 도중에 첫 번째 만나게 되는 여인과 정을 통해야만 급제를 할 수 있다는 말에 따라 하룻밤 묵게 되는 과수댁에게 자초지종을 털어놓았단다. 쾌히 승낙한 늙은 과수댁과 운우의 정을 나눈 뒤 아침에 방문을 나서려는데 과수댁이 발목을 붙들며,

"젊은이! 산신령이 한 번만 하라고 하더냐?"는 대목에서야 속은 줄 알고 폭소가 터졌다. 아마도 종국 군이 서울 법대에 합격한 걸 보면 할아버지의 피를 받았기 때문이라 생각한다.

12:00 점심식사를 마치고 갑판 위에 기념촬영 등을 하며 보낸 시간을 포함하니 꼬박 22시간을 항해한 셈이었다. 입항을 기다렸으나 13:30 먼 바다에 정박한 채 예정보다 무려 4시간이 지난 17:10에 하선하였는데 진짠지 몰라도 해군훈련 때문에 입항이 늦었단다. 더딘 입국심사를 마치고 현지 가이드의 안내로 전세버스에 탑승하니 17:45 이었다. 러시아는 세계에서 땅이 가장 넓어 이곳에서 모스크바까지 비행기로 여섯 시간, 기차로 6박 7일, 시차는 무려 7시간이란다. GAS 매장량 세계 1위, 석유매장량 세계 2위, 외환보유고 세계 3위의 나라라네. '동방을 지배하라'는 뜻을 지닌 블라디(지배하라)보스토크(동방)는 연해주(沿海州)의 주청사가 있는 제일 큰 도시로 인구는 약 80만 명이라 한다. 연해주는 면적이 한반도 전체크기와 비슷하지만 인구는 200만 명 못 미치며 그중 고려인이 약 4만 명 살고 있단다.

소비에트연방시절에는 극동함대가 주둔했던 군사도시였으며 지금도 어딘가 잠수함 기지가 있다고 한다. 연해주는 우리 조상들이 일제의 탄압을 피해 만주와 더불어 우리민족의 애환이 서린 곳이란다. 지금은 제조업이 거의 없어 물가가 비싸고(휘발유 리터당 1,400원 수준), 가이드가 살고 있는 아파트의 월세가 150만 원, 세금이 비싸 부가세는 18%, 날씨가 춥고(이날 서울 29도, 여기는 14도) 겨울이 길다. 주의 할 것은 화장실 이용 시 요금을 내야하고, 청결상태가 나쁘니 반드시 가이드가 '화장실 가세요'하면 모두 같이 용변을 보란다. 우리나라 간이화장실 같은 곳도 15루불(약 550원)을 내야 했으나 대부분 현지 가이드가 지불해줬다. 남자는 20세가 되면 의무적으로 군대에 가야하는데, 20세 전에 남자아기를 얻으면 병역이 면제되므로 서둘러 결혼한단다. 딸을 낳게 되면 허사가 되니 아들을 얻기 위해 또 다른 여자와 결혼해야 하는 관계로 결혼연령이 낮아 여고생이 아기를 데리고 학교에 와서 교내 보육시설에 아기를 맡기고 수업하는 경우를 흔하게 볼 수 있단다.

잠깐 사이 버스에서 내려 중앙광장(일명 혁명광장)에서 러시아 입성 기념촬영을 하고 걸어서 잠수함 박물관에 갔다. 공사 중이라 내부는 들어갈 수 없고 외부는 도색준비를 하는지 펜스가 처져있었다. C-56이라고 부르는 이 잠수함(길이 81m)은 2차 대전 당시 독일군 전함 14척을 격침시켜 영웅칭호를 받고 있으며 특이한 것은 2차 대전에 참전한 수만 명이나 됨직한 이 지방 출신 장병들의 이름이 벽에 새겨져 있었다. 주위에 있는 영원의 불꽃, 개선문, 러시아 정교회 등을 걸어서 둘러보고, 19:00 고려인이 운영하는 식당에서 해물탕으로 저녁식사를 하고 지척에 있는 호텔로 이동하였다. 도중에 거리를 달리는 승용차는 대부분 일본에서 중고차를 수입한 탓에 좌, 우 핸들이 공존하는 자동차문화였다. 버스는 한국산이 많다고 하는데, 승용차는 일제가 추위에 강해서 선호한다는 가이드의 설명이다. 11층 건물의 오래된 호텔이라 편의시설들이 부족하고 불편했으나 내 집도 아니고 이틀 자면 된다고 생각하니 괜찮은 것 같다. 밤 9시가 지났는데도 밖은 훤한 것이 우리와 달랐다. 입국수속이 지연된 관계로 옵션인 러시아 밴드공연 또는 러시아 전통사우나를 체험할 수는 없었지만 호텔 내의 바에서 일본맥주로 간단한 파티를 마쳤다.

6월 4일(화) 새벽부터 조금씩 비가 내리고 있는 가운데 오늘도 최저 6도, 최고기온이 14도로 예상된다기에 미리 준비해 간 우산과 오리털 파카가 유용하게 쓰일 참이다.

07:00, 아침식사를 호텔 레스토랑에서 먹었는데 허름한 호텔 시설에 비해 식사는 좋은 편이었다. 09:00, 호텔을 출발하여 09:25 우리 선조가 어렵던 시절에 와서 거주한 것을 기념하는 신한촌 기념탑에 도착했다. 3·1절과 광복절에만 여기서 기념식을 갖는 정도로 겨우 명맥만 유지한다기에 우리 일동은 묵념을 하고 떠났다. 가이드에 의하면 고려인이 연해주 지방에 약 4만 명 가까이 살고 있지만 말과 글은 이미 잃어 버린지 오래고, 지켜왔던 혈통마저도 사라져 요즘은 러시아인과 결혼을 많이 한단다. 오히려 한류 때문에 러시아인들이 한국말과 문화를 아는 사람이 많으니 함부로 나쁜 말은 삼가달란다.

이어서, 천주교 성당과 비슷한 바로크 양식 건축물의 러시아 정교회에 들어갔다. 여자는 미사포 같은 것을 쓰고 들어가야 하는데, 그 속의 화려함과 엄숙한 종교의식이 기억에 남는다. 알고 보니 사진촬영이 금지된 곳인데 모르고 그냥 찍어댔다. 10:15 서울의 로데오거리(나는 가본 적이 없다)를 닮았다는 아라바트 거리를 찾아 갔다. 양쪽에는 유럽풍의 레스토랑, 화장품, 옷 가게 등이 있었지만 이른 시간이라 대부분 문을 열지 않은 상태여서 내부는 볼 수 없었다. 2004년 가수 서태지가 이곳에서 공연을 했는데, 한류 열기가 얼마나 뜨거웠는지 운동장에 1만5천 명, 밖에 1만5천 명이 모였다는 가이드의 말이다. 해안공원을 거닐면서 훌치기낚시에 숭어 한 마리 낚인 것도 목격하고 생선을 절여서 말린 것과 가재 등을 사서 즉석에서 선 채로 소주와 보드카를 함께 마시는 재미도 쏠쏠했다.

12:00 러시아 전통 요리(빵, 삶은 돼지고기, 샐러드, 소스 등)로 점심식사를 하고, 13:30 블라디보스토크 역에 도착하여 시베리아 횡단 열차를 타는 체험을 해 볼 작정이다. 시베리아 횡단열차의 시발점인 이곳에서 모스크바까지는 9,288㎞, 꼬박 6박 7일 걸린다고 한다.

그런데 역 구내화장실에 표 파는 젊고 예쁜 아가씨에 반해서 줄을 서서 쳐다보는 모습도 재미있었다. 일행이 탄 기차는 우리의 60년대 완행열차와 비슷했고 내부가 상당히 넓은 감이 들었다. 14:10 기차가 출발하자마자 노래 부르고 떠들썩해지자 가이드가 사회주의 국가에서는 금지된 행동이라며 자제를 당부하더라만, 구국본 군은 아랑곳하지 않고 동요든, 가요든 가사를 개사하여 노래를 불러대며 흥을 돋우니 여흥은 식지 않고 여전히 계속되었다. 아무래도 구국본 군은 정부차원에서 무형문화재로 지정할 필요가 있을 성 싶다.

15:00, 이름 모를 시골 역에 하차하여 대기해 있던 전세버스를 타고 가는 도중에 재래시장을 구경하였다. 가이드가 이곳은 과일이나 야채는 거의 중국이나 외지에서 수입하기 때문에 물건도 부족하고 가격도 비싸다고 했다. 시장이래야 손바닥만 하고 물건이라고는 과일과 야채가 조금 있고 빵, 그리고 약간의 생활용품이 전부였다. 뉴질랜드산이라는 어린애 주먹 크기의 사과를 사서 나누어 먹었다.

공사 중인 비포장도로를 거쳐 17:20, 독립운동가이셨던 이상설 선생의 유허지에 도착했다. 선생께서는 이준, 이위종과 함께 헤이그 만국평화회의에 밀사로 파견되었으나 뜻을 이루지 못하고, 그의 유언에 따라 화장을 하여 유골을 뿌린 곳이 수이폰 강 옆 여기란다. 2001년도에야 겨우 러시아 정부의 협조를 얻어 덩그러니 비석 하나만 세웠단다.

오는 동안에 도로 양쪽에는 엄청난 쓰레기들이 버려져 있었다. 간간히 도로가에 궤짝 하나에 채소 조금 올려놓고 장사를 하는 모습이 이채롭다. 간혹 굴뚝이 보여 공장이냐고 물었더니 중앙 집중난방시설용 굴뚝이란다. 다시 버스를 타고 육군군수부대 폐 막사를 지나 고려인이 경영한다는 농장에 도착했다. 이곳이 옛 발해 땅이었다는 말에 우리는 황량한 들판을 바라보며 감회에 젖었다. 고구려, 발해유물이 발굴되었으나 우리 땅이라 우기지 못하고, 민들레, 쑥, 엉겅퀴는 우리 것과 똑같은데 내 땅이 아니라니 슬프기 그지없다. 금복주 모양의 불상인지 달마상인지 석조물 하나가 간간히 찾아오는 한국인을 반기고 있는 듯하다. 시멘트 전봇대가 우리와 달리 사각형인 것이 특이했다. 가는 곳마다 오줌시차(?) 적응하느라 모두 애로가 많은 듯하다. 달리는 버스 속에서 초코파이가 인기를 얻자 국내 메이커들끼리 소송을 벌인 얘기, 봉고트럭, 스타킹, 캔 커피, 밀키스, 라면 등이 인기가 많고, 현대, 남양알로에 등 우리나라 기업도 많이 진출해 있다고 했다.

18:15, 우스리스크 시내에 있는 고려인 문화센터에 도착하여 선조들의 연해주 이주와 독립운동에 관한 역사를 한눈에 볼 수 있는 역사관과 교육센터 등을 둘러보았다.

19:00, 큰 건물의 식당에서 한정식으로 저녁식사를 마치고 항일독립운동가이셨던 최재형 선생의 생가를 방문하였다. 선생께서는 자수성가하여 모은 재산으로 의병부대를 조직하여 항일투쟁을 하였는데, 안중근 의사가 이토 히로부미(伊藤博文)를 암살하는데도 결정적인 역할

을 했다는 것이 나중에 밝혀졌고 결국 일본군에 체포되어 총살을 당했다고 한다. 지금은 러시아 사람의 소유라 안에는 들어갈 수 없고, 밖에서 둘러보는 것으로 만족하자니 어쩐지 씁쓸했다. 호텔로 되돌아오면서 이번 여행의 소감을 말하는 버스 속에서 서병일 군은 다른 모임에 만났을 때보다 엄청 친하게 되었다고 했다. 도로사정이 좋아서인지 예정시간보다 한 시간 정도 빠른 21:30에 도착하여 러시아에서의 마지막 밤은 설쳐대는 사람 없이 조용히 보냈다.

6월 5일(수) 오늘도 날씨가 흐리고 간간이 비가 내렸다. 서둘러 아침식사를 하고 09:00 독수리 전망대로 향하는 도중에 가이드가 현대호텔을 가리키며 故 정주영 회장이 땅 값이 제일 비싼 이곳에 최고급 호텔을 짓게 된 내력을 들으면서 블라디보스토크 시가지가 내려다보이는 전망대에 도착했다. 2012년 APEC 정상회담을 계기로 건설된 연육교 타입의 큰 다리는 길이가 2.1㎞, 교각 높이가 733㎜로, 이와 비슷한 규모의 다리를 세 개나 건설했단다.

전망대 옆, 러시아의 문자를 발명했다는 형제의 동상 앞에서 사진촬영을 하고 고려인이 운영한다는 선물센터에 들렀다. 조그만 가게에 몇 가지 안 되는 물건을 놓고 한 시간 동안 쇼핑을 하란다. 나는 보드카 두병, 다산(多産)을 상징한다는 러시아 전통 인형(마트료시카)을 두 개 사는 것으로 쇼핑을 마쳤다.

11:00 블라디보스토크 항에 도착, 승선을 완료하고 점심식사를 하고나니 정확히 14:00에 배가 출항을 한다. 이번에는 러시아 승객이 많이 탑승한 관계로 우리의 놀이터 근처의 승객에게 양해를 구해 조용

한 곳으로 피신시켰다.

이번에는 안재수 군이 100세가 되는 해에 동기회 회장에 출마하고 싶다며, 경쟁후보자를 물색하는데 모두 자신이 없는지 나서는 사람이 없었다. 아마 안재수 군 혼자 회장하면서 남은 회비를 몽땅 챙기는 모양새가 될 것 같은 생각이 든다.

저녁식사를 마치고 20:30부터 레스토랑 전체를 빌려 파티를 열었다. 진주 출신이라는 선장의 색소폰 연주도 듣고, 해가 빠져야 술을 마신다는 임성규 군이 '산포도 처녀'를 불러 많은 박수를 받았다. 김태호 군은 홀어머니께서 아들을 위한 희생 덕택에 자기는 여유롭게 자랐으며 올해 88세이신 모친이 건강하시기를 바랐다.

김손영 군도 부모 덕택에 별반 어려움 없이 자라서 현재도 행복하게 살고 있다고 하면서 마이크를 이어받은 부인의 모습에서 행복하고 여유로움이 얼굴에 나타나 보였다. 무거운 카메라를 메고 열심히 촬영하는 폼이 예사롭지 않은 강원구 군의 부인을 내 와이프는 동해항에 도착할 때까지 진철수 군과 부부 사이인 줄 알았다고 한다. 마지막으로 민성기 군의 사업 이야기를 끝으로 파티를 마치니 어느덧 22:30이었다.

6월 6일(목) 한국시간 06:00, 흐린 날씨 때문에 일출은 볼 수 없었다. 승객이 많아 그룹별로 배 안에서의 마지막 아침식사를 하고 08:30, 선장의 안내로 조타실에서 항해에 대하여 여러 가지 설명을 듣고 직접 배를 몰아보는 체험도 했다. 예정보다 1시간이나 빠른 09:30 동해항에 입항하여 입국수속을 마치니 10:00, 전세버스를 기다리는 동안에도 여기저기서 웃음이 터져 나오는 걸 보니 그 동안 많이 친해졌다는 증거인 듯하다. 웃고 즐기는 사이 전세버스가 도착하여 첫날 모였던 식당에 도착, 생선회를 시켜놓고 노래를 부르며 즐기다가 오기택 군의 마무리 발언이 해단식이 되었으며 12:40, 각자의 교통편으로 헤어졌다.

승용차 편으로 이용웅 군을 포항터미널에 내려주니 15:35이다. 집으로 오는 길에 와이프가 "단장은 뭘 했던 사람이냐" 묻기에, 겉보기엔 배우 스타일이라 의사 같지 않지만 우리나라에서 시험관 아기로 명성이 자자한 '한나 산부인과병원' 장상식 원장이라 했더니 놀라는 눈치다. 덧붙여 황우석 박사의 줄기세포 연구에 남모르게 많은 지원을 아끼지 않은 사람이라고 일러 주었다. 그의 치밀한 기획력과 카리스마 넘치는 리더십이 나로 하여금 그와 가까워지는 계기가 되었으면 했다. 어느덧 4박 5일의 일정을 마치고 우리 집에 도착하니 15:45이었다.

끝으로, 야구에는 다른 스포츠 경기와 다른 점이 있다면 바로 희생번트이다. 내가 홈런을 칠 수 있을지도 모르겠지만 상황에 따라 한 베이스를 보내기 위해 번트를 대야 하는 것이 야구다. 미국의 최고 명문구단인 뉴욕 양키즈 선수들에게는 유니폼에 이름은 없고 등번호만 있는데, 최고 수준의 선수가 많아 자칫 팀보다 개인의 인기에 빠질 수가 있다는 뜻에서 유니폼에 이름을 뺐다고 한다. 저마다 개성이 강하고 자신만을 내세우는 동기들일 것이라 생각했지만 이번 여행이 나의 생각을 말끔히 지울 수가 있었던 게 너무 좋았다. 역시 '여행은 어디로 가느냐가 중요한 것이 아니고, 누구와 같이 가느냐'가 최우선이라는 것을 느끼게 하는 50년 만의 수학여행이었다. 내친김에 졸업 50주년이면서 칠순을 맞는 2015년에는 그 옛날 교복과 모자를 쓰고 '수학여행' 떠날 것을 제안하며, 허접한 내용을 장황하게 늘어만 놓고 여행기를 마친다. 우리는 웬만하면 참는다!!

5박 6일 돌고 돌아

첫째 날

여행기 쓰기에 앞서서 나랑 띠동갑인 쿠사바 사토미(草場里見) 씨와 인연은 권영재 군에 의해 비롯되었다. 그는 일본 나가사키 시에 거주하면서 현청에 다니고 있는 공무원이다. 지난해부터 권영재 군의 소설 〈아련한 기억 속의 어느 봄날〉을 그가 일본어로 번역하여 블로그에 올렸다고 한다. 예상외로 호응도가 높아 이참에 책으로 만들어 출판하면 어떻겠냐는 쿠사바 씨의 제의가 있었다며 권영재 군이 나가사키 가는 길에 같이 가자고 했다. 방문 목적이 출판 의논과 더불어 13개월 동안 매일 밤 번역하느라 고생한 쿠사바 씨에 대한 감사와 격려 차원이라는데 술이 어찌 없을 소냐. 술에 약한 권영재 군이기에 나는 흔쾌히 술상무를 자청하고 합류에 동의했다.

3월 19일, 부부 동반으로 나가사키를 방문하여 쿠사바 씨의 안내로 이곳저곳 사적지와 명승고적, 그리고 맛집을 둘러보며 그에게 여러모로 신세를 지게 되었음은 두말할 필요가 없다.

그런 일이 있고 나서 일본어판이 햇빛을 보게 되었고, 그의 이번 한국방문은 인쇄를 마친 책, 'ある韓国陸軍軍医の挑戦(어느 한국 육군 군의관의 도전)'을 전달할 겸 한국에 대하여 더 알고 싶다기에 나도 한몫하자며 끼어들게 되었다. 행여 나를 권영재 군의 하수인이나 돈을 받고 몸을 파는 갈보로 여기지 말아 달라는 부탁으로 논어에 나오는 글로 나의 뜻을 대신하고자 한다.

증자(曾子) 왈, *君子 以文會友*하고 *以友輔仁*하라(군자는 글로써 벗을 모으고, 벗으로써 인을 돕는다)고 했다. 친구에도 종류가 많다. 술친구도 있고, 취미가 같은 친구도 있고, 반면 악우도 있는데 그 역시 친구다. 曾子는 仁과 道를 달성하는데 도움이 되는 것은 끊임없이 배우고 인덕을 쌓는 학문적 태도를 가진 친구와 사귐을 일컫는 말이다.

결국 권영재 군과 쿠사바 씨 그리고 나는 서로가 무언가를 배우고 또한 성숙을 위해 모인 친구라 생각한다.

각자 50만 원씩 각출하여 150만 원을 모았다. 그리고 일본과 관련이 있는 영남지방 일대를 10월 9일부터 14일까지 5박 6일 동안 살핀 여행기를 동기회 카페에 올리기로 했다. 물론 쿠사바 씨도 블로그를 통하여 일본인에게 알릴 터인데 나 역시 질 수 없는 일이 아닌가?

쿠사바 씨가 번역한 299쪽 분량의 〈어느 한국 육군 군의관의 도전〉이란 책이다. 그의 말에 의하면 자신의 블로그에 하루 최고 350명이 접속한 날도 있었다고 하니 일본에서 더 알려진 셈이다.

10월 9일 첫째 날, 한글날이자 연휴 시작이라 도로가 붐빌 것을 예상하고 오후 6시 부산항에 도착할 예정인데 일찌감치 3시에 집을 나섰다. 평소보다 교통량은 많았지만 별다른 어려움은 없었다. 한국 제2 도시의 부산 국제여객터미널은 후쿠오카의 하카타 항에 비해 지금까지 너무 초라했었는데 8월 말에 현대식 모습을 갖춘 신청사로 이전했다. 입국장에는 대마도에서 오는 승객과 후쿠오카에서 오는 승객들이 거의 동시에 입국하는 바람에 쿠사바 씨와 서로 헷갈려 반 시간정도 허비하고 말았다. 그의 가방에는 내가 부탁한 무쇠 주전자 두 세트와 소포비용을 아낀다고 책이 20권이나 들어있어 무거웠다. 부산항을 빠져나와 고가교로 진입해야 하는데 긴장한 탓에 문현동 쪽으로 가는 바람에 러시아워에 걸려 혼났다.

경주에서 포항으로 오는 도중에 순두부집에서 저녁을 먹었다. 마침 오늘이 50년 전 세상을 떠난 아버지의 제삿날이라 오늘 밤은 포스텍(포항공대) 캠퍼스 내에 있는 '포스코 국제관'에 혼자 쉬라고 하면서 경주법주 한 병을 주며 피로를 풀도록 했다. 포스코는 선조들의 피땀인 대일청구권 자금으로 세워진 회사가 아닌가? 요즘 여론에 뭇매를 맞고 있음이 안타깝고 초창기 건설과 조업에 참여한 나는 이제 '포스코'란 이름만 들어도 울화통이 치밀고 분할 따름이다.

둘째 날

10월 10일, 아침에 문화의 차이에서 오는 웃지 못 할 일이 간밤에 있었다는 이야기다. 쿠사바 씨가 어제 저녁 내가 준 경주법주(알콜 13%)를 안동소주 정도로 생각하고 물에 타서 한 잔 마셨더니 싱거워서 같은 방법으로 또 한 잔 마셔 봐도 마찬가지라 짜증나서 그만 뒀단다. 일본인들은 평소 소주(보통 알콜 25%)에 물을 희석해 마시는 습관 때문에 벌어진 일이었다.

오늘의 첫 코스는 '구룡포 근대문화역사거리'이다. 먼저 구룡포에서 이름난 전복 죽집에서 아침식사를 하고나서 과거 일본인들이 거주했던 가옥 중 일반인에게 공개하는 근대역사관을 비롯하여 이 거리 일대를 둘러보러 갔다.

동해안 최대의 어업 전진기지였던 구룡포는 일제강점기인 1923년 일제가 구룡포 항을 축항하고 동해권역의 어업을 관할하면서 일본인들의 유입이 늘어났다고 한다.

특이한 것은 이 동네는 세토나이카이(일본의 혼슈와 시코쿠 사이에 있는 해역) 사람들이 주로 몰려 왔다는 점이다. 병원, 백화점, 요리점, 어구점, 여관 등이 늘어나면서 지역 상권의 중심 역할을 했는데, 길거리에 돌아다니는 개도 돈을 물고 다녔다는 이야기가 있을 정도로 고래를 비롯하여 고기가 많이 잡힌 곳이다.

일본사람이 살림집으로 2층짜리 목조건물을 짓기 위해 일본에서 직접 건축자재를 운반하여 건립했다고 한다. 일본인이 돌아간 후 한국인이 거주해 왔으나 2010년 포항시에서 매입하여 '구룡포 근대역사관'으로 개관하였다.

옛 일본인 거리를 둘러보던 쿠사바 씨가 기모노 체험을 하느라 걸어다니는 우리나라 사람들을 보고 감상에 젖어 눈물을 찔끔거렸다. 계단을 따라 구룡포 공원에 오르니 비석 같은 게 보였다. 도가와 야사브로라는 일본인이 구룡포 방파제 축조와 도로를 개설한 공덕을 기리기 위한 것이다. 일본인들이 그의 공적을 칭송하기 위해 세웠다는데, 해방 후 구룡포 주민들이 시멘트로 덧칠하여 비문의 내용도 알 수 없도록 만들었다. 이를 본 쿠사바 씨는 속으로 어떤 생각을 했을까?

이 지역은 아홉마리 용(龍)이 승천했다는 전설이 있다. 구룡포를 상징하는 아홉마리 용과 함께 평화스런 바다를 바라보았다. 계단을 내려와서 주인아주머니가 시인(詩人)인 카지야(대장간이라는 일본 말)에서 차 한잔 마시고 시집 한 권을 선물 받았다.

경주박물관 특별전시실에서 열리고 있는 '신라의 황금문화와 불교미술'을 보여주기 위해 경주 시내로 진입하는데 도로의 흐름이 심상치 않다. 겨우 박물관 근처까지 왔으나 주차하려고 대기하고 있는 차들이 만만치 않다. 아예 점심부터 먹고 나서 다녀 보기로 하고 친구에게 물어 경주에서 이름난 냉면집을 찾았으나 맛은 신통치 않았다.

평소에 인기가 없는 박물관에도 인파가 몰려있는 것을 보니 계획한 불국사, 석굴암, 실크로드 축제장은 갈 수가 없겠다. 불국사, 석굴암은 10여 년 전에 관람한 적이 있다기에 외곽지에 위치한 '삼릉'을 찾았다. 울창한 소나무들을 보고 감탄한다.

이왕 여기까지 온김에 삼릉계곡으로 더 올라 가기로 했다. 손과 목이 파손된 '석조여래좌상'과 '마애관음보살상'을 만났다. 이 마애불상은 입술에 붉은색이 아직 남아 있으며 입이 작고 입 끝을 살짝 오므려 미소 짓고 있는 모습이 특징이다.

경상북도 유형문화재인 '선각 육존불', 7세기 말에서 8세기 초로 추정되는 선(線)으로 새긴 여섯 마애불상군은 특이하게 음각으로 표현된 점과 꽃 공양의 보살상은 우리나라에서 드물게 나타난다고 하며 비 오는 날에 더 선명하게 보인다.

내려오면서 오른쪽으로 500m 정도 걸어가면 '망월사'라는 절이 있다. 작은 연못 속에 3층 석탑이 세워진 게 특징이다. 망월사 가는 길에 공동묘지를 보고 신기해한다. 우리나라도 점차 화장 문화로 변해 가지만 일본은 매장 묘지가 아예 없다.

망월사 바로 옆 '삼불사'는 기록이 없어 사찰의 역사는 알 수 없다. 신라 때 창건된 것으로 추정하고 있으며 삼존석불입상은 본래 이 근처에 흩어져 있던 것을 1923년에 발굴하여 다시 세웠다. 남산의 불상들 중에서도 예술성이 가장 뛰어나다고 한다. 조각의 양식으로 보아 7세기의 작품으로 추정하고 있으며 보물 제 63호로 지정되어 훼손을 막기 위한 보호각이 씌워져 있다.

오늘 저녁 대구에서 쿠사바 씨를 위한 환영회가 열린다기에 바쁘게 무열왕릉을 찾았다. 경주에는 왕릉만 수십여 기, 고분이 무려 천 기 이상 된다고 한다. 그중에서 무열왕릉만이 비석이 확인되어 명확하게 그 주인공을 알 수 있다고 한다. 안타깝게도 비신(碑身)은 없고 비석 위에 얹었던 이수와 비의 받침대인 귀부만이 존재하고 있을 뿐이다. 그래도 국보 25호이다. 사적 제20호로 지정된 무열왕릉과 주변의 고분군을 둘러보고 계획에 없었지만 가까이 있는 '서악서원'으로 향했다.

서악서원은 조선 명종 16년(1561년) 당시의 경주부윤 이정(李楨)이 김유신을 기리기 위해 처음 세웠다고 한다. 임진왜란으로 소실되었던 것을 선조(1600년) 때 다시 지었다고 하며, 대원군의 서원철폐 시 훼철되지 않고 존속한 47개 서원 중 하나이다. 설총, 김유신, 최치원의 위패가

봉안되어 있으며 경상북도 기념물 제19호로 지정되어 있다.

대구로 향하는 도중에 쿠사바 씨가 재채기를 하여 감기에 걸린 줄 알았더니 먼지 알레르기가 있다고 한다. 권영재 군에게 휴일이지만 약을 구해달라고 부탁을 했다. 환영회 장소가 예약하기 무척 어렵다는 '종로초밥' 집에 임성규 군이 스폰서를 자청하고, 서종문, 구국본, 강준수, 김능수, 임성규, 권영재, 쿠사바, 나, 여덟 명이 자리를 함께 했다. 화제는 쿠사바와 권영재와의 관계, 소설을 일본어로 번역한 과정 등을 술과 함께 즐겼다. 암으로 투병 중이던 강준수 군의 혈색이 무척 좋아 보였으며, 알레르기 전문의사 김능수 군으로부터 먼지 알레르기에 대한 지식도 들었다. 서종문 군이 금일봉을 주며 여행경비에 보태라고 하는가 하면, 구국본 군은 2차 노래방 비용에 쓰라며 돈을 집어 던진다. 당국의 협조에 거듭 감사를….

'미도다방'으로부터 지원 받은 도우미와 함께 노래방에서 희희낙락 즐거운 시간을 보냈다. 권영재 군이 '나가사키는 오늘도 비가 내렸다'를 부르고 나니 종업원이 밖에 소나기가 내리고 있다기에 비닐우산을 사러 보냈다. 가뭄 속의 단비였다.

부슬부슬 내리는 빗속으로 일본에는 거의 찾아보기 힘든 교회, 계산성당과 제일교회를 바라보며 쿠사바 씨는 멋있다고 한다. 내 눈에는 이 건물들이 경찰과 데모대가 큰 길을 사이에 두고 격렬하게 대치하고 있는 것 같은데 무엇 때문일까?

우리들이 졸업 20주년 행사를 했던 '동산호텔'이 '엘디스 리젠트호텔'로 이름을 바꿔달고 우리 둘을 맞이한다. 예산절약 차원에서 트윈룸을 얻었다. 비틀거리지는 않았지만 취기를 가늠해 볼 때 소주로 쳐서 네 병 정도를 마신 것 같다.

셋째 날

10월 11일, 어젯밤 과음한 탓인지 아침에 일어나니 속이 쓰리고 더부룩하다. 대구에서 유명하다는 '따로국밥' 집으로 걸어가면서 쿠사바 씨에게 대구 선짓국 자랑을 한참 늘어놓았다. 맛도 좋고 건강에 그만이라는 말에 쿠사바 씨가 매운 국을 땀을 흘리며 먹기는 하지만 힘든 눈치다. 나 역시 매워서 이럴 줄 알았더라면 설렁탕을 시켜 먹을 걸 그랬다는 후회가 된다. 나보다 일본어에 더 능통한 김원상 군이 자청하여 오늘하루 나를 거들기로 했다. 분위기 메이커 구국본 군도 동참했다. '골목길 투어' 시작점이라는 '청라언덕'에 들어서자마자 권영재 군이 대구 해설사들의 청라언덕 설명에 이의가 있다고 열을 올린다.

나는 여태까지 대구 사람들이 주장하는 청라(靑蘿)언덕의 '靑蘿'가 푸른담쟁이 만을 가리키는 줄 알았는데, 권영재 군이 아니라고 한다. 라(蘿) 자는 사전의 순서에 보면 소나무의 겨우살이, 엉거시 과의 두해살이 풀, 무우, 울타리, 맨 마지막에 '담쟁이덩굴'이라고 되어 있다고 한다. 내가 듣기로는 故 박태준 선생이 계성학교에 다닐 때 이웃 신명여고 여학생을 좋아했는데, 말은 못 하고 짝사랑으로 간직하고 있다가 마산 창신학교에서 교편생활을 하게 되었다고 한다. 이때 같은 학교 국어교사인 노산 이은상 선생을 만나 친하게 지내면서 그가 지은 가사에 곡을 붙였다는 것이 정설로 되어 있다. '청라언덕'은 푸른 비단을 펼쳐 놓은 듯한 언덕이란 뜻으로, 대구가 청라언덕을 동산병원 쪽이라고 주장하는가 하면, 마산서는 쑥이나 보리밭을 '청라'라 해도 무방하다고 하며, 청라언덕은 이은상 선생이 어릴 때부터 놀고 자랐던 마산의 노비산 언덕을 말한다고 주장한다. 그래서 이은상 선생은 자신의 아호도 '노산'이라 붙인 것이라고 한다. 노비산은 〈옛 동산에 올라〉 〈가고파〉 〈동무생각〉에 등장하는 배경이라고 마산 사람들은 주장하고 있단다. 이은상 작시 박태준 작곡 〈동무생각〉에 나오는 '청라언덕'이라는 지명이 문헌상으로 대구와 마산, 아무 곳에도 없다. 그렇지만 권영재 군의 주장이 더 설득력이 있어 보인다.

덧붙이자면, 가사 2절에 바다를 지칭하는 '백사장(白沙場)과 조수(潮水)'가 나오는데 대구에는 바다가 없기 때문이다.

아무튼 새마을 운동 발상지를 두고 청도읍 신도리와 포항 기계면 문성리가 서로 주장한 것과 같이, 좋은 건 자기가 하고 나쁜 건 내 것이 아니라고 우기는 나쁜 심보에서 비롯되었다고 생각한다.

'선교박물관', 대구 최초의 미국 선교사인 아담스 목사의 사택을 비롯하여 동산병원, 선교박물관 등, 3동 모두 박물관으로 꾸며져 일반인에 개방하고 있다. 박물관이라기보다는 공원 같은 느낌이다. 제일교회의 웅장한 모습과 퍽 대조적이다. '3·1운동 길' 또는 '90계단 길'이라는 별명이 붙어 있는 계단에 우리 모교인 '대구고보는 교장이 일본인이며, 교사들 중에도 일본인이 많은 관립학교임에도 불구하고 전교생 약 200여 명이 3·1운동에 참여했다. 이 가운데 주동인물 일부는 징역 6월에서 1년의 선고를 받았다'고 사진과 함께 기록으로 남겨져 있다.

때마침 일요일이라 계산성당에는 미사를 드리기 위해 천주교 신자들이 자리를 잡고 있었다.

'빼앗긴 들에도 봄은 오는가', 일제에 저항한 민족시인 이상화의 고택, 국채보상운동을 일으킨 서상돈 선생의 고택과 함께 자리 잡은 이곳이 한 때 무분별한 개발로 아파트 건설이 계획되자 허물지 못하도록 시민단체가 활동할 당시 권영재 군도 그들과 함께 반대운동을 펼쳤다고 한다.

화교 자녀들이 다니는 대구 화교초등학교에 세워진 장개석 총통의 동상과 학교의 건물 벽체에 예의염치(禮義廉恥) 라는 슬로건이 큼직하게 붙어 있다. '예절과 의리, 청렴과 부끄러움을 아는 태도'를 가리키는데, 지금은 얼굴 가죽이 두꺼워 부끄러운 줄을 모르는 '후안무치(厚顔無恥)'들이 득실대는 세상이 되고 말았다.

한국이 지금 자유중국(대만)을 버리고 옛날 중국공산당 정권과 국교를 맺고 있지만 대구 화교들은 의리를 지켜 아직도 자유중국을 그들의 조국으로 삼고 있다. 장개석 총통과 청천백일기가 그것을 말해주고, 옆쪽으로 가니 붉은색 벽돌 건물이 있었다. 일제강점기 당시에 대구 최고 갑부였던 서병국 씨의 자택이었는데, 화교협회에서 매입하여 아직까지 관리하고 있다고 한다.

'미도다방' '정소아과' 등, 어릴 때 기억이 되살아나는 '진골목'도 거쳐 갔다. 땅이 질어서 진골목인지, 골목이 길어서 진골목인지 모르겠다만 그냥 진골목이라 불렀었다. 점심 겸으로 만두 전문집 '영생덕'으로 갔다. 이 가게는 주인이 되레 큰소리치며 장사하는 집이란다. 4종류의 중국만두를 먹고 '한약박물관' 앞에서 한방 차 한잔씩 마시고 나니 피곤이 몰려온다.

2003년 2월, 방화로 일어난 지하철 화재참사가 당시 일본에도 대대적으로 보도되었다고 해서 현장에 가보고 싶다는 쿠사바 씨의 요청에 따라 중앙로역까지 갔으나 10월 말까지 공사 중이라 해서 볼 수 없었다.

이제부터 자동차로 이동하여 수성못으로 갈 차례다. 지금은 수성못이 유원지로 변하여 대구시민의 휴식처가 되었지만 일제강점기 개척농민으로 이주해온 미즈사키 린타로(水崎林太郎)라는 일본인이 홍수와 가뭄을 대비해 자신의 전 재산과 조선총독부를 찾아가 받은 지원금으로 10년 동안 둘레가 2㎞가 넘는 수성못을 만들었다.

그는 죽기 전까지 수성못을 관리했고, 그의 유언대로 수성못이 잘 보이는 곳에 한국식 묘지를 세웠다. 그러나 지금은 3층짜리 식당 건물에 가려 수성못이 보이지 않는다. 쿠사바 씨가 참배를 하고 있는데 어떤 생각을 하는지 알 수가 없으며 물어보지도 않았다. 옛날의 황금 들판이 지금은 높은 빌딩과 주거, 위락시설이 꽉 들어 찬 가운데 못에는 오리배들이 한가로이 노닐고 있었다.

이번에 찾은 곳은 달성군 가창면에 위치한 녹동서원(鹿洞書院)이다. 많고 많은 서원중에 여기를 찾은 이유는 모하당 김충선 장군의 위패가 모셔져 있는 곳이기 때문이다. 본명이 사야카(沙也可), 1592년 임진왜란 당시 가토 기요마사(加藤清正)의 선봉장이었으나 조선의 문물이 뛰어남을 흠모하여 경상도 병마절도사 박 진에게 투항하여 나중에 귀화한 일본인이다.

김충선의 신도비(神道碑), 그는 우리 병사에게 조총과 화약제조의 기술을 전수해 조선에 조총 사용의 발판을 마련하게 하였다. 또한 김충선 장군은 정유재란이 발발하자 또다시 전투에 참가하여 많은 전공을 세웠다. 이 밖에도 이 괄의 난을 평정하는 등 그의 공로를 인정받아 선조는 그에게 벼슬과 함께 김해 金씨 충선(忠善)이란 이름을 하사하였다.

녹동서원 옆에 자리한 충절관은 김충선의 후손과 그를 추모하는 일본인, 그리고 대구시의 후원금으로 건립하여 임진왜란 당시 사용되었던 조총을 비롯하여 모하당 선생의 유품, 유물과 한·일 양국의 역사, 문화, 임진란 관계 전문서적 등이 전시되어 있다.

자신의 조국을 버리고 적국에 귀화한 사람이라면 우리는 어떻게 생각할까? 아마도 역적이란 이름으로 침을 뱉거나 돌을 던질 터인데 일본인들 그렇지 않은 모양이다.

이곳을 찾는 일본인이 많아 해설사는 반드시 일본어 통역이 가능해야 한단다. 해설하는 이 분은 할머니가 일본인으로, 한·일 양국이 서로 우호적으로 이어간다면 미국, 중국이 두렵지 않을 것이라 했다.

마지막으로 서문시장 구경이나 찜질방 체험을 하려고 했으나 느릿느릿 쿠사바 씨와 김원상 군이 허락하지 않았다.

호텔로 돌아와 잠시 쉬었나 싶었는데, 진골목 안에 있는 '약전식당'에 안재수, 홍진영, 박성동, 도재욱 외 답사를 함께 다닌 다섯 명, 모두 아홉 명의 식사 자리가 마련돼 있었다.

백설희라는 이름의 이 집 여주인의 재능에 놀랐다. 시조를 우리말로 풀어서 줄줄 외우는가 하면, 백거이의 대표작인 '비파행'을 한참 동안 외우는데, 우리 모두는 넋이 빠진 듯했다. 그뿐이랴 걸어서 영천까지 간 얘기며 자전거 타기도 즐긴다는 기인이었다.

오늘의 스폰서에게 인사를 하려는데, 서로 미루다 잊어 먹었는지 권영재 군이 계산을 했단다.

넷째 날

10월 12일 넷째 날, 오늘은 먼 길을 가야기에 아침은 빵과 우유로 해결하고 8시에 호텔을 나섰다. 도시 주변의 고층 아파트를 보고 쿠사바 씨는 저렇게 많은 아파트에 사람이 다 살고 있느냐는 묻더니 의아스런 표정을 지으며 신기하게 여긴다.

두 시간을 달려 이문열 작가의 고향인 영양군 석보면 '두들마을'에 왔다. 영양 하면 고추가 유명하지 않은가, 고추밭과 사과 과수원을 보며 쿠사바 씨는 연신 감탄을 한다. 이곳 주민이 가지에 달려있는 고추들은 이제 상품가치가 없어 그냥 버린다고 했다. 두들마을은 언덕 위에 있는 마을이라는 순수 우리말이다. 재령 李씨 집성촌으로 석계고택, 석천서당, 석간고택, 유우당 등, 전통가옥 30여 채가 모여 있으며 조선시대 때 광제원(오늘날의 국립병원)이 있었던 곳으로도 유명하다. 석천서당은 조선 인조 때 유학자인 석계 이시명 선생이 기거하며 학문을 닦던 곳이다. 유우당(惟于堂), 이 건물은 1833년 이상도 선생이 살림집으로 지었는데, 원래 주남리에 있었던 것을 구한말 이곳으로 이건하였다고 한다.

두들마을이 배출한 문학인은 이문열 작가 외에도 그의 형 이연(李然-7살 연상) 작가도 있고, 이들의 선대 할머니요 우리나라 최초의 한글 음식조리서를 저술한 여성군자 장계향(張桂香) 선생도 있다. 음식의 맛을 아는 방법이라는 뜻의 '음식디미방'에는 장계향 선생이 후손을 위해 남긴 146가지의 조리법이 있는데, 작년부터 고등학교 교과서에 음식디미방이 등재되어 소중한 교육 자료로 활용되고 있다.

이문열(李文烈) 작가는 1948년 서울에서 태어났으며 할아버지가 고향마을에서 백 석 꾼으로 소문난 부호였다고 한다. 부친 이원철은 휘문고를 졸업하고 일본 유학 시절, 당시에 식자들 사이에 유행하던 공산주의에 심취하여 귀국 후 서울 농대 교수로 재직한다. 한국전쟁이 터지자 뜻을 같이하는 동료 교수 다섯 명과 추종하는 학생들과 함께 가족을 버린 채 인민군을 따라 월북하였다. 3남 2녀 중 3남인 이문열이 세 살 때의 일이다. 어머니와 5남매는 빨갱이 가족이란 소리를 들으며 갖은 구박과 고초를 겪으며 살았다. 월북한 아버지는 크게 성공할 줄 알았는데, 소문을 들으니 함경도 어느 협동농장의 형편없는 막노동자로 살고 있었다고 한다.

두들마을에는 살지 못하고 외가인 영천에 잠시 머물다가 안동을 거쳐 밀양에서 일단 정착을 한다. 그는 이곳에서 중학교에 입학했으나 중퇴하고, 64년 검정고시로 안동고교에 입학했지만 2학년 때 또다시 중퇴를 하고 말았다. 부산으로 간 그는 3년간 떠돌이 생활을 하다가 68년 대입 검정고시를 쳐서 서울대 사범대학에 입학했다. 하지만 연좌제 때문에 자퇴를 하게 된다. 이후 밀양의 어느 절에 들어가 사법고시 공부를 했으나 세 번이나 낙방하였다.

73년 결혼 후 군에 입대를 한다. 제대 후 대구의 어느 고시학원 강사로 있으면서 대구 매일신문 신춘문예에 입선하게 되어 그의 평생 직업인 작가의 길이 시작된 것이다. 이문열은 그의 아버지가 이데올로기에 함몰하여 가족을 배신한 사건이 그를 철저한 반공주의자가 되게 하는 계기가 된다. 부친의 월북으로 인한 연좌제로 많은 고통을 받으며 살아 온 그가 금년 봄 포항 일월문화원에서 강의를 마치고 뒤풀이에, '부도덕하고 경박한 진보보다는 도덕적이고 성실한 보수가 역사 발전에 더 많은 기여를 한다'는 말이 내게 와 닿았다.

또 2001년 종북주의자들이 보수꼴통이라며 '이문열 책 반납운동'과 '책 화형식'이 벌어졌다. 당시 독자들이 2회에 걸쳐 반납한 책이 고작 700여 권(총 판매량 약 2,700만 부)이었는데, 산더미처럼 보이게 촬영하고, 동원된 듯한 여중생이 눈물을 흘리는 장면이 TV에서 비춰질 때의 심경을 토로하는 과정에서 나도 가슴이 울컥했다.

광산문우(匡山文宇)라는 현판이 걸려 있는 이 건물은 이문열이 정부의 보조와 사비를 넣어, 문학 후진 양성을 위해 지은 '광산문학연구소'란 곳이다. 이곳에서 젊은 문학도들은 문학 개론을 배우고 고전을 지도 받고, 창작과 연구, 토론 활동을 하고 있다. 이 연구소 옆의 석간고택이 그가 유년 시절을 보낸 곳이지만, 친척 동생인 현재의 소유주가 팔지를 않아서 할 수 없이 이곳에 따로 건립하였다고 한다. 작가의 내력과 근황은 그의 절친한 친구인 한국외대 김규진 교수에게 자문을 구했다.

다음 행선지로 이동하는 도중에 눈에 띤 인삼밭을 보고 우리는 인삼이 홍삼이 되는 과정에 대하여 이야기를 나눴다.

들판 위에 휑하니 봉감 5층 모전석탑(국보 187호)이 홀로 서 있다. 탑의 크기로 보아 분명 큰 사찰이 있었을 것인데 기록이 없다. 다만 봉감

마을에 있기에 봉감 탑이라고도 부른다. 모전석탑(模塼石塔)은 돌을 벽돌 모양으로 다듬어서 만든 탑을 말한다. 탑의 양식도 나중에 발달하는 석탑과 달리 이때는 건물과 흡사한 모양을 하고 있다. 높이 약 10m 크기의 웅장한 이 탑은 통일신라시대에 만든 것으로 추정되며 불상을 모시는 감실에는 불상은 간곳없고 작은 항아리만 있었다.

포항에서 왔다는 단체 탐방객들을 여기서 또 만났다. 이 탑 근방에는 맑은 강이 흐르고 산세도 아름다워 요산요수(樂山樂水)를 즐기는 사람들에게도 추천하고 싶다. 쿠사바 씨가 이 탑을 보여 달라고 요청하기에 일부러 교통이 불편한 이곳까지 왔는데, 흐뭇해하는 그의 모습을 보고 보람을 느꼈다.

서석지(瑞石池)는 봉감탑 근처에 있으며 조선시대 민가의 전통 연못으로 담양의 소쇄원, 보길도의 부용정과 함께 우리나라 3대 전통 정원으로 꼽히는 곳이다. 소쇄원과 부용정에 비해 작지만 아름다움은 그것들에 비해 빠지지 않는다. 입구에 400년 묵은 은행나무가 있어 초가을의 정취를 더하고 있었다. 영양을 여행할 기회가 있으면 수려한 주변 경관과 잘 어울리는 이 서석지를 한 번 둘러보기를 권한다.

서석지에 딸린 가옥의 디딜방아에 대한 설명도 쿠사바 씨에게 해주었다. 옛날 나의 외할머니 집에도 있었다는 말과 함께했다. 지금은 시골을 돌아다녀도 거의 찾아보기 힘든 담뱃굴, 즉 담배 잎을 말리는 건조기도 볼 수 있었다.

우리나라의 금강송(金剛松)을 자랑하기 위해 점심까지 뛰어 넘기며 내비게이션을 울진 '금강송군락지 사무소'로 맞춰 찾아갔으나 음식점이 하나도 없었다. 금강산도 식후경이라, 10여 킬로미터를 되돌아 소광리에 위치한 금강송숲길 종착점인 십이령 주막집에 도착했다.

오후 3시, 식사는 안 된다고 하여 파전과 두부김치에 막걸리를 시켜 배를 채워야만 했다. "왜 양념간장을 하나만 주나요? 두 사람이니까 두 개를 주어야죠" 한다. 일본인은 개인마다 자기 그릇에 들어서 먹는데 여기는 다르다. 두 나라의 문화의 차이가 나타났다.

쿠사바 씨가 이제는 일본에서 거의 사라지고 없는 소나무를 보고 부러워하지만 우리나라도 기후변화와 소나무 에이즈라 부르는 재선충 때문에 머지않아 한국도 소나무가 사라질 것 같다는 우려의 말을 했다.

이제 불영계곡으로 들어선다. 그 계곡에 있는 불영사를 보러 가는 길에 '사랑바위' 표지판을 우연히 보고 차를 세웠다. 사랑하는 남녀가 서로 껴안고 있는 모습과 흡사해서 붙여진 이름이다.

불영사(佛影寺)란, 산 위에 있는 부처처럼 생긴 바위가 아래쪽 연못에 비친다고 하여 붙여진 이름의 절이다. 1㎞ 정도 걸어가는 길에 즐비한 금강소나무와 빼어난 계곡을 바라보며 걸었다. 가뭄으로 계곡에 물이 적은 게 아쉬웠다. 산꼭대기에 부처처럼 생긴 이 바위가 아래쪽 연못에 그림자가 비춰진다는데 오늘은 볼 수 없었다. 아마도 나와 쿠사바 씨 같은 중생들의 마음가짐이 경건하지 못해서 친견을 못하게 되는가? 하는 약간의 죄책감이 들었다.

무척 조용하고 여유로워 보이는 절이다. 그동안 사찰이 여러 차례 소실되고 중창되었다는데, 지금 것은 1725년 영조 때 중건된 것이다. 대웅전이 보물로 지정되어 있다. 불상 뒤쪽의 영산회상도(靈山會上圖)

가 보물이며 천장의 모습이 인상적이었다. 이 괘불을 보니 영산에서 부처님이 든 연꽃을 보고 홀로 웃던 가섭(부처님의 제자)이 생각났다.

경내의 채소밭을 구경하다 웃지못할 일이 생겼다. 내가 김장용 배추와 무를 가리키며 "저것들을 김치로 담가 냉장고에 보관했다가 겨울철에 먹는다" 했더니, 쿠사바 씨가 우리 김치처럼 숙성을 시키지 않는 일본의 '기무치'로 생각하고 "배추와 무를 냉장고에 보관했다가 김치를 담느냐?"고 물었다. 일본서는 겉절이 김치라, 담근 김치를 보관한다는 생각을 하지 않고 김치재료를 냉장고에 보관한다고 여긴 모양이다.

무려 2억 5천만 년 전에 생성된 국내에서 가장 오래 되었다는 종유석 굴인 '성류굴'을 관람 마감시간 직전에 겨우 도착하였다. 임진왜란 당시 주민 500여 명이 이곳으로 피난했다가 왜군이 입구를 막아 굶어 죽었다는 뼈아픈 전설이 있기에 내가 추천한 곳이다. 전체길이 870m 중 270m만 개방된 동굴인데, 물속에 잠긴 석순과 종유석이 아름답다. 쿠사바 씨가 "왜군이 양민인 것을 알고 입구를 막았느냐?"는 질문에 명확한 답변을 할 수가 없었다. 하긴 우리 양민들은 언제든지 의병이 될 수도 있었으니 왜군들은 그래서 양민학살을 했을지도 모르겠다.

원래 동굴 내부는 사진을 찍어도 전문가가 아니면 잘 나오지 않기에 수십 장을 찍은 것 중에 용케도 그럴듯한 몇 장 건졌다. 관람을 마치고 나오니 왕피천과 합류되는 하천이 무척 평화스럽게 보였다.

숙소로 정한 포스코 백암수련관이 있는 백암온천 지역이다. 포스코 재직 당시에는 이 수련관을 찾아 온천을 즐겼던 곳이다.

우리나라 소고기가 일본에 비해 훨씬 질기다(참말이다)는 핑계로 값싼 돼지갈비를 소주와 함께 시켜 먹었다. 돼지갈비를 실컷 먹고 나서는 "이게 삼겹살이냐?"는 엉뚱한 소리를 하여 다시 삼겹살을 시켰다. 배가 불렀지만 뭔가 허전해서 주인아주머니에게 부탁하여 라면 한 개를 끓여 두 사람이 나눠 먹고 나니 잠이 쏟아진다.

나와 동료들이 번 돈으로 세운 포스코 수련관이건만 이제는 퇴직자라 숙박이 안 된다고 해서 현직에 있는 막내 동생이 신청을 해줬다. 숙소 전부가 온돌방이기에 침대를 원하는 쿠사바 씨는 본의 아니게 온돌방 체험을 하게 되었다. 매트리스처럼 푹신하도록 요를 석 장이나 깔아주고 그와 함께 잠이 들었다.

다섯째 날

10월 13일 다섯째 날, 어젯밤 쿠사바 씨가 숙소에 들어오면서 엉덩이를 뒤로 하고 구두를 벗길래 나도 따라 해 봤더니 아침에 신을 신고 나가기가 한결 쉬웠다. 지진이나 자연재해가 많은 일본인들의 준비태세가 엿보였다.

수련관 지하에서 온천욕을 하고 식당에서 아침 식사를 마친 뒤 쿠사바 씨에게 오늘 일정을 알려주니, 울산 가는 길에 김유신 장군의 묘도 보고 갈 수 없겠느냐고 묻는다. 그러면 차제에 국보로 지정된 경주시 현곡면 나원리 5층 석탑을 거쳐 가기로 작정을 하였다.

경주에 있는 석탑 가운데 나원리 5층탑은 감은사지 3층 석탑과 고선사지 3층 석탑에 비교되는 거대한 규모를 자랑한다. 통일신라 작품으로 추정하며, 산골짜기에 우뚝 솟은(높이 8.8m) 거대한 이 탑은 모양도 아름답지만 모습도 주위 경관을 압도한다. 국보가 위치한 이곳에 버스는커녕 승용차 한 대가 겨우 지나갈 수 있을 정도로 길이 좁다. 이런 한심한 모습이 우리나라의 문화재 관리의 한계가 아닐까 싶다. 천년의 세월이 흐른 지금까지도 신기하게 이끼가 끼지 않고 순백의 빛깔을 간직하고 있어 백탑(白塔)이라고 부르기도 한다. 짜임새 있는 구조와 아름다움이 경주 부근에서는 보기 드문 5층 석탑이다. 순백의 화강암이 이 근처에는 없는데, 어떻게 이런 큰 돌이 형산강을 건너 왔는지 의문이다. 지붕돌의 다섯 개 층급 받침의 정교함이 기계톱으로 자른 듯하다.

이윽고 신라 태대각간 김유신 묘(太大角干金庾信墓)에 도착했다. 김유신이라는 인물은 뛰어난 용맹성과 탁월한 전략과 전술로 백제와 고구려를 상대로 수많은 업적을 쌓고 결국은 삼국을 통일하게 된다. 그가 죽자 문무왕은 극진히 예를 갖추어 장례를 치루고 묘비를 세우게 하였다. 그러나 당시의 묘비는 전하지 않고 조선 중엽에 세운 두 기의 묘비가 남아 있다. 이런 연유로 학자들 사이에 김유신 장군의 묘에 대한 진위 여부가 아직까지 논쟁이 되고 있다고 한다.

둥글고 커다란 봉분 아래 호석이 세워져 있으며, 묘를 둘러가며 12지 상이 평상복을 입고 무기를 들고 있는 것이 특이하다. 왕이 아니고서는 이런 호화로운 무덤을 쓸 수 없다는 주장도 있으며, 반면에 묘의 오른쪽에 개국공순충장렬흥무왕릉(開國公純忠壯烈興武王陵)이라는 비석이 있는 것을 보아 김유신 장군이 사후의 벼슬인 왕의 신분으로서의 무덤이라는 주장 또한 일리가 있다.

아무튼 김해 金씨 문중에서는 그런 논쟁은 학자들 사이에서의 흥밋거리일 뿐이며 장군의 묘소가 아니라는 결정적 증거가 없다며 계속 제사를 지내고 있는 실정이다.

다음으로 울산시 울주군에 있는 박제상(朴堤上) 기념관으로 갔다. 도중에 라디오 뉴스에서 역사교과서 국정화 문제로 논란이 벌어지고 있다고 한다. 그 말을 듣고 쿠사바 씨가 일본의 예를 들면서, 역사는 계파 논리에 치우치지 않고 사실 그대로 객관적이어야 한다고 했다. 일단 그의 말에 동의를 하면서 나 역시 학자나 위정자에 의해 180도 바뀜에 대하여 나도 할 말이 많다. 좌파 학자들이 교과서에 6·25전쟁이 남한에서 '북침'을 했다고 가르치다 여의치 않자 요즘은 '남북한 공동책임'이라고 교묘하게 가르치는 등의 교육행태만 보더라도 역사교과서는 국정화가 바람직하다고 본다.

박제상은 왜국에 잡혀 간 마사흔을 구출하고 자신은 붙잡혀 심한 고문 끝에 불에 타 숨졌다고 한다. 그의 부인이 두 딸과 함께 치술령(鵄述嶺)에 올라 자나 깨나 남편이 오기를 기다리다 죽어 망부석이 되었다는 전설이 남아 있다.

신라 충신 충렬공 박제상과 그의 부인을 기리는 '치산서원'이 있다. 멀리 오른쪽 상단의 높은 곳에 보이는 봉우리가 치술령이다. 치술령 등산을 하다보면 망부석이 보인다.

'박제상 기념관'은 박제상과 그의 가족에 얽힌 이야기를 주제로 충의효열(忠義孝烈)의 의미를 되새기는 교육체험공간으로 구성되어 있다. 우리나라의 삼국사기와 삼국유사, 그리고 일본의 니혼쇼키(日本書記)에서 자료를 얻은 쿠사바 씨가 자신의 블로그에도 소개할 정도로 박제상에 대하여 자세하게 알고 그래서 관심 또한 많은 곳이어서 몇 가지 확인 차 찾아 온 곳이다.

여기서 쿠사바 씨가 문화해설사에게 질문을 던졌다. "박제상이 일본 어디에서 어떻게 죽었는지 기록이 있느냐, 대마도에서 처형을 당했다는 것을 아느냐?" 등을 질문하였다. 해설사는 오늘 자신이 듣고 알게 된 내용을 울산시에 소상히 건의를 하겠다고 말했다.

나는 월남 참전용사로 국가유공자의 혜택으로 LPG차량을 보유하고 있다. 덕택에 운영경비 부담은 적으나 운행 중 간혹 가스충전소가 나타나지 않아 불안할 때가 있다. 이날도 충전소를 한 번 지나치는 바람에 더워도 에어컨을 켜지도 못하고 조마조마하게 운전을 하며 울산시내에 들어가서 가까스로 가스충전을 하였다.

서생포 왜성에 가기 전에 점심으로 짜장면을 먹자며 중국집에 들어갔더니 쿠사바 씨가 나가사키 짬뽕과 비교도 할 겸 한국의 짬뽕을 먹고 싶다고 하였다. 마침 이 음식점은 면을 수타식으로 뽑고 있었는데, 쿠사바 씨가 신기해 여겨 사진촬영을 하려다 주인에게 거절당했다. 나가사키 짬뽕보다 면발이 조금 굵은 편이고 맵다 하면서, 한국인이 나가사키 짬뽕을 짜다고 하니 맛에 대한 평가는 사람에 따라 다르다는 결론을 내리고 둘은 그냥 웃어버렸다.

우리들에게 '가등청정'으로 더 잘 알려진 임진왜란 당시의 왜장 가토 기요마사(加藤淸正)가 축성한 서생포 왜성, 성곽의 넓이는 약 4만6천 평이며 그 구조가 교묘하고 복잡하여 남해안 각지에 산재한 왜성 가운데 규모가 가장 크고 웅장하다. 해발 200m 산꼭대기에 본성(本丸)을 두고, 아래에 제2성(二之丸), 가장 아래쪽에 제3성(三之丸)을 두었다. 성벽의 높이는 6m, 기울기는 15도로 성의 전체 모습은 직사각형이다. 본성에는 장군이 머무는 천수각과 우물인 장군수가 있었다. 울산시 울주군 청량읍 서생리에 있는 이곳을 나는 네 번째 찾아 왔지만 올 때마다 새로운 사실을 배워 간다. 이 왜성(倭城)은 비록 일본이 축성을 했으나 후에 조선에서도 사용했던 성으로, 남문 일부의 훼손을 제외하면 옛 모습 그대로 남아 있어 16세기 말기의 일본 성곽 연구에도 귀중한 자료가 된다고 한다.

1593년 토요토미 히데요시(豊臣秀吉)의 명령을 받은 가토 기요마사가 1년 동안에 걸쳐 완성하였다는데, 이 성에서 전투가 벌어진 것은 아니다(실제 전투는 울산 왜성). 이 성은 지키는 성으로, 작전지휘와 병참 그리고 회담 장소로 쓰였다고 한다.

사명대사 유정(惟政)이 단신으로 들어가 4차례에 걸쳐 가토 기요마사와 평화 교섭을 했으나 실패한 곳으로도 유명하다. 1598년(선조 31년) 명나라의 마귀(麻貴) 장군의 도움으로 성을 다시 빼앗았고, 1년 후 왜군과 싸우다 죽은 53명의 충신들을 위해 창표당(蒼表堂)을 세웠으나 일제강점기 때 파괴되어 지금은 흔적도 없이 사라졌다고 한다.

왜성에서 바라본 서생포구는 여느 포구와 다름없이 아늑하고 평화로워 보이지만 그 옛날 이곳에서 성을 쌓던 수많은 조선인들이 가토 기요마사에 의해 왜국에 끌려갔다. 그들이 구마모토(熊本) 성을 쌓는 데 동원되었다는 눈물겨운 사연이 있다.

그런가 하면, 많은 일본인들이 이곳을 찾아 와 그들의 조상이 만든 이 성을 보고 감격의 눈물을 흘린다고 하니 눈물도 갖가지이다.

이참에 서생포 왜성을 개발하여 관광 자원화 하는 것이 어떻겠느냐고 의견을 묻고 싶다. 왜냐하면 이 지역 출신의 포스코 선배가 일본인들에 의해 널리 알려진 이 성을 그들이 자금을 모아 재현하고 싶다고 제의를 했었는데, 우리 측에서 일제의 잔재라 반대하는 바람에 무산되었다고 한다. 오늘날 사회가 보다 민주화 되고 경제수준 또한 높아졌으니 이제 문화는 더 현실적 창조력을 갖게 되었다고 본다면, 과거의 유, 무형의 문화적 자산을 현재의 삶에 견주어서 보고 배우며 즐기는 것이 문화 활동이라 생각한다. 그래서 관광자원으로 개발할 가치가 있다고 보는데, 포항시에서 구룡포의 '근대역사문화거리'를 조성, 국내외 관광객을 끌어들여 지역경제 활성화에 도움이 됐다는 점에서 힌트를 얻은, 어디까지나 나의 작은 생각을 피력할 뿐이다.

서생포 왜성에 비해 흔적이 적게 남아 있는 울산 왜성(蔚山倭城)에 도착하였다. 현재는 학성공원으로 조성되어 있는 이곳에서 조선과 명나라 연합군과 왜군이 치열한 전투를 벌였다. 서생포 왜성에서의 해설사의 말에 의하면, 이 성은 불과 40일 만에 축성을 마쳤다고 하는데, 가토 기요마사가 설계를 하고 성벽자재 일부는 울산읍성을 허물어서 조달하였다고 한다. 조선인 부역자 포함 16,000명이 동원되었고, 게으른 조선인을 시범 케이스로 목을 자른 뒤 나무에 매달아 놓기까지 하였다고 한다.

울산왜성에서 조·명 연합군에게 포위되어 사투를 벌인 왜군이 물이 없어 말의 목을 잘라 그 피를 마시고, 말고기를 먹으며 연명을 했다고 한다. 가토 기요마사가 일본으로 돌아가 축조한 구마모토(熊本) 성에 120개의 우물을 팠고, 장기간 버틸 수 있도록 식량문제도 해결하였다고 하니 울산왜성에서의 전투가 얼마나 치열했는지 알 수 있는 대목이다.

여기서 우리가 한 가지 짚고 넘어가야 할 것은, 구마모토 여행 중에 노면전차(지상으로 다니는 옛날식 전차)를 타고 신칸센 역으로 가는 도중

다음 역은 '우루산 마찌' 역입니다 라는 방송을 듣고 전광판을 보니 울산 마치(蔚山 町)라고 써져있었다. 긴가민가하고 귀국 후 자료를 찾아봤더니 임진왜란 때 끌려간 조선인들이 구마모토 성을 쌓으며 거주했던 곳이란다. 왜 나는 이런 사실을 몰랐든가? 다음에는 꼭 찾아가 조선 떡도 사먹고 동네를 돌면서 우리 조상들의 흔적을 찾을 것이다.

부산 시내의 교통 혼잡을 피하기 위해 조선시대에 건립한 울산 병영성(兵營城) 답사를 생략하고 부산으로 가 자갈치시장을 찾았다. 어마어마하게 진열된 갖가지 수산물을 보고 쿠사바 씨가 놀라는 표정을 지었다. 껍질을 벗기고 양념을 발랐는데도 꿈틀거리는 곰장어를 보고 쿠사바 씨가 연신 탄복을 하며 다음엔 가족을 데리고 꼭 오겠다고 약속을 했다. 옛날에는 길바닥에서 연탄불에 구워 먹었는데, 그 때 그 맛은 아닐지라도 나의 추억을 되살리게 했다.

광복동 거리를 구경한 뒤 용두산 공원에 올라갔다. 타워에서 내려다본 부산의 야경이 정말 아름다웠다. 세계 3대 야경으로 꼽히는 나가사키 야경과 견줘도 손색없다고 생각하는데, 부산 야경은 왜 등수에도 못 들어가는지 알 수가 없다. 국력 때문일까.

공원을 내려와 중앙역 근처에 있는 토요코(東橫)인호텔을 찾아가다 길을 잃어 한참을 헤맸다. 이럴 때는 부산 친구들의 도움이 있었더라면 하는 생각이 간절하였다.

규모는 작지만 있을 건 다 있기에 비즈니스호텔로서 인기가 많은 일본 호텔이다. 22층에 방이 있어 그런지 쿠사바 씨가 화재 등의 비상시 탈출구를 확인하고 각자 방으로 들어갔다.

긴장이 풀려 잠이 잘 올 것 같은데도 잠을 이룰 수가 없어 두 시 경

에 수면제 한 알을 먹고 잠을 청했다

마지막 날

10월 14일 마지막 날, 여느 때와 다름없이 새벽녘에 잠을 깼다. 쿠사바 씨는 피곤한지 아직 기척이 없다. 무료하게 방 안에 있느니 혼자 호텔을 나와 무작정 주위를 다녀 본다. 걷다보니 피난 시절의 애환과 향수가 담긴 40계단이 눈에 띄었다. 6·25 피난민들의 고달픈 삶이 '경상도 아가씨'란 노래에 잘 나와 있는 그 계단이다.

> 사십 계단 층층대에 앉아 우는 나그네 / 울지 말고 속 시원히 말 좀 하세요 / 피난살이 처량스레 동정하는 판자집에 / …

"뻥이요~" 고함소리에 귀를 막던 추억의 뻥튀기 모습도, 고단해 보이는 지게꾼의 조각도 보인다. 그러나 이제는 흘러가버린 아련한 추억 속에 하나의 조각으로 남게 되었다.

이 호텔은 '오늘 아침은 뭘 먹지?'라고 고민할 필요가 없다. 아침 식사를 무료 제공하니 대충 때우고 나서는 데는 그저 그만이다. 쿠사바 씨가 식탁 위의 휴지를 한 장만 뽑아 쓰는 것을 보고서 일본인들의 절약정신이 몸에 밴 것을 알았다.

오전에는 태종 무열왕이 즐겨 찾던 곳이라고 알려진 태종대(太宗臺)를 갔다. 힘 안들이고 시간을 벌 수 있는 방법이 유람선을 타는 것이라는 호객꾼의 꾐에 빠져 배를 탔다. 영도 등대와 자살바위로 유명한 신선대도 보이고, 멀리 오륙도가 보이는 반환점에서 되돌아오니 40분이 소요되었다. 주차장에서 국가유공자증을 보여 주니 그냥 가란다.

쿠사바 씨가 일본 측 자료에서 용두산공원(龍頭山公園) 일대에 왜관(倭館)이 있었다는 기록을 보았다하여 그 흔적이라도 찾아보고 싶다고 한다. 그러나 용두산공원의 안내판 어디에도 왜관이 있었다는 언급이 없어 난감했다. 혹시나 하고 문화해설사 사무실을 찾아 가니 마침 나이 지긋하신 해설사께서 용두산공원의 유래를 들려주겠다고 한다. 부산 사람도 잘 모르는 용두산공원에 얽힌 그의 이야기는 이렇게 시작된다.

조선시대 부산은 통신사가 왕래할 정도로 양국 간 교역과 문화교류가 활발했던 시절의 발진기지이다. 임진왜란 이후 원수지간으로 약 200년 간 두 나라 사이에는 일체의 교류가 없었다고 한다. 그런데 누가 먼저라고 할 것 없이 서로의 필요에 의해 다시 교역을 시작하는 조건으로 조선에서 현재의 용두산공원 일대 약 10만 평을 일본에 제공하면서 일본인 남자들만 거주하는 조건으로 허락하였다고 한다. 이들이 '용두산'이라는 이름을 짓고 신사(神社)까지 세웠다. 지금 부산타워가 서 있는 정상(해발 49㎙)이 용의 머리(龍頭)이고, 현재 롯데백화점 위치가 용의 꼬리(龍尾)에 해당된다. 일본 배들이 드나들던 이곳이 명당으로 알려져 여기서 사업만 벌리면 모두 성공했다고 한다.

해방 후 자유당시절에 '용두산'이라는 일본의 잔재를 버리고 이승만 대통령의 호를 따서 우남공원(雩南公園)으로 불렀으나 4·19혁명이 일어나자 공원 이름도 바뀌고 이 대통령의 동상마저 철거되었다. 그 무렵 또다시 새로운 명칭을 붙이려 해도 마땅치 않아 종전대로 '용두산'으로 환원시켜 오늘에 이르렀다고 한다. 여행 온 학생들은 용두산의 역사를 알기나 할까?

구전(口傳)에 의한 것인지, 아니면 지어낸 이야긴지 근거가 있는지를 해설사에게 슬쩍 물어보니 그는 버럭 역정을 내시며 "내가 정식으로 공부해서 얻은 지식"이라는 말씀에 나는 머쓱하게 되어 슬그머니 꼬리를 내렸다. 진지하게 수첩에다 기록하는 쿠사바 씨의 이런 모습에서 우리가 일본인으로부터 배워야할 점이라 생각한다.

점심식사를 하러 부산에서 제일 번화하다는 남포동의 그 유명한 '18번 완당집'에 갔다. 학창시절의 기억을 되살려보려고 했지만 입맛이 변했는지 맛이 별로였다. 완당의 뜻이 뭐냐고 주인에게 물었더니 귀찮은 듯 저쪽을 보라고 손짓 한다. 얇은 만두피가 구름처럼 퍼져 있다는 뜻, 운탕(雲湯)이라고 적혀 있다. 6,500원이면 비싼 편이다.

학구파 쿠사바 씨가 알고 싶어 하는 왜성(倭城)에 관한 책을 찾으러 보수동 책방골목으로 가는 길이다. 시끌벅적한 국제시장을 곁눈질하며 걸어서 갔다. 보수동 책방골목은 헌책방들로 잘 알려져 있는데, 내게는 배고팠던 대학시절 이 골목을 헤맸던 남다른 추억이 있다. 이집 저집 왜성에 관한 서적을 샅샅이 뒤져 봤지만 한국의 성(城)에 관한 책은 몇 권 발견 했으나 일본 것은 없다. 지하에도 책이 산더미처럼 쌓여 있는데, 손님은 뜸하여 시쳇말로 파리를 날리고 있었다.

책방골목을 사이에 두고 산비탈에 다닥다닥 붙어 있는 주택을 한 아주머니가 힘든 모습으로 계단을 오르고 있었다. 50년 전, 대구에서 온 나를 비롯해서 마산, 그리고 여수에서 동아대학교에 야구선수로 온 네 명이 보수동 세무서 앞에서 하숙을 하고 있을 때이다. 구덕운동장에서 훈련을 마치고 하숙집에 와서 저녁을 먹고 나면 이곳에서 또 개인훈련이 시작된다. 이 골목에는 네 군데 계단에 양쪽으로 집들이 지어져 있는 부산의 전형적인 달동네다. 그 중 계단 수가 165개로 제일 많은 이 계단을 뛰어 오르고 뛰어 내렸다. 지는 사람이 이긴 사람을 등에 업고 헉헉대며 올라가야 하는 벌칙을 주고받으며 훈련하던 눈물의 장소이다. 이제는 늙어 그때처럼 뛸 힘이 없어 그냥 빠른 걸음으로 오르면서 계단을 세어보니 149개로 변해 있었다.

옛날에 없던 목욕탕과 새로운 건물이 생기면서 계단 수가 축소된 것 같다. 아까 계단을 오르던 아주머니의 집은 꼭대기 근처에 있는가 보다. 계속 계단을 오른다. 나는 계단을 내려가며 생각에 젖는다. 지금은 음식물 쓰레기로 버리는, 다른 하숙생들이 먹다 남긴 밥과 반찬을 그때는 배가 고파 우리 야구선수들이 깨끗이 먹어 치웠던 그때를 떠 올리니 나도 모르게 코끝이 찡했다.

다시 국제시장 쪽으로 내려와서 이번 여행의 마무리를 짓는 시간이 되었다. 그 동안 스파르타식 강행군 일정에 대하여 소감을 물었더니 대만족이라며 그 보답으로 커피 값은 자기가 내겠다고 한다. 나는 헌책방골목의 계단을 오르면서 눈물을 흘렸는데, 쿠사바 씨는 왜 서생포 왜성에서는 눈물을 흘리지 않았느냐는 질문을 하였다. 그는 해설사의 설명을 잘 알아듣지 못하여 감동을 받지 못했기 때문이라고만 했다.

남은 시간을 이용하여 롯데몰에 들러 일본에 가져 갈 선물을 사기로 했다. 친지들에게 나눠 줄 김치와 김을 잔뜩 사니 보따리가 네 개가 되고 말았다. 한국 올 때는 번역한 책을 가지고 오느라 짐이 무거워 고생하고, 갈 때는 부피가 큰 짐 때문에 고생을 하게 되었다며 서로 웃고 말았다.

부산항에서 출국 수속을 마친 그가 가뭄으로 걱정을 했던 나에게,

여행 기간 동안에 맑은 날씨 덕을 많이 보았는데, 내일부터 비가 흠뻑 내리기를 바란다는 말을 남겼다. 사요-나라~! 쿠사바 씨와의 긴 여행이 끝났다.

5박 6일 돌고 돌아 포항에 오니 1,285㎞였다. 국가적으로는 임진왜란, 일제강점기 등 등, 온갖 고난의 과거사와 개인적으로는 대학시절의 회상에 나의 머리가 거미줄처럼 얽혔다. 앞으로는 나와 나의 조국이 과거와 같은 그런 설움이 없는 날만 있기를 빌었다.

이번 여행에서 벌어들인 소득을 결산해 보니 대구에서 이틀씩이나 환영회를 베풀어 주고 금전적으로 지원을 아끼지 않았던 친구들의 도움이 컸다. 또 칠순 잔치와 졸업 50주년 행사를 앞두고 바빴을 정남진 군, 창원에서 아직까지 현업에 종사하는 김철균 군, 항상 시간이 부족하다는 부산의 박영호 군 등의 친구들로부터 격려전화와 문자메시지에 힘을 얻었더니 결과적으로 꽤 남는 장사를 했다고 생각한다.

그동안 너절하기만 하고 쓸모없는 여행기에 관심을 가지고 봐 주신 친구들에게 감사드립니다.

할배들의 北海道 탐방

(1)

작년 가을, 젊은이들 포함 7명이 일본 홋카이도(北海道)에 야영을 하면서 열흘간 등산할 기회가 있었다. 야영 이틀째 되던 날 한밤중에 지진이 발생하였다. 그렇지만 "北海道에도 지진이 일어난다 말인가?" 정도로 대수롭지 않게 여겼다.

렌터카로 이동 중에 100대가 넘을 것 같은 육상자위대 트럭을 만났을 때도 훈련하는 줄 알았다. 시내 쪽으로 가까이 오니 신호등이 꺼져 있고 컴컴한 마트 계산대에 손님들이 줄을 서서 차례를 기다리고 있었다. 그제야 지진이 일어났음을 알았다. 정전에 통신은 두절되고 부탄가스를 구할 수 없어 이틀 동안 빵으로 견뎠다. 그러나 역시 일본 사람들이다. 천재지변 가운데서도 냉정을 잃지 않고 질서를 지키고 있었다. 뉴스로만 봤던 일본인들의 질서의식을 직접 목격하자 그들의 침착하고 성숙된 시민정신에 매료되었다.

당시 등산을 할 때 B팀에 속한 나는 늘 시간에 쫓겼으며, 지진 때문에 제대로 먹지도 못한지라 다음에 다시 와서 옳게 북해도 여행을 해야겠다는 마음을 굳히게 되었다.

일 년 내내 눈이 쌓여 있는 대설산, 지천으로 피어 있는 야생화, 유황 냄새가 코를 찌르는 지옥온천, 라벤더 꽃밭, 다양한 먹거리, 그리고 일제강점기 나의 아버지와 더불어 강제징용 가서 한국인들이 노역했던 고난의 역사 흔적도 끼워 넣은 나만의 코스를 만들기로 했다.

北海道 하면 겨울 여행지로 많이 알려졌지만 사실 성수기는 여름이다. 북해도 탐방의 시도는 우선 시기는 7~8월에 1주일 정도로 계획하고 선수 선발에 들어갔다. 알다시피 여행은 어디로 가느냐보다 누구랑 가느냐가 중요하다고 했다. 나는 전문 가이드가 아니라 실수를 범하거나 마음에 들지 않는 행동도 보일 수 있을 것이다. 그래도 이해해주고 감싸줄 매너 좋은 사람과 약간의 돈, 그리고 시간적 여유가 있는 사람이 1순위다. 가무음곡에 취미가 있는 사람도 선발의 주요 인자가 된다. 이런 조건에 맞게 걸려든 인사들이 윤창준, 홍진영, 서인덕이다. 네 사람의 공통 모토는 잠자리는 허름해도 '먹는 것은 잘 먹자!'였다.

나는 일찌감치 항공편과 호텔, 그리고 렌터카를 예약하고 다양하게 즐길 수 있는 프로그램을 짰다. 등산, 온천, 유적지 탐방, 야생화 탐사 등을 끼워 넣었다. 이런 탓에 여행이나 관광 개념보다 '탐방'이라는 표현이 적절할 것 같다. 네 사람이 팀워크도 다지고 산행연습도 필요하여 도덕산, 팔공산, 주왕산을 훈련지로 삼았다. 마지막 주왕산 산행은 1박 2일로 정했더니 권영재, 안규소, 김철균, 조규신 등이 환송식을 열고 우정출연 해 주었다.

떠나기 전 역할분담을 했다. 기획과 안내, 운전은 내가 맡았으니 저절로 대장이 됐다. 비서실장에는 전문산악인에 버금가는 윤창준, 윤실장은 짐 나르기와 청소 등 시다바리에 기쁨조까지 맡았다. 김천방송 편집국장 홍진영은 선택의 여지없이 홍보수석이다. 휴대용 와이파이 관리와 인간 내비게이션 역할, 그리고 사진을 편집하여 유튜브에 올리기까지 그의 일이다. 경영학 박사 출신의 서인덕은 경제수석이다. 일인당 140만 원의 혈세를 한 푼도 낭비하거나 유용하지 않겠다며 국회청문회처럼 선서까지 했다.

7월 2일, 출발지가 각각 틀려 인천공항 1터미널에 10시까지 집결하기로 했는데, 간첩 접선하듯 빈틈없는 도착에 마음이 놓였다. 12:20, 제주항공으로 삿포로 공항 15:00 도착이다. 왕복 25만 원짜리 저가항공이라 기내에서 물 이외는 전부 돈을 줘야한다. 공항에 도착하여 맨 먼저 렌터카를 인수하러 갔다. 작년에 빌린 차는 트렁크가 작아 무척 불편했는데 이번에는 어떨까 염려스러웠다. 다행히 캐리어가방 네 개와 배낭 네 개를 수납할 수 있는 소나타급 크기였다. 예약 당시에는 다국어가 지원되는 내비게이션이라 했는데, 영어와 일본어만 된다고 하여 일본어로 세트했다. 핸들이 우리와 반대인 오른쪽에 있어 숙달되려면 반나절은 걸린다.

예약된 호텔까지는 315㎞, 4시간 30분으로 찍힌다. 과속 좀 하면 한 시간은 단축 될 것으로 예측했으나 빗나가고 말았다. 고속도로가 편도 1차선에 최고속도가 80㎞/h밖에 안 되고, 구불구불한 산길은 속력

내기가 어려웠기 때문이다. 더구나 사슴과 여우들이 갓길에서 어슬렁거리니 로드킬 사고가 걱정되기도 했다.

저녁식사 시간이 되었으나 식당은 물론이고 민가도 잘 보이는 않는 시골이다. 겨우 찾은 편의점에서 도시락과 소시지 등으로 저녁을 때웠다. 차 속에서 인덕이가 말 한마디 않아 이상했는데 사실은 차멀미했다고 실토해서 모두들 웃었다.

9시 40분, 쿠샤로(屈斜路) 호수 주변의 시골마을에 북해도 출신 유명 건축가가 설계했다는 2층 건물에 도착했다. 화장실, 샤워장은 공동으로 사용해야한다. 넷 중에 키가 작은 창준이는 스스로 다락방으로 올라갔다. 도착파티로 북해도에서만 판매하는 CLASSIC 맥주에 한국 소주를 타서 몇 잔 마시고 샤워도 않은 채 누워버렸다.

7월 3일, 오늘은 메아칸 다케(雌阿寒岳) 등산하는 날이다. 숙소 마당에서 우리보다 젊게 보이는 한국인을 만나 반가운 인사를 나눈다. 혼자서 자전거로 25일째 다니고 있단다. 나이를 물었더니 74세, 우리와 동갑이다. 형뻘이라 으스대던 우리는 야코가 팍 죽었다. 우리도 대단하다는 소리를 듣는데 우리보다 더한 그 사람은 '미친 사람' 취급하자고 자위한다.

주차장에서 진영이 운전연습 시켜주려고 내비게이션을 세트하니 71㎞, 1시간 10분으로 나타난다. 메아칸 다케는 9.5㎞에 위치해 있다하여 예약했는데 이게 무슨 말인가. 그렇다면 어제와 오늘 두 시간이나 손해 본 셈이다. 우리는 서둘러 아침식사를 마치고 목적지로 이동하였다. 마음이 급하니 과속을 하지 않을 수 없다. 앞으로의 상황을 모르는 대원들은 "급할 거 없다, 천천히 가자, 서둘지 마라"를 연발한다. 콜

럼버스의 심정을 알 수 있을 것 같다.

09:30, 산행 출발점인 온네토 야영장에 도착했다. 메아칸다케의 등산 출발점은 크게 세 가지가 있다. 우리처럼 온네토 야영장에서 정상까지 가서 노나카 온천장으로 내려오는 방법과 반대로 노나카 온천장을 출발하여 온네토 야영장으로 내려오는 두 코스가 일반적이다.

무릎이 아파 산행을 포기한 진영이에게 오후 3시 반에 이쪽으로 하산할 것이며, 계획이 변경되면 정상부근에서 전화를 하겠다는 말을 남기고 세 사람은 출발했다. 등산 입구에 인적사항과 연락처를 반드시 남겨야한다. 등산 중에 사고가 생기면 신원파악이 쉽기 때문이다. 더욱이 메아칸다케는 활화산이라 등산로를 이탈해서도 안 된다.

메아칸다케(雌阿寒岳)는 '여자의 산'으로, 일본 100대 명산에 들어가는 높이 1,499m의 활화산이다. 내가 먼 거리에 위치한 이 산을 선택한 이유는 일본의 산이 갖춰야 할 것은 모두 가지고 있는 종합세트여서다. 출발지점이 해발 600m이고 정상까지는 5.5km이다. 일본의 산은 표고를 10등분하여 '合目'으로 표시한다, 예를 들면, 5합목이면 산의 절반이 되는 지점이라는 뜻이다. 구름이 조금 있어도 시야를 가릴 정도는 아니라 이곳에서 자생하는 수목들을 보면서 오르는데, 표고 차에 따라 자생하는 식물들이 다르다.

7合目(7부능선)에 다다르니 앞이 트이고 오른쪽에는 후지산을 닮았다하여 붙여진 아칸후지산이 나타났다. 여기서부터는 키가 작은 눈잣나무를 비롯하여 드문드문 야생화도 보였다. 8합목 왼편에서 연기와 유황냄새가 뿜어져 나오니 화산분화구에 근접했음을 알 수 있다. 분화구를 가장 가까운 곳에서 볼 수 있는 9합목에 도착하니 갑자기 구름에 가려 앞이 보이지 않고, 창준이는 컨디션이 좋지 않아 보인다.

겸사겸사 여기서 점심을 먹으면서 날씨가 좋아지기를 고대했다. 하늘은 우릴 도와주지 않고 오히려 비까지 뿌리니 추워진다. 정상에 오기까지 진영이에게 서너 번 통화를 시도했으나 연결이 되지 않는다.

일본 산(山)의 정상에는 각목에다 산의 이름과 높이만 표시해놓는게 우리와 다르다. 처음 계획했던 원점회귀에서 노나카 온천장 쪽으로 하산하기로 변경했다. 하산 길의 특징은 화산석(바위) 사이로 눈잣나무가 있고, 등산로에는 화산석 부스러기 때문에 미끄럽다. 6시간 30분 만에 하산하였다. 3㎞ 거리의 야영장에 대기 중인 진영이에게 전화를 해도 받지 않는다. 궂은일 전문인 창준이가 걸어서 야영장까지 가겠다며 나섰다. 함흥차사다. 두 사람이 되돌아 올 시간이 지났는데도 나타나지 않자 걱정되어 내가 또 나선다. 중간쯤에서 그들이 탄 차를 만나 온천장에 왔다. 진영이도 우리와 연락이 안 되어 야영장 관리인에게 콩글리시로 조난신고를 하는 상태에서 창준이를 만났다고 한다.

노나카(野中) 온천은 피부에 닿으면 바로 느낌이 올 정도로 유황성분이 강한 온천이다. 일본의 오래된 온천이 흔히 그러하듯 여기도 내부에는 비누도 수건도 수도꼭지조차 없으며 달랑 물바가지만 몇 개 있다. 세면도구를 가져가도 필요 없는 온천장으로 요금은 350엔이다. 이 온천장의 주인 할아버지가 113세 세계 최고령으로 기네스에 올라 있었는데 금년에 돌아가셨다.

대충 땀만 씻고 서둘러 다음 목적지로 향해야 한다. 210㎞에 3시간 걸린다. 도중에 식당이 없으면 어제처럼 편의점에서 빵이나 도시락으로 때워야 한다. 잘 먹자 해놓고 이게 말이 되는가. 우리는 눈을 크게 뜨고 식당 간판 찾기에 바빴다. 작은 마을에 야키니쿠(燒肉) 간판이 보여 무조건 들어갔다. 일본소(和牛) 갈비살 4인분과 새우 4인분을 시키니 자상한 주인아주머니가 새우는 2인분만 시켜도 된다고 한다.

우리나라 같으면 얼씨구나 하며 그냥 4인분을 내놓든가 바가지를 씌울 것인데 이게 선진국임을 실감했다. 부드러운 일본 소고기에 새우를 같이 구워 먹으니 입에 살살 녹는다. 이정도면 배부르다 했는데 경제수석 인덕이가 갈비살 2인분을 더 시켜주니 만포장이다.

날은 어두워졌지만 배가 부르니 힘이 솟는다. 사슴이나 곰이 튀어나와도 피하지 않고 들이받을 자신마저 생겼다. 룰루랄라 창준이의 하모니카 반주에 '산포도 처녀'를 합창하면서 목적지를 향하여…

(2)

밤길 운전하여 후라노(富良野) 지역에 도착하니 밤 9시 30분이다. 예약된 민박집을 찾지 못해 마트에 주차시켜놓고 주인 오기를 기다렸으나 나타나지 않는다. 막연하게 서성대고 있으니 20대로 보이는 아가씨가 반갑게도 우리말로 도와 줄 일이 있는가 묻는다. 사정 얘기를 했더니 역시 일본이다. 그녀가 직접 우리 차에 타고 안내를 해준다. 사투리도 알아듣고 발음이 한국인과 거의 같은 수준이었다. 어떻게 유창하게 한국어를 잘하느냐고 물으니 한국과 관련 있는 화장품회사에 다니며, 독학으로 한국어를 배웠단다. 일본사람이 한국어 발음을 이토록 정확히 구사하는 거 처음 본다.

우리가 묵을 곳은 일본식 가옥 두 채로 민박(일본에서는 民宿이라 함)을 운영하는 집이다. 어제 그 집은 분위기 찾는 사람들의 숙소였다면 이곳은 노무자들이 단골인 숙소 같아 보였다. 다다미방에 화장실과 샤워는 공용이고 아침식사는 좁은 식탁에서 전통 일본가정식을 먹어야 했다.

오늘(7/4) 일정은 북해도 여행 상품 중에 빠지지 않는 '도미타 농장'과 '아오이 이케(靑의 호수)' 그리고 시간 나면 마음 내키는 대로 주변의 관광지를 둘러보고 목적지 대설산(大雪山)쪽으로 이동할 계획이다.

후라노(富良野)에 있는 도미타 농장(FARM TOMITA)은 북해도의 대표적인 관광코스다. 가는 도중의 풍경도 아름답거니와 넓은 들판에는 양파와 감자가 잔뜩 재배되고 있었다. 지금이라도 바로 식탁에 오를 준비를 하는 느낌이 들었다.

눈이 많이 내리는 곳이라 지붕이 뾰족하고, 담이 없는 것은 도둑 걱정을 하지 않는가 보다. 한국과 달리 차가 좌측통행이라 왼쪽차선을 이탈했다는 경고음이 종종 울린다.

이른 시간에 도착한 탓인지 주차장에 차들이 많지 않다. 눈앞에 생전 처음 보는 진한 보라색 라벤더 들판이 펼쳐졌다. 일주일쯤 지나야 만개할 것 같은 라벤더는 지중해 연안이 원산지인데, 이곳 라벤더가 달력에 소개되면서 관광지로 유명해졌다고 한다.

6월 중순부터 8월말까지는 임시열차가 운행될 정도로 관광객이 붐빈다. 시간이 좀 지나자 구경꾼이 점점 늘어나면서 여기저기 사진 찍느라 분주하다. 수백 미터가 넘는 들판에 형형색색의 꽃들을 심어놓고 세계 각국 사람들을 끌어 모으는 일본의 상술에 놀라지 않을 수 없다. 멀리 대설산의 최고봉 2,291m 아사히 다케(旭岳)를 비롯한 2천 미터 급 연봉들이 보인다.

북해도에 오면 꼭 먹어봐야 한다는 소프트 아이스크림도 사먹고 비누, 오일, 향초, 화장품 등 몇 가지 기념품도 샀다. 꽃에는 크게 관심 없는 할배들이라 그런지 선전에 비해 그다지 감동을 받지 못하고 꽃밭을 뜬다. 기대가 크면 실망도 크다는 말들을 나누며 다음 여정에 올랐다.

약간의 시간 여유가 있어 주변의 관광지를 검색하니 우리나라에도 알려진 애니메이션, '날아라 호빵맨'이 근처에 있다. 내비게이션이 가리켜주는 목표지점에 도착하니 엉뚱하게 농가 주택이다. 주위를 살피니 300m 전방에 '앙팡만(Anpan Man)'이 있다는 간판이 보였다. 나는 앙팡이 우리 호빵과 같은 걸로 알고 있었는데 현지에 와보니 단팥빵이다. 그 빵을 우리도 간혹 앙꼬빵이라고 부르듯이 일본에서는 이 빵을 앙팡(앙꼬빵)이라 부르는데서 '앙팡만'이 되었다.

배가 고픈 나머지 건물 안으로 들어가자마자 직원에게 앙팡이 어디 있느냐고 물었더니 여기는 애니메이션 앙팡맨과 관련된 캐릭터와 어린들이 즐기는 놀이방이라 한다. 할배들에게 왕 실망만 안겨줬다. 하지만 줄지어 입장하는 손주 같은 꼬마들은 귀여웠다.

다리를 건너면 '잼 공방'이 있고 체험도 할 수 있다기에 들어갔다가 너무 비싸 구경만 하고 시식코너에서 맛만 보고 되돌아 나왔다.

비에이(美瑛) 방향으로 가는 도중에 식당이 나타나면 무조건 점심을 먹어야 한다. 시골이라 식당 찾기가 어렵기 때문이다. 차를 몰며 두리번거리니 라면집 간판이 눈에 띄었다. 선택의 여지없이 안으로 들어갔더니 주인이 직접 면을 뽑는다. 세 사람은 보통 라면을 시키고 나만 최고로 맵다는 라면을 주문해 봤다. 아니나 다를까 면발도 푸석하고 쓸데없이 맵기만 해 맛을 통 모르겠다. 계란과 돼지고기 편육만 건져먹고 밀쳐내니 먹성 좋은 창준이가 맛을 보더니 괜찮네! 한다. 둘이 서로 바꿔 먹으니 요기는 대충된 것 같다.

다음 들릴 곳은 한국에서 '靑의 호수'라고도 부르는 '아오이 이케'다. 작년에 왔을 때는 주차장도 허술하고 화장실조차 없었는데, 그 새 완전 탈바꿈하여 스낵코너까지 생겼다. 쏼라쏼라, 여기도 중국인 관광객이 넘친다. 정말 호수의 이름처럼 물 색깔이 신기하게도 푸르다(청록빛이란 표현이 맞겠다). 원래 화산폭발 시 피해를 줄이기 위해 만들어놓은 제방들인데 1988년 도카치다케(十勝岳) 화산 폭발 때 이 중 하나의 제방에 물이 고여 연못이 되었다. 나무도 말라 죽어버린 볼품없는 작은 연못이 놀랄만한 관광 상품이 되었다. 연못 둘레는 자작나무가 가로수 역할을 한다. 계절마다, 날씨마다 물 색깔이 다르다고 하는데, 내 눈엔 작년 그것과 별로 달라 보이지 않는다. 근처에 '흰수염 폭포'가 있으나 일동은 바쁜데 그냥 통과하잔다.

여기서 목적지 소운쿄(層雲峽) 온천마을까지는 약 한 시간 걸린다. 북해도의 고속도로는 삿포로를 중심으로 큰도시 간 이어지는 도로는 편도 2차선이지만 지방도시 간의 고속도로는 대부분 편도 1차선이다. 통행차량이 많지 않은 탓인지 우리나라 지방도로보다 더 열악하다. 중간 중간 추월할 수 있게 2차선 구간이 있다. 중앙분리대도 콘크리트 장벽이 아니고 플라스틱 막대기다. 그래서 반대편에서 버스나 큰 트럭이 접근하면 내게로 덮치는 것 같은 불안을 느낀다.

일본의 고속도로 대부분의 휴게소가 우리나라에 비하면 볼품이 없다. 겨우 화장실과 자판기 몇 대가 전부다. 고속도로의 안전표어도 재밌다. '지금 속도보다 조금 더 줄이지 않겠습니까' 라는데, 우리는 어떤가? '깜빡 졸음 번쩍 저승'이라든지, '졸음운전의 종착지는 이 세상이 아닙니다' 등등. 협박조인데 비해 표현이 부드럽다. 공갈친다고 운전자들이 말을 더 잘 듣는 것도 아닌데 말이다.

참고로 일본에는 시멘트(콘크리트) 도로는 아예 없고 전부 아스팔트 도로다. 아스팔트가 주행 중 소음이 적고 타이어 마모도 훨씬 작기 때문에 그런 것 같다.

소운쿄 쪽으로 가면서 두 세 차례 소나기도 만나고, 고도가 높아지는 산속이라 그런지 기온도 떨어진다. 이름 그대로 24㎞에 달하는 층층구름 골짜기(層雲峽)에서 흘러내리는 강가에 자리 잡은 호텔에 도착했다.

오후 6시, 어둡기 전에 도착하기는 이 번 여행 중 처음이다. 7층 건물의 절반은 침대 방이고 절반은 일본 전통 다다미방이다. 푹신한 요와 이불 네 세트가 깔려있는 걸 보더니 호텔 잘 잡았다고 나를 칭찬한다. 인덕이는 다음에 오려는지 가격까지 물어본다. 2박 2조식에 53만 원이니 일인당 하루 6만6천 원 꼴이다. 이번 일정에서 가장 비싼 호텔이니 좋을 수밖에 없다. 역시 자본주의는 돈이다.

오늘 저녁은 생선회나 초밥을 먹을 수 있을 거라고 큰소리 쳤는데, 한 시간 거리의 아사히 카와(旭川)까지 가야 한다고 프런트 직원이 말해준다. 주변에는 라면, 카레, 덮밥, 돈가스 같은 단품뿐이다. 이 호텔 레스토랑에는 뭐가 있는지 물었더니 대게요리 무한리필(일본어로 '다베 호다이')이란다. 얼씨구, 1인당 3만 원에 입장했더니 대게는 보이지 않고 홍게 다리만 있다. 종업원이 겨우 싸구려 홍게 다리를 가리키며 무한리필이라고 생색을 낸다. 속살도 없는 홍게 다리를 빨고 있자니 약이 오른다. 하기야 요즘은 대게 철이 아니다. 본전 생각에 찐 새우로 배를 채웠다.

내일 산행에 필요한 물품을 사기 위해 근처 편의점에 가서 빵과 샌드위치 그리고 캔맥주 등을 샀다. 과일은 터무니없이 비싸다. 대설산에는 내일과 모레도 비가 내린다는 예보다. 그러나 산행은 강행하기로 결정된 상태다. 호텔방에서 술이나 마시자며 각자 술을 꺼내는데 가관이다. 창준이는 1.8리터 소주 한병, 인덕이는 휴대하기 좋은 1홉짜리 소주 열병, 나는 철균이가 선물한 위스키 한병, 진영이는 제자에게 선물 받은 일본청주 한병을 역수출(?)하여 가져 왔다. 서로 자기 꺼 먼저 마시자면서도 객지라 주눅 들어선지 몸조심해서인지 나 빼고는 소비가 더디다.

잠자리에 누워도 내일 대설산 등산에 대해 온갖 걱정이다. 비가 온다는데 아이젠 없이 눈길은 괜찮을까, 춥지는 않을까, 야생화는…

(3)

오늘은 北海道(홋카이도)의 지붕이라 부르는 대설산(大雪山 : 다이세츠잔)에 야생화 탐방하러 가는 날이다. 大雪山은, 특정의 하나의 산 이름이 아니고 2천 미터급 산 10여개가 이어져(連峰)있는 전체를 대설산이라 한다. 우리식으로 하면 대설산맥이 되겠다.

일본 최대의 국립공원으로 서울시 면적의 3.5배 정도로 어마무시하다. 주봉은 2,291m의 아사히 다케(旭岳)이며 우리는 2,149m 홋카이 다케(北海岳)를 목표로 정했다. 홋카이 다케를 가려면 소운쿄 역에서 로프웨이(케이블카)를 타고 구로 다케 역에 내려 다시 리프트를 타야한다. 참고로, 케이블카 승하차장을 역이라 부른다. 대설산을 오르는 코스는 크게 두 가지가 있다. 아사히 다케 로프웨이를 이용하는 코스와 우리처럼 구로 다케 로프웨이 코스가 있다. 대설산은 위도가 높아 중부지방 북알프스의 3천 미터급 날씨와 맞먹으니 여름이라도 방한대책이 필요하다.

호텔에서 1km 거리의 소운쿄 역에 도착하여 8시 40분 출발의 로프웨이 탑승권을 구매했다. 대설산의 환경보호를 위해 휴대용 변기를 가지고 다니자는 캠페인 포스터가 붙어 있다. 휴대용 재떨이는 봤는데 변기는 어떻게 생겼는지 본적이 없으니 궁금하다.

로프웨이 왕복 탑승권이 1,950엔이고 리프트는 1,200엔인데, 세트로 사면 3,000엔(3만 원)이다. 비싼 편이지만 가장 빠른 방법이니 어쩔 수 없다. 101명이 정원이며 20분 간격으로 운행하는 로프웨이를 타고 7분간 공중산책을 즐길 수 있다.

로프웨이 밖 풍경은 탄성이 나올만한 경치는 아니지만 소운쿄 협곡이 보이는 오른쪽 자리를 추천하고 싶다.

구로 다케 역이 해발 1,300m(5合目)이며 대부분의 관광객은 이곳 전망대에서 구경만 하고 내려 가버린다. 6월 초에 벚꽃이 피어 일본에서 가장 늦게 벚꽃을 볼 수 있는 곳이기도 하다. 등산이 목적인 사람은 여기서 200m 거리에 있는 리프트 탑승장에 가서 2인승 리프트로 15분 정도 올라가면 7合目(1,520m)에 도착한다. 리프트를 타면 가까이서 야생화나 주변을 편하게 구경할 수 있어 좋다.

입산신고서를 작성하는데 국립공원 직원이 꽤 까다롭게 묻는다. 구로 다케 정상이 1,984m니까 실제 표고 차는 5백 미터도 안 된다. 정상까지 1시간30분 소요된다지만 우리는 넉넉히 2시간 잡고 오를 참이다. 초입부터 겨우내 쌓였던 눈이 녹지 않고 있었다. 서울은 36도를 넘는 폭염이라 야단인데 오뉴월에 눈 위를 걷다니 여기가 바로 무릉도원이로다. 무릎 부상으로 등산을 포기한 진영이가 눈 구경이나 하라며 큰 소리로 불렀다.

한참을 오르니 중국인 여성 네 명이 눈 위를 뒹굴며 좋다고 소리를 지른다. 인덕이가 유창한 중국어로 말을 걸더니 대만 관광객이란다. 하기야 대만은 눈 구경하기 어려운 나라니 산위의 눈이 신통할 것이다. 그녀들과 같이 사진도 찍으며 잠시나마 즐거운 시간을 가졌다. 인덕이는 영어, 일본어에다 중국어까지 능통하니 부럽다.

왼편에 '신선바위'라는 서너 개의 바위가 구름에 가려 보였다 사라지곤 한다. 진영이로부터 전화 연락이 왔다. 리프트가 고장 나고 기상이 나빠서 관광객 입장을 전면 통제하니 참고하라는 내용이다. 기분이 찝찝하다.

12시 30분, 드디어 구로 다케 정상에 도착했다. 흐린 날씨지만 염려했던 비바람이 없어 아름다운 풍경을 볼 수 있었다. 멀리 아사히 다케(旭岳)를 비롯한 완만한 봉우리와 능선, 그리고 넓게 펼쳐진 분지, 군데군데 멋을 부리듯 하얀 눈이 덮혀 있다. 창준이가 굉장히 힘들어하며 올라온다. 볼품은 없지만 간혹 등산 중 발생하는 조난사고 때문인지 안전을 기원하는 신사(神社)도 마련되어 있다. 하늘이 갑자기 어두워지면서 빗방울이 떨어져 우의를 입었다.

화산석을 밟으며 흰 말뚝의 로프를 따라 아래쪽 대피소를 향하면서 만화방창한 야생화를 보고 사진 찍기 바쁘다. 인터넷을 통해 나름대로 야생화 사진을 보며 이름을 익혔는데도 막상 실물을 대하니 매칭이 잘 안 된다. 가솔송(진달래과), 암매, 고젠다치바치(층층나무과), 고게모모, 지무가데 등 수없이 많은 야생화가 지천에 깔려있다. 야생화 구경도 좋지만 등산로를 이탈하면 안 된다. 일본인들은 남에게 피해를 주는 것도 싫어하고, 피해를 당하는 것도 참지 못한다. 그래서 이렇게 아름다운 자연이 보존되는 것 같다.

오후 1시, 구로 다케 이시무로(黑岳石室) 대피소에 도착하니 거짓말처럼 날이 개였다. 우의를 벗고 점심을 먹기 위해 야외 테이블에 앉았다. 대피소 지붕에 비나 눈이 내리면 물탱크에 받아 두었다가 허드렛물로 사용하게 한다. 음료수나 캔맥주 등을 팔고 있으나 배낭 속에 준비해온 것이 있어 꺼내 먹었다. 이곳 대피소의 바이오 화장실이 참 재미있다. 대소변을 본 후에 자전거 페달을 앞으로 20회 이상, 뒤로 열 번 이상을 밟아 달란다. 페달의 힘으로 산소를 공급시켜 미생물의 활동을 높여줌으로써 배설물이 분해되는 시스템이다. 인덕이는 시키는 대로 페달을 열심히 밟고 사용료조로 200엔을 기부했다.

여기서 홋카이 다케(北海岳)까지는 2.7km를 더 가야하는데 창준이는 컨디션이 좋지 않아 되돌아가야겠단다. 인덕이와 나는 다시 우의를 입고 홋카이 다케로 향하는데, 눈이 덮혀 길이 보이지 않아 깃발만 보고 걷는다. 안개에 가려 사람이 오는지 가는지 몰랐는데 누군가 우리 곁에 다가왔다. 국립공원 관리원이다. 기상악화가 예상되니 되돌아가는 것이 좋겠다고 권고한다. 조금만 더 가면 작년에 보았던 눈 녹은 물이 개울이 되어 흐르는 곳에 야생화가 흐드러지게 핀 곳이 있는데 인덕에게 보여주지 못한 게 아쉽다. 그러나 복불복이다. 내년이 될지 후년이 될지 모르겠으나 백두산 이상으로 매력 넘치는 대설산을 다시 찾겠다는 마음만 먹고 하산하기로 했다.

하산 중에 들으니 국립공원 직원이 우리를 뒤따르며 계속 무전을 주고받는다. 마지막 남은 우리 두 사람이 안전하게 하산 중이라고 알리는 것 같다. 잘 내려오다 거의 다 와서 눈길에 3~4미터 가량 아래로 미끄러지고 말았다. 상처는 나지 않은 것 같으나 엉덩이가 부어오르는 느낌이다.

4시 30분, 리프트 승강장에 도착하니 먼저 내려온 창준이가 우릴 반긴다. 한국인 등산객 7~8명과 고장난 리프트가 복구되기를 기다리고 있었다. 5시가 되어도 리프트가 가동되지 않아 걸어서 내려오라는 무전통보에 우리를 포함한 12명이 안내원을 따라 비를 맞으며 지루한 숲길을 내려왔다. 마치 50년 전 수렁에서 헤매던 월남전을 연상시켰다.

구로 다케 역에는 진영이가 등산객 서너 사람과 함께 우리를 기다리고 있었다. 구로 다케 역에는 목각을 전문으로 하는 장인이 있는데, 조금 비싸긴 해도 부엉이 목각을 사려 마음먹고 있었다. 왜냐하면 부엉이에 대한 재미있는 이야기 때문이다.

일본과 한국, 두 나라 사람들은 예로부터 부엉이를 좋아한다. 일본어로 부엉이를 '후쿠로'라고 하는데, '고생을 하지 않는다'는 말도 같은 후쿠로(不苦勞)로, 발음이 같아서 부엉이를 좋아한다. 그래서 결혼을 하거나 이사할 때 고생 않고 잘 살라며 부엉이 소품을 선물한다.

한국인은 집안에 부엉이 장식품을 놓아두면 재물 운이 있다고 여긴다. 부엉이는 뭐든 물어 와서 무조건 쌓아두는 습성을 가지고 있다. 항상 먹이를 많이 잡아 저장해 두기 때문에 '부엉이 곳간'이란 말도 있다.

이 얘기를 진영이에게 들려주고 선물용으로 몇 개 사라고 했더니 리프트 고장으로 관광객이 없어 조각 장인이 일찍 문을 닫았다고 한다. 로프웨이를 타고 소운쿄 역에 도착하니 6시, 리프트 편도요금 600엔을 환불 받으니 공짜 돈이 생긴 기분이다. 고생 끝에 하산하여 온천에 몸을 푼 후 저녁을 먹고 나니 제일 어려운 숙제를 끝냈다는 안도감에 긴장이 확 풀린다.

내일은 아버지가 3년이나 징용살이를 하며 고독과 고통에 한없이 눈물만 흘렸을 미쓰비시(三菱) 비바이(美唄) 탄광을 찾아 역사의 흔적이 얼마나 남아있는지 보러간다. 게다가 또 기대되는 것은 아직 북해도에는 남녀 혼탕이 남아있다는 사실이다. 탕 속의 여인이 비록 쭈글쭈글 할머니면 어떠랴…

(4)

7월 6일, 아침 일찍 눈을 떴다. 어제 눈길에 미끄러진 엉덩이가 욱신거린다. 온천탕에서 엉덩이를 보니 군대에서 빳따 맞은 것처럼 오른쪽이 시퍼렇게 멍이 들어 있었다.

오늘 스케줄을 짜는데 유성폭포와 은하폭포를 포함시킬까 망설여진다. 그저께 호텔 주변에 주유소가 있을 것이라 안이하게 생각하고 그냥 지나치는 바람에 현재는 휘발유 부족 경고등이 켜져 있는 상태다. 제일 가까운 주유소가 20㎞를 벗어나야 된다니 걱정스럽지만 일단 폭포 보러 나섰다.

북해도의 폭포는 우리나라 폭포와는 스케일이 다른데도 일동들은 대수롭지 않은 표정이다. 은하폭포(긴가노 다키)에 가서 120m 높이에서 떨어지는 물줄기를 보더니 그제야 입을 딱 벌린다.

유성폭포 구경은 생략하고 주유소를 찾는다. 북해도 제2의 도시 아사히 카와(旭川) 방향에 주유소가 있었다. 일본인도 우리처럼 외래어 쓰기를 좋아하여 츄유쇼(注油所)라는 자기네 말이 있는데도 가소린 스탄도(Gasoline Stand)라 해야 알아먹는다. 보통휘발유(레귤러)와 고급휘발유(하이오크) 두 종류가 있는데, 일반차량에는 1,400원 초반대의 레귤러를 주유한다. 직원이 있으면 '레규라 만땅'이라 하면 되고, 셀프라면 빨간색 주유기를 쓰면 보통휘발유를 넣게 된다. 한국보다 약간 싼 편이지만 경제규모로 따지면 우리나라가 훨씬 더 비싸다.

유인 주유소는 셀프주유소보다 리터당 100원정도 비싸지만 그만한 가치가 있다. 유리창 청소도 말끔히 해주고 주유를 마치면 조폭들이 두목에게 인사하듯 4~5명이 동시에 최경례를 하며 '아리가또 고자이마시다'를 합창한다. 이 맛 자주 들면 '갑질'하게 되는 모양이다.

남녀혼탕 가는 길에 가슴은 뛰지만 길이 멀어 지루한 나머지 자작나무 숲길 옆의 쉼터에 차를 세웠다. 껍질 하얀 나무들은 대부분 자작나무다. 이 나무들은 원래 고향이 추운 땅인 탓인지 다른 나무들을 제치고 자기들만의 터를 잡는데 성공했다.

그런데 내비게이션이 또 말썽이다. 후키아게(吹上) 온천으로 입력했더니 '하쿠긴소(白銀莊) 보양센터'를 가리킨다. 무작정 500m가량 오르며 주위를 살폈더니 반갑게도 후키아게 온천(吹上溫泉) 간판이 보이고 주차장이 나타났다. 차를 세우니 삐쩍 마른 여우 한 마리가 우리 곁으로 다가 온다. 어제 저녁 호텔 앞에서도 일가족으로 보이는 사슴 네 마리가 여유롭게 지나다니는 것을 봤는데, 북해도는 인간과 동물이 공생공존하고 있음을 느낄 수 있다. 그러나 곳곳에 절대 먹이를 주면 안 된다는 경고판이 보인다.

인덕이가 50대로 보이는 여성이 이곳 온천이 어떤 곳이냐 물어보기에 남녀혼탕이라 했더니 기겁을 하더란다. 길을 따라 조금 내려가면 위쪽에 작은 탕과 아래쪽의 넓은 탕이 보인다. 얼핏 8~9명이 탕 속에 있건만 여성은 한사람도 안 보인다.

탕 입구에 온천의 유래, 성분, 주의사항을 읽어보니 비누와 샴푸 사용은 금지며, 남녀 혼탕이니 타월로 가리거나 수영복을 입던지 각자 무장을 알아서 하란다. 옷장도 없으니 나무발판에 옷을 벗어놓고 수건만 가지고 들어간다. 혹시 비올 것에 대비하여 커다란 비닐보자기를 가져갔으나 비는 내리지 않고 목을 빼고 기다려도 아줌마는커녕 할머니조차 얼씬 안 한다. 기대가 크면 실망도 커다더니 "공짜 온천했다"로 위안을 삼았다.

점심을 먹기 위해 식당 앞에 차를 세우니 그저께 지나쳤던 '흰수염 폭포'가 근처에 있다. 카레로 식사를 하고 흰수염 폭포(시라히게노 타키)를 바라 볼 수 있는 철교 쪽으로 걸어가니 이곳 역시 관광객이 붐빈다. 흰수염처럼 가늘게 생긴 이 폭포는 지하수가 솟아나 폭포를 이룬 것이다. 이런 모양의 폭포는 일본에서도 매우 드문 곳으로 알려져 있다. 물 색깔도 '아오이 이케'와 비슷한 청록색이다.

이제부터 나의 아버지를 비롯한 한국인들이 징용되어 노역을 했던 비바이 탄광을 찾아간다. 우선 비바이(美唄) 시내에 있는 향토사료관에 가면 비바이의 역사와 탄광과 관련된 자료에 혹시 아버지 흔적이 있을지 몰라 가봤다.

서툰 일본어지만 예의를 갖춰 사정 얘기를 했더니 여직원 두 사람이 친절하게 알려준다. 여기보다 옛날모습을 보려면 미쓰비시 비바이 기념관에 관련 문헌이나 탄광의 역사, 채탄작업 등의 자료가 전시되어 있다고 알려준다. 전화를 하더니 토요일 오후라 기념관에 직원이 없다며 못내 안타까워한다.

일본 내비게이션이 또 말썽을 부린다. 세트된 미쓰비시 비바이 기념관은 보이지 않고 탄광비석(炭山之碑)과 조각품 몇개의 공원과, 현재도 운영하는 주위 탄광 근처를 가리켰다. 30여 분 헤매다 보니 자꾸 시간은 흐르고, 물어보자니 집도 사람도 보이지 않는다. 섭섭하지만 포기하고 차를 타려는 순간 진영이가 휴대폰을 꺼내더니 '구글지도'로 검색해보고 안되면 돌아가자고 했다. 구글지도 따라 2㎞정도 올라갔을까, 인터넷에 소개된 붉은 색의 채탄장비 두 대가 눈에 띄었다.

목적지를 찾았으니 환호성을 질러야겠지만 그런 느낌이 나지 않는다. 남아 있는 탄광시설을 보니 가슴이 뭉클하고 나도 모르게 잠시 고개가 숙여졌다. 이곳에서 수많은 한국인과 중국인들이 힘든 작업과 배고픔을 견디지 못해 죽거나 매몰사고로 한꺼번에 목숨을 잃은 사람이 부지기수다. 나의 아버지는 그런 지옥의 고통을 이기지 못해 해방 직전에 이곳을 탈출하여 숨어 지내다 해방된 줄도 몰랐단다.

아직도 고향가지 못하고 막장 갱도에 묻혀 원혼이 되어 떠돌고 있는 동포들을 생각하면 가슴이 미어진다. 그러나 나라가 무능하여 식민 지배를 당하고서도 부끄러운 줄 모르고 몇 푼 안 되는 돈이나 배상하라고 소리치는 우리정부의 영혼 없는 통치자들의 꼴에 분통이 터져 미치겠다.

저승에 계신 아버지께 늦게 인사 올려 죄송하다는 말을 남기고 주차장으로 가다 일본인 한사람을 만났다. 다짜고짜 어디서 왜 왔으며 이곳에서 뭘 봤느냐 묻는데, 사복경찰관인 줄 알았다. 가뜩이나 강제징용 배상문제로 한일관계가 미묘한 터라 신경을 곤두세우고 있는데 "곰은 어디서 봤냐?"고 묻는다. 이 무슨 개소린가? 이때 인덕이가 당신은 누구냐고 물으니 산림청 공무원인데 곰(熊)이 출현했다는 신고를 받고 왔다며 우리가 신고자인 줄 알았단다. 곰 때문에 벌어진 해프닝이지만 뒷맛이 개운치 않음은 나만이 아니었다.

이제 비바이 탄광은 점점 역사 속으로 잊혀 가고, 미쓰비시 회사가 탄광과 남은 시설 일체를 기부 채납한 그곳에 비바이 시에서 '탄광 메모리얼 삼림공원'을 조성하였다. 공원으로 정비되어 있지만 주변은 거의 무인지대나 다름없다. 여건이 되면 하루정도 할애하여 이곳저곳 살핀 뒤 기사라도 쓰면 한국인의 발자취를 찾으러 올지도 모르겠다는 생각을 해본다. 삿포로 역에서 자동차로 한 시간이면 충분한데 조상들의 슬픈 사연이 묻힌 이곳이 역사탐방의 상품으로 가치와 인기가 없다는 말인가? 구룡포의 '근대화 거리'에는 일본인이 단체로 몰려와서 그들 조상의 애환에 눈물을 흘리던데 우리 국민은 왜 이럴까?

여기서 삿포로(札幌)까지 70㎞, 1시간 거리에 숙소가 있다. 도로도 넓고 건물들이 밀집해 있어 사람 사는 기분이 난다. 6시 20분, 도심 속의 허름한 호스텔을 찾느라 네 사람이 허둥대다 겨우 찾았다. 두 사람이 비켜 가기조차 어려운 좁은 방에 2층 침대 3개가 놓여 있으니 원하는 대로 골라잡았다. 화장실과 샤워장도 공용이고 각층마다 비밀번호를 눌러야 문이 열린다. 그러나 아무도 불평하지 않는다. 잠은 대충 자더라도 '먹는 건 잘 먹자'란 캐치프레이즈 때문일꺼다. 가방만 던져놓고 프런트에서 소문난 초밥(스시)집을 추천받았다. 걷기보다 택시 타는 게 빠르고 정확하다 싶어 택시 기사에게 '하나마루'라는 초밥집 주소를 보였더니 퉁명스럽게 모른다고 하며 가버린다. 요사이 불편한 한일관계 때문은 아닐까도 생각해봤다.

뒤따르던 택시기사가 우리 쪽으로 오더니 자기가 안내해 주겠단다. 한국을 좋아하며 나도 모르는 드라마의 탤런트 이름도 줄줄 외운다. '하나마루' 초밥집은 예약을 안 했으면 줄서서 기다려야 되니 만약에 손님이 많으면 건너편에 있는 '가니(대게) 쇼군(將軍)'도 괜찮다며 알려준다. 정치꾼 때문이지 우리에게 우호적인 일본인이 참 많다.

식당입구에는 차례를 기다리는 사람이 있으나 대기자 순서를 보니 우리 앞에 세 팀뿐이다. 안으로 들어가니 넓은 홀과 방에 손님이 꽉 찼으며 시끄러운 걸보니 식당이라기보다 술집이다. 생선회와 초밥을 동시에 시켜놓고 일본 청주에 생맥주로 숨죽여가며 먹었다. 양이 적어 이것저것 더 시켜 먹고 나니 일인당 4만 5천 원 정도이다. 숙소로 걸어가는 길에 빠찡꼬도 보였으나 들어가서 한판 해 보자는 말이 나오지 않았다.

내일은 노보리 베츠(登別) 지옥계곡에 가서 온천욕과 점심이나 사먹고 돌아오면 된다. 지옥은 만원이라 하던데…

(마지막)

7월 7일, 오늘은 8시에 아침식사다. 일찍 일어난 김에 삿포로 시내를 걸어서 돌아봤다. 시내가 바둑판처럼 반듯한 게 깔끔하고, 아직도 노면전차가 다녀 정겨워 보인다.

삿포로는 北海道의 도청소재지이며 인구는 2백만 명으로 일본에서 다섯 번째로 큰 도시다. 1972년 아시아 최초로 동계올림픽 개최를 계기로 세계적인 관광도시로 성장하였다. 해마다 2월초에 오도리공원 일대에서 열리는 눈축제(유키 마츠리)는 세계의 유명한 건물이나 인물상을 눈으로 만들어 전시하는 축제로 소문 나있다.

삿포로에는 유명한 국립 홋카이도 대학(北海道大學)이 있고 아담한 오타루 운하, 다양한 유제품과 과자 그리고 맛있는 음식들이 있어 일본인들이 가장 살고 싶어 하는 도시로 꼽힌다.

우리 숙소에서 노보리베츠(登別) 온천까지 110㎞, 약 1시간30분 소요되는 거리다. 이제 진영이의 인간내비게이션 역할이 갈수록 능숙하다. 과속까지 했는데도 이상하게 시간은 단축되지 않고 10시 30분에 도착했다.

노보리베츠 입구에서부터 지옥을 상징하는 도깨비가 커다란 방망이를 들고 서있다. 지옥계곡 주차장에 차를 세우니 유황냄새가 가득하고 곳곳에서 증기가 피어오른다. 사진에서 본 모양은 그대로인데 실제 규모는 어마어마하다. 산책로가 공사 중이라 갔던 길 되돌아 와야 한다. '보행 중에 담배를 피지마세요'라는 팻말이 보인다. 흡연에 관해서는 우리나라보다 훨씬 관대하다. 아직도 흡연이 가능한 식당이 많으니까 말이다.

시간이 좀 남아 산책로 끝에 온천수가 펄펄 끓어 나오는 곳까지 걸었다. 점심을 먼저 먹을까 온천을 먼저 할까 망설이다 회계담당 인덕에게 물어보니 아직 자금이 충분하다는 말에 힘을 얻어 최고급 호텔로 갔다. 어라, 목욕비만 2만 원이다. 그렇지만 호텔 내 식당에 티켓을 제시하면 만원을 할인 받는다. 지하 식당가에서 대게요리와 뱀장어도시락을 시켜서 나누어 먹었다. 물 컵에 소주를 몰래 마신 덕에 술값은 굳혔다. 그래도 1인당 3만 5천 원짜리 점심을 먹은 셈이다.

넓은 온천탕에 우리가 전세 낸 것처럼 한산하다. 지옥계곡이 눈앞에 보이는 대욕탕의 규모가 크고 우아하여 돈 값하는 온천인 걸 느꼈다. 각종 이벤트 탕에 수영장까지 딸려있으니 당일치기로 하루를 보내기에 안성맞춤이다.

북해도는 잘 알다시피 우유나 소프트 아이스크림으로 유명한 곳이다. 온천 후에 먹는 고소한 우유나 아이스크림의 단맛에 여기가 천당이라는 생각이 들었다. 카운터의 아주머니의 한국어 솜씨가 제법이다. 돈과 시간이 나면 한국을 찾는다는 이 아주머니는 7월 중순에 뮤지컬 보러 서울에 온단다. 껄떡이 창준이가 반응을 하지 않는다. 너무 뚱뚱해서 마음에 들지 않는 모양이라는 생각을 했다.

최후의 만찬으로 꼬치구이 요리를 먹기로 정해놓고 호텔을 나선다. 식사 전 시내구경도 하고 쇼핑도 하기로 했다. 창준이가 사고 싶은 하모니카 가게를 못 찾아 돌아다녔다. 축제(마츠리)를 마친 무리들이 도로에 앉아 쉬는 모습도 보였다. 겨우 찾아 낸 백화점에도 창준이가 찾는 하모니카가 없어 결국 다른 모델을 샀다. 진영이도 지인들에게 줄 선물로 소품 종류 몇 가지를 샀다.

산책과 쇼핑을 마치고 저녁식사를 위해 빌딩 뒷골목을 뒤져봐도 직화구이 꼬치요리집이 보이지 않는다. 소규모 꼬치집을 발견하고 네 명이 겨우 테이블 하나를 차지한다. 고기, 야채 같은 것을 꼬치에 끼워 그릴에 구워서 나오는 식당이다.

별로 마음이 내키지 않아 다른 곳으로 옮길까하다 메뉴를 보니 참치눈알 회가 있다고 해서 호기심에 종업원을 불러 4인분을 시켰더니 많다며 1인분 먹어보고 또 시켜라 한다. 참치 눈알이 어른 주먹만 하고 그 옆에 붙은 살로 회를 떠서 나왔는데 일동은 한 점씩 맛을 보고는 징그러워 젓가락질을 안 한다. 아까운 마음에 나 혼자 뒤처리 다하고 나니 속이 메스껍다.

새로운 메뉴에 도전해본다. 한 불럭 건너편에 튀김(덴뿌라) 전문점 앞으로 다가가니 왁자지껄 시끄러운 소리가 밖에서도 들린다. 90분

동안 튀김과 술이 무한리필 되는 곳, 즉 일본어로 다베호다이, 노미호다이 집이다. 우리도 이제는 늙은이들이라 단품 몇 개 시켜놓고 생맥주를 홀짝이고 있는데, 일본 젊은이들이 유쾌하게 손뼉치고 노래를 부르며 청춘을 만끽하는 모습이다. 화려하지는 않아도 그렇게 우리끼리 삿포로에서의 마지막 밤을 보냈다.

7월 8일 귀국 길에 오른다. 숙소에서 삿포로 신치토세(新千歲)공항까지 60㎞, 50분 거리다. 공항 근처에 렌터카 회사 'TIMES'차고가 있다. 느긋하게 생각하고 고속도로를 달리는데 내비게이션이 또 이상해진다. 지방도로를 빠져나가게 하더니 시골길을 달려 같은 지점의 고속도로를 다시 안내한다. 마음이 조급해진다. 천신만고 끝에 드디어 TIMES 간판이 보인다. 모두들 박수치고 환호성을 지른다. 나의 와일드한 운전 솜씨에 1주일 내내 속으로 얼마나 불안에 떨었을까, 나도 모르는바 아니지만 변명 좀 섞어 말하자면 나도 최선을 다했다는 점을 인정해주길 바라는 마음이다. 다만 시간을 아끼려고 가끔 과속한 건 인정한다.

일본사람들은 교통법규를 잘 지키기 때문에 한국 습관대로 운전하면 저절로 베스트 드라이버가 된다. 일주일간 1,450㎞를 달리는 동안 클랙슨(경적)소리 한 번도 듣지 않았다면 믿을 사람 있겠나? 음주측정은커녕 과속을 단속하는 카메라조차 없는 북해도, 몇 가지 공식과 주의사항을 숙지하면 누구나 운전할 수 있다.

앞으로 일본에서 운전할 사람들에게 꿀팁을 준다면, 핸들이 오른쪽에 있으니 좌회전은 작게 돌고, 우회전은 크게 돌며, 운전자의 오른쪽 어깨를 중앙선에 맞추고 주행하면 차가 차선 가운데를 가게 된다. 조수석에 인간 내비게이션을 두면 더 안전하다. 주의할 점은 중앙선이 흰색이라 자칫하면 역주행이 된다는 것과 빨간 신호에는 직진은 물론이고 좌회전, 우회전 차량도 무조건 정지해야 한다. 정지신호라도 화살표 신호가 가리키는 방향으로는 갈 수 있다.

일본 운전자들은 난폭하지 않은데다 양보심이 많고 우리처럼 짙은 선팅이 아니라 운전자의 얼굴이 보인다. 음주운전자는 물론이고 동승자와 음주를 권한 사람도 처벌 받는 나라다. 지방마다 다르지만 불법주차하면 25만 원 상당의 과태료가 부과된다. 시골길 야간 운행 시는 야생동물의 로드킬에 주의해야 한다. 일본은 오래전부터 전 좌석 안전벨트가 필수며, 안 매면 맬 때까지 경보음이 시끄럽게 울린다. 렌터카 예약 시 한국어가 지원이 되는 내비게이션 요구도 잊어서는 안 된다.

무사히 차를 반납하고 렌터카 회사에서 제공하는 셔틀버스를 타고 공항에 도착하니 10시다. 출국수속 대기하면서 쌀을 50%이상 깎아내어 빚었다는 일본청주 준마이(純米)를 서서 마셨다. 창준이가 여행 와서 술 남겨 가본 적이 없다는 기록을 깰 수 없다기에 일동 모두 그의 철학에 동참하느라 안주도 없이 서서 낮술을 마셨다.

비행기 탑승 대기장에서 인덕이가 열심히 계산기를 두들긴다. 돈을 더 내라고 할까 떨고 있는데 웬걸 1인당 15만 원씩 되돌려준다. 연말정산 때 세금을 환급받은 그 기분이다. 경영학 박사 인덕이의 훌륭한 살림살이 덕에 일본소고기, 생선회, 초밥, 라면, 꼬치요리, 대게요리, 뱀장어까지 맛봤으니 125만 원으로 즐길 건 다 즐겼다.

끝으로, 서툰 대장을 위해 온갖 궂은 일 마다 않은 창준이, 인간 내비게이션 역할과 휴대폰 두 대로 훗날 실록을 만들기 위해 사진과 동영상을 늦게까지 만들고 SNS에 올리던 진영이, 모두가 제 역할에 최선을 다했다.

패키지로 다녀오는 것보다 고생은 왕창했지만 내용은 더 재미있고 알차게 잘 보고 왔다는 생각이다. 특히 관광지를 둘러보는 여행도 좋지만 동창끼리 만년설의 산행, 고산의 야생화 감상, 스케일 큰 온천과 일본인의 인심과 풍습 그리고 역사의 현장에 남겨진 징용자들의 흔적을 찾아보는 것도 큰 의미가 있었다.

2시 45분 인천공항에 도착하니 연락이 안 된 탓인지 환영 나온 팬은 아무도 없었다. 할 수 없이 우리끼리 하이파이브로 해단식을 마치고 각자 집으로 향했다.

용기 있는 자여, 내년에 아메리카 대륙횡단에 참여하라! 병마와 싸우고 있는 배종환 군 위문도 하고….

현해탄아 말해다오

(1)

연일 맹위를 떨치는 신종 코로나바이러스로 온 세상 사람들이 불안과 공포에 휩싸여 있다. 이제는 귀찮아도 남의 눈 때문에 사람들이 많이 모이는 장소는 마스크를 끼고 다닌다. 그러다보니 번거로워 밖으로 나다닐 횟수가 줄어든다. 자연히 텃밭의 농사준비와 스마트폰이나 컴퓨터 앞에 있는 시간이 많아질 수밖에 없다.

가만 앉아 있으니 지난달 동생들과 일본 여행 다녀온 기억이 되뇌어진다. 평소 가족끼리 해외여행을 다녀온 딴 사람들의 이야기를 종종 듣게 된다. 그 중에서도 형제들과 즐겼던 이야기는 부러움의 대상이었다. 우리도 해봐야겠다는 생각만 하던 중 기회가 왔다. 지난해 동생 하나를 앞서 저세상으로 보냈기에 마음이 더 급해졌을지도 모른다. 내 나이 75세, 인생을 정리해야할 나이에 접어들었다. 1순위로 동생들과 여행이나 가보자 마음먹었다. 1월 16일부터 4박 5일 동안의 흔적을 적어본다.

내게는 친인척이 별로 없다. 아버지가 독자라 사촌이 있을 리 없고, 어머니 쪽에는 달랑 이모 한사람뿐이다. 친형제를 빼면 남자라고는 외당숙(외5촌)과 이종사촌, 그것도 한사람씩밖에 없다. 외당숙은 나보다 다섯 살이나 아래이니 동생뻘이라 그냥 형제처럼 지낸다. 네 사람이 배를 타고 가기로 했다. 굳이 배를 타고 일본을 가는 이유는 비용이 저렴하고, 배 안에서 편안하게 즐길 수 있고, 또한 일본에 대해 느낄 점이 많아서다. '한 번도 경험해보지 못한 나라'를 동생들에게 보여줘야 한다는 책임감도 나의 어깨를 무겁게 한다. 이번 여행의 목적은 '동생들과 추억 만들기'가 첫째이고, 다음으로는 한국인 강제징용 현장인 나가사키 앞바다의 군함도(軍艦島) 견학과 또 그 도시에 사는 쿠사바(草場)씨에게 권영재 군이 보내는 책 몇 권을 전달하는 일, 구마모토의 울산마치(蔚山町 : 울산 거리) 구경, 마지막으로 위안부 문제와 강제징용 보상판결로 빚어진 韓日간 무역전쟁 이후 분위기가 어떻게 달라졌는지 알아보는 것도 포함 된다.

1월 16일(목) 오후 5시 30분, 승용차로 부산국제여객터미널에 도착하니 평소 그렇게 붐비던 주차장이 텅텅 비었다. 경상도 말로 '휼빈하다'.

후쿠오카(福岡) 왕복 배 삯이 고작 24,000원이다. 여행사에 송금하면서도 이게 진짠지 긴가민가 걱정스러웠는데 여권을 내미니 승선권이 튀어나온다.

안도의 숨을 쉬고 자랑삼아 떠들었더니 뒤의 손님은 15,000원에 샀다하고, 어떤 이는 9,900원에 간다고 한다. 그러면서도 약간 불만 섞인 목소리다. 韓日관계 악화로 선박회사가 내놓은 궁여지책 중에 경자년(庚子年)에 '경자'라는 이름을 가진 사람은 공짜라는 상품도 있다.

포켓 와이파이를 빌리면서 2, 3층을 돌아보니 은행, 이동통신사, 편의점, 여행사 등이 파리를 날리고 있었다. 누구의 잘못인지, 풀죽은 식당주인은 여차하면 소금뿌릴 태세다.

7시가 되자 출국장 게이트가 열리며 순식간에 출국수속, 7시 30분에 승선완료다. 이제부터 출항 시까지 밖으로 나올 수 없다. 간혹 나홀로 자유여행객 중에 출항이 22시 30분이라 가까운 자갈치시장 가서 저녁 먹고 왔더니 출입국 관리소가 문을 닫아 배를 못 탔다는 얘기도 있다. 아무리 선박여행이라도 절대 이러면 안 된다.

승선은 비행기와 달리 가방을 직접 들고 들어간다. 항공기처럼 깐깐하게 수하물 무게를 달지 않는다. 대체로 무게 제한을 하지 않고, 위험물만 아니면 술과 음식 등을 얼마든지 휴대해도 괜찮다. 단, 음식물은 일본으로 반입이 안 된다.

매일 1회 후쿠오카의 하카타(博多)항으로 운항하는 일본국적의 뉴카멜리아호는 승객 정원이 522명에 5층으로 된 큰 배다. 처음 들어서면 3층 안내데스크 로비다. 식당도 깔끔하고 규모는 작지만 목욕탕, 노래방, 면세점, 편의점, 자판기, 오락실을 갖추고 있다. 돈을 더 내면 선실 업그레이드도 된다. 선내에서는 일본 돈만 허용되고 전원이 100볼트라 전용 플러그가 필요하다. 100명이 넘는 승무원 대다수가 한국인이다. 그러나 이처럼 영업이 안 되니 누군가 일자리를 잃지 않았을까 염려스럽다. 승객이 적어서 뷔페식은 중단된 상태였다. 이날 우리를 포함 95명이 승선했다. 종전 같으면 수학여행단, 낚시꾼, 자전거 동호회, 공무원 연수팀, 팻말 들고 바쁘게 다니며 제 식구 챙기는 여행사 가이드 등으로 복잡한 선내가 그저 조용하기만 하다. 항상 다니는 보따리장사 아지매들의 김, 깻잎 박스가 보이고, 배짱 좋은 단체여행 두세 팀, 우리처럼 가족여행객, 드물게 일본인도 몇 사람 보인다. 11명 선실에 오늘밤 동침할 8명이 가볍게 인사를 나눴다.

로비의 테이블 하나를 차지하고 준비해간 김밥과 족발, 소주, 맥주 등으로 부산의 야경을 보면서 저녁식사를 겸했다. "나 죽기 전에 동생들과 남들이 부러워할 만한 추억을 만들고 싶어 왔다, 그리고 나보다 먼저 죽지마라!"고 술김에 허풍을 좀 쳤다. 덜커덩, 굉음과 함께 엔진소리가 들리나 했더니 10시 30분 출항이 시작된다. 밖으로 나와 화려한 야경에 취해 사진도 찍었다. 조명이 색색이 바뀌는 북항대교 밑을 지나갈 때는 환상적이다. 날씨가 좋아서 배가 조금도 흔들리지 않는다. 출항이 시작되면 안전상 갑판으로 나가는 모든 문이 폐쇄된다. 일반 다인실은 매트리스와 담요, 베개가 전부다. 목욕이나 세면을 하려면 타월은 필수다. 없으면 매점에서 사야한다. 밤 11시가 되면 선실의 조명등이 자동으로 꺼진다. 캄캄한 밤이라 밖이 보이지 않으니 현해탄과 대마도를 지나고 있는지 짐작이 되지 않는다.

현해탄(玄海灘), 검푸른 거친바다를 뜻하는 이름이다. 험하고 거센 파도 때문에 날아다니는 새도 건너기 힘 든다는 말이 있다. 이 험상궂은 바다를 선조들은 죽음을 무릅쓰고 건너다녔다. 일본에 문물을 전하기 위해 고구려의 혜자와 담징 스님, 백제의 왕인 박사, 신라의 김춘

추, 고려의 정몽주, 조선의 사명대사도 도쿠가와 이에야스(德川家康)와 담판을 지으러 갔고, 3백 명이나 되는 조선통신사도 폼 잡고 건넜던 바닷길이다.

이 뿐이랴, 왜구라는 이름으로 한반도에 노략질을 일삼더니 임진년에 왜란을 일으켰다. 선조 임금은 초장에 북쪽으로 줄행랑치고, 백성은 7년 동안이나 전쟁의 고통 속에 살았다. 이후 선린관계를 맺어왔던 양국이 다시 이토 히루부미(伊藤博文)를 앞세워 조선침략이 시작된다. 무능한 고종은 단 한 번도 일본과 맞서는 군주로서의 책임과 의연함을 보인 적 없이 총 한방 쏴보지 못하고 나라를 일본에 갖다 바쳤다. 그는 국제정세를 옳게 판단할 능력이 모자랐고 자국의 힘이 있어야 나라를 지킬 수 있다는 '부국강병의 논리'를 이해하지 못한 탓이다.

일제강점기에는 친일파들이 웃음을 지으며 건넜을 것이고, 수많은 징용자와 학도병들은 피눈물을 뿌리며 건넜을 현해탄, 한민족이 품었던 애환을 말없이 지켜본 역사의 현장이 이 바다다.

이제는 아는지 모르는지 무심한 관광객과 보따리 상인들이 건너다닌다. 가족을 남겨둔 채 징용 살이 가는 나의 아버지는 두렵지 않았을까, 애환과 원한이 중첩된 현해탄에서 뱃전에 부딪치는 파도소리를 들으며 태무심 잠이 들었다.

17일(금), 뉴카멜리아호의 실제 운항시간은 약 5시간 30분이다. 배는 진작 입항하여 대기 중에 있다가 출입국관련 공무원이 출근하면 07:30부터 하선이 시작된다. 입국장도 한산하다. 종전과 달리 지문날인, 사진촬영 등을 도와주는 도우미도 없고 밖을 나오니 택시도 두 대뿐이다.

3일간 머무를 호텔에 도착하여 가방을 보관시키고 걸어서 10분 거리의 하카타(博多)역으로 갔다. 먼저 북큐슈 레일패스 3일용 교환권을 티켓으로 바꿔야한다. 외국인 관광객에게 3일간 열차를 무한정 타도록 해주는 특전이다. 신청서를 작성하니 작년과 달라진 게 있다. 가격이 8,500엔에서 8,660엔으로 올랐고, 목에 걸고 역무원에게 보여주는 형태에서 일반 기차표와 똑같은 걸 준다. 알고 보니 자동개찰구를 통과하기 위해서다.

구내 에키벤(역 도시락)에서 간식을 사들고 09:01 벳푸(別府)행 특급열차를 탔다. 네 사람이 마주보도록 의자를 돌렸다. 차창 밖으로 동생들이 한 번도 경험해보지 못한 나라의 풍경이 펼쳐진다.

방음벽 없이도 철길 바로 옆에 사는 사람, 마을 한가운데로 고압선이 지나가고, 우리 같으면 발암물질이라 기피하는 슬레이트 공장과 창고가 수도 없이 많다. 차창 넘어 보이는 시골에는 한적한 공터인데도 주차선이 그어져 있는 곳에만 차가 주차되어 있다. 우연일까, 두 시간 동안 달려도 열차 내에서 전화통화 소리 한 번도 들리지 않는다. 이게 일본이었다.

예전 같으면 아가씨가 카트에 커피, 도시락, 술과 안주를 싣고 다니는 이동판매가 있었는데 이제 그 정취가 사라지고 자판기가 대신한다.

10:57, 벳푸역에 내리니 바다 저 끝에 신일본제철(주) 오이타(大分)제철소가 보인다. 43년 전, 1주일간 내게 철판 다루는 기술을 가르쳐주던 야마모토(山本) 반장이 살아 있다면 90은 넘었겠지…

(2)

벳푸역 앞 버스정류장에서 지옥온천행 버스를 탔다. 일본의 시내버스는 뒤로 승차하면서 번호표를 뽑는다. 내릴 때 전광판에 그 번호표에 나타난 만큼 요금을 지불하는 시스템이다. 한마디로 택시처럼 시내버스도 거리에 따라 금액이 다르다.

간나와(鐵輪) 종점까지 30분 정도 걸리고 요금은 330엔이다. 벳푸는 일본 최대의 온천도시답게 원천이 2,800개나 있다고 한다. 곳곳에서 올라오는 수증기와 불어오는 바람에 코를 찌르는 유황냄새가 온천도시임을 실감케 해준다.

365일 땅에서 솟아난 온천수가 호박죽처럼 펄펄 끓는 벳푸 온천관광의 하이라이트라는 '지옥온천순례'가 있다. 8개 코스를 다 돌아볼 수 없어 가장 인기가 많다는 '가마도 지옥'에 입장료 400엔을 내고 들어갔다.

직원이 증기 쇼를 보여주는데, 진흙탕 속 온천수에 담배연기를 후~ 불어주면 신기하게도 연기처럼 증기가 확! 피어오른다. 화학반응인 것 같은데, 우리가 한국인임을 알아차리고 "희한하네!?", "기똥차다!!"를 연발, 스스로 놀라는 시늉을 한다.

휴식을 취하며 온천수로 삶은 옥수수, 달걀, 고구마와 만두를 사서 술이라면 마다않는 꾼들이라 각자 가방속의 소주를 꺼내 함께 먹었다.

구경을 마치고 일행은 골목길을 따라 벳푸에서 가장 유명하고 전통이 있다는 '효탄온천'으로 갔다. 일본에서 유일하게 별 3개를 획득한 온천인데, 일반 온천과 달리 모래탕(스나유)과 함께 음식점을 함께 경영하는 기업형 온천이다.

요금이 다소 비싸긴 해도 보기 드문 모래찜질을 체험할 수 있다. 입욕료 780엔, 모래탕 이용료 380엔에 타월을 가져가지 않으면 렌트비 150엔이 추가된다.

우선 탈의실에서 일본 옷 '유카타'와 1회용 종이팬티를 입고 '게타'라는 나막신을 신고 '스나유(砂湯)'에 들어간다.

입구는 다르지만 안에 들어가면 남녀 구분이 없다. 각자 누울 자리에 모래를 퍼내고 스스로 모래를 끼얹으면 되는데 옆에서 도와주면 쉽다. 20~30분 지나면 이마에 땀방울이 송골송골 맺힌다. 나 어릴 때 어머니가 신경통에 좋다며 먼 팔달교 아래 모래사장 가서 찜질하던 모습이 떠올랐다. 모래찜질이 끝나면 보통의 온천처럼 몸을 담구고 나오면 된다. 건물 내 식당에는 고구마, 옥수수, 야채 등을 사서 직접 증기에 쪄먹는 체험도 할 수 있다. 우리는 두부덮밥을 시켜 먹고 버스정류장을 가기 위해 밖으로 나왔다. 동생과 이종사촌은 골초라 틈만 생기면 담배, 보이지 않으면 담배를 피우기 때문에 시간에 쫓기는 나로서는 불만이다.

버스정류장에 가려면 언덕배기를 올라야 하는데, 시간적 여유가 있어 걸어서 30분 거리의 벳푸대학 역까지 이동하기로 했다. 이 길은 내가 9년 전 66세의 늦깎이 대학생으로 벳푸대학에서 3주간 연수를 했기에 빠삭하다.

동생들에게 일본의 가옥과 생활모습을 가까이서 설명해주며 내리막길을 한참 가는데 5촌 아재가 발이 아프다고 한다. 여행 전날 19만원이나 주고 최고로 편하다는 신발 샀다며 자랑하더니 문제가 생겼다.

새 신을 사서 제대로 질이 안 난 상태였기 때문이다. 내가 신혼여행 갔을 때 새 구두를 신고 다니다 발이 아파 여행 도중 운동화를 사 신은 얘기를 해주며 서로 웃었다. 내일 나가사키 가면 당장 다른 걸로 바꾸라고 했다.

규모는 작지만 100년이 넘는 역사를 가진 벳푸대학에 잠시 들러 사진을 찍었다. 연수 당시의 에피소드가 많은데 지면이 부족해 다음 기회로 미룬다.

벳푸대학 역에 도착하니 방금 열차가 떠났다. 그 바람에 40여 분 기다려야 한다. 완행열차를 타고 오이타(大分) 가는 길에 원숭이 공원을 들릴까 했는데 저녁식사를 후쿠오카의 식당에 6시 30분으로 예약해 둔 상태라 포기했다.

벳푸온천보다는 덜 유명하지만 둘러보면 괜찮은 두 곳이 있다. 오이타 가는 길에 다리 하나 사이를 두고 '우미타마고 수족관'과 '다카사키야마 원숭이공원'이다.

수족관의 입장료가 비싸긴 해도 우리나라에는 동물학대라며 없애버린 돌고래 쇼를 비롯하여 희귀 어종들을 볼 수 있다. 원숭이공원은 원래 일본 최대의 야생 원숭이 서식지였는데 공원으로 만들었다. 1,200마리가 넘는 원숭이들이 집단으로 나누어 생활하며 그들 세계의 무시무시한 서열구조를 직접 볼 수 있다. 특히 어린이를 동반하는 가족여행객에게 꼭 권하고 싶다.

열차는 공짜나 다름없으니 오이타에 가서 특급열차를 타기로 했다. 열차 시간을 맞추느라 구경삼아 광장으로 나오니 군복차림의 군인들이 장갑차 등, 군용장비 앞에서 선전문구가 들어간 휴지를 나눠주고 있었다. 자세히 보니 자위대 모병하러 길거리에 나온 것이다. 자위대는 공무원 신분과 마찬가진데 인기가 없는 듯 했다.

아케이드 상가를 구경하고 17:44 하카타행 특급열차를 탔지만 도중에 고장으로 25분이나 지체되어 18:25에 도착했다.

일본의 음식점이나 술집은 대부분 예약제로 운영한다. 인기 있는 곳은 예약하지 않으면 밖에서 마냥 기다리는 게 다반사다. 그리고 예약 시간 안에 도착하지 않으면 취소당하기 때문에 열차 내에서 30분 뒤로 예약을 변경하였다.

오늘 저녁 식사는 초밥(스시) 전문점인 '스시잔마이'라는 곳이다. 하카타 역에 도착하여 지도를 보며 나섰는데 반대방향으로 가고 있었다. 전화를 걸어 확인한 뒤에야 겨우 찾았다. 이번 여행의 캐치프레이즈가 '먹는 거는 잘 먹자!'인지라 1차로 일본의 전통음식인 초밥을 선정했다.

'스시잔마이'는 그 주인이 통이 커서 새해 첫 번째 열리는 참치경매에 일부러 시가보다 높게 한 마리에 수십억 원을 주고 구입하는 초밥집으로 유명하다. 올해도 도쿄 수산시장에 나온 참치 한 마리를 무려 20억 원이 넘는 가격(1억9천320만 엔)에 낙찰 받았다. 276kg이니 kg당 70만엔(약 750만 원)인데 평소 경매가의 수십 배 수준이다. 원래 첫 번째 경매에는 프리미엄이 붙지만 터무니없어 보이는 가격에 일본 뿐 아니라 한국을 비롯한 세계 언론들이 이 소식을 보도했다.

낙찰 받은 사람은 '참치왕'으로 불리는 기무라 기요시(木村淸) 사장이다. 작년에는 3억 엔(34억)이 넘는 가격에 낙찰 받았다. 특별히 비싸게 파는 것도 아닌데 왜 이렇게 큰돈을 들이는지 기자가 물었더니 "마케팅이다"라고 했다. 평소와 같은 가격에 팔고 있으니 가게 앞에 늘어선 줄을 상상해보라. 나는 기무라 사장이 마케팅보다는 어부들에게 최고의 참치잡이가 되는 기회와 기대를 가지게 해주기에 더욱 멋진 사람으로 평가하고 싶다.

우리나라는 박지은 선수가 LPGA에서 우승한 당일 그녀의 아버지가 경영하는 식당에서 불고기를 무료로 제공했다거나, 아들이 사법고시에 합격했다며 동네잔치는 벌리는 정도가 아니겠나?

아무튼, 전국에 체인점으로 운영하는 스시잔마이는 후쿠오카 시내에도 두 곳이 있다. 우리는 호텔과 가까운 하카타에키마에점(博多驛前店)을 선택했다. 가게 앞에는 KFC의 할아버지 동상처럼 인심 좋아 보이는 기무라 사장이 양팔을 벌리고 서 있다. 안으로 들어가니 빈자리가 보였지만 종업원들이 분주하게 돌아다니고 있었다. 메뉴를 보고 초밥 30개 세트 두 개와 된장국(미소시루) 네 개, 그리고 술도 시켰다.

초밥에 어울린다는 일본 술 청주와 함께 참치, 뱀장어, 새우 등 형형색색의 초밥을 둘이서 열다섯 개씩 나누어 먹었다. 메뉴 선택을 잘못했는지 입에 맞지 않는 것도 있고 신선도도 떨어지는 듯했다. 술값이 비싸니 자제를 하고 계산서를 보니 17,666엔이다. 1인당 45,000원 수준이라 '가성비'가 좋지는 않았다.

식당 밖에서 기다리는 두세 팀을 쳐다보며 별것 아닌데 뭐 저렇게까지 기다리나 중얼거리며 숙소인 R&B호텔에 도착 체크인을 했다. 예약 당시 동생과 이종사촌은 골초라 흡연룸 한 개를 신청했더니 맨 꼭대기 11층이 흡연룸이다. 보나마나 흡연자를 '격리' 시키는 듯한데 갖가지 수모를 당하면서도 왜 담배를 끊지 못하나?

비즈니스호텔이라 두 사람이 엉덩이가 마주치지 못할 정도로 좁은 데서 오늘의 마지막 숙제를 해야 한다.

내 방에서 뉴카멜리아호 선내의 면세점에서 구입한 발렌타인 30년산 위스키를 마시는 일이다. 백화점이나 일반판매점에서 백만 원 가량

하지만 공항면세점에서는 40만 원(355$), 여기서는 23,000엔이니 공항보다 15만 원이나 싸다고 중얼거렸다. 이 소리 듣고 이종동생이 객기를 부려 사버렸다. 15만 원이 싼 게 문제가 아니라 25만 원짜리 술을 마셔봤자 맛을 모를뿐더러 나도 두세 번 마셨지만 '그게 그거다' 했으나 동생에게는 소용없는 말이었다. 이런 술은 처음이라는 동생들에게 일단 경험을 시키고 나 같은 소리를 해야 할 것 같았다.

묵직한 나무 케이스에 들어있는 발렌타인 30년산, 겉보기에도 돈값하는 술처럼 보인다. 침대위에 신문지 깔아놓고 넷이서 마시려니 마땅한 안주가 없다. 이종동생에게 편의점가서 안주될만한 거 사오라 했더니 기껏 사온 게 컵라면 네 개, 최고급 양주에 컵라면? 정말 삶은 소대가리가 웃을 일이다. 가방을 뒤져 견과류를 꺼내 안주로 삼고 얼음이 없으니 스트레이트로 마셨다. 자정을 넘기면 내일의 나가사키 여행이 걱정되어 반병정도 남겨두고 침대에 누웠다. 안동소주랑 구별도 못하고 "맛을 모르니까 마셔보자!?" 이종동생의 말이 맞는 말인지, 오줌 누다 뒤통수 맞은 기분이다.

(3)

18일(토) 06:30, 호텔 레스토랑의 문을 여는 시간이다. 기대 하지는 않았지만 밥은 아예 없고 빵, 계란, 커피와 주스가 전부라 실망했다.

07:17, 나가사키 행 열차를 타야하는데도 셋은 멋몰라 어슬렁거리고 나만 바쁘다. 가까스로 자유석을 찾아 자리를 잡았다. 레일패스로도 지정석 예약이 가능하지만 귀찮을 뿐 아니라 승객이 많을 때는 네 사

람이 흩어져 앉을 수도 있다.

우리가 탄 특급 카모메(갈매기)는 좌석 간격이 넓어서 좋으나 달릴 때 털털거린다. 승무원이 다니면서 일일이 검표를 한다는 게 우리와 다르다. 차창을 내다보니 바둑판처럼 반듯하게 생긴 논밭은 겨울철이라 심겨진 작물은 거의 없고 드문드문 비닐하우스만 보인다.

정확히 09:27, 종점인 나가사키 역에 도착했다. 동생들에게 흡연구역을 찾아 담배 피라 일러두고 관광안내소에 들어가 이것저것 자료도 챙기고 묻기도 했다.

나가사키(長崎)는, 일본에서 두 번째로 외국과 무역을 개시한 항구 도시다. 16세기 중반에 포르투갈 상인들이 이곳에 와서 가톨릭과 조총을 전파했다. 1864년 지어진 고딕양식의 오우라(大浦)천주당(성당)은 1597년에 순교한 26명의 포르투갈 선교사들을 추모하기 위해 세워졌다고 한다.

20세기 초에는 조선업의 중심지가 되었으며, 1945년 8월 9일 히로시마에 이은 미국의 두 번째 원폭투하로 시 중심부가 대부분 파괴되었다. 원자폭탄 투하지점에는 현재 평화공원이 조성되어 있는 등, 나가사키는 역사적 유적지가 많아 관광명소이기도 하다. 특히 우리나라 천주교 신자들이 성지순례 하는 곳으로도 유명하다.

우리는 노면전차를 타기 위해 육교를 건넜다. 우리나라는 60년대에 없애버린 노면전차가 일본에는 몇 군데 더 있다. 하루 종일 관광이라면 500엔 주고 1일 패스권을 사면 유리한데 우리는 차이나타운에서 점심 먹고 군함도(軍艦島)에 가야한다.

나가사키역 앞에서 전차를 타고 다섯 번째 정거장, 신나카가와마치(

新中川町)에 내려 작은 강을 끼고 다리를 건너면 차이나타운이다. 점심 예약을 하려니 이른 시간이라 '準備中' 팻말만 걸려있고 문은 잠겼다. 주위를 살피니 중국인 관광객이 떼로 몰려다니며 사진 찍느라 야단법석이다. 남은 시간을 아케이드상가와 안경다리(眼鏡橋 : 메가네바시)를 구경했다. 오늘따라 쿠사바 씨에게 전할 책과 선물 그리고 우산과 술까지 들어있는 무거운 가방을 막내인 이종동생이 낑낑대며 들고 다닌다.

오른쪽 첫 번째 중국집에서 나가사키 짬뽕 셋, 나는 서너 번 먹어본 터라 우동은 어떨까 싶어 하나 시켰다. 본고장 음식이라 호기심에 먹어보지만 짬뽕이나 우동도 허연 국물에 면발도 우리와 다르다. 기대가 크면 실망도 크다는 말, 이때 써먹는다.

이제 걸어서 나가사키 항구로 가서 유람선을 타야한다. 큰길로 나오니 멀리 크루즈선이 보인다. 사무실에 갔더니 여기는 국제선 부두라며 저쪽 국내선 선착장을 가리키는데 어림잡아 2㎞ 거리다. 나는 바빠 죽을 지경인데 동생들은 축구장보다 더 큰 호화 크루즈 선을 처음 본다며 사진 찍느라 정신없다. 빠른 걸음으로 걷다가 뒤돌아보니 아직 저만치 뒤에 있다. 뛰라는 제스처를 보냈으나 본체만체한다. 화가 나 전화를 걸어 욕을 퍼부었다. 가까스로 13:00 승선권을 발급 받았다.

군함도(軍艦島)! 정식명칭은 하시마(端島)다. 멀리서 보면 바다위에 떠 있는 군함처럼 생겼다하여 일본인도 군칸지마(軍艦島)라고 부른다. 우리에게는 영화 '군함도'를 통하여 널리 알려졌다.

나가사키항에서 19㎞ 떨어진 곳에 위치한 섬으로, 원래 남북으로 320m, 동서로 120m의 작은 섬이었는데 매립, 확장공사를 거쳐 현재는 남북 480m, 동서 160m, 둘레가 1,200m다. 이 작은 섬에 석탄을 어떻게 발견했을까 궁금했다. 1810년에 개발을 시작하여 1941년에는 최대 41만 톤을 생산했단다. 이후 연료를 석유로 바꾸는 정책에 의해 1974년 폐광하여 무인도로 남았다가 2009년부터 일본근대화의 상징이라며 관광지로 개발하였다.

하시마 탄광은 지하 1㎞가 넘는 해저탄광으로, 탄광 안은 좁고 온도가 45도를 넘었으며 작업도중 해수가 갱내로 쏟아져 들어오기도 했단다. 한국인 갱부들은 일제의 증산요구에 하루 12시간을 배고픔 속에 채탄작업을 했다. 이런 혹독한 자연환경과 노동조건 탓에 '감옥섬' 또는 '지옥섬'으로 불렸다.

1944년에는 강제 동원된 한국인 노동자 수가 무려 800명에 달했으며 장시간 노동으로 영양부족과 폭발사고 등으로 122명이 숨진 것으로 추정하고 있다.

그러나, 일본은 강제징용의 기록은 하나도 언급하지 않고 메이지(明治)시대의 산업혁명 유산이라며 건축기술을 홍보하더니 2015년 7월 세계문화유산으로 등록했다.

유네스코 세계문화유산 등록신청 시 강제징용 사실을 알리고 정확한 역사를 기술할 것이라고 국제사회에 약속했음에도 이행하지 않고 오늘에 이르렀다.

군함도 투어는 개인이 갈 수 없고 신청을 받아 지정된 해운사에서 안내하는 시스템이다. 우리는 20여 명이 함께 유람선을 탔다. 관광요금은 4,200엔인데 1개월 전에 예약하면 20% 할인해준다. 국내선 선착장은 번화가 바로 앞, 걸어서 5분이니 나처럼 헛수고를 하지 말았으면 좋겠다.

공교롭게도 비가 내리고 바람까지 불어 배가 심하게 흔들렸다. 종전에는 관광객이 섬에 상륙할 수 있었으나 2년 전 태풍으로 도로와 건축물 일부가 파손되어 섬 주위만 돌아보게 한다. 정말로 군함처럼 생겼다. 실시간 모니터를 보며 일본어와 영어로 설명하는데 알아 들을 수가 없다. 파도에 흔들리는 뱃전에서 멍하니 쳐다보며 사진을 찍고 고개 숙여 묵념을 올렸다. 힘없는 나라에서 강제로 끌려가 배고픔과 서 있기조차 힘든 지하갱도에서 혹독한 노동에 시달렸을 조상들을 생각하니 가슴이 먹먹했다.

왕복 두 시간의 군함도 관광을 마치고 다시 나가사키 항에 도착하니 오후 3시, 코 앞에 'you me(유메)' 쇼핑몰이 보였다. 우선 신발코너에 가서 외5촌 아재에게 적합한 신을 샀다. 쇼핑으로 시간을 때우다 6시, 쿠사바 씨를 만나 그의 뒤를 따랐다.

쿠사바 사토미(草場里見), 58년 개띠로 나랑 띠 동갑이다. 나가사키 현청 공무원으로 일하다 정년퇴직하고 재취업, 65세까지 하던 일을 그냥 할 수 있단다.

권영재 군이 대구적십자병원장으로 재직 시 나가사키 원자폭탄피폭자의 의료현장을 시찰하러 갔다가 알게 된 사람이다. 그 후 권영재의 '술상무' 자격으로 따라다니며 그를 알았다. 연세대 한국어학당을 수료하였기에 우리말도 잘한다. 그는 스스로 지한파(知韓派)라 내세우며 한국의 역사, 문화, 드라마까지도 좋아하며 권영재 군의 책을 세 권이나 일본어로 번역하여 책으로 펴낸 사람이다. 특히 작가도 아닌 공무원 신분으로 한국의 독립운동가 백정기 선생의 일대기를 번역하여 책도 냈다. 몇 부나 팔렸는지 모르겠으나 우리나라 공무원은 엄두도 못 낼 일 아니겠나?

그리고 일본천황 저격미수범이었던 문경출신 박 열 의사에 대해 관심도 많고…

그와 함께 나가사키의 '먹자골목'을 구경하면서 예약해둔 식당에 도착했다. 고래고기 전문점이다. 처음에는 생선 요리집으로 하려다 고래로 바꿨단다.

일본은 고래잡이(포경업)가 허용되는 나라라 오랜만에 싱싱한 고래고기를 맛보게 되었다. 6·25때 서울서 대구로 피란 온 사람들을 놀리느라 "서울내기 다마네기 맛좋은 고래고기"를 부르며 놀려댔던 시절이 떠올랐다.

이 식당은 술이 무한 리필(노미호다이)이란다. 쿠사바 씨의 배려라 생각하고 맥주, 청주에다 고구마소주, 보리소주, 쌀소주를 시음하는 척 마음껏 마셨다.

선물로 준비해 간 사명대사 유정(惟政)의 사명당대사집(四溟堂大師集)과 사명당집(四溟堂集), 두 권의 책과 홍삼엑기스를 전했다.

취한 김에 동생들이 알아듣도록 우리말로, "韓日간의 관계악화 이후 일본의 분위기는 어떻습니까" 물었더니 대뜸, "한국의 문 대통령 때문에 한국과 한국사람을 싫어하는 일본인이 늘고 있어요" 한다.

나도 되받아 "아베 때문에 NO, NO JAPAN을 외치는 한국인이 많다"고 했다. 결론은, 정치지도자와 그 추종세력에 의한 '치킨게임'에 애꿎은 국민들이 어렵게 된 양상임을 공감했다. 무한리필 식당에는 반드시 제한시간이 있기에 쿠사바 씨의 배웅을 받으며 나가사키 역으로 갔다.

19:56발, 특급열차 속에는 드문드문 책 읽는 사람이 보였다. 예전과

달리 일본에도 스마트폰에 책이 밀리고 있음을 실감했다. 어두운 밤이라 밖은 보이지 않고, 피곤해서 눈을 감는 둥 마는 둥 22:00 하카타역에 도착했다.

오늘도 숙제 하나를 마쳐야한다. 바로 파친코 체험이다. 담배연기 자욱한 실내에 수백 대의 파친코 앞에 남녀노소가 좌르륵, 좌르륵 쏟아지는 구슬(다마)소리에 정신이 팔렸다.

5촌 아재는 도박이라며 거절하고 셋이 2천 엔씩 쓰기로 작정하고 덤볐다. 순식간에 1차로 내가 손을 들고 이종사촌도 털리고 말았다. 최후의 동생은 옆자리 일본여성의 도움으로 5천 엔을 건졌다. 6천 엔 투자에 5천 엔, 그래도 5천 엔을 딴 기분이라 뒷골목 포장마차에 들렀다. 이것도 추억이고 체험이다. 마감시간 때문에 5천 엔도 다 써보지 못하고 쫓겨났다.

침대에 누워 생각해보니 일본에는 수많은 파친코가 성업 중인데 한국은 왜 도입을 금지 시킬까, 오락과 도박, 두 나라 국민성 차이란 말인가?

(4)

19일(일) 06:30, 어김없이 레스토랑으로 모여든다. 호텔 내에서 빵을 만들어 공급하기에 구수한 냄새가 구미를 당기게 한다. 그렇지만 밥심으로 사는 나에게 빵은 대용식이 될 수 없다.

오늘은 여유를 부리며 07:59, 신칸센을 타고 구마모토로 간다.

신칸센(新幹線), 우리나라 KTX와 자세한 구조나 성능을 비교하기 어렵지만 여러 번 타본 결과 속도나 승차감은 어금버금한 것 같다.

일본은 1964년 도쿄 올림픽을 겨냥해 세계 최초로 고속열차를 개발했다는 자부심이 대단하다. 또한 개통 이래 시설결함에 의한 인명사고는 한 건도 없었다는 것을 자랑으로 여긴다. 지진과 폭설로 두 번 탈선사고가 있었으나 인명피해는 없었다. 역 통과 시간을 초 단위로 관리하는 정시성(定時性)도 단연 세계 최고다.

2015년 4월 21일에는 시속 603㎞ 자기부상열차 개발에 성공함으로써 프랑스의 TGV보다 앞선다. 2027년도에 상업운전을 한다니 그때까진 살아서 한번 타봐야겠다. KTX는 좌석배열이 2+2인데 반하여 신칸센은 3+2로 운용하면서도 좌석이 넓고 안락한 것은 폭이 넓은 전용레일 위를 달리기 때문이다. 전철처럼 발판이 없는 평면이라 승하차가 편하다. 그렇지만 요금은 두 배정도 비싸다.

후쿠오카에서 버스로 2시간 걸리는 거리를 규슈신칸센을 타고 38분 만에 구마모토(熊本)역에 도착했다. 먼저 관광안내소에 가서 온천을 소개 받고 노면전차 1일권으로 역 앞에서 구마모토 성으로 가는 전차를 탔다.

구마모토 성(熊本城)은 오사카 성, 나고야 성에 이어 일본 3대 명성 중의 하나로, 검은 외관을 갖고 있는 것이 특징이다.

임진왜란과 정유재란 때 왜군 선봉장이었던 가토 기요마사(加藤清正 : 가등청정)가 귀환 후 개축한 성이다. 가토 기요마사는 임진왜란 당시 진주성을 함락시키고 6만여 명을 죽인 원흉이지만 일본인들은 그가 나라를 크게 발전시킨 영웅으로 평가하고 있다.

원래 지명이 '모퉁이'라는 의미의 '모퉁이 우(隅)'를 써서 '구마모토(

隅本)'였는데, 어울리지 않는다며 가토 기요마사가 발음이 같은 '곰 웅(熊)'으로 바꿨다. 그러다보니 이 지역에 곰이 많은 줄로 아는 사람이 허다한데 실제 곰과는 전혀 상관없다. 그러나 구마모토의 상징물이나 캐릭터는 '곰'이니 아이러니하다.

1601년부터 7년간 가토 기요마사는 구마모토 성을 쌓으면서 조명(朝明)연합군에 쫓겨 16,000명의 왜군이 울산왜성에 포위되어 식량이 떨어지자 타고 다니던 말을 잡아 그 살과 피를 마시며 버티다 탈출했다.

이런 경험 때문에 둘레 5.3㎞ 성 안에 우물을 120개나 팠으며, 식량 확보를 위해 은행나무를 심고, 방바닥에 까는 다다미도 지푸라기 대신 고구마 줄기를 말려서 만들어 비상시를 대비 했다. 울산성에서의 패배를 와신상담(臥薪嘗膽)의 거울로 활용했던 점은 우리에게도 많은 교훈을 준다.

1877년 발생한 內戰인 세이난(西南)전쟁 때 사쓰마 번(현 가고시마)의 영주인 사이고 다카모리(西鄕隆盛)가 이끄는 군대가 52일간 성을 포위하고 공격했으나 함락 시키지 못한 난공불락의 성이다. 세이난 전쟁 때 불타버린 것을 1960년 복원하여 박물관으로 사용해 왔다.

2016년 4월, 대지진으로 성벽이 무너지고 천수각(本城)이 크게 붕괴되어 현재 복원공사 중이라 출입을 금지시키고 있다.

성을 쌓는(築城)데 귀재로 알려진 가토 기요마사는 조선에서 포로로 끌고 간 수많은 조선인들을 강제 동원하였다. 지금도 당시 끌려간 울산사람들이 살았던 마을, '울산마치(蔚山町)'가 남아 있다.

전차에서 내린 우리는 안내표시를 따라가니 가토 기요마사의 동상이 나타났다. 동상에서 작은 다리를 건너면 오른편에 나가베이(長塀)

라는 긴 성벽이 나온다. 길이 240m로 일본 성벽 중 가장 길며 국가지정 문화재이다.

정문은 폐쇄되고 안내원이 이동 경로를 손으로 가리켜준다. 중국인과 일본인 관광객이 엉켜서 지나간다. 올 때마다 한국인 단체 관광객과 마주쳤는데 이상하게 오늘은 보이지 않았다. 복원공사 중인 천수각(天守閣)을 바라보며 언덕을 오르니 성의 중심 건물(本丸 : 혼마루)의 외곽 성인 니노마루(二の丸) 광장이다. 다행스럽게 니노마루는 개방하고 있었으나 입장료 500엔이 아깝다고 생각되어 관람을 생략했다.

조금 걸어가니 가토신사(加藤神社)가 나왔다. 마당에는 가토가 심었다는 은행나무가 고목이 되어 관광객을 맞이한다. 이 神社는 지진피해를 전혀 입지 않았으며 여기가 복원공사 중인 천수각을 바라보기에 가장 좋은 위치다. 20년 계획으로 복원공사를 한다니 나 생전에는 틀린 것 같다. 지진으로 무너진 것도 관광 상품화하여 돈을 버는 일본의 상술이 놀랍다.

휴식도 취할 겸 구마모토 전통공예촌까지 걸어갔다. 도자기, 가죽제품, 과자 등을 체험할 수 있는데, 우리가 갔을 때는 외국인과 어린이들이 대나무공예 체험을 하고 있었다. 아이스크림도 사먹고 차도 마시며 지도를 보니 '시로유 온천'이 걸어서도 멀지 않은 거리에 있다. 한참 내려가도 보이지 않아 길가는 아주머니에게 물었더니 반대방향이란다. 단체든 국가든 리더를 잘못만나면 졸개들이 고생한다. 그렇지만 나는 훌륭한 리더(?)라 즉시 잘못을 시인하고 20분이나 더 걸어서 시로유(城湯) 온천에 도착했다.

600엔을 내고 온천을 마치니 점심시간이다. 구내식당에 들어가 벽에 붙은 메뉴를 보니 날짜별로 점심특선이 680엔에 커피도 무료다. 19일이라 닭고기 정식에 칼피스를 마시고 나왔다. 일찍이 극일(克日)하려고 배운 일본의 말과 글이 득템했다.

나는 울산(蔚山)이라는 지명을 찾으러 전차를 타고 '울산마치(蔚山町)' 정거장에서 내렸다. 구마모토 성 아래 위치한 시내버스와 전차정류장 이름이다. 가토 기요마사가 울산성 전투의 뼈아픈 실패를 잊지 않기 위해 '蔚山'이라 이름 지었다는 기록이 있단다. 원래는 임진왜란 당시 포로로 끌려간 울산출신 축성기술자들의 집단 거주지였으나 지금은 정거장 이름만 남고 조상의 흔적은 어느 곳에도 찾아볼 수 없었다. 우리 고장의 이름만 발견하고 蔚山町(울산마치) 표시판 앞에서 인증 샷을 하고 돌아서니 인적은 없고 역사만 남아 내 마음이 씁쓸하다.

전차로 구마모토 역으로 되돌아 왔다. 역구내를 둘러보며 이곳의 특산품인 빵과 과자를 선물로 샀다. 16:01 발 신칸센을 타고 순식간에 하카타 역에 도착했다.

하카타 역 치쿠시(築紫) 출구에서 오른쪽 1분 거리의 '요도바시 카메라'에 들러 구경도 시켜줄 겸 동생에게 손목시계를 선물할 작정이었다. 동생은 수시로 텃밭 가꾸기에 강제 동원되어 고생하기에 그 보답을 하고 싶었다.

요도바시 카메라는 세계적으로 카메라 붐이 일어났을 때 돈을 많이 벌어 이제는 가전, 시계, 컴퓨터, 휴대폰, 스포츠 용품에 서점까지 골고루 갖춘 백화점이나 다름없다.

종업원에게 3만엔 정도의 전파(電波)시계를 보여 달라 했더니 우리에게도 낯익은 시티즌시계 코너로 데려간다. 1년도 아닌 10만년에 1초의 오차라는 자랑과 배터리가 필요 없고 밴드가 티타늄이라 가벼우며 야광까지 된다는 설명이다. 35,000엔에서 면세 받고 이것저것 할인 받아 28,500엔에 사서 동생 손목에 채워줬다.

여기서 요도바시 카메라 하카타점의 꿀팁 하나!

4층에 가면 '우오베이(魚米) 스시'라는 초밥전문점이 있다. 번호표를 뽑고 기다릴 수 있는 지구력만 있다면 본전 뽑고도 남기에 추천한다. 빈자리에 앉아 칸막이 앞에서 식사하는 시스템이라 혼자 가도 아무런 부담이 없다. 일단 메뉴를 살펴보고 먹고 싶은 것에다 터치스크린을 누르면 고속열차가 레일을 타고 쓩~ 하고 3~4분 만에 내 앞으로 갖다 준다. 회전초밥집이 진화한 것으로 보면 되겠다. 가격은 비싼 것도 있지만 대체로 개당 110엔이다. 맛과 재미를 함께 즐길 수 있고 가성비 또한 최고이니 꼭 한번 들러보기를 권한다.

호텔로 돌아와 오늘의 '최후의 만찬'을 위해 호텔 프런트에 야키니쿠(燒肉 : 불고기)식당을 알려달라고 부탁했다. 호텔주변의 식당 리스트에 '慶州 호르몬 야키'가 눈에 들어와 7시로 예약을 했다. 먹다 남은 발렌타인 30년산 위스키도 페트병에 챙겼다. 골목길의 '慶州 호르몬'을 찾아 대뜸 慶州와 어떤 관계인지 물었더니 아는 종업원이 없다. 한국 불고기가 일본사람에게도 인기가 많아 작은 식당이지만 손님이 꽉 찼다. 불고기 세트와 갈비살, 그리고 김치도 돈을 주고 두 접시 시켰다. 숯불에 곱창이 지글지글, 연기와 냄새가 어우러져 고향생각을 절로 나게 한다. 몰래 위스키와 먹는 일본소고기는 언제 먹어봐도 부드럽다. 배가 부른데도 이종동생이 만 엔을 내겠다며 더 먹자고 고집을 부렸다. 5촌 아재의 만 엔을 보태 계산하니 더할 것도 뺄 것도 없이 딱

2만 엔 나왔다. 한 사람당 5만 원 꼴이다.

시간이 모자라 카라오케(노래방)를 들리지 못한 채 오늘도 아픈 역사를 가슴에 새겼다.

(마지막)

20일(월), '동생들과 추억 만들기' 마지막 날이다. 하카타 항에 11:30까지 도착하면 되니 한가한 아침이다. 호텔을 나서니 익숙해진 이 길을 언제 또 오나 감상에 젖는다.

선실에서 먹을 점심 도시락을 사기 위해 하카타 역 구내에서 각자 먹고 싶은 것을 골랐다. 권영재 군에게 선물할 책 한권을 사기 위해 10시에 오픈 한다는 서점을 들러야 한다. 동생들에게 쓸데없이 한눈팔지 말고 하카타 역을 오가는 사람들의 모습이나 행동을 보고 배울 점이 있는지 자세히 살펴보라고 했다.

버스터미널 6층에 키노쿠니야(紀伊國屋)라는 서점이 있다. 거짓말 조금 보태면 야구장만하다. 정신과 의사에게 필요한 책이 뭘까 생각하다 직원에게 정신병 관련 코너를 안내 받았다. 정신과 질환이 많아서 그런지 책도 수없이 많다. 권 박사가 어떻게 생각할지 모르겠으나 어느 환자의 투병기인 '우울증은 마음의 병이 아니다'라는 책을 골랐다.

역 앞 출입구에서 내 지시를 어기고 우두커니 서있는 동생들을 인솔하여 부두로 가는 버스승강장으로 이동했다. 굳이 버스를 타는 이유가 있다. 후쿠오카 시내버스는 정차 시에는 시동을 끄고 기다리는 장면을 보여주기 위해서다. 처음에는 기름을 아끼려고 시동을 끄는 줄 알았는데 환경우선 때문이란다. 운전기사가 시동을 꺼지 않고 자동으로 꺼지는 시스템임을 알게 되었다. 공회전으로 인한 연료소모를 줄이고 환경문제도 해결하기 위함이다.

20여 분만에 버스는 국제선 터미널에 도착했다. 요금은 240엔, 작년엔 230엔이었는데 그새 또 올랐다. 출국수속에 드는 비용도 만만찮다. 유류할증료 1,100엔, 내외국인 불문하고 출국세 1,000엔, 거기다 부두이용료 500엔이 추가된다. 왕복 배 삯 24,000원보다 비싼 금액이다. 면세점에서 동생은 1.8리터짜리 일본청주 겟케이칸(月桂冠)을 2,800엔 주고 샀다. 이 일본청주의 특징은 금가루(金箔)가 들어있다. 술을 금과 함께 마시면 기분이 더 좋아지는지 아니면 무슨 병이 낫는지 궁금하다.

오늘 귀국선에는 어림잡아 150명 정도 승선한 것 같다. 이번에는 일본인 관광객이 많이 보였다. 배정된 선실에 들어서니 부산에서 후쿠오카로 갈 때 같은 선실에서 동침한 사람을 또 만나게 되었다. 하룻밤을 자도 만리장성을 쌓는다더니 반갑기 그지없다.

휴게실에서 바다를 바라보며 도시락을 먹고서 선실로 들어왔다. 안면을 튼 그 사람이 보따리 상인과 연관이 있는 것 같아 여행정보를 얻기 위해 대화를 나눴다.

젊은 시절 선원생활을 했다는데 보따리상과 관련이 있는 듯하다. 보따리 아줌마들의 주 임무는 한국의 야채나 김치 등을 하카타 항에 내려주고 다시 그 배로 되돌아오는 운반역할이란다.

한때는 월수입이 천만 원을 넘었다는데 요사이는 절반도 안 된단다. 이들은 승하선 시 줄을 서지 않아도 되는 VIP 대접을 받는다고 한다.

우리가 묵은 호텔 숙박료가 하루 한 사람당 6천 엔이었다고 하자 그는 놀라는 시늉을 하며 그 돈이면 자기가 머무는 아파트형 숙소는 두 사람 가격이란다. 취사도구도 갖춰져 있다니 다음엔 나도 그 곳으로 숙소를 정해야겠다고 작정했다.

이 사람이 구시다(櫛田) 신사(神社)의 사진을 보여주며 놀라운 이야기를 들려주었다. 구시다 신사에 갔더니 나무판자에 소원을 적어서 걸어두는 곳에 문 대통령을 입에 담지도 못할 쌍욕에 '죽기를 바란다'는 내용이 있더라는 것이다. 글씨체가 다른 걸 보니 분명 두 사람 이상의 한국인 소행으로 추측된다. 왜 이런 짓을 할까? 익명성이라 욕설과 인신공격으로 자신의 우월감을 드러내거나 열등감을 보상받으려는 심리겠지?

나라 안에서야 지지고 볶던 넘어간다 치더라도 한글을 아는 일본사람이나 외국인에게는 조롱거리가 될 것이다.

누구든 가까운 시일 내 후쿠오카를 방문할 계획이 있는 사람은 이거 꼭 없애주기 바란다. 후쿠오카 시내에 있어 걸어서도 가능한 구시다 신사는 명성황후 시해 때의 칼이 보관되어 있기에 우리와 역사적으로 관계가 있다.

물론 칼은 보여주지 않는다. 이런 역사가 있다는 것만 알고 찾아가서 5각형 나무판에 한글로 적힌 문제의 그 팻말을 제거해 주었으면 좋겠다. 다음 번 내가 갔을 때는 보이지 않았으면 한다. 부끄럽고 창피스럽다.

선실에서 과자나부랭이를 펼쳐놓고 하카타 역에서 30분간 오고가는 사람들의 모습에서부터 일본여행 중 무엇을 보고 느꼈는지 종합해보는 시간을 가졌다.

'한 번도 경험 해보지 못한 나라'에서는 질서의식이 강했다. 그 증거로 4일 동안 경적(클랙슨)소리 두 번밖에 듣지 못했다는 이야기로 시작해서 도시든 시골이든 거리가 깨끗하고 간판 크기가 작고 규격이 일정하다. 지나다니는 여성 대부분 생머리에 수수한 옷차림이다. 교복을 타이트하게 줄여 입고 입술에 새빨간 칠을 하고 다는 여학생은 보지 못했다. 그리고 직장인으로 보이는 남자들은 검은색 계통의 양복에 넥타이를 매고 다닌다. 노란색 번호판의 경차가 많다는 것도 우리와 다르다.

도로가 패이거나 노면이 울퉁불퉁한 곳은 거의 볼 수 없다. 버스기사는 자동음성 안내장치가 있는데도 직접 방송까지 한다. 승객은 버스가 정차한 뒤에야 자리에서 일어난다는 등, 이야기가 길게 이어진다.

보도블록이 돌이나 타일 종류라 반영구적이다. 식당에서 자기네들끼리 이야기는 주고받는데 우리한테는 들리지 않는다.

25톤 대형트럭을 운전하는 외5촌은 역시 차에 관한 이야기다. 도시에도 불법주차가 없을 뿐더러 시골에도 주차선이 그어져 있지 않은 곳에 주차된 차량이 없는 것을 보고 탄복을 한다.

대형트럭이 통과하기 어렵도록 우리나라 곳곳에 삐딱하게 주차된 차를 보면 그냥 밀어버리고 싶은 충동을 느낀다고 한다.

아무튼 한 번도 경험해보지 못한 나라를 본 동생들과 그것을 보여준 나도 무척 기쁨에 겨웠다. 마치 까나리 액젓인지 아메리카논지 먹어봐야 맛을 아는 사람들에게는 그저 직접 보게 하는 수밖에 없음을 새삼 느꼈다.

일본인이 질서를 잘 지킨다는 사실은 다 안다. 남에 대한 배려가 아니라 남에게 폐를 끼치면 내가 해를 입는다는 두려움을 가지고 있다.

그들의 질서는 배려라기보다 무의식의 집단공포가 지배하는 나라라고 보는 것이 타당하다. 그래서 집단으로부터 따돌림 당하지 않으려고 스스로 노력하니 단결력이 강해지는 것이다.

흔히 일본을 '가깝고도 먼 나라'라고 한다. 韓日 두 나라는 지리적으로 가깝지만 역사적으로 피해자와 가해자라는 특수성이 있다. 이것을 이해하지 못하면 두 나라 사이에 높은 장벽이 항상 가로 놓인다.

내가 알고 있는 일본이라는 나라는 알면 알수록 무섭다는 생각이 든다. 정말 일본이라는 나라는 어떤 나라이고 또 일본인은 어떤 사람인가?

스포츠 경기에서 라이벌 의식과 반도체, 휴대폰 시장에서 앞섰다고 우쭐하는데, 경제규모나 과학 분야, 군사력 등은 한참 아래다. 김영삼 대통령이 "일본의 버르장머리를 고쳐놓겠다"는 이 한마디에 IMF 외환위기를 맞는 단초가 되었다.

지금의 문 대통령은 반일감정을 부추겨 "단숨에 일본을 따라 잡겠다"고 호언하면서 국민과 기업을 어렵게 만들었다. 어찌 보면 주적(主敵)이 일본으로 바뀐 양상이다.

일본은 노벨상 수상자를 27명이나 배출했다. 그것도 평화상 1명, 문학상 2명을 뺀 나머지 24명은 의학과 과학상을 수상했다. 그 중에는 샐러리맨도 있다. 아베정부에서만 사형수 36명을 집행했다.

우리는 '인권'이란 이유로 사형제도가 있으면서도 김영삼 정부 이후 20년이 넘도록 한 건도 없다. 사형수가 대우 나쁘다 욕설하고 교도관 얼굴에 침을 뱉는다는데 교도관은 인권이 없는 모양이다.

일본은 과거사에 대한 반성을 안 한다. 자신들이 힘의 우위를 가지고 있을 때 약자에게 행사한 것들은 불의가 아니라고 여긴다. 반면, 한국은 정권이 바뀔 때마다 이미 끝난 위안부, 강제징용 문제를 들추는 신의가 없는 나라라고 맞선다.

어떤 형태로라도 감정이 개입되는 한일관계에 긍정적 사고와 최소한 가보지는 않더라도 알고는 있어야 한다는 게 나의 생각이다. 우리가 가난하게 살 때 일본 기술을 거의 베끼듯 했다. 나 역시 포스코가 일본기술을 습득하라고 보내어 그들에게 배운 기술로 자녀 셋 대학까지 시키고 많은 후배들을 길러 정년퇴직을 맞게 해줬다. 나를 '큰형님'이라 부르는 후배가 많다.

마지막으로 자동차 이야기 한 번 하고 글을 끝내려고 한다. 9년 전 나고야(名古屋) 지방으로 여행 갔을 때 도심 한복판에 현대자동차 마크가 붙은 차를 보고 기쁨과 놀라움이 겹쳤다. 자동차 왕국에 한국 차가 진출했다는 소식이 들렸다. 현대자동차가 야심차게 뛰어들었으나 2천여 대 팔고는 소리 없이 철수하고 말았다. 일본사람들이 한국 차 불매운동을 벌였단 말인가?

우리가 일본차를 사는 사람을 매국노라 몰아붙이며 30분이나 뒤를 쫓아가 불법주차를 신고했다고 박수쳐주는 사람의 논리적 근거가 궁금하다.

그것은 애국심이 아니라 열등감이라는 것을 현해탄아 말해다오~~!!

5장

월남 참전기

월남 참전기 (1)

헝그리 정신

요사이는 먹을 것이 풍부하고 편해진 세상이라 그런지 몰라도 조그만 시련 앞에 굴복하는 사람이 너무 많다. 그 대표적 사례가 하루에 43명씩이나 자살을 한다는 게 반증 아니겠는가?

'헝그리정신'이라 하면 가장 먼저 떠오르는 것이 권투가 아닐까 생각한다. 70~80년대, 가난하고 배고픈 시절에 가진 것 없고 배운 것 없는 사람에게 부와 명예를 한꺼번에 가질 수 있는 기회의 스포츠가 권투였다. 당시 여타 구기 종목에 비해 생존욕구가 강한 복싱에서 여러 명의 세계챔피언을 배출해 낼 수 있었던 것은 가난과 배우지 못한 설움을 한방의 주먹에 실어서 날려 보내겠다는 욕망이 있었기 때문이 아니었나 싶다.

김기수, 유제두, 홍수환, 염동균, 박찬희, 장정구, 박종팔, 유명우, 김광선, 이 외에도 기억에서 사라졌지만 10여 명의 세계챔피언이 더 있었을 것이다. 우리는 그들의 파이팅에 열광 했고, 피투성이가 된 선수들에게 아낌없는 박수를 보냈다. 타이틀매치가 있는 날이면 다방에서도, 역 대합실에서도, 링 위에 오른 선수는 혼자였지만 그들이 우리를 대신해서 싸워 주고 있다고 생각했다. 그러나 '헝그리정신'의 제물이 된 복서도 있었다. 그가 바로 김득구 선수다. 미국선수에 도전했다가 턱을 강타 당해 쓰러진 후 의식을 잃었다가 숨을 거뒀고 그의 어머니는 3개월 뒤 자살로 생을 마감했다고 들었다.

이제 복싱은 인기 스포츠도 아니고, 세계챔피언도 나오지 않는 것은 헝그리정신이 사라졌기 때문이라고들 얘기한다. 그만큼 살기가 좋아졌다는 얘기도 될 수 있다. 구태여 헝그리정신을 발휘해서까지 권투를 할 만큼 배고픈 복서들이 없기 때문일 것이다. 그 대신에 다이어트를 위해 권투를 하는 사람이 늘어나 이제는 여성들도 참여하는 스포츠로 변화한 복싱의 모습이 되고 말았다.

헝그리정신이 어찌 권투뿐이었겠는가? 배고팠던 우리의 젊은 시절, 절대다수의 한국국민은 '민생고 해결'이 시급한 과제여서 '막장인생'이라는 탄광에도 돈을 써야만 들어갈 수 있는 처참한 상황이었다. 국가에서 대안으로 내 놓은 것이 서독에 광부와 간호사 파견, 그리고 월남전 파병이 아니었나 싶다.

권투를 배우지 못한 나도 헝그리정신이 살아 있었기에 월남전에 참전하기로 마음 먹었다. 살아서만 돌아온다면 졸병으로서는 거액(?)을 거머쥘 수 있는 유일한 수단이었기에 말이다.

월남전에 지원하기 전의 나의 상황은 이랬다. 광주 포병학교에서 포병통신교육을 마치고 춘천의 103보충대에 잠시 머물렀다가 배출된 곳이 강원도 양구읍에서 유엔고지를 지나, 민통선 안에 주둔한 2사단 18

포병대대였다. 그때가 1969년 4월 25일, 산에는 눈이 허옇게 쌓여 있었으며 내무반에서는 모두들 짚으로 새끼를 꼬고 있었다. 그런데 놀라운 사실은 최전방 GOP도 아닌 대대본부에 전기가 없어 남포등(일명 호야불)을 켜놓고 짚으로 새끼를 꼬고 있는 게 아닌가. 알고 보니 대포나 차량의 위장망용으로 새끼줄이 사용되고 있었다. 말이 났으니 말인데, 나는 왼손잡이라서 왼쪽으로 꼰 새끼줄은 애기가 태어났을 때의 '금줄'에만 쓰는 것이라며 퇴짜를 먹고 시다바리 노릇만 했다.

"주특기가 뭐냐?", "고향이 어디여?" 등을 물어보고서는 4명의 신병 중에 내가 덩치가 제일 좋다고 서로 데려가려고 한 것을 이튿날 알게 되었다. 통나무 작업에는 힘 센 사람이 필요했기 때문이었다.

우선, 나에게 3m 정도의 굵은 통나무를 메고 한번 걸어 보라고 한다. 무게의 중심을 잡지 못하고 겨우 일어나 비틀비틀 걸어가니까 고참들이 깔깔 웃어댄다. 깡마른 고참 하나가 시범을 보여 주는데 어깨에 가볍게 메고는 휘파람을 불며 달리 듯 나에게 '요령'을 가르쳐 주었다.

이렇게 하여 신병 때는 대검으로 통나무 껍질을 벗기고, 나르는 작업을 배운 뒤 산에 가서 직접 소나무를 베어 적당한 길이로 잘라서 골짜기로 굴려, 철사로 앞부분을 묶어서 산길을 끌고 내려온다. 이것으로 목재를 만드는데, 트럭의 타이어를 한 개 빼고 휠에 벨트를 연결하여 톱날장치를 설치하고 트럭의 시동을 걸면 이게 바로 제재소가 되는 것이다. 졸병들에게는 '대민지원'이라 둘러대고, 팔아먹는 도둑질이다. 다행히 나는 글씨를 잘 써, 행정반에서 근무했던 관계로 산에 나무하러 가는 작업에 빠질 때가 많았지만 그래도 늘 배가 고팠다.

구조적으로 잘못된 것이, 민통선 안에 부대가 있어 외출 외박이 없고, 게다가 영외 거주하는 하사관이나 장교들이 퇴근길에 쌀과 부식을 빼돌리기에 식량이 항상 부족했다. 당시에는 배고픔을 참지 못해 탈영하는 병사도 간혹 있었다. 군대생활 20개월이 지난 상병 때 나는 결심한다. 이판사판 배불리 먹여 준다는 월남에나 가자며 지원을 해버리고 만다. 그때나 지금이나 괜찮은 자리는 돈거래가 있기 마련인데, 나의 주특기가 무전병이라 죽을 확률이 높다는 이유에서 차출을 해야 할 판에 지원자가 생겼으니 즉시 파월 명령이 떨어지는 행운(?)을 안았다.

이리하여 강원도 화천군 간동면 오음리에 있는 제7보충단('오음리' 또는 '7보단'이라 불렀음)에 더블백을 메고 걸어서 정문을 통과하였다.

그날 저녁식사에 통닭 반 마리씩 나왔는데, 과분한(?) 특별대우에 어딘가 모르게 불안감이 스쳐 갔다.

월남 참전기 (2)

정(情)

나는 지금도 '먹는 것에 최선을 다하는 사람이 되자'라는 헝그리정신아래 살아가고 있는데, 전쟁에 나가는 병사들이라 통닭도 반 마리씩이나 먹여 주나보다 생각하니 불안감도 사라졌다. 죽는 것은 나중의 일이라 마음먹으니 홀가분할 뿐 아니라 오히려 내 세상 같았다.

여기, 오음리 7보단은 청룡부대(해병 제2여단)만 포항에서 훈련을 받고, 맹호부대(수도사단)와 십자성부대(군수지원단)가 같이, 백마부대(제9사단)와 비둘기부대(건설지원단)가 동시에 전투훈련을 받는 천혜의 요새처럼 생긴 곳이다.

1970년 초가을, 이곳에 오게 된 약 1,500명 쯤 되는 파월 교체 병력들은 대개 세 가지 특성이 있었다. 우선 본인의사와 상관없이 차출되어 온 병사, 괜찮은 보직(주특기)이라 돈을 쓰고 온 병사, 나처럼 이판사판 맨땅에 헤딩하는 병사들이 섞여 있었다. 전투부대의 파월 초창기보다는 본인의 의사가 어느 정도 반영되던 시기였지만 아무래도 파월은 대부분의 군인들이 꺼리던 분위기였다.

이튿날부터 영화를 찍는 세트장처럼 인위적으로 만든 월남의 가옥과 정글, 그리고 유격훈련장에서 맹호 마크를 달고 처음 만져보는 M-16 소총(그때까지 한국군은 M-1소총이었다)으로 병정놀이(?)가 시작되었다. 훈련이라면 지긋지긋하지만 월남전에서 아군 피해를 익히 들은 바 있기에 살아남기 위해 나는 요령을 피우지 않고 열심히 훈련을 받았다.

며칠간 훈련을 마친 뒤 일부러 뚫어놓고서 눈감아 주는 개구멍을 통과하여 부대 앞 술집에 갔더니 그날 저녁에 특식으로 먹은 통닭이 안주로 나왔다. 알고 보니 돼지고기, 쏘시지 등 특식 나오는 날은 어김없이 부대 앞 식당이나 술집은 메뉴가 똑 같았다. 아마도 보급차가 정문에 들어오기도 전에 빼먹는 모양이었다. 전쟁터에 나가는 병사들을 등쳐먹는 도둑놈 소굴이 여기에도 있구나 생각하니 갈겨버리고 싶었다.

훈련이 절반 정도 지나서부터는 전우라는 느낌에서인지 우리는 빠르게 정(情)이 들었다. 이즈음 앞서 간 선배들이 써놓은 화장실의 낙서조차 사랑하는 가족과의 이별에 대한 글귀로 가득 차 있었다. 한결같이 전장(戰場)으로 떠나는 자의 애절한 사연들이라 저속하기만한 일반 화장실의 낙서와는 사뭇 달랐다.

어느덧 한 달간의 훈련이 막바지에 이르렀을 때의 일이다. 지금까지 배운 전술훈련을 실전(實戰)과 같이 야외에서 최종적으로 테스트해 보는 날이다.

교관(대위)이 전투방법과 주의사항을 교육하면서 가끔 나를 힐끔힐끔 쳐다보더니 교육장 밖으로 나가면서 내 명찰을 뚫어지게 보고 가버린다. 잠시 후 조교(하사)가 나를 부르더니 따라오라면서 "너! 박 대위하고는 어떤 사이냐?"고 따지는데, 나는 정말 모르는 사람이라 했더니, "짜아식 너는 오늘 팔자 고쳤어, 훈련 빠지고 실탄 배급만 해!" 하는 게 아닌가.

잠시 후 교관이 나타나더니 자기 동생이 성주중학교에서 나한테 야구를 배웠기에 자기는 나를 잘 안다면서 오늘 훈련이 실전과 같아서 총기사고가 일어날지도 모르니 빠지란다.

일찍 알았더라면 편하게 훈련을 받을 수 있게 해 줄 수 있었는데 미안하다고까지 했다. 어찌 보면 훈련을 통해 전쟁터에서의 생존법을 배워야 하는 마당에 얼굴 안다는 이유로 훈련을 빼주는 이상한 情(?)이 오고 갔다. 그리고 지금까지도 잊어지지 않는 말, "생사를 같이한 전우라도 귀국할 때 오륙도가 보이면 조심하라"고 박 대위가 일러 준다.

드디어 오음리에서의 훈련을 마치고 우리들을 태운 트럭들이 뽀얀 먼지를 뒤집어쓰고 굽이굽이 배후령 고개(일명 빼찌고개 또는 아리랑고개)를 넘어서 춘천역에 도착했다. 춘천역에는 군용열차가 꽃다발과 태극기를 매단 채 군악대의 쿵작쿵작 소리에 맞추어 환송식 행사를 하는데, 평소에는 졸병들을 잡아먹을 듯 대하던 헌병들도 우리가 불쌍하게 보였는지 情이 넘치는 눈치다. 어찌 보면 죽으러 가는 마당에 헌병쯤이야 하나도 무서울 게 없으니 저들이 먼저 꼬리를 감추는 듯 보였다.

부산항으로 떠나는 군용열차에 몸을 싣고 가고 있는데, 저만치 도로에서 승용차 한 대가 창문을 열고 손을 흔들며 열차를 따라오고 있었다. 아마도 애인이거나 가족인 듯, 나도 따라서 손을 흔들며 사라졌다가 보이면 또 손을 흔들고, 소리를 지르고, 마치 나의 가족인양 착각을 한다. 이것이 한국인의 情이라든가?

어느덧 군용열차는 서울의 서빙고역으로 기억되는 곳에서 정차를 하였다. 수많은 가족들이 면회를 하기 위해 기다리고 있었으며 여기서도 이별의 情을 나누는 사람들로 붐볐다. 면회 온 가족이 없는데도 자기 가족처럼 반기고 슬퍼하며 어쩔 줄 모르는 사이에 영화의 한 장면처럼 이별의 군용열차는 또다시 떠난다.

모두가 잠든 밤 두세 시경, 이번에는 나의 가족이 기다리는 대구역에 도착했다. 이름을 부르는 고함소리에 놀라 모두 잠에서 깼다고 시끄러운 대구사람들을 욕하며 투덜거린다. 왁자지껄, 울며불며 난장판이 된 대구역에 어머니와 동생, 그리고 파월했다 먼저 귀국한 동네친구가 기다리고 있었다.

이때, 나의 하사(下士) 계급장을 보더니 "말뚝 박고 월남 가느냐?"고 놀라서 묻는다. 내가 "수송선 안에서 줄을 서지 않고 밥을 타 먹으려고 가짜 계급장을 달았다"고 하니 그제야 친구는 알아차린다.

월남 참전기 (3)

배 멀미

새벽, 부산항 제3부두에 정박해 있는 엄청 큰 미국 군함(수송선)에 올라타고 한참을 기다리니 환송식에 참가하라며 태극기를 나눠주면서 선실 밖으로 몰아낸다. 그러나 이별하는 모습을 보기 싫다며 못나가겠다고 버티는 병사도 있었다. 나는 환송 나온 육촌 동생을 찾기 위해 두리번거린다. 저만치 동생이 손수건을 들고 나를 찾는 듯 했으나 똑같은 군복 차림이라 알아보지 못하는 것 같아 소리를 지르다보니 어쩌다 눈이 마주쳤다. 환송식은 시작되고 모두들 태극기를 흔들며 맹호부대 군가를 부른다.

> 자유통일 위해서 조국을 지키시다 / 조국의 이름으로 님 들은 뽑혔으니 / 그 이름 맹호부대 맹호부대 용사들아 / 가시는 곳 월남 땅 하늘은 멀더라도 / 한결같은 겨레마음 님의 뒤를 따르리다 / 한결같은 겨레마음 님의 뒤를 따르리라 /

아래를 내려다보니 그냥 동원되었을 법한 여학생들의 우는 모습에 억지로 눈물을 참고 있는데, 옆 병사들은 훌쩍거리며 하나 둘 선실로 내려 가버린다. 나는 쓰다 남은 한국 돈을 동생에게 줘버려야겠다는 생각에 손수건에 쌌으나 너무 가벼워서 다시 수첩을 꺼내어 '꼭 살아서 돌아오겠다'고 적은 뒤 동생을 향해 힘껏 던졌다.

조금 후 수송선에서 뚜우- 뚜우- 뱃고동 소리가 울리니 환송객들의 모습이 절정에 달한 듯 펄쩍 펄쩍 뛰는 사람도 보인다. 이제는 할머니가 됐을 생면부지 부산의 여고생들이 우리를 향해 눈물 흘리는 것을 뒤로하고 선실로 내려가는 나의 눈에도, 사나이가 흘리지 말아야 할 눈물이 주룩 주룩 흐르고 만다. 그놈의 情 때문에 말이다.

한꺼번에 3천 명 이상 실어 나를 수 있다는 미국 국적의 이 군함은 엘리베이터가 6층까지 있었고 선실에는 사다리로 올라가야하는 4층 침대에 나는 4층을 잡았다. 배 안에서 사병들이 하는 일이라고는 청소와 식자재 나르기 정도의 가벼운 일들만 한다.

화장실은 난생 처음 보는 좌변기(양변기)였다. 오음리에서 사용법을 수차례 교육 받았지만 당시만 해도 '푸세식 변소'에서 아파트가 보급되면서부터 '수세식 화장실'로 차츰 전환되던 시절이었다. 모두가 쪼그려 앉아 볼일을 보던 습관 때문에 알고는 있어도 대변이 잘 나오지 않으니 군화를 신은 채 나 역시 올라가서 큰일을 봤다. 원래 걸터앉은 자세에도 배가 흔들릴 때를 대비하여 손잡이까지 있는데, 위에 올라가 볼일을 보다보니 작은 흔들림에도 중심을 잃고 밑으로 처박히는 놈도 더러 있었다. 다행히 나는 그런 불상사는 없었지만…

식사는 매끼 양식을 먹으니 느끼하고 특유의 냄새가 비위에 거슬렸다. 하지만 이것 먹으려면 하루 종일 줄을 서야 하는데, 하사(下士)부터는 줄을 서지 않아도 된다. 아침 먹고 나면 10시부터 점심 먹으려고 줄을 서야하고, 돌아서서 저녁 먹기 위해 줄을 선다.

그런데, 이틀째부터는 갈매기도, 섬도 보이지 않고 사방이 바다뿐인 정말 망망대해다. 우리는 갑판 위에서 날치도 구경하고 돌고래가 배와 같은 방향으로 점프하는 걸 보면서 갑갑하지만 즐겁게 시간을 보냈다. 이때까지만 해도 미제 아이스크림에 콜라, 바나나를 먹으며 서부영화도 보고 마치 '베트남 드림(?)'을 안고 크루즈 여행을 하는 기분이었다. 그러다 삼일 째, 필리핀 근해를 지날 무렵부터 배가 흔들리기 시작하는데, 미리 준비해간 멀미약과 인삼 같은 것을 먹어도 소용이 없었다. 뱃속에 든 것을 모두 토해버리지 않으면 견딜 수가 없었다. 식탁에 올려놓은 그릇이 롤링 때문에 미끄러져 바닥으로 떨어지고, 나는 식탁 위에다 그냥 토해 버리니 옆의 놈도 덩달아 토한다.

이제는 물만 먹어도 토하고, 나중에는 노란 위액까지 토해내니 식당에 줄 서는 사람은 아무도 없다. 모두들 침대에 늘어져 누워서 그냥 토하는 수밖에 없다. 다행히 나는 4층 꼭대기라 괜찮았지만 아래층에 있는 놈은 잘못 얼굴을 내밀거나 지나가다가는 오물 세례를 받는 경우도 있었다.

이지경이 되니 배 안에서의 모든 일이 거의 마비가 되고 만다. 이제는 장교들이 소리를 지르며 침대에서 내려오라고 야단이니 이때부터 죽어나는 게 하사관들이다.

나는 얼른 하사 계급장을 떼고 상병 계급장을 붙이고는 '배째라'는 식으로 버틸 수밖에 없었다. 정말이지 생각 같아서는 월남이고 뭐고 당장 한국으로 되돌아가고 싶었다. 이렇게 삼일 굶고 겨우 아이스크림 정도만 먹으면서 어서 빨리 육지에 내렸으면 하는 기다림의 나날뿐이었다.

나는 수송선 안에서 벌어지는 광경을 보고 또 하나를 깨닫게 된다. 같은 육군으로 똑같은 식사를 했는데도 장교들은 배 멀미를 안 하는 것인지 참는 것인지 몰라도 비틀거리며 사병들에게 '정신 차리라'고 고함을 친다. 단지 계급장만 다를 뿐이라고 생각했는데 책임감이란 게 무서운 것이었다. 나중에 들은 얘긴데, 백마부대와 같은 배를 타고 가는 청룡부대(해병대)는 배 멀미 하는 사람이 없다고 하는 것을 보면 군인이란 저절로 되는 것이 아니고 '군인이란 훈련에 의해 만들어 진다'는 것을 배웠다.

그럭저럭 육지가 가까워지면서 바다도 잠잠하고 뜨거운 햇살이 내려쬐는 가운데, 월남의 제3의 도시 퀴논 항에 일정보다 하루 늦은 7일 만에 당도하니 그때가 1970년 10월 말이었다.

하선 명령에 따라 더블백을 메고 땅을 밟는 순간 나도 모르게 숨이 콱 차고 술 취한 사람마냥 비틀거렸다. 배 멀미의 후유증이라고는 생각도 못하고 월남의 기후 탓으로 여기며 맹호사단사령부로 향하는 트럭에 올라타면서 혼자 중얼거렸다.

"1년 뒤 저 군함을 다시 탈 수 있을까?" 하는 걱정과 함께 또다시 불안감이 밀려온다.

월남 참전기 (4)

말을 하지마라

맹호(수도사단)사령부의 보충대에 도착하여 배치를 기다리는 동안 모든 장병들의 최대 관심사는 과연 어느 부대로 가게 될 것인가이다. 오음리 7보단에서 맹호마크를 달고 한 달 동안 훈련은 같이 받았지만 사실은 그 중에 20~30%는 비전투부대인 십자성부대로 이미 결정되어 있는 상태이다. 다만 사기저하를 막기 위해 맹호마크를 똑같이 달고 여기까지 온 것뿐이다. 나는 무선 통신병(무전병)이라 전투부대인 맹호사단으로 배치되는 것은 당연하지만 그래도 한 가닥 희망은 보병보다는 상대적으로 훨씬 안전한 포병부대로 배치되리라 믿었다. 왜냐하면 포병학교에서 통신교육을 받았고 포병부대에서 근무하다 파월했기 때문이다.

그런데 나의 이름이 "이상! ○○○명 기갑연대!!"라고 소리치는 그 속에 포함되어 있었다. 나는 기갑연대는 탱크부대려니 생각하고 다소나마 안도를 하며 트럭에 올라탔다. 호송 나온 월남 고참병이 M-16소총과 실탄을 주면서 병력 호송 도중 베트콩(월맹의 정규군이 아닌 지방 게릴라)의 기습공격을 받은 적이 있으니 실탄을 장전하라고 한다. 모두들 긴장을 하고 사방을 경계하느라 숨소리조차 내지 않는다. 가는 도중 도로에 코끼리처럼 생긴 이상한 장비를 보게 되는데, 그게 바로 요즘은 시골에서 묘 터 파는 일에도 동원되는 흔하디흔한 굴삭기(포클레인)를 이곳에서 난생 처음 보게 된다.

나는 호송 나온 고참병에게 기갑연대는 탱크부대냐고 물었더니 웃기지 말라며, 이름만 '기갑'이지 보병 편제와 똑같고 정글에는 탱크가 소용없다고 했다. 기대를 했던 포병에서 보병중대로 가게 되었으니 이제 영락없이 죽는구나 생각하니 이때부터 겁이 나기 시작했다. 나는 무전병이다. 월남전에서 가장 위험한 병사는 맨 앞에서 경계와 수색을 하며 본대를 이끄는 '첨병'이고 그 다음이 무전병이라고 들었다. 무전병 옆에는 항상 소대장이나 지휘관급이 있으니 적들이 무전기의 안테나를 겨냥해서 쏘면 소대장이 맞거나 무전병이 맞는다. 거기다 나는 키까지 커서 총알받이로는 그저 그만인 셈이다. 후회해도 소용없는 일이지만 그렇다고 무전병이라 다 죽는 건 아니라 마음먹고 그냥 부딪쳐 보기로 작정을 했다.

무사히 기갑연대 보충대에 도착하여 부대배치를 초조하게 기다리고 있는데, 권총을 찬 병장이 나타나더니 "학력이 대졸이거나 재학 중에 있는 자로서, 본국에서 행정병으로 근무 했던 사람은 앞으로 나와!!"라고 했다. 차고 있는 권총이 장성급들이나 차는 38구경 리볼버 권총이라 얼핏 봐도 특수부대원임을 알 수 있었다. 나도 앞으로 나가니 수십 명이 덩달아 걸어 나왔다.

구두면접에서 나는 동아대학교 법학과 3학년 재학 중에 입대를 하여 2사단 18포병대대에서 행정병으로 근무했다고 거짓말을 했다. 면접에 통과한 나와 10여 명이 쓰리쿼터에 타고 어디엔가 내리니 막사 앞에 '수도사단 보안부대 기연 파견대'라는 간판이 있었다.

"이제부터 필기시험(?)을 치겠다"며 권총을 찬 병장이 백지 한 장씩 나눠 주고서는 신상명세서를 직접 손으로 그려서 제출하라고 한다. 나는 전방부대에 있을 때, 산에 나무하러 가기 싫어서 일하는 체 백지에다 수없이 줄을 긋고 소속, 계급, 군번, 성명… 등을 그려 왔던 터라 얼씨구나 하고 제일 먼저 제출하였다.

좌우를 살펴보니 아직 줄도 다 긋지 못하고 낑낑대는 병사도 있었다. 최종적으로 신상명세서 두 장을 들고 파견대장(대위)에게 결재 받으러 간 사이 또다시 가슴이 조마조마 떨렸다. 잠시 후 나만 남아 있으라 하고서 나머지는 보충대로 되돌려 보내졌다.

이리하여 돈도 빽도 없는 내가 졸지에 보안부대에 특채되어 권총을 차는 뜻밖의 일이 벌어지게 되는데, 나는 동아대학교에 야구특기자로 입학해서 법학공부는 안 했지만 학적이 법학과였고 비록 1학년 중퇴였지만 다른 놈들처럼 완전 구라친 건 아니었다. 나중에 안 일이지만 파견대장이 야구를 좋아하여 나를 선택한 것 같았다. 어찌 보면 야구가 나의 목숨을 살린 거나 다름없다는 생각도 들었다.

파견대 사무실에는 상사(上士) 한 명(여기서는 '부관님'이라 불렀음)과 병장 두 사람이 근무하고 있었다. 부관인 김○○ 상사는 작달막한 키에 배가 볼록하였는데, 일찍이 군 범죄수사대에서도 오랫동안 근무한 베테랑 수사관이다. 우리는 그를 굉장히 무서워했지만 나만은 어여

삐 여겨 범죄수사, 간첩 잡는 기술(?) 등 여러 가지를 가르쳐 주었다.

이즈음, 아직도 배멀미 때문에 어지럽고 속이 매스꺼워 선임병에게 하소연 했더니 본국으로 보낸 첫 편지의 답장을 받으면 괜찮다는데 그게 약 한 달이다.

파월한 지 한 달쯤 지나니 어느 정도 업무도 익숙해지고 병장으로 진급도 하니 월급(전투수당)도 45달러(弗)에서 54달러로 올랐다. 당시의 환율이 약 300 : 1 정도였다고 기억하는데 우리 돈으로 환산하면 16,000원 쯤 되고, 이때 쌀 한가마니에 6~7,000원 쯤 했을까? 지금에야 별 것 아니지만 그때는 대단한 금액이었다.

그리고 전투수당의 70% 이상은 본국으로 강제송금 해야만 했는데, 달러가 절대적으로 부족한 우리나라에서 외화벌이의 효자 노릇을 했던 것이다. 한국군이 받는 전투수당은 미국 본토의 US달러가 아니고, MPC라고 하는 군표(軍票)와 별도의 쿠폰을 받았는데, 70%를 강제로 송금 당하고 나머지로 술, 담배 등 일용품을 사고 나면 남는 게 거의 없었다.

식당의 밥은 쌀의 품질이 형편없어서 입으로 불면 밥알이 날아갈 듯한, 6·25 직후 우리 어릴 적에 억지로 먹어야 했던 '안남미'로 밥을 지어 먹으니 밥맛이 있을 리가 없다. 다행인 것은 박 대통령의 요청으로 한국군에게 K-레이션이 보급되면서 캔으로 포장된 시큼한 김치를 먹을 수 있었는데 지금도 그 맛을 잊을 수가 없다.

섭씨 40도를 오르내리는 무더위지만 양철지붕이라도 막사 안에 있으면 시원하고, 사무실 천장에 기어 다니는 도마뱀을 붙잡아 런닝셔츠 속에 넣으면 선풍기 대용은 됐다. 현지에서 노랗게 익은 바나나는 정말 맛이 좋아 밥 대신 자주 먹었던 기억도 난다.

그런 어느 날 부관이 나한테 '보안'의 뜻이 뭐냐고 묻는다. "보안이란 안전하게 보호하고 지키는 것을 말하는 것입니다" 대답 했더니 "니가 그거 모를 것 같아 내가 물은 줄 아느냐?"면서 정답은, "보안이란, 말을 하지 않는 것이다"라고 했다. 그러면서 세 치도 안 되는 혀끝을 잘못 놀려 신세를 망치는 일들이 수없이 많다며 '세상에 비밀은 없다'고 했다.

이제는 40년도 훌쩍 넘어 공소시효(?)도 끝난 일들이라 생각하지만 그래도 '말을 하지마라'는 지침을 어겨도 될지 고민을 더 해보고 참전기를 계속 써든 말든 해야겠다.

월남 참전기 (5)

이제는 말할 수 있다

월남 참전기를 쓰면서 특별히 자랑할 만한 것도 없을뿐더러 대부분이 이미 알려진 얘기들이라 색다른 읽을거리가 없는 듯하여 고민을 했었다. 그러나 지금 나라꼴이 월남이 패망하기 직전의 모습과 흡사한데다 온갖 말들을 지껄여도 잡는 사람도, 잡혀가는 사람도 없는 세상이라 나도 '이제는 말할 수 있다'쪽으로 무게가 실린다. 다만 영천 호국원의 납골당에 갈 때까지 해서는 안 되는 것 빼고 말이다.

전쟁이란, 적을 죽이지 못하면 내가 죽는다. 한마디로 무지막지하고 비참하다. 전쟁을 모르는 요즘 젊은이뿐만 아니라 우리 세대 중에서도 드라마나 영화처럼 낭만적일 것이라 여기는 사람이 많다. 죽었던 배우나 연기자가 살아나서 또 다른 역할을 하고 있으니 착각하는 것일까? 실상은 그렇지 않다는 것을 알리면서 이해를 돕기 위해 시대적 상황을 잠시 언급한다.

지금의 베트남은 전쟁 당시에는 17도 선을 기준으로 남부 베트남은 '월남(越南)'이라 하여 자유 민주주의 국가이고, 북부 베트남은 '월맹(越盟)'이라 하여 공산주의 체제로, 우리처럼 같은 민족이 남북으로 갈라져 전쟁 중에 있었다.

한국군은 1964년에 파병을 시작, 1973년 철수할 때까지 약 32만 명이 참전했으며 전사 5,100명, 부상 11,000명이 공식 집계다. 나는 1970년에 파월하여 1971년에 귀국을 했는데, 파월하니 고참병이 "월남, 종쳤는데 왜 왔느냐?"고 반문을 하더라. 이제 훈장 탈 일도 없고, 돈 벌 일도 없는데 고생만 하러 왔다는 얘기다. 또 하나는 우리 파견대에 월남의 지식인이 간혹 찾아오는데 그들 중에 "한국군이 우리를 위해 싸워 주고 있어 고맙긴 하지만 월맹을 이길 수 없다."고 했다.

당시 남부 베트남은 경제와 군사력이 월등하였는데도 '티우'라는 대통령이 집권하기 이전부터 부정부패가 심하여 학생은 군대 안 가겠다고 데모를 하고, 종교인들은 같은 민족끼리 싸우지 말자며 분신자살을 하니, 공산주의를 모르는 농민들조차 반정부 세력에 가담을 하고 있어 전투 능력만으로 이길 수 없는 상황이었다.

한편, 북부 월맹은 호치민(胡志明 : 호지명)이라는 지도자를 앞세워 식량마저도 부족한 군대를 이끌고 게릴라식으로 월남을 압박하고 있었다.

맹호부대는 남쪽의 사이공(지금의 호치민)에서 이어지는 1번 도로를 따라 제3의 도시 퀴논에 사단사령부를 두고, 그 아래쪽에 26연대, 퀴논 북쪽에 1연대, 좌측에 내가 소속된 기갑연대(일명 번개부대)가 주둔하고 있었는데, 1번 도로에서 갈라지는 19번 도로 주변의 빈케군(郡) 일대가 주 작전지역이다. 육군 소령이 군수로 있었고, 정규군과 민병대(우리의 예비군) 그리고 주민이 살고 있는 전형적인 농촌 마을이다. 프랑스의 식민 지배를 오래 받아서 프랑스 건축물이 곳곳에 남아 있었으며 한자(漢字)로 된 간판도 보였다.

19번 도로는 미군과 한국군의 주요 보급로로, 캄보디아, 라오스로 이어지며 양쪽으로 넓은 들판과 산악(밀림)지역으로 되어 있다. 한국군의 월남전 사상 최대 격전지로 알려진 '안케패스'까지이며, 도로 곳곳에는 다리(교량)가 있는데 기갑연대가 경계를 한다. 한진운수의 운전기사도 총을 휴대하고 군수물자를 실어 나르는 중요한 도로이기도 하다.

날씨가 덥고 비가 자주 오는 열대성 기후로, 쌀농사는 3모작까지 가능하지만 2모작으로 충분히 먹고 살 수 있고 쌀을 수출하는 나라지만 총을 메고 모심기를 하고 있었다. 당시 우리나라는 쌀 증산을 위해 수확이 많이 나는 '통일벼'를 강제로 심게 하고 한 끼는 분식을 먹도록 장려 했으며 학교에서는 보리쌀을 섞었는지 도시락 검사까지 하던 시절이라 나는 월남의 농촌이 무척 부러웠다.

농촌 대부분의 가정집에는 가구가 별로 없다. 사시사철 덥기 때문에 이불이 필요 없고 옷은 한 가지만 있으면 되니 장롱이 있을 리 없다. 그저 널빤지를 깔아서 침대로 삼고 모기장만 있으면 된다. 전기도 없을뿐더러 조금 괜찮게 사는 집이 트랜지스터 라디오가 있을 정도다.

남녀가 대체로 헐렁한 검은색 바지와 상의를 입고 다니거나 일을 하는데 속옷은 입지 않는다. 여성들도 팬티마저 입지 않는 이유는 비가 자주 오기 때문에 속옷을 입으면 빨리 마르지 않아서다. 재미있는 것은 농촌에는 화장실이 없다. 여성이 대소변을 볼 때는 한쪽의 가랑이를 걷어 올리고 앉아서 볼일을 본다. 팬티를 입지 않으니 가능한 일이고 거의 매일 비가 오니 집 근처 아무데서나 나뭇잎으로 뒤처리를 하면 빗물에 저절로 씻겨 내려가니 이래서 화장실이 필요 없다는 얘기다. 어떻게 보면 우리농촌의 푸세식 화장실보다 상당히 위생적(?)이다. 이때 삿갓처럼 생긴 '논'이라 부르는 밀짚모자는 햇빛을 가리거나 우산으로서의 필수품인데, 또 다른 용도로 여성들이 이 모자로 앞을 가리고 볼일을 본다.

6~7세 밖에 안 되는 어린애들이 우리가 지나가면 "헤이, 맹호! 담배! 담배!"를 외치며 따라 오는데, 내가 6·25 동란 후 미군에게 "헬로, 쪼코레또 기브 미!"라고 외쳤던 생각이 나서 한 두 개비 주면 어른과 똑 같이 피운다. 프랑스 식민지 시절에 어린애들의 머리를 나쁘게 만들기 위한 수단으로 일부러 담배를 가르쳤다고 한다. 나이 많은 여성들은 엽초 같은 것을 씹으면 치아까지도 빨갛게 되는 게 있다. 마치 흡혈귀가 피를 빨아 먹은 듯한 모습인데 일부러 흉측하게 보이도록 하여 겁탈을 방지하는 일종의 자기방어 수단으로 써 왔던 것이다. 독립이 되고서도 담배처럼 중독되어 씹고 있었다. 마약은 아니라고 하지만 이것 역시 전쟁 때문에 생겨난 비극이 아니겠는가?

월남 참전기 (6)

매복 작전

파월한지 보름 정도 지났을 쯤, ○중대에서 총기사고가 발생하여 부상병을 의무중대로 후송했다는 전화를 받았다. 지척에 의무중대가 있는지라 걸어서 내려가 보니 다리에 총상을 입은 병사가 고통을 이기지 못해 고함을 지르는데, 한국으로 보내달라고 악을 쓰고 있었다. 보나마나 자해(自害)사고다. 포성과 총소리, 대낮처럼 밝혀주는 조명탄은 발밑의 동전도 찾을 수 있을 정도이니 공포와 불안에 겁을 먹은 월남 신병이 자신의 발등에 총을 쏜 것이다. 다리를 다치면 전투를 할 수 없으니 한국으로 보내 주겠지 하는 단순한 생각에 자해를 했지만 원칙으로는 영창감이다.

전투 중에 부상을 당하면 헬기로 야전병원에 후송시켜 치료를 받고 부상정도가 심한 순서에 따라 매주 토요일마다 ○○명을 미군 수송기편으로 대구 제1육군병원(現 국군 대구통합병원)으로 보내진다. 도

중에 필리핀에서 한 번 급유를 받는 과정을 거쳐야 하니 한국에 가기가 그리 쉽지 않다는 얘기다. 그런가 하면 작전 중에 괴성을 지르고 총을 쏘며 뛰쳐나가는 병사도 있는데, 장시간 긴장한 상태에서 일어나는 일종의 정신병으로 우리는 '전쟁공포증'이라 이름 지어 병원으로 후송 시키고 한두 달 치료가 끝나면 원대복귀 되는 등등, 전쟁은 소설처럼 낭만이 아니다.

전후방이 따로 없는 월남전은 정글과 계곡, 동굴이 대부분이라 보병은 힘들고 위험하다. 숨이 막힐 것 같은 더운 날씨에 무거운 배낭을 지고 방탄복까지 껴입고 길도 없는 정글을 헤쳐 나가야 한다. 베트콩뿐만 아니라 모기, 뱀, 독초와도 싸워야 하고 행여 '전갈'이라는 독충에 물렸을 때는 즉시 독을 빨아내지 않으면 죽기도 한다. 언제 죽을지 모르니 보병의 두려움은 형언할 수 없다. 정확한 수치는 모르겠으나 전사자의 70% 이상이 보병이라고 생각하면 거의 맞을 것 같다.

보병 1개 중대병력은 약 150명으로 1, 2, 3소대와 화기소대로 편성되어 있으며, 파월 초창기에 화기소대는 박격포와 기관총을 갖추고 있었지만 무거워서 월남전에 적합하지 않아 중대본부를 호위하는 소총소대의 임무를 띤다. 그 대신 베트콩이나 월맹군이 가장 무서워하는 '크레모어(Claymore)'를 보병 모두가 휴대하고 다닌다.

중대본부로 진입하는 도로는 매일 아침 지뢰 탐지가 끝나야 차량이 통행할 수 있으며, 각 소대별로 지하 벙커에서 생활하고 지하 통로를 이용하여 이동한다. 지상에 있는 것은 식당, 휴게실, 관측용 전망대뿐이며 대부분의 보병중대의 진지(陣地)는 이와 비슷하다고 보면 된다.

평상시에도 매일같이 중대 진지 외곽에 야간 매복 작전을 한다. 부대별로 조금 차이는 있으나 늦은 오후에 베트콩 복장을 하고 중대본부를 출발하여 민사병(월남어 통역이 가능한 사병을 말하며 중대마다 한 명씩 있음)이 월남 정보원 또는 작전지휘부에서 받은 베트콩의 이동 경로로 예상되는 곳에 매복 장소를 정한다.

우기 철에는 땅을 파서 참호를 만들지만 고인 물속에서 보초를 서야 하고, 건기 철에는 땅이 딱딱하여 참호를 파기 어렵기 때문에 마대에 흙이나 모래를 담아(샌드백) 3단으로 쌓는다. 약 20미터 전방에 인계철선으로 연결한 조명탄, 그리고 크레모어를 설치하고 전선(電線)을 연결해 놓은 후 베트콩이 지나가기를 기다린다.

물론 교대로 잠을 자는데 철모를 쓴 채 머리를 적 방향으로 하여 가슴에 M-16소총을 안고 자며, 총소리가 나면 바로 누우면 사격 자세로 들어간다. 매복 중에 뭔가 인계철선을 건드리면 조명탄이 터짐과 동시에 맨 먼저 크레모어를 터트리고 바로 사격을 한다. 이 크레모어는 6·25때 중공군의 인해전술에 혼이 난 미군이 대량 살상용으로 개발한 일종의 대인지뢰이다. 겉은 플라스틱이고 월간지 '신동아' 책 크기 정도에 무게는 1.5~2kg 정도로 속에는 700여 개의 파편(베아링)과 흰 떡처럼 넓적하게 생긴 폭약이 들어있다.

전선을 연결하여 건전지가 들어 있는 격발기를 누르면 뇌관이 터지면서 파편이 부채꼴 모양으로 튀어 나가는 엄청난 위력의 무기로, 후폭풍도 대단히 세어 아군이 후폭풍에 맞아 죽은 경우도 있었다. 크레모어에 죽은 베트콩의 시신을 목격했더니 걸레처럼 너덜너덜한 데다 벌집처럼 구멍이 뚫려 있었다.

여기서 나의 생각을 빗나가게 한 것은 사살된 시체를 보면, 흘린 피가 영화나 드라마에서처럼 많지 않다는 것이다.

적군의 시신은 신병들에게 공포를 없애고 담력을 키운다는 뜻에서 대검으로 찌르게 한 뒤 시신을 묻어 버리는 것이 관습처럼 되어 있었다. 어차피 전쟁이란 인간적이지 못하기 때문에 적에게 대항하기 위해서는 심리적으로 강해지려고 하는 수단으로 볼 수 있다. 그러나 지금 와서 생각해 보면 죽은 자를 또 찌른다는 것은 전우애는 커질지 모르지만 생명의 존엄성을 잃어버리게 만드는 비굴한 행동으로 전쟁이야말로 없어야 된다고 나는 생각한다.

그리고 간혹 사격 후 확인해보면 주민이 방목한 소가 맞아 죽은 경우도 있는데, 이튿날 주민들이 몰려와 소를 변상해 달라고 울며불며 야단이다. 보상을 해달라는 뜻이므로 이런 민원들은 대부분 쌀로 해결해 버린다. 우리 부대원이 19번 도로에서 교통사고를 내어 농민이 죽었다. 동네 주민들이 탁자에 시신을 올려놓고 차량 통행을 막으며 야단법석 농성을 하였는데 쌀 두가마니로 합의를 본 적이 있었다.

지금 세상에는 있을 수 없는 일이겠지만 소를 잃은 것도 농민에게는 큰 손해며 차에 치여 죽은 사람도 소중한 생명을 잃었는데, 쌀 몇 가마니에 말없이 돌아서는 것을 보면서 이 또한 힘없는 나라의 비극이 아닐까?

월남 참전기 (7)

베트콩 소탕작전

우리나라 사람만큼이나 말 안 듣는 민족이 있을까? 나 역시 마찬가지지만 전쟁터에서조차 정해진 규칙을 지키지 않아 벌어진 크고 작은 일들이 너무 많다.

통상 사단급 작전은 25일간, 연대급 작전은 15일간, 그밖에 여러 형태의 작전을 실시하는데, 작전 나서기에 앞서 반드시 군장검열을 실시한다. 왜냐하면 소대장이 철모가 무겁다며 하이바(헬멧)만 쓴 채 전투하다가 베트콩이 쏜 총 한 방에 머리를 맞아 전사했다. 그런가 하면 아군 전사자 중에 실탄이 떨어진 상태로 죽은 병사도 있었다. 또 초창기에 지급된 방탄복은 여러 겹의 섬유로 제작된 것이라 파편은 막을 수 있으나 실탄은 관통하기 때문에 가슴과 등허리 부위에 철판(납덩이)이 들어 있는 신형 방탄복이 지급되었다. 그러나 방탄복이 무거워(약 5~6kg 정도?) 납덩이를 빼버리고 작전에 임하다 전사 또는 중상을 입는 등등, 안전 불감증으로 인한 사고가 많아 그 실태를 파악하여 보고하느라 군장검열에 참여하게 되었다.

보병 소총수의 기본 장비는 3일분 식량(C-레이션), 3일분 실탄 240발(20발 탄창 10개를 탄띠에 차고, 소총에 탄창 두 개를 테이프로 묶어서 장착한다. 실제는 탄창 스프링의 복원력 때문에 19발을 장전한다), 크레모어 2발, 수류탄 2발, 조명탄 2발, 소총, 철모와 방탄복, 수통과 1리터짜리 물통, 그리고 분대별로 먹을 물을 5갤런(약 20kg)용 비닐 빽 서너 개를 공동으로 짊어져야 한다. 개인별로 다소 무게의 차이는 있지만 약 40kg이 넘는다.

헬기를 탈 때 배낭을 받쳐 줘야 일어나는 병사가 있을 정도로 무거운 짐을 메고 정글에 투입된다. 물은 식량과 실탄 다음으로 생명처럼 여긴다. 갈증을 일으키는 짠 음식은 휴대조차 않으며 만약 작전 중에 물이 떨어지면 주위에 있는 깨끗한 물은 절대로 먹지 못하게 한다. 흙탕물에 벌레가 살아서 움직이는 것을 확인하고 소독약(크롤칼키)을 타서 마신다.

대체로 큰 작전일수록 적이 숨어 있을만한 동굴이나 무기류를 찾는 수색작전이 많은데, 교묘하게 은신해 다니기 때문에 정글에 길을 만들어가며 찾아 나선다. 물론 비행기로 고엽제(맹독성 제초제)를 뿌리지만 두터운 정글 속까지는 제거가 불가능하다. 어렵사리 동굴을 찾아내면 벌써 정보가 새 나가 도망쳐 버린 뒤다.

고참병은 월남인들이 즐겨먹는 생선을 썩힌 '늑만'(우리의 멸치젓보다 냄새가 더 심함)의 냄새를 맡고서 위치를 알아차리기도 한다. 동굴 입구는 한 사람이 겨우 드나들 수 있을 정도지만 내부는 수백 명이 생활할 수 있는 넓은 공간에 물과 술(사탕수수로 만든 럼주)까지 있어 천

혜의 요새와 다름없다.

뉴스에는 항상 '적 사살 몇 명, 무기 몇 점 노획'이라 하면서 언제나 '아군 피해 없음'이다. 하지만 오히려 당하는 경우도 많은데, 군의 사기와 민심 때문인지 보도를 통제하여도 나는 기갑연대 내에서 벌어지는 상황은 다 알고 있다.

아군이 가장 무서워하는 것이 적의 기습과 부비트랩(Booby Trap)이다. 적들의 기본전술은 숨어서 첨병은 지나가게 하고 본대가 접근하면 기습을 하는데, 사격술이 얼마나 정확한지 한방에 한 명씩 쓰러질 정도이다. 전투상황이 벌어지면 여기저기서 비명소리와 위생병을 부르는 고함소리, 그리고 '엄마'를 외치는 소리가 가장 많이 들린다. 그런가하면 고통을 이기지 못하거나 잘려나간 팔 다리를 보며 '죽여 달라'고 애원까지 하는 병사도 있다.

또한 부비트랩은 올가미, 함정, 덫의 의미를 가지고 있는 원시적인 무기로, 정글속의 지형지물을 교묘히 이용, 쇠꼬챙이나 목재를 날카롭게 다듬어 생명을 위협하므로 우리에게는 무서운 존재일 수밖에 없다. 이것이 차츰 발전하여 폭발물 뇌관에 인계철선을 연결하여 살상을 하는 게릴라전에서 아군의 전진을 저지하는 위력적인 무기이기도 하다.

교전 중에 대열을 정비하고 위치를 알려주면 건 십(Gun Ship)이라는 무장 헬기(지금의 아파치 헬기)가 출동하고, 무장헬기에서의 기관총 사격은 소나기가 퍼붓듯 한다. 미처 도망가지 못하고 죽은 베트콩의 시신을 보면 상체의 절반은 아예 없을 만큼 위력이 대단하다.

병력수와 장비가 월등히 좋은 아군에 비해 베트콩이나 월맹군은 정글 속에서의 게릴라 작전이라 남루한 군복에 재래식 무기, 심지어 슬리퍼조차 신지 않고 맨발로 다닌 흔적도 있다. 먹을 것은 거의 휴대하지 않은 채 야생 열매 같은 것을 찾아 먹는다. 무게를 줄이고 행동을 민첩하게 하기 위해서 소총의 개머리판도 떼고 다니는 경우도 있으며 실탄도 다섯 발 이내로 가지고 다닌다. 시신의 허리띠 버클에 별이 새겨져 있는 것을 보고서야 월맹 정규군임을 판단할 정도로 열악한 조건이다.

작전 중에 보급품이 떨어져 지원요청을 하면 즉시 미군 헬기가 식량과 실탄 등을 보내준다. 밥을 요청하면 포탄 껍데기나 C-레이션 박스에 비닐을 깔고 밥을 넣어 공중에서 투하해 준다. 크레모어 떡(폭약)으로 찌개를 끓이기도 하는데, 문제는 보급품이 너무 많이 공급된다는 것이다. 밥이야 하루가 지나면 상해 버리기 때문에 별문제가 없으나 C-레이션이나 실탄 등은 남아서 골치가 아프다.

땅을 파서 묻어 놓고 귀대할 때 지나다 보면 귀신같이 알고 파내어 간 것이 도리어 아군을 죽음으로 인도하는 결과가 되기도 한다. 그뿐만 아니라 교전이 끝나면 무장 헬기에서 쏜 탄피를 줍느라 애, 어른 할 것 없이 이리저리 뛰어다니는 걸 보면서 전쟁이 지구상에서 없어지는 날은 아마도 없을 것이라는 생각이 든다.

월남 참전기 (8)

아카보 소총과 M-16

백마부대 지역에서 노획한 무기 중에 북한제 아카보 소총(정식 명칭은 AK-47)이 발견되어 야단이 났다. 그러지 않아도 북한의 군사 고문단 요원이 월남에 잠입해 있을 것이라는 첩보가 있었다. 월맹군 복장을 한 북한군의 몽타주를 책상 앞에 두고 매일 쳐다본 적이 있었는데, 북한제 무기가 발견되었으니 관심이 클 수밖에 없었다. 북한제 임을 알 수 있는 것은 아카보 소총에 단발과 연발(자동)의 뜻을 가진 '단' '련'의 글씨와 68년도에 생산했다는 '68식'이 한글로 새겨져 있기 때문이다.

70년대 중반까지 한국군에는 2차 대전 때 사용하던 무겁고 불편한 미제 M-1소총이 지급되고 있었지만 북한은 이미 아카보 소총을 생산하여 수출까지 하고 있었다는 얘기다. 이 아카보 소총은 구 소련(소비에트 연방)의 영향권 아래 있던 공산권 국가를 중심으로 전 세계에 걸쳐 퍼져있었다. 아프칸 전쟁, 소말리아 해적, 심지어 아프리카 내전지역의 소년병들도 이 총을 소지하고 다닌다. 개인화기(총)로 치자면 지구상에서 가장 많아 베스트셀러 총이라고 해도 과언이 아니다. 이 총 때문에 전 세계는 테러와 게릴라가 난무하여 세상에서 가장 많은 사람의 목숨을 앗아 간 무기이기도하다.

이참에 아카보 소총에 대한 얘기와 함께 M-16 소총도 함께 다루어 볼까한다.

AK-47(일명 아카보 소총)은 1947년 구 소련의 어느 병사가 고안한 것으로, M-1소총보다 가볍고 한꺼번에 실탄 30발을 장전할 수 있는데다 여덟 개밖에 안 되는 부품으로 이루어져 있어 고장이 적고 누구나 다루기 쉬운 장점을 가지고 있다. 개머리판이 나무이고 탄창이 바나나처럼 구부러진 모양에 권총처럼 손잡이가 있다. 분쟁지역 국가에서 뉴스에 비쳐지는 개인화기는 거의 AK-47 또는 이것을 개량한 것이라 보면 틀림없다. 제원은, 총알의 지름(구경) 7.62㎜, 길이 87㎝, 무게 4.3㎏, 강선(총알의 회전력을 높이기 위해 총열에 파놓은 홈)은 4조 우선, 발사속도는 분당 600발이다.

이 총의 장점은 러시아의 악천후나 아프리카의 모래밭, 동남아의 습지에서도 고장이 거의 없다. 미군이 습기에 약한 M-16 대신에 노획한 AK-47을 사용한 사례도 있었다. 그리고 가격이 싸고(당시 30~50달러 정도) 구하기 쉽기 때문에 좋은 총이지만 그 능력 때문에 악마의 총으로 취급받는다. 단점이라면 무게가 꽤 무거운 편이며, 구경이 7.62㎜(캐리버30으로 M-1과 동일)이기에 반동이 세다.

반면, M-16은 한눈에 봐도 장난감 같은 총이지만 겉모습과 달리 성능은 최고다. 나는 훈련소에서부터 8발짜리 M-1소총을 만지다가 오음리 월남교육대에서 처음 접하게 되었다. 처음에는 플라스틱에 싸여 있어 의심을 했지만 다루어보니 눈물이 날 정도로 성능이 우수하였다. 제원은 길이 100㎝, 중량 2.97㎏, 구경 5.56㎜, 총열 6조 우선, 분당 발사 속도 750발, 현재 서방 자유국가에서 대부분 채택하고 있으며 AK-47의 라이벌 성격을 가지고 있다. 특징은 가볍고 정확하며 강선이 6조라서 회전력이 강하며 사격 시 반동이 적고 실탄의 무게가 가벼운 대신에 살상 능력은 더 뛰어나다.

실제, 우리 연대본부 내에 조그만 동물원이 있었는데, 사육사는 실탄의 화약을 3분의2는 버리고 3분의 1만으로 새나 짐승을 잡는다. 실탄 그대로 비둘기를 쏘면 날개털만 남고 살점은 거의 없기 때문이다. 단점이라면, 청소가 필요 없다고 했으나 실제와는 달리 총기 내부가 오염에 취약하여 고장을 자주 일으켰다.

M-16소총 하면 빼놓을 수 없는 유명한 일화를 소개한다.

우리나라가 월남전에 전투병을 파병하는 조건으로 미국으로부터 M-16소총을 구매할 수 있는 자격이 주어졌다. M-16을 생산하는 미국의 맥도날드 더글라스의 중역이 박정희 대통령을 방문한 자리에서 M-16소총을 구입해준 것에 대한 감사의 표시로 100만 달러의 수표를 내 밀었다. 수표를 받아 든 박 대통령이 “이 돈은 내 돈도, 그렇다고 당신 돈도 아니오, 이 돈은 지금 내 형제, 내 자식들이 천리타향 저 멀리 월남에서 피를 흘리며 싸우고 있는 내 아들들의 땀과 피와 바꾼 것이오. 대신에 이 돈만큼의 총을 우리에게 주시오.”라고 했다.

정말로 100만 달러어치의 총이 별도로 포장되어 왔을 뿐 아니라 그 후로 대우정밀에서 M-16을 면허 생산하였고, 이를 개량한 K-1, K-2

소총을 개발하여 지금은 세계 최고수준의 총을 우리가 만들고 있다.

생각해 보면 뇌물이다, 리베이트다 하면서 지금도 온갖 비리로 세상을 어지럽히고 있는가하면, 100만 불에 자살까지 하는 대통령을 보면서 오늘따라 왠지 당신이 그리워진다. 진정 그대가 아니었으면 나는 지금 김정은이 밑에서 허기를 달래느라 근기도 없는 물을 마시고 있을 것이다.

월남 참전기 (9)

귀국 박스

내가 참전 중일 때의 보안사령관은 나중에 어린애도 모르는 사람이 없었던 김재규였다. 이 사람에 대한 평가는 모두들 조심하느라 거론을 못하고 있는지 모르겠다. 비록 나는 보안부대에 비공식 파견요원(요즘으로 치면 비정규직)이었지만 직속상관으로 모신 인연으로 당시의 상황과 나의 업무와 연관 지어 나름대로 평가를 해본다면, 내게 비쳐진 김재규, 한마디로 그는 박정희 대통령과 더불어 국가발전과 국방에 헌신한 사람으로 기억된다.

육군보안사령부(現 국군기무사령부)는 국방부의 직할부대로 사령부와 지원부대로 구성되며 지원부대는 육군의 사단 및 여단급에 배속되어 배속부대를 지원한다. 군사정보와 보안, 방첩, 범죄수사 등이 주임무이고 어느 정권에서나 대통령이 가장 신임하는 사람을 사령관에 앉히며 계급은 소장, 또는 중장이지만 군에서 최고의 권력자라고 말할 수 있다.

육군 중장 김재규 보안사령관의 지휘방침은 언제나 지원부대로서의 역할에 충실할 것을 강조하였다. 한마디로 '보안부대원이라고 끗발 부리지 마라'를 강조했다. 피지원부대와 복장을 동일하게 하라, 반드시 철모를 쓰라, 억압을 주는 언행을 삼가라 등등, 이러한 지시가 귀국 장병의 휴대품 박스 검열에도 나타났음을 알 수 있다.

귀국 시에 가져 갈 수 있는 박스는 품목과 무게에 제한이 있는데, 박스의 크기가 장교, 하사관, 일반 병의 순으로 크기가 다르다. 검열의 목적은 국내에 반입되면 안 되는 물건 즉, 총검류 등이 대상인데 간혹 대검을 숨겨가다 적발되는 경우도 있다.

지금 생각하면 우스운 얘기지만 장병들이 틈틈이 '플레이 보이' 잡지에서 오려낸 여성의 나체사진을 백지에 붙여 앨범처럼 만든다. 서양 여성이 중요 부분은 감추고 유방만 드러낸 사진이 당시는 음란물로 분류되어 압수, 폐기 시켜야 했다. 처음에는 음란 비디오와 함께 앨범도 소각을 했으나 고생하는 보병들을 생각하여 작전지역으로 내려 보내주면 소중히 간직하다 귀국박스에 넣어보지만 또 압수당한다. 이걸 다시 소총중대로 내려 보내주기를 반복하였다. 나는 그 중에서 괜찮은 두 권을 골라 귀국 시에 가져와 친구에게도 자랑을 하다가 결혼 전에 내버린 적이 있다.

요즘은 음란물 홍수에 살다보니 이 정도는 대수롭지 않은 것에 불과하지만 당시는 그만큼 통제를 했기 때문에 여성들이 혼자서 밤길을 다녀도 괜찮지 않았나 생각된다.

만년필 압수에 관한 얘긴데, 당시 우리나라는 만년필이 생산 되지 않아 귀한 물건이라서 미제 파카 만년필, 일제 파일럿 만년필이 부자들에게 인기가 많았다.

월남에 오니 '英雄'(영웅 Hero)이라는 중국제 만년필이 값도 싸고 질도 좋아 선물용으로 구입을 많이 하였다. 이게 중공제(中共製)라는 이유로 보안사령부에서 압수하여 폐기시키라는 지시가 하달되었다. 당시 우리나라는 지금의 대만을 '自由中國'이라 하였고, 중국은 '中共'이라 하여 적국으로 간주하였기에 적성국가의 물품을 국내로 반입할 수 없다는 이유다.

中國製造(중국제조)라 쓰여 있으니 나 역시 자유중국(대만) 제품인 줄 알았는데 압수하라니 난감했다. 압수 후 만년필 뚜껑을 열고 부러트려서 버려야했는데, 아까워서 보병들 것은 눈 감아 주기도 한 것이 기억난다. 요새는 스스로 빨갱이임을 자처하고 다녀도 괜찮으니 세상 참 변해도 많이 변했다.

귀국 박스 얘기에 빼놓을 수 없는 물건이 탄피다. 보병은 선임병의 귀국날짜가 잡히면 후임병들은 귀국박스를 채워주기 위하여 틈틈이 탄피를 마련한다. 제일 손쉬운 방법이 사격훈련이다. 처치 곤란할 정도로 많은 실탄을 사정없이 갈겨, 총열이 벌겋게 달아오르도록 쏜다. M-16 사격연습 후에 버려진 탄피를 모아 선임병에게 준다. 그래도 모자라면 밤에는 총성을 낼 수 없기 때문에 총구에 실탄을 거꾸로 끼워 아래위로 서너 번, 치과의사가 이빨 뽑듯 흔들어 총알이 빠지면 화약은 버리고 탄피를 모은다. 또 다른 방법은 시중에서 월남인들에게 돈을 주고 사거나, 아니면 파견 나와 있는 장갑차의 기관총 사수에게 C-레이션 한 박스를 주고 기관총 탄피와 교환을 한다. 기관총은 자동으로 사격해버리면 금방에 탄피가 쌓인다.

이렇게 하여 귀국 장병과 함께 실려 온 탄피는 가정과 나라 살림에 커다란 보탬이 되었음은 널리 알려진 사실이다.

그런데 이러기를 수년간 해오다가 큰 문제가 발생했다. 부산 부두에서 박스 하역작업 중 나무박스 속의 탄피가 무게를 견디지 못해 박스가 터져 내용물이 바닥에 쏟아져 버렸다.

탄피를 한꺼번에 많이 가져 오려니 기관총 탄피 속에 소총탄피를 채우고, 포탄 탄피는 배를 갈라 종이처럼 펴고, 아무튼 부피를 최대한 줄이다 보니 박스가 무게를 견디지 못한 것이다. 그런데 사격을 하지 않은 '생 탄피'가 섞여 있는 것을 미군 측에 발각되었기에 문제가 되고 만 것이다. 이래서 생 탄피 단속이 강화되고 이후로 차츰 보병들은 박스는커녕 더블백만 메고 귀국하게 되었다.

지금도 잊을 수 없는 공공연한 비밀이었던 것은, 귀국박스와 함께 '잉여장비'라는 이름하에 빼돌린 엄청난 양의 M-16소총과 크레모어, 수류탄 등등은 우리 국군, 특히 최전방을 현대화시키는데 크게 기여했다는 것이다. 그때나 지금이나 공부깨나 했다는 사람들 중에는 월남참전을 미국의 '용병'이라 하지만 당시 우리나라가 처한 상황이나 국가이익이 뭔지 모르는 사람들의 말장난이다. 누가 뭐라 해도 월남전 때문에 제일 덕을 본 나라는 한국이라고 나는 생각한다.

월남 참전기 (10)

고엽제

월남전에 관한 이야기 중에서 빼 놓을 수 없는 것이 고엽제다. 고엽제(枯葉劑)란, 말 그대로 초목을 말라 죽이는 강한 제초제다. 월남전에서 사용된 고엽제는 통칭 '에이전트 오렌지(Agent Orange)'라 불렀다. 고엽제를 담은 드럼통 둘레에 오렌지색 띠를 둘렀다고 해서 유래한 이름이다. 베트콩 및 월맹 정규군을 소탕하기 위해 그들의 은신처인 정글을 없애고, 식량 공급원인 농작물을 말라 죽게 하는 목적으로 사용하였다.

지금 나는 고엽제 후유의증(疑症)환자로, 정부로부터 각종 혜택을 받고 있지만 내 주위에는 고통을 이기지 못해 자살로 생을 마감한 사람, 아직까지도 보훈병원에 기약 없이 입원해 있는 사람, 분명 고엽제에 노출되었다고 여겨지는 소총수였지만 고엽제와 관련된 질병이 증명되지 않는다는 이유로 보상에서 제외된 사람 등, 고엽제로 인해 고통의 나날을 보내는 사람들의 참상을 보고 들으며 함께 살아가고 있기에 내가 알고 있는 고엽제의 실상을 말해볼까 한다.

고엽제는 독극물인 다이옥신을 함유하고 있다. 다이옥신은 인간이 만든 모든 물질 중에서 가장 독성이 높다. 청산가리의 1만 배의 독성을 가지고 있으며 다이옥신 1g은 2만 명에 가까운 사람을 죽일 수 있는 것으로 알려져 있다. 월남전에서 사용한 다이옥신의 양을 환산하면 170kg(약 2,000만 드럼) 정도로 추산하는데, 이는 단순히 양으로만 따졌을 때 전 인류를 죽음으로 몰아갈 수 있는 양이라고 한다.

다이옥신의 대표적 부작용으로는 신경계, 피부계, 내과계, 호흡기계의 각종 질환, 그리고 불임, 유산 및 암이다. 고엽제는 주로 미군이 비행기로 한국군 주둔지역과 작전지역에 살포했고, 한국군도 분무기 등으로 주둔지역에 살포했으므로 오염된 식수 등을 통해서도 직간접으로 노출됐을 가능성이 매우 높다.

고엽제에 노출된 사람은 각자의 신체조건에 따라 5~10년 후 후유증이 발병하는 것으로 조사되고 있지만, 후유증이 발병해도 원인이나 병명식별이 불투명하여 정확한 진단이나 치료가 어렵고, 미군들도 처음에는 심각성을 몰랐던 것으로 알려져 있다.

나는 연대본부에서 무성한 잡초를 제거하기 위해 본부중대원들이 밀가루 같은 것을 맨손으로 뿌리는 것을 보았고, 보병들로부터는 고엽제를 몸에 바르면 모기가 얼씬도 하지 않는다는 얘기에 그저 좋은 약으로만 생각 했다. 저공비행으로 뿌려대는 고엽제가 시원해서 웃통을 벗거나 입을 벌리기까지 했다는 얘기도 들었다. 작전지역 근처를 지나다 보면 나무나 풀들이 누렇게 말라죽은 것을 보고도 독극물인지 몰랐다.

마치 새마을운동이 한창일 때 지붕개량사업으로 쓰인 슬레이트에 돼지고기를 구워먹으면서 발암물질인 석면의 위험성을 몰랐던 것처럼 무지(無知)했다. 그도 그럴 것이 파월하기 전부터 고엽제에 대하여 들은 바도 없고 월남교육대에서 한 달간 훈련을 받을 때도 전혀 언급이 없었다. 이런 고엽제의 실상이 국내에 알려진 것은 1991년도였다. 이미 미국, 호주, 캐나다, 뉴질랜드 등 다른 참전국에서는 1970년대 말부터 보상운동이 일어났음을 뒤늦게 알아차린 전국 각 지역의 참전자들이 경부고속도로를 점거, 농성하는 등의 장외투쟁에 나섰다.

그 결과 김영삼 정부가 들어선 1993년에 참전자들의 강력한 항의에 의해 '월남참전 고엽제 후유(의)증 환자 지원 등에 대한 법률'이 제정되었다. 또한 고엽제 후유증을 겪고 있는 우리나라의 참전자들도 미국의 다우 케미칼社와 몬산토社를 상대로 보상을 요구하는 소송을 제기했지만 1973년 미국과 맺은 '브라운각서'에 의해 월남전의 배상문제는 한미 간에 이미 종결됐다는 이유로 지지부진한 상태에 놓여 있다.

현재 고엽제는, '후유증'으로 말초신경병, 폐암, 후두암, 백혈병, 당뇨병 등 15개 질병이 있으며, '후유의증'으로는 중추 신경장애, 뇌경색증, 다발성 신경마비, 고혈압, 지루성피부염 등 20개 질병이 있다. '후유증 2세' 환자의 질병으로는 척추이분증, 말초신경병 등이다.

그간의 노력으로 후유증 환자는 전상(戰傷)등급을 받아 이제 정식으로 국가유공자의 대우를 받고 있으나, 나와 같은 후유의증 환자들은 고도(高度)장애, 중등도(中等度)장애, 경도(輕度)장애, 이렇게 세 등급으로 나눠진 채 한시법(限時法)의 적용을 받고 있다.

나는 1998년에 행여나 하는 생각으로 보훈병원에서 신체검사를 받은 결과 고혈압으로 후유의증 중에서 제일 낮은 등급인 경도(輕度)를 받아 지금은 월 34만 원의 수당과 의료혜택, 고속도로비 할인, 자녀 대학등록금 면제 등과 더불어 나 역시 평생 소망했던 대학도 국가보훈처의 장학금으로 올해 초 졸업했다.

그러나 이 고마움의 이면에는 참기 힘든 숱한 고초도 있었다. 고엽제가 2세에까지 영향이 미친다는 뉴스에 결혼을 앞둔 자식들의 혼사가 깨질까 걱정 했던 일, 용병으로 매도한 친북성향의 과거정부 10년간은 마치 죄인처럼 여겨져 참전을 숨겼던 일, 멀쩡한 사람이 국가로부터 돈을 타먹고 있다며 빈정대는 사람, 이보다 더 힘든 것은 실제로 고엽제에 노출이 되었음직한 전우들이 고엽제 증상이 없다고 묵살 당하고 있는 것이다.

다행히 현 정부에서나마 국가유공자란 명예와 함께 월 12만 원의 참전수당을 받으며 어렵게 살아가고 있다. 그런데, 과거 정권에서 불법데모를 한 반국가적 인물이나 심지어 간첩까지도 민주화유공자로 둔갑시켜 일시금으로 수천에서 수억을 주고, 또 정치, 사회적으로 출세를 하는 자들과의 형평성 문제를 따져보면 가슴이 미어진다.

때마침 대통령 선거를 앞두고 여·야 예비후보들이 한결 같은 복지정책을 내세우며 마치 지상의 낙원을 만들 것처럼 떠들어 대는데, 너희들이 6·25전쟁과 월남참전용사들에 대한 복지를 꺼낸 적이 있는가?

제안하노니, 참전수당이 적어도 최저생계비 수준은 돼야 국격(國格)에 맞지 않겠는가 말이다. 1965년 전투부대가 파견되기 시작한 이래, 월남참전 8년 동안 5,000여 명의 인명 피해를 입으면서까지 제1,2

차 경제개발 5개년 계획(1963~1972)에 필요한 '종자돈 벌이'에 나서야만 했던 참전용사들의 노후는 이제 서럽고 애달프다.

65년~69년까지 5년간 우리가 벌어들인 돈이 9억 달러, 1964년 한국의 수출총액이 1억 달러였음을 감안할 때 이 돈은 당시로서는 천문학적인 금액이다.

이기주의적 발상이라 할런지 모르겠지만 그 돈의 이자만으로도 고엽제 환자들이나 참전 유공자들을 따뜻하게 해줄 수 있지 않을까? 월남전은 오래 전에 이미 끝났다. 그러나 나와 13만 고엽제 피해 장병들의 전쟁은 아직도 계속되고 있음을 알아주었으면 좋겠다.

월남 참전기 (11)

위문공연

전쟁터라고 해서 마냥 전투만 하는 것은 아니다. 물론 작전을 마치고 돌아오면 장비를 점검하고 다음 작전에 대비하는 것이 보병의 주 임무이지만 때로는 연대본부에 있는 선물의 집(쇼핑센터)이나 19번 도로의 교량마다 있는 꽁까이(월남어로 '여자'라는 뜻이지만 우리는 창녀를 이렇게 불렀다)한테 놀러가는 것이 유일한 낙이다.

그리고 무엇보다도 고국에서 보내 준 위문품과 위문공연은 언제나 기다려지는 빼놓을 수 없는 즐거움이다. 위문공연단은 한국군의 사기 진작을 위하여 인기 가수, 코미디언, 영화배우 등으로 구성되어 있으며 현역을 주축으로 한 군예대(軍藝隊)도 합세를 하여 소총중대 단위까지 순회를 하며 공연을 한다. 현역 청룡부대 출신의 가수 남진, 진송남 등도 위문공연을 다녔다.

공연이 시작되면 장병들은 무대에 올라가서 고고를 추거나 무대 뒤에 가서 연예인과 사진 한번 찍는 걸 영광으로 여겼으며 특히 가수나 무용수가 벗어 던져주는 팬티는 최고의 인기 선물이었다. 작전에 나가는 병사들 중에 여자 팬티를 입으면 죽지 않는다는 미신 때문에 위문단이 올 때 대량으로 가져와 나누어 주기도 했는데, 그보다 입고 다닌 헌 팬티가 효험(?)이 있다고 하여 팬티를 훔치는 사례까지 발생하자 팬티를 여러 개 껴입고 와서 하나씩 벗어던져 주는 동포애(?)에, 이를 받으려고 엎치락뒤치락 하는 병사들의 모습도 볼거리 중의 하나였다.

그리고 미군들에 의해 전해진 미신으로는, 작전 나갈 때 럭키 스트라이크(lucky strike)라는 담배를 휴대하지 않는 병사가 간혹 있었는데, 이 담배의 빨간색 동그라미 로고가 사격 훈련 시의 표적(타깃)과 같다고 하여 행여 총알이 이쪽으로 날아올까 두려워서였다.

'전투만으로 이길 수 없다'는 주월 한국군사령부의 방침에 따라 지역 주민들에게 봉사를 하는 것도 빼놓을 수 없는 일이다. 의료, 태권도, 이발 등의 대민지원도 활발했다. 10여 명 남짓한 우리 파견대원의 식사 보조와 잔심부름을 맡아하던 '응웬 티 땀'이라고 하는 17세 처녀가 있었다. 우리말도 잘하고 나를 잘 따르던 그를 도와주기 위해 쌀과 부식 그리고 C-레이션 등을 차에 싣고 두세 번 집으로 가져다 준 적이 있었다.

월남 패망 후 미군이나 한국군부대에서 일한 사람들은 보트 피플의 길을 택하지 않았다면 3~5년의 징역형에 처해 졌다는 소문을 수년 전 베트남 여행 시 가이드로부터 들은바 있다. 몇 푼 벌어 먹고살려고 우리에게 일하러 왔던 그녀가 죄 없이 고초를 당했을 것이라 생각하니 지금도 마음에 짐이 된다.

그리고 야구를 좋아했던 연대장은 종종 나를 불러 배팅볼을 던져 달라고 해서 타격코치를 해 주기도 했다. 때때로 편을 나누어 시합을 하면 내가 심판을 보기 때문에 이때만은 계급이 내가 최고로 높은 위치에 있었다. 그런데 계급이 높을수록 야구의 기본인 캐치볼과 러닝은 등한시 하고 타격에 몰두하는 것과, 숫자가 적은 포병 장교들이 보병 장교보다 야구를 더 잘 했던 것으로 기억 된다.

월남에서 보병에게 제일 기다려지는 것이 아마도 휴가가 아닐까 생각한다. ○중대에서는 사살한 베트콩으로부터 현금이 가득 찬 배낭을 노획하여 소대원 전체가 휴양소로 포상휴가를 간 적도 있었다. 그렇지만 뭐니 뭐니 해도 훈장을 받아 보잉기를 타고 고국으로 20일간 포상휴가를 가보는 것이 보병의 최대의 꿈이다. 이것 때문에 위험한 동굴수색을 앞 다퉈 들어가려 하고 모기와 독충과도 싸우면서 밤새워 매복을 하기도 한다. 이렇게 하여 훈장을 받고 휴가를 떠나는 장병들은 우리 파견대에서 간단한 교육과 휴대품 검사를 거쳐 사이공(지금의 호치민)으로 떠난다. 휴대품 중에 사살된 적군의 시체를 사진으로 찍어 자랑삼아 가져가는 장병이 많았는데 잔인해 보이는 것은 전부 압수했다.

그런데 훈장을 타고 고국으로 휴가를 떠나는 장병 틈에 흔치 않게 행운의 휴가를 간 병사도 있었다. 한 번은 연대작전을 펼치는 도중에 6중대의 김○○ 하사가 전사를 했다고 중대본부에 무전을 보냈다. 기지에 남아 있던 고참병(대개 귀국을 한 달 가량 남겨둔 사병은 작전에 나가지 않고 기지 경계근무만 한다)이 이름이 비슷한 김○○ 병장이 전사한 것으로 잘못 듣고 관물과 소지품 등을 몽땅 보내버렸고 이를 근거로 본국에 전사 통지까지 해버렸다. 살아 귀대한 김 병장이 부모에게 전사자가 뒤바뀐 사실을 알렸지만 그 당시는 무전기 형태의 마이크로웨이브 방식의 통신수단이라 목소리만으로 믿을 수 없다는 부모의 요청에 김 병장을 고국에 보내어 확인 시켜주느라 몰래 포상(?)휴가를 보내는 웃지 못할 사건이었다.

이 사건을 통하여 전사자의 신원 확인이 더욱 강화되긴 했지만 대충대충하는 우리 국민성이 아직도 그대로 남아 있어 근무태만이나 기강해이로 인한 사건 사고가 지금도 끊이지 않음을 볼 수 있다.

이후로 나는 전사자의 유품을 확인하러 다니면서 보병들의 피눈물 나는 고생과 목숨까지 잃는 광경을 보고 내가 왜 철없이 배고픔을 이기지 못하고 더군다나 돈을 벌 수 있다는 막연한 생각에 월남을 지원한 것이 얼마나 무모했는지를 실감했다. 오늘날, 월남파병 속의 수많은 고생담과 눈물겨운 얘기들이 애석하게도 우리 젊은 세대들에게는 단지 한편의 남의 나라 옛날이야기와 같은 의미를 가지고 살아가는 것 같아 섭섭한 마음과 함께 걱정이 앞선다.

월남 참전기 (12)

돈벌이

세상에 돈을 싫어하는 사람이 어디 있을까마는 한국 사람만큼이나 돈을 좋아하는 민족은 없을 것 같고, 또한 돈의 위력이 이만큼 큰 나라도 없을 듯하다. 돈으로 벼슬도 살 수 있고 돈만 있으면 죄를 지어도 무죄로 풀려나고, 돈으로 학벌도 살 수 있는 나라니까 말이다. 이처럼 돈을 최고로 치다보니 인간성이나 돈을 모은 과정과는 상관없이 많이 번 사람일수록 더 성공한 사람으로 평가한다. 설령 그 돈이 남의 눈에서 피눈물을 나게 만들었든 부동산 투기나 탈세를 했든 간에 재산을 많이 모은 사람일수록 선망의 대상이 된다. 심지어 아버지를 잘 만나 자갈밭이 개발 붐을 타고 아파트가 들어서면서 '억' 소리 나는 보상금으로 거드름 피우는 인간도 성공한 사람으로 쳐 주는 사회다.

월남 참전 후 귀국한 장병들이 공통으로 받게 되는 한결같은 질문이 '돈, 얼마나 벌었느냐?'다. 당시 사회분위기상 이해가 되지만 귀국박스도 챙겨오지 못한 졸병들에게는 비수에 찔린 듯한 아픔이었기에 과연 참전자들이 어떻게 돈을 벌었으며 어떤 물건들을 가져왔는지 옛 기억을 되살려가면서 소상히 밝혀 볼까 한다.

식량조차 자급자족이 안 되고 국산품은 조잡하면서도 비싸던 시절, 미제나 일제는 돈을 주고도 구할 수 없었기에 파월장병들이 가지고 온 물건들은 최고의 인기 상품이었다.

전투수당의 70% 이상을 강제송금 하고나면 정상적인 방법으로는 목돈을 쥘 수 없다. 그런데 잔머리 굴리는 사병 중에는 귀국 1~2개월 전에 수당 전액(상병 45불, 병장 54불)을 타내기 위해 경리 담당에게 커미션을 주면 눈을 감아 준다. 나처럼 100% 송금하는 병사도 많기 때문에 총액만 맞추면 되니까 가능한 일이다. 이렇게 하여 남긴 돈으로 PX에서 면세품이나 시중의 물건을 구입하여 귀국 시 가져 온다. 보직이 괜찮은 장병은 물건을 사 보내면 국내에서 팔아, 암달러상에게 환전하여 포상휴가자 편에 전달한다. 휴가자는 군복의 허리띠 안쪽이나 모자 속을 칼로 찢어 달러를 숨겨 김포공항을 통과했다. 이것은 외화 밀반출을 엄격히 통제했기 때문이다.

끗발 좋은 장병들은 이렇게 하여 본국으로 물건을 서너 번만 보내면 논밭이나 집을 살 수도 있으니 부자가 됐다는 소릴 듣게 마련이다. 재미있는 것은 양담배 중에 '셀렘'이라는 박하담배는 한국군이 싫어하는 반면, 월남인이 제일 좋아해서 셀렘을 내다 팔면 한국군이 좋아하는 '켄트'나 '윈스톤'과 바꾸고 웃돈도 받아오는 일거양득(?)도 있었다. 문제는 닥치는 대로 팔아 챙기는 것인데, 한번은 사살된 베트콩의 복장에 '육군'이라는 글씨가 찍힌 군복 때문에 군복조차 팔아먹는 게 아닌가 하고 쉬쉬했던 일도 있었다.

귀국박스 검열에서 살펴보면 당시의 우리나라 인기상품이 뭔지 알 수 있다. 카메라는 일제 캐논과 야시카, 아사히 팬탁스, 뚜껑을 열면 스피커가 두 개인 소니 휴대용 전축, 호마이카 케이스의 라디오, 스위스제 시계, 지포 라이터, 손톱깎이, 랜턴, 럭스와 다이알 비누, 위장약 암포젤M, 파카 만년필, 쇼트닝이라 불렀던 튀김용 기름, 양담배, 양주는 조니워커, 미제 웨스팅 하우스 냉장고와 TV, 아카이 M-10이라는 커다란 녹음기, 장미 홈세트(그릇), 일제 선풍기와 전축, 알브민(그 때는 이름을 몰라 '피주사'라 불렀다)을 비롯한 의약품, 탄피는 물론이고 하다못해 C-레이션의 1회용 커피도 한국에서 비싸게 팔렸다.

지금도 웃음이 나는 게 소위 '라이타 돌'이라 불리는 물건이다. 파월장병에 의해 보급되기 시작한 지포 라이터가 국내에 많아지자 라이터 돌을 사가져 가서 돈을 번 기발한 아이디어도 있었다.

그리고 미군이 제일 좋아하는 것이 총이기에 총장사도 있었다. 그 대상은 미군장교로, 미국은 자동화기가 아니면 개인휴대품으로 가능했었다. 소련제 권총이나, 재래식 장총을 시중에서 헐값에 사서 미군에게 비싸게 팔거나 물건과 바꾸는 수법 등, 다양한 방법으로 돈을 벌었다. 게다가 현지 제대를 하고 미국이나 한국인 회사에 취업한 사람이 보낸 외제 물품들이 밀려오니 나라 전체분위기가 월남만 갔다 오면 돈을 많이 버는 것으로 알려진 것이다.

이즈음 '국산품 애용'에 힘입어 금성사(현 LG)에서 만든 흑백TV가 쿠폰으로 팔렸다. 나는 다리가 달려있고 문짝을 여닫는, 모델명이 '66S'라 부른 이 TV 가격이 두 달 치 전투수당에 해당하는 96달러에 그것도 면세품의 특혜를 받고 사 보냈다(지금으로 치면 500만 원쯤 될 것으로 여겨진다). 이웃주민들이 연속극 보러 우리 집으로 몰려왔다고 하니 월남만 갔다 오면 모두들 팔자를 고치는 줄 알던 기막힌 시절이었다. 나도 월남에서 돈을 많이 벌 수 있는 보직에 있었지만 차마 양심상 그럴 수 없었다. 그저 전쟁터에서 살아남아 있다는 사실 자체가 행복하고 다행한 일이라 생각하고 부정적인 욕심은 억제를 하였다.

군대 가기 이전부터 가족의 생계를 꾸려나가야 했던 관계로 적지만 매달 받는 수당을 꼬박꼬박 집으로 송금했기에 수중에는 돈이 없었다. 나의 귀국박스에는 일제 산요 선풍기 한 대, 이름 모르는 손목시계, 암포젤 엠, C-레이션, 양담배, 럭스 비누, 파카 만년필, 그리고 빈 공간에는 군복과 군화, 담요를 채워 넣고 왔다. 압수했던 중국제 영웅(hero) 만년필과 군용 야전삽은 아직도 우리 집에 남아 있다.

예나 지금이나 힘없고 가난한 사람이 항상 손해를 보듯, 월남에서도 말단의 보병은 맥주나 담배마저 윗선에서 팔아먹기에 구하기조차 어려웠다. 위문품도 대도시에서 보내 온 것은 사단사령부나 연대본부에서 차지하고, 시골 초·중학교의 물품만 전달되어 불만의 대상이 되기도 했다. 나도 화가 나서, '돈을 많이 번다는데 축구공 두 개만 사 보내달라', '베트콩을 몇 마리(?) 잡아 죽였느냐'는 등의 저질스럽고 장난기 섞인 위문편지를 여러 통 골라 보안사령부에 보고했다. 이 때문이었는지 몰라도 각급학교의 위문편지는 교사가 일일이 검열 후 보내졌다고 한다. 나는 목숨만이라도 건져서 돌아온 게 다행이라 생각했는데, 대뜸 "돈, 많이 벌었느냐"고 묻는 말이 당시에는 아픈 상처였었다.

월남 참전기 (13)

우유주사와 대마초

요즘 '우유주사'라는 게 뉴스에 종종 등장한다. 모 산부인과 의사와 내연 관계의 여성이 우유주사를 맞은 뒤, 그 여성이 죽자 시신을 버린 사건이 보도 될 때까지만 해도 나는 우유주사란 성관계를 의미하는 은어(隱語) 인줄 알았다. 그런데 알고 보니 성형수술이나 내시경 검사 시에 수면마취제로 사용하는 프로포폴이라는 약물이란다. 마이클 잭슨의 사망 원인도 프로포폴이라 하며, 최근 모 방송사의 여성 진행자도 이 주사를 맞고, 또 휴대까지 했다가 구속되는 일도 생겼다.

'우유주사' 얘기가 나오니 환각제 '대마초(大麻草)'가 연상 된다. 가수 조용필이나 윤형주, 배우 박중훈, 개그맨 신동엽 등등, 대마초는 연예인들의 전유물처럼 되어있다. 연예인 마약복용 사건은 아무리 시간이 흘러도 좀처럼 잊어지지 않는 특징을 가지고 있다. 그들은 대중의 인기를 얻고 살다 보니 인기를 얻지 못했을 때는 스스로 나약해져서 마약의 유혹에 쉽게 빠지는 것이 아닌가 생각한다.

우리나라는 대마를 마약류처럼 '대마초법'이 있어 재배하거나 소지하면 형사처벌 당한다는 것을 모르는 사람은 없을 것이다. 다른 나라에서는 '마리화나'라고 부르는 대마초가 70년대 중반, 온 나라를 시끄럽게 했던 일을 기억하면서 나는 이미 그 이전에 대마초를 상당기간 피운 사실을 이제야 말해 볼까한다.

파월한 지 6개월쯤으로 기억한다. 미군부대를 출입하는 자칭 서울대 영문학과 재학 중에 입대를 했다는 장○환 병장이 있었다. 그는 영어를 잘하여 미군과 똑같은 복장을 하고 미군부대를 무상출입하며 한국군과 정보를 교환하는 업무를 했다. 부업(?)으로 보급품을 빼돌리거나 미군장교를 상대로 총장사도 하는 그런 인물이었다.

우리 부대도 밤 10시면 모두가 취침을 하지만, 나는 자정까지 기갑연대 내에서 일어나는 전투상황이나 각종 보고서를 정리하기 때문에 아침에 늦게 일어나도 인정해 주는 보직에 있었다.

나 혼자 상황근무를 하고 있노라면 장 병장은 간혹 저녁을 먹고 나서 어디론가 사라졌다가 술이 취한 상태로 들어오곤 했었다. 가만히 살펴보니 입에서 술이 아닌 이상한 냄새가 나서 다그쳐 물으니 미군으로부터 구입한 대마초를 피운다고 실토를 했다. 그러면서 대마초를 피우면 굉장히 기분이 좋아지고 괴로움이 없어진다며 중독도 안 될 뿐 아니라 미국에서는 합법이라며 내게 권유했지만 처음엔 거절했다.

그러던 어느 날 호기심이 발동하여 내가 먼저 한 대 피워 보자고 했더니, 다들 취침한 시간에 기갑연대본부 지역에 있는 2대대 주재원과 그의 방에서 세 사람이 대마를 몰래 피우기로 했다. 가느다랗고 긴 담배처럼 생긴 대마초에 불을 붙여 연기를 폐부 깊숙이 들어 마신 다음

숨이 가빠질 때까지 참았다가 뱉어내기를 반복하면서 음악을 듣거나 노래를 부르면 정상적인 상태에서 느끼지 못한 황홀한 기분이 된다고 장 병장이 말했다. 그러나 한 개비를 다 피운 나는 토할 것 같은 메스꺼움과 술에 만취된 듯, 몸을 가눌 수가 없어 숙소로 돌아가려고 했으나 5백 미터 정도의 거리가 5킬로미터가 넘는 까마득한 느낌만 기억하고 그 이후는 정신을 잃고 말았다.

이튿날 아침에 깨어나니 2대대 본부중대 친구가 "너, 어제 술을 얼마나 마셨기에 장 병장이 도저히 데려갈 수 없으니 도와 달라고 하여 여기서 재웠다. 물을 달라며 소리를 질러서 급한 김에 방화수 통의 물을 퍼 먹였는데 알고 있느냐?"고 하였다. 이렇게 하여 나의 첫 대마초 흡연은 정신을 잃은 것으로 끝이 난 셈이다.

그러나 여기서 그친 것이 아니라 내가 먼저 장 병장에게 대마를 달라고 요청을 한 것은, 과연 군대 가기 전 짝사랑 했던 아가씨가 정말로 눈앞에 나타날 것인가를 테스트 해볼 요량이었다. 그리고 전사를 하거나 다치는 병사가 있어도 늘 '아군 피해 없음'으로 일관하는 보도에 회의를 느끼거나 삶이 허무할 때가 많아 이번에는 종전보다 흡입량을 줄여서 피워 보기로 했다. 그런데, 정말이지 신기하게도 그녀가 내 앞에서 웃는 모습으로 안길 듯 다가오고 있었고, 음악을 들으면 악기 하나하나의 소리가 구분되면서 입체적으로 들렸다.

또 대마초를 피우고 나면 마음이 여유로워지고 하늘을 날을 수 있을 것 같은 느낌에 긴장이 풀어지고 기분이 굉장히 좋아졌다. 돌아가신 아버지를 생각하면 아버지의 좋았던 점들이 눈앞에 아롱거리는 등, 무엇이든 내가 생각한대로 눈 앞 가까이에 펼쳐졌다. 이래서 가수나 연기자가 대마를 하는 게 술보다 몇 배나 기분을 상승시키는 효과가 있기 때문이라 생각한다.

그 후 나는 힘들 때마다 대마초를 찾게 되었고 신비감과 황홀한 느낌 때문에 장 병장이 귀국할 때까지 약 4개월 정도 대마초에 손을 댔다. 그러나 너무 좋았던 기분 때문에 조금만 힘이 들거나 스트레스를 받으면 횟수를 늘이거나 더 강한 물질을 찾으려 하기에 이르고 말았다.

흔히 대마를 해본 경험자들은 담배보다 중독성이 없다고 하면서 대마초는 마약처럼 불법이 아니라고 항변한다. 그러나 나의 경험으로 미뤄볼 때, 처음엔 정신을 잃기까지 한 대마초가 차츰 횟수를 늘리거나 더 강한 물질을 찾게 되고, 황홀감을 주기에 결국 마약중독자의 길을 가고 있다는 것을 알게 되었다.

그리고 내가 결정적으로 대마를 그만 두게 된 것은 장 병장이 귀국할 무렵 군복무를 마치면 무엇을 하려냐고 물었더니, 미8군이 있는 파주 근처에서 양공주들의 편지쓰기나 도와주면서 사는 게 꿈이라 말할 정도로, 노력하지 않는 삶을 추구하는 언행과 그의 흐릿한 눈동자 때문이었다.

만약, 대마를 불법이 아니라고 한다면 대다수의 국민이 일도 안하고 대마초에 취해 집이나 거리에 쓰러져 있을 것이다. 그렇다면 나라나 가정이 어떻게 될 것인가? 나는 그 때 대마초를 끊은 것을 천만다행으로 여기며 비겁한 나의 변명일지는 모르겠으나 잠시 고통을 잊기 위해 대마를 한 것도 전쟁이 낳은 비극이 아니었나 싶다.

월남 참전기 (14)

총기 사고

美軍은 겁쟁인가, 아니면 목숨을 소중히 여기는 것일까? 우리 파견대 옆에 미군 하사관 두 명이 있었다. 한국군의 지원요청을 상급부대로 연락하는 임무를 수행한다. 그중 한 명은 미8군 소속으로 한국에서도 근무한 경력이 있었던 자로, 간혹 서툰 우리말로 웃음을 자아내기도 했다. 자기가 실수를 했을 때 '미안합니다'라고 해야 할 상황에서 '미안합니까'라고 말해 한때 우리부대의 유행어가 된 적이 있었다. 요즘 우리 정치인이나 지도층 인사들이 자기가 잘못을 저질러 놓고도 국민에게 "미안합니까?"라고 되묻는 것 같아 그때 그 미군이 생각난다.

그런데 이 미군들이 월남 창녀에게 놀러 갈 때(우리는 '붕붕'하러 간다고 했다)는 늘 나한테 피스톨(권총)을 빌려 달라고 했다. 이유인즉슨 이들은 권총 지급이 안 되는 사병이라 붕붕 도중에라도 생명에 위협을 느낄 때는 M-16소총보다 권총이 쏘기 쉽고 빠르기 때문이란다.

전투 현장에서도 한국군이 보급품을 요청하면 헬기가 아군 위치에서 멀리 벗어난 안전한 곳에 투하해버려 보급품을 찾아 나섰던 병사가 베트콩에게 저격당해 전사하는 일도 있었다. 또 작전지역에 헬기가 접근해도 총소리가 나면 바로 도망가는 등, 우리가 볼 때 미군은 겁쟁이로 볼 수밖에 없었다.

그러나 이상하게도 전투 중에 부상자가 발생하여 헬기를 요청하면 악천후를 제외하고는 연막탄을 피워놓은 곳에 정확히 날아와 주기 때문에 우리는 전사자가 생겨도 '부상자 발생'으로 보고하고 헬기가 도착하면 시신을 매달아 올려 보내버린다.

이런 경우를 볼 때, 미군은 겁쟁이가 아니라 목숨을 소중히 여기는 군대라는 생각이 들었다.

어느 날 미군 전투병들이 작전지역에 투입되기 위해 시누크(병력수송용 헬기)에 탑승할 때, 나는 그들 중 한 명이 기타를 메고 헬기에 타는 것을 목격하고 깜짝 놀랐다. 이들은 작전이 끝난 휴식 시간에는 기타를 치던 노래를 하던 간에 아무런 제재를 받지 않는다고 한다. 이것을 보고 미군들은 전쟁을 즐기면서 한다는 느낌을 받았다. 이런 규율과 질서를 지키는 사고방식 덕택에 미국은 긴 전쟁에서도 항상 승리를 하는 세계 최강의 군대가 아닌가하는 생각을 했다.

그렇다면 한국군은 소문만큼이나 정말 용감한가? 최근에 일어난 전방부대에서 벌어진 이른바 북한군 '노크 귀순'에 대하여 국민의 한 사람으로서 軍에 대한 실망을 넘어 분노가 치민다. 과연 우리 군이 용감한가 하는 의문이 다시 들게 하는 사건이 있었다. 월남에서는 일과를 마치면 연대본부 내의 병사들은 대개 PX를 중심으로 삼삼오오 모여서 술도 한잔씩 하며 이런저런 이야기를 나누는 게 일상이다.

어느 날, PX 근처에서 벌어진 술자리에 끼였더니 이날의 화제는 ○중대에서 매복작전에 나가던 병사 두 명이 대열에서 이탈하여 술을 사러 민가에 갔는데, 그 중 한 명이 총에 맞아 죽은 사건이 발생하였다. 같이 간 동료가 쏜 총에 맞아 죽은 걸로 보고되어 사고자는 헌병대 영창에 들어가 있었다. 시신 검시에 참여한 의무중대 위생병이 탄흔(총탄을 맞은 자국)이 가까이에서 맞은 게 아닌 것 같다며 내게 한번 조사를 해보라고 일러준다.

이런 사건은 원래 헌병대 소관이지만 잠시 헌병대 영창에 들러 사고 경위나 알아보려고 갔다. 사고자는 술을 사기 위해 갔다가 두 사람이 한잔 두잔 마시다보니 술이 취한 상태에서 시비가 붙어 옥신각신 다투었다고 한다. 이때 총소리가 나고 동료가 쓰러졌다며 자기는 술에 취해 아무것도 모르겠다며 오리발을 내민다.

예나 지금이나 술로 인한 사건 사고에 관대한 우리나라 법인데다 전쟁지역이라는 특수성 때문인지 군사재판에도 회부되지 않은 채 한 달여 동안 영창에만 있었다. 그동안 서너 번 면회도 가주면서 그와 정이 들었고 요행이 사법처리 없이 조기귀국 조치만 당하고 말았다. 정식으로 군사재판에 회부되었으면 작전지역을 무단이탈하여 총기사고까지 저지른 상황이라 사형까지도 당할 수 있는 사건이었다.

내일 그가 귀국하는 날인데도 그때까지 영창에 갇혀 있다는 것이 마음에 걸려 파견대장에게 오늘 밤만이라도 영창이 아닌 곳에서 재워서 보내주고 싶다고 건의했다. 처음엔 책임문제로 안 된다고 거절했다. 사정 끝에 그가 나의 침대에서 자고 대신 나는 책상에 엎드려 잤지만 내심 불안했었다. 이튿날 C-레이션 한 박스를 챙겨 귀국시켜 주었더니 고마움의 표시인지 의리 때문인지 우리 집에 계란 스무 개(당시에는 계란과 설탕도 선물했음)를 들고 죄인마냥 찾아왔었다는 것을 어머니로부터 들었다.

나는 진작부터 당신이 쐈다는 것을 알고 있었다. 심증은 있지만 물증이 없고 굳이 그럴 필요가 없는 상황이라 넘어갔다. 하지만 대구 출신의 정○성 씨, 공소시효(?)도 훨씬 지났으니 당신도 '이제는 말할 수 있다, 그 사람을 내가 쐈다고…'

요즘 우리사회 전체가 무질서와 혼란 속에 빠져있는 가운데, 국민이 믿고 의지해야할 군대마저 기강해이로 자살이나 총기사고가 빈번하게 일어나는 것을 보면 너무 용감(?)해서 목숨을 헌신짝 버리듯 하는 게 아닌가 싶다. 이런 현상 모두가 지도자급의 정신자세가 시대의 흐름에 편승하여 돈과 명예만 추구하다보니 모두가 대통령 꿈만 꾸다 나라가 망할 위기까지 온 것 같다.

조국을 위해 목숨을 바친 선배들과 지금도 묵묵히 나라를 지키는 군인들을 생각하면 기성세대의 한 사람으로서 무한한 책임감을 느낀다.

월남 참전기 (15)

이래서 월남이 망했다

1975년 4월 30일, 이날은 월남의 수도 사이공(지금의 호치민)이 월맹군의 탱크에 짓밟히면서 역사 속으로 묻혀 버린 날이자, 베트남 사회주의 공화국이 탄생한 날이기도 하다. 경제력은 두 배나 차가 나고, 미국의 지원을 받으며 115만 명이라는 세계 4위의 막강한 군사력을 자랑하던 월남이 왜 망했을까?

1973년 1월, 전쟁에 지친 미국이 프랑스 파리에서 월맹(월남민주동맹)과 평화협정을 맺을 당시, 미국과 월남은 월맹이 협정 파기 시에는 즉각 월맹을 폭격하겠다고 약속하고서 탱크와 장갑차 400대, 항공기 700대를 월남에 넘겨주었다. 따라서 그 누구도 공산월맹이 남침하리라고 믿지 않았으며 월맹은 너무 가난해서 전쟁할 능력이 없다고 판단했다.

그러나 문제는 월남 내 지도층의 사리사욕과 부정부패가 정치권의 혼란과 맞물리면서 국민의 사기를 떨어뜨렸고, 계층 간의 갈등이 조

장됨으로써 간첩들이 몰려와 내부분열을 부채질할 수 있는 빌미를 제공하게 되었다.

10만 명이 넘는 군인이 뇌물을 주고 장기휴가를 내어 대학에 다니거나 취업을 하는가 하면, 학생들은 군대에 안 가겠다며 적과 싸우기보다 반정부 데모에 열중했다. 티우 대통령의 사위가 군에 입대하자마자 외국유학을 떠난 것을 본 지도층의 아들들도 입대 영장이 나오면 일단 입대한 다음 뇌물을 주고 선진국으로 유학을 가버렸다.

'국가의 멸망은 외부가 아닌 내부의 분열로 시작된다'고 영국의 아놀드 토인비가 말한 것처럼, 대통령의 측근이 간첩이었기에 극비내용이 하루 만에 월맹으로 보고되는 등, 0.5%의 간첩과 좌파들이 99.5%의 다수를 좌지우지하는 형국이 되고 말았다. 이런 혼돈과 난맥의 결과, 월맹군의 공격이 시작되자 월남의 공군 중위가 전투기를 몰고 자국의 대통령 궁을 폭격하고 월맹으로 달아난 사건까지 일어났다.

내가 파월된 1970년을 전후하여 월남에는 많은 변화가 있었다. 1969년 9월, 월맹의 지도자 호치민(胡志明) 사망이 발표되자 대부분의 월남 주민이 검은 리본을 달고 그의 죽음을 애도하는 등, 친 공산 분위기가 절정에 달했다. 베트콩은 자신이 베트콩이라는 사실을 숨기지 않고 오히려 지역 주민을 선동하기에 이르렀다. 다시 말하면 전쟁의 의지를 상실한 상태에 놓여 있었다. 이런 상황에서 한국군 등 연합군은 자국 군대를 보호하기 위하여 사단급 이상의 대부대 작전은 피하고 수색정찰과 야간매복 등 지키기만을 위한 소부대 작전에 급급하였다. 싸울 뜻이 없는 나라에서 피를 흘려야 할 이유가 없었기에 우리는 미국의 눈치만 살피고 있을 때였다.

여기에 예상치 못한 변수는 언론의 과장 보도였다. 잔인한 장면을 여과 없이 보도하여 반전(反戰) 여론을 조성하고, 미군과 한국군이 양민을 학살했다고 선전하는 등, 월남의 좌파 언론은 미군과 한국군을 적이라고까지 보도했다. 달러를 물 퍼붓듯 하고도 배척을 받은 미국, 미군수송기가 상상도 할 수 없을 만큼의 군수물자를 24시간 쉬지 않고 산처럼 야적해놓고 있었는데도 미국이 월남전에서 패배한 것은 TV 때문이라는 말이 있다. 미국 행정부가 가장 무서워했던 것은 적국이 아니라 자국의 여론이었다. 당시 미국의 국내 여론은 대부분 TV가 만들었는데, 어느 한 부분에 초점을 맞춰 그럴듯하게 설명하면 호소력이 실제 이상으로 강렬해진다는 것을 몰랐던 것일까?

어차피 전쟁 자체가 살생이고 파괴 아닌가? 월맹과 베트콩도 적인 연합군은 물론이고 자신들에게 우호적이지 못한 주민들을 무자비하게 학살하고 가옥과 기물을 철저하게 파괴하였다. 그런데도 미국의 TV는 미공군의 폭격으로 네이팜탄의 불길을 뒤집어쓰고 발가벗은 채 울부짖는 어린 소녀의 모습을 저녁 먹고 거실에 모여 앉아 있는 선량한 가정에 방영하였다. 이런 행동은 월맹이나 베트콩의 행위는 일방적인 피해자가 되고, 결국 미국 시민들로 하여금 자국 군대의 잔인성만 일방적으로 느끼도록 오도한 것이다. 게다가 순진해 빠진 미국의 좌파 대학교수, 종교인, 지식인, 학생들로 구성된 반전 단체들이 자기 정부의 정당성은 망각하고 다만 적들의 원격조종에 넘어가 온갖 이적행위를 다하였다.

전쟁이란 이기지 못하면 내가 죽는 것이기에 피차간에 죽기 살기로 싸우기 마련이다. 잔인하다는 평을 들을 만큼 혹독한 전술을 쓰는 것은 적을 죽이지 못하면 내가 죽기 때문이다. 적을 죽이지 못하면 나의 전우가 죽고 내 가족이 죽기 때문에 죽음은 필연적이다. 그럼에도 불구하고 미국 언론과 일부 시민단체는 공산주의자들의 죽음은 애도의 대상이고, 자국의 군인들의 죽음은 개죽음으로 오도하고 있었다.

1975년 3월, 월맹공산군이 총공세를 펼친 끝에 불과 50일 만에 허무하게 전쟁은 끝났다. 사이공 함락 직전, 미국은 월남군 장성과 그 가족을 헬기에 실어 미국으로의 망명을 시켜 주었지만, 진정한 군인정신을 가졌던 5명의 장군들은 무너지는 군대를 보면서 조국과 운명을 같이하기로 결심하고 망명을 거부, 모두 권총 자결을 했다.

이후 정치적 숙청이 시작되면서 월남의 고위 공무원, 지도층인사, 군인이 처형당했다. 공산화되면 대우받을 것이라 믿었던 친 공산주의 승려, 신부 등, 소위 민주인사들도 처형되거나 투옥되었다. 이유는 '자본주의에서 반정부 활동을 하던 인간들은 사회주의 사회에서도 똑같은 짓을 할 우려가 있기 때문'이었다. 사이공을 호치민으로 이름을 바꾸는가 하면, 고관들의 무덤을 파헤치거나 개인기업도 국유화 시켰다. 자본주의의 흔적을 지우기 위해서다. 600만 명이 투옥되거나 학살되고, 100만 명이 넘는 보트피플을 반기는 곳은 지구상 어디에도 없었다.

인도의 간디는 나라가 멸망할 때 나타나는 일곱 가지 社會惡은 이렇다고 했다. ◦원칙 없는 政治 ◦노동 없는 富 ◦良心 없는 쾌락 ◦人格 없는 敎育 ◦道德 없는 商業 ◦人間性 없는 科學 ◦희생 없는 宗敎, 어느 하나 우리가 외면할 수 없는 대목들이다.

나는 지금의 우리나라가 월남이 패망하기 직전의 상황과 너무 닮았다고 생각한다. 스스로 나라를 지키려는 의지가 없었던 월남을 다시 한번 곰곰이 생각해야 할 때가 아닌가?

월남 참전기 (마지막)

월남 참전기를 마치면서

올해가 한국·베트남 수교 20주년이라면서 여러 언론에서 특집으로 다루고 있다. 40여 년 전만 해도 우리와 서로 총을 겨누며 전쟁을 치렀던 관계에서 다시 우호국으로 발전했다니 아이러니가 아닐 수 없다.

7년 전 베트남 여행을 가면서 과거 우리가 점령군으로서 저질렀던 행태에 대하여 그들은 나를 어떻게 받아들일 것인가? 하며 은근히 걱정까지 하며 갔었는데, 그 염려는 기우(杞憂)에 지나지 않았다. 월남이 비록 사회주의 국가로 통일이 되긴 했지만, 경제는 자본주의 시장경제를 채택함으로써 이웃의 캄보디아나 라오스에 비해 활기찬 모습이었다. 더구나 3대 세습으로 경제적으로 낙후되고 인권이 말살되어 세계의 웃음거리가 되고 있는 북한체제보다 훨씬 낫다는 생각에 고마움마저 느꼈다.

나는 운이 좋아 살아서 돌아왔으니 인생에 있어서 소중한 경험이 되었지만 이역만리 낯선 땅에서 조국과 자유를 위해 전사하거나 부상을 당하여 불구가 되고 지금도 고엽제 후유증으로 고생하는 전우들을 보면 나의 행운보다 전우들의 아픔이 내 가슴속에서 좀처럼 지워지지 않는다.

통계에 의하면 한국군은 8년 동안 약 32만 명이 참전하여 5,000여 명이 전사하고, 부상자 12,000여 명, 미군은 약 53만 명 참전에 전사 58,000명, 부상 20만 명으로 알려져 있다. 그러나 제일 많은 사상자가 난 것은 전쟁 당사국인 월남사람들로 그들은 수백만 명이 죽거나 행방불명이 되었다.

처음에 나는 1년 동안의 비참했던 월남전쟁의 참상을 직접 보고 느꼈던 바를 가감 없이 써 볼 생각이었으나 글재주도 모자라고, 또 국민의 한 사람으로서 국익에 反하는 내용은 실을 수 없는 아쉬움을 끝으로 이제 참전기를 마칠까 한다.

우리나라가 참전(參戰)을 결정했을 당시에 모든 언론과 정치인 그리고 사회지도층, 지식인들이 6·25동란의 은혜를 갚을 때라느니, 월남이 무너지면 태국과 말레이시아도 도미노 현상으로 무너진다며 아시아의 자유민주주의를 위해 우리도 참전해야 된다고 한목소리로 외쳤다. 그러나 정작 그들의 자식이나 형제들은 월남에 참전하지 않았다. 적과 마주하며 목숨을 걸고 싸워야 하는 병사는 못 배우고 배경 없고 힘없는 나 같은 병사들이었다. 정말이지 끗발 좋은 사람은 군대도 빠지고 월남에도 참전하지 않았으며 설령 파월됐더라도 비전투부대로 빠졌다.

전사자 중에 고관의 자식이나 부잣집 아들이 있었다는 말은 들어 본

적이 없다. 지금도 사회지도층 인사 자신과 그 아들들의 병역기피가 언론에 심심찮게 공개되는 모습을 보면 짐작이 갈 것이다.

미국 프로야구 워싱턴 내셔널스의 홈구장에서는 매 경기 3회 말이 끝나면 특별한 행사가 열린다고 한다. 현역 또는 퇴역군인과 그 가족들을 초청해 야구장에 모인 관중에게 소개하고 이들에게 감사의 뜻을 표하는 행사다. 내셔널스 홈경기에 초청받은 30명의 군인과 가족에게는 홈플레이트 뒤쪽의 로열석이 제공되는데 뷔페 식사를 포함, 1인당 325달러짜리로 제일 비싼 좌석이란다. 구단 측은 각종 기념품을 제공하고 선수들을 직접 만나는 자리도 마련한다. 단순히 홍보용이나 전시용 이벤트가 아니라 군인들이 진짜 예우를 받았다고 느낄 수 있도록 모든 노력을 아끼지 않는다.

대부분의 메이저리그 구단이 이와 비슷한 행사를 준비하고 군인들을 초청한다. 참전용사나 상이군인 등, 눈에 띄는 군인뿐 아니라 평범한 군인도 모두 초청의 대상이다. 퇴역군인을 초청해 경기 시작 전 국가(國歌)를 부르도록 부탁하거나 시구자로 나서게 하는 장면도 흔히 볼 수 있다고 한다. 부모 따라 경기장을 찾은 아이들은 나라를 위해 희생과 봉사를 하는 이들에게서 수업이나 책을 통해서 배우기 전에 몸으로 먼저 애국심을 배우게 되는 것이다. 인기 연예인이나 스포츠 스타, 아니면 지체 높은(?) 사람들이 시구를 하거나 이들의 관전 모습을 화면에 비춰주는 우리나라와는 사뭇 다르다.

'애국(愛國)'이란 강요되는 것이 아니다. 진정으로 마음속에서 우러나올 때 나라를 위해 목숨을 바치는 것이라고 생각한다.

지금, 대통령선거 열풍으로 나라 전체가 시끄럽다. 유력후보 세 사람 중 한 명이 당선될 것은 틀림없는데, 이들의 공약을 보면 가는 곳마다 유토피아를 만들어 주겠다고 야단이다.

아무리 립 서비스에 불과하지만 국방이나 외교, 안보에는 무관심하고 복지에 경제민주화, 일자리 창출에 너무 열을 올린다. 대학 등록금을 반으로 해 주겠다는 것도 모자라 박 모 후보는 셋째 자녀부터 대학등록금 전액을 지원해 주겠다니 웃기는 일이다. 조폐공사를 두 개쯤 더 만들면 청년일자리 천 개 정도 만들 수 있다는 뜻이 숨어 있는데도 모두가 열광한다. 선거 막판에 가면 넷째를 낳으면 대학등록금은 물론이고 청와대에 특채로 뽑아 주겠다는 공약도 나올 법하다.

대학을 절반으로 줄인 뒤 등록금을 반으로 줄이겠다면 맞아 죽기 때문일까? 대학을 못 들어가는 불우한 청소년은 십 원도 보조받지도 못하는 모순은 어떻게 설명되어야 된단 말인가?

이런 소릴 하면 수구꼴통이라 하겠지만, 나는 그저 종북 세력으로부터 자유대한민국을 지키고 싶은 애국우파(?)일 뿐이다. 그래서 그런지 박○○ 후보의 말과 행동도 나머지 두 명과 같은 기회주의자 내지는 인기에 영합하는 포퓰리스트 같은 느낌이라 썩 마음에 들지 않는다.

나는 바란다. 그리고 알고 싶다. 과거 진보당이나 인혁당사건의 당사자나 그들 가족은 소송을 통해 수억에서 수십억의 보상금을 받고 그것도 모자라서 매달 연금을 받고 있다. 세상이 달라지면 법도 바뀌는 모양인데, 미국으로부터 받은 전투수당을 일부만 주고 나머지는 나라 살림에 보태 썼다. 이제는 미국이 우리에게 지급한 금액을 떳떳하게 밝히고 전사자나 부상자 그리고 고엽제 피해자에게 법정 이자만이라도 지급하라!

나는 우리나라 위정자들이 소위 민주화운동(?)을 했던 자는 애국자가 되고, 참전 군인은 벌레 보듯 하고 있음에 분개한다.

지난 11월 5일, 보훈병원에 입원 중인 60대의 월남참전 고엽제 피해자 최 모 씨가 국가유공자 대우가 부실하다며 마티즈 승용차를 몰고 청와대 춘추관 앞까지 돌진하다가 경비원에게 붙잡혔다는 기사를 보았다. 이 사람의 분노야 나와 다를 바 없는데, 놀라운 사실은 이른바 '노크 귀순'사건으로 시끄럽던 사회가 이번엔 청와대 정문의 바리케이트를 밀고 100여 미터나 돌진했다고 하니 '세상에 이런 일이'에 나올만한 웃음거리가 아니겠는가?

월남전 당시에 우리가 참전하지 않았다면 미국은 주한 미군이라도 빼내어 월남으로 보낼 수밖에 없었을 것이다. 만약 그렇게 되었다면 또 다른 한국전이 일어났을 가능성이 있었음을 부인하지 못할 것이다. 참전으로 인하여 많은 인명살상이라는 비극도 있었지만, 이런 희생 덕에 우리나라가 북한의 전쟁 의도를 꺾고 경제적으로 덕을 본 것은 주지의 사실이다. 그런데도 미국의 용병이니 어쩌니 하며 이렇게 매도하면 누가 나라를 위해 몸을 바칠 것이며, 어떤 명분으로 젊은이들의 피를 요구할 수 있겠나?

나는 죽으면 영천 호국원(국립묘지)의 납골당에 가게 되어 있다. 세 번이나 기회가 있어 국립묘지를 찾아갔더니, 먼저 세상을 떠난 선배들이 남긴 가슴에 와닿는 글을 발견했다.

'평화를 원하거든 전쟁에 대비하라'. 누가 듣든지 말든지 나는 외친다. "평화를 원하거든 전쟁에 대비하라"고.

6장

데카메론

데카메론 (1)

담배는 마약인가

해마다 1월 1일이 되면 많은 사람들이 희망찬 목표를 세운다. 하지만 첫 일출을 보며 다짐했던 그 계획들은 어느덧 처음부터 없었던 것처럼 사라져버린다. 소위 말하는 작심삼일(作心三日)이 되는 것이다.

대표적인 단골 새해목표에는 어떤 것이 있을까? 자료를 찾아보니 다이어트, 금연, 금주, 자기개발(어학공부, 자격증 따기 등), 절약과 저축, 이 다섯 가지가 순서는 달라도 가장 많이 오르내리는 목표였다. 나 역시 이것저것 목표를 세워봤지만 장삼이사(張三李四) 흐지부지 끝났다.

르네상스 시기, 흑사병(페스트)이 세차게 퍼져나가자 이를 피해 이탈리아 피렌체 교외의 별장에 모인 남녀 10명이 시간을 때우기 위해 열흘간 잡담한 100가지 이야기를 죠반니 보카치오가 소설로 엮은 것이 데카메론이다. 지금 코로나 때문에 방콕하며 우울하게 보내고 있을 친구들에게 시시콜콜한 열 가지 이야기를 들려주겠다. 맨 먼저 끊기 힘 든다는 금연이야기를 해볼까한다.

우선 흡연의 시작부터 말해야겠다. 나의 담배 이야기는 대구공고 2학년 때로 거슬러 올라간다. 대구 칠성동 종합운동장 야구장에서 연습이나 시합을 마치면 무서운 3학년 선배들이 담배꽁초를 주어오라고 시킨다. 어쩔 수 없다. 그날 경기가 열렸던 운동장을 찾아 나서서 용케도 긴 꽁초 두세 개 주워서 상납(?)하면 빳따 맞을 때 살살 때려준다.

어느 날, 도대체 담배를 무슨 맛으로 왜 피우는지 호기심이 발동하여 꽁초에 불을 붙여봤다. 선배가 가르쳐주는 대로 연기를 깊이 빨아들이니 숨이 막힐 듯 기침이 났다. 정신이 핑 돌면서 다리에 힘이 풀렸다. 이건 아닌데 하면서도 야구연습을 마치면 나도 사나이라 몰래 한 대씩 피웠다. 물론 돈을 주고 담배를 샀던 기억은 없다. 꽁초가 많았던 곳은 육상경기장에서 소싸움이 있던 날이다.

실업계 고등학교는 3학년 2학기만 되면 현장실습이란 이름으로 대다수 취업해 나간다. 대학에 진학하려는 몇몇 학생과 취업 대기생, 그리고 나 같은 운동선수만 남는다. 졸업을 앞둔 시기라 자연히 어른 흉내를 내다보니 아예 책가방에 담배를 넣고 다니며 화장실이나 심지어 교실에서 피우는 학생도 생겼다.

나는 취업을 하지 않고 부산 동아대학교 야구 특기자전형으로 입학하게 되었다. A급 장학생은 등록금 면제에 월 4천 원의 하숙비를 받는다. 하숙비 3,500원을 주고나면 500원이 한 달 용돈이다. 먹고 자는 것은 해결되지만 담뱃값이 부족했다. 당시 구덕운동장 앞에는 낱개비(까치) 담배를 파는 곳이 많았다. 아리랑은 5원에 세 개비, 파고다는 두 개비를 준다. 1965년, 66년 부산 시내를 가로지르며 앞뒤 없는 전차가 땡땡 땡땡하며 다닐 때였다.

늘 담배에 주리던 내게 행운이 찾아왔다. 구덕운동장 앞의 '수원탕'은 동아대 야구선수들의 지정 목욕탕이다. 그 시절에는 찬물은 칸막이를 하여 양쪽 탕 남녀가 함께 물바가지로 물을 퍼 쓸 때라 행여 반대편을 볼 수 있을까 머리를 처박고 고개를 비튼 낭만도 있었지. 이 목욕탕에 친척이라며 울산에서 초등학교를 갓 졸업한 14살짜리가 남탕의 청소와 잔심부름을 했다.

입구에서 돈을 받는 할머니가 잠깐 조는 사이에 돈을 슬쩍하여 탈의실의 비닐장판 밑에 감춰둔다. 내가 가면 돈을 꺼내어 담배와 빵을 사달라고 한다. 마치 내 돈으로 사서 걔한테 주는 것처럼 말이다. 내가 꾐에 빠졌는지, 그가 내 꾐에 빠졌는지 아무튼 달콤한 공생관계를 오랫동안 잘 유지했다. 그 덕에 나는 골초의 길을 가고 있었다.

생각하면 추억의 아리랑 담배, 한 갑에 25원 했던가? 바람개비 모양의 아리랑 껍데기를 모아서 벽지로 대신하던 시절이었다.

팔꿈치 부상으로 야구선수 생활을 그만 두느냐 마느냐 기로에 선 어느 날 저녁, 나는 담배 한 개비를 꺼내 물었다. 깊은 생각을 할 때는 담배가 필수품이다. 내뿜는 뽀얀 연기가 짐을 싸서 대구로 가라는 결정을 지어주었다. 그날 밤 바로 야간열차를 탔다.

고향으로 돌아와서 삼덕초등학교를 거쳐 성주중학교에서 야구를 가르칠 때는 많지는 않아도 돈을 버는 탓에 담배에 대한 별다른 추억은 없다. 이때부터 흡연량이 늘어났다. 시합 때는 줄담배를 피워야했던 것도 골초의 추가 원인이 될 수 있겠다.

군에 입대하여 신병훈련 때는 담배가 부족하지 않았으나 자대배치 후에는 고참병이 담배를 달라고 조르기 일쑤다. 주지 않으면 괴롭힘을 당한다. 빼앗기느니 빨리 없애야겠다는 생각에 마구 피웠다. 없으면 주워 피우거나 나도 졸병에게 얻어 피웠다.

화랑담배는 주머니에 넣고 다니다보면 담배속이 양쪽 끝으로 흘러나가 가운데만 남는다. 불을 붙이면 순간적으로 확 타버려 그게 아까웠던 생각이 난다. 필터조차 없는 '화랑담배', 가수 현인이 불렀던 〈전우야 잘 자라〉에 '화랑담배 연기 속에 사라진 전우야~'라는 가사가 머리를 스친다.

자대생활을 해보니 너무 배가 고팠다. 굶어도 죽는다. 이판사판, 죽더라도 실컷 먹어보고 죽자며 월남전에 자원했다. 남들은 전장에 간다고 울었지만 나는 울지 않았다. 일주일간의 항해에 빠져서는 안 되는 것이 담배다. 죽을지도 모르는 마당이라 돈이 별로 아깝지 않았다. 금색깔 포장지의 최고급 '청자' 한 보루(열 갑)를 사서 피웠다.

월남에 도착하여 자대배치 받은 날, 고참병이 "오 상병 담배 있나?"에 얼른 청자를 건냈더니 "에이, 이거 말고 없어?"한다. 그러더니 재떨이에서 꽁초를 주워 라이터에 불을 붙인다. 처음엔 이상하다 했는데 금방 이유를 알게 되었다. 꽁초는 전부 양담배였다. 피던 담배를 그냥두면 불이 꺼지는 국산담배와 달리 양담배는 다 타들어간다. 켄트, 윈스톤, 말보로, 카멜, 셀렘 등 한국에서 피면 잡혀가는 양담배를 마음놓고 피웠다.

배부르게 먹여주지, 캔맥주에다 서부영화에서 존 웨인이 피던 궐련(일명 X담배)도 피워봤다. 죽지만 않는다면 나에겐 이게 파라다이스요 신천지인가 싶었다. 그러다 성이 덜 차서 대마초(마리화나)에 손을 댔다. 한 대 피면 몽롱해지면서 세상모두가 내 것처럼 느껴지는, "바로

이 맛이야" 에 몇 달을 헤롱거렸다. 1970년, 71년, 이때까지만 해도 월남이 패망할 줄이야 나만 몰랐을까?

귀국해서 국산담배를 피니 연기가 잘 빨아들이지 않아 애를 먹었지만 적응은 빨랐다. 육군 만기제대를 하니 반겨줄 직장은 없고 초등학교 야구감독 자리뿐이었다. 지금도 마찬가지지만 학원스포츠의 지도자는 '임시직'이라 성적이 나쁘면 골로 가는 게 일상다반사(日常茶飯事)다. 한마디로 안정된 생활이 어렵다는 얘기다.

때마침 1차 오일쇼크(석유파동)가 일어나 나라경제가 말 못할 정도로 어려운 시기였다. 그런 와중에 행운을 잡았다. 포항제철(주)의 사원모집에 응시하여 합격한 것이다. 1972년 7월, 그해 여름은 유난히 더웠다. 총각이 공무원 월급의 두 배를 받으니 이제야 제대로 家長노릇 하는 모양 같았으나 살림살이 어려운 건 마찬가지였다. 대구의 홀어머니와 동생들의 생활비를 보내고 나면 담배 사 필 돈이 빠듯했다.

3년가량 직장생활 경험도 쌓아가며 해수욕이나 실컷 하고 즐기면서 직장생활을 해보자던 계획이 빗나가고, 대구의 식구들이 포항으로 이사를 오면서 결혼도 하게 되었다.

월급봉투는 어머니가 관리하니 와이프는 로봇이나 다름없다. 쌀과 반찬거리는 외상이 되지만 담배만은 현찰박치기다. 지난달 외상값을 갚고 또 외상이 시작되는 생활이 계속되었다. 어머니는 한 달 치 담배 다섯 보루(50갑) 값은 현금으로 남겨둬야 했다. 그즈음 하루에 두 갑을 피워댔으니 계산상으로도 열 갑이 모자란다.

제철소 특성상 생산현장은 3교대로 24시간 돌아간다. 07시부터 15

시까지 1근, 15시부터 23시까지 2근, 23시부터 다음날 07까지 야근이다.

출근할 때, 피던 담배는 집에 두고 새 담배 한 갑을 갖고 나가면 현장에서 다 피운다. 아니 모자라서 얻어 피울 때가 더 많았다. 담배인심이 후했던 탓이다.

2근을 마치고 집에 오면 담배는 떨어졌고 야간통금에 걸려 밖으로 나갈 수도 없다. 이럴 때를 대비하여 장롱 밑에다 꽁초를 저장(?)해두었다가 긴급할 때 '효자손'으로 쓰윽 꺼내어 긴 것만 골라 피운다. 이러기를 5~6년, 어머니한테서 "그 담배 벌써 다 피웠나!?"라는 꾸지람을 들을 때도 종종 있었다.

81년 1월 1일 아침, 야근을 마치고 집에 오니 장롱 밑 꽁초밖에 없었다. "어머니 담배 사줘요" 했더니, "그 담배 벌써 다 피웠나!?"가 귓속을 윙윙거렸다. 울화가 치밀어 올랐다. 그리고 슬펐다. 이 순간, 남들이 못 끊는 담배, 나는 끊을 수 있을까? 남몰래 3일을 버티어보니 할만 했다. 자신이 생겼다. "나, 담배 끊었다"고 자랑하며 작업현장에 퍼트렸다. "너라고 별 수 있겠나!?"라는 따가운 시선을 견뎠다. 그 후 40년 가까이 흐른 오늘에 이르기까지 한 개비도 입에 댄 적이 없다.

나의 담배 이야기에 살을 붙여 다 쓰자면 한도 끝도 없다 싶어 여기서 줄인다. 마지막으로 담배가 마약인지 아닌지 알아보고 끝내자.

담배가 건강을 굉장히 해친다는 사실을 모르는 사람은 없을 것이다. 그럼에도 금연을 시도했지만 많은 사람들이 중도에 포기하게 된다. 이유는 담배의 중독성 때문이다. 의지력이 부족한 것이 아니라 금연을 시작하며 며칠 동안 손 떨림, 현기증, 불안함 등 금단현상을 이기지 못하기 때문이다. 나의 동생을 비롯하여 금연에 실패한 친구들에게 '담배를 끊어야지'하면서 받는 스트레스보다 차라리 '그냥 피우는 게 낫다'고 말해준다. 70넘긴 나이에 지금 끊어서 언제 효과를 보겠느냐는 말이다.

그렇지만 청소년과 출산을 해야 하는 여성의 흡연율이 증가하고 있다는 것에는 국가차원에서 깊이 고민할 필요가 있다. 담뱃갑에 끔찍한 그림이나 경고문, 게다가 가격을 올렸지만 약발은 없기 때문이다. 담배를 피우면 죽는다면서 국가가 담배를 팔고 있으니 도대체 무슨 나라가 이런 나라가 다 있는가? 국민의 건강보다 돈에 더 욕심이 많은 나라, 이런 양아치 같은 나라의 정책에 아무도 이의를 갖지 않는다는 사실이 놀라울 따름이다.

내가 담배 피울 당시는 극장이나 버스 속, 택시 안, 심지어 첫째와 둘째아이의 영유아 시기에도 단칸방에서 마음대로 피웠다. 슬레이트에 발암물질이 있음을 모르고 삼겹살을 구워먹던 때였다.

"할아버지 담배냄새 싫어!"라는 손녀 때문에 금연했다는 친구도 있고, 나처럼 "그 담배 벌써 다 피웠나!?"에 끊어버릴 수도 있다.

요사이 흡연자는 죄인취급 당하는 것을 보면 나는 선견지명(先見之明)이 있었다는 말인가, 아무튼 나의 인생에서 가장 잘한 것을 꼽으라면 금연이다. 결국, 금연을 못하는 사람에게 있어서 담배는 단속하지 않는 마약이라 생각한다.

데카메론 (2)

性 선진국

코로나 바이러스 공포로 일상생활도 바뀌고 민심조차 흉흉하다. 사람 많은 곳을 피하여 옥산저수지 쪽으로 산책하는 것이 일과가 된지 제법 됐다. 시골길이라 차량통행은 뜸하고 간혹 도덕산이나 봉좌산에서 내려오는 등산객과 마주친다. 종전과 달리 아래위를 힐끔힐끔 쳐다보는 눈초리가 마스크를 안 껴서 그런지 나를 적군 대하듯 한다.

지난번 마스크 사려다 허탕 친 이야기를 카톡으로 알렸더니 아들과 딸이 엊그제 마스크를 가져다주었다. 집에 마스크가 있지만 코로나 사태가 언제 끝날지 모르는 상황에 줄을 서본 것이다.

그런데 요사이 새로운 기사가 뜬다. "신종 코로나는 독감 수준, 기침 없으면 마스크 쓸 필요 없다"는 인천의료원 원장의 말이다. 이 양반이 '김어준의 뉴스공장'이라는 라디오에 출연해 국내 1번 확진환자를 치료하여 입원 2주 만에 완치시켰다는 제 자랑을 하며 내세운 억지소리다.

내 귀에는 정부의 무능으로 일어난 '마스크 대란'을 막아보자는 심뽀 같은데, 나만 그런가? 한 의사의 양심을 믿어보지만 다른 의사는 딴 소리를 한다. 그래서 지금 마스크 끼지 않고 밖으로 나다닐 수 없는 분위기인데 '마스크 쓸 필요 없다'는 게 먹혀들어가겠나 말이다.

나도 남들처럼 밖을 나다니는 횟수가 줄어드니 하릴없이 스마트폰을 가까이하는 시간이 많아졌다. 종이신문을 끊은지 오래라 뉴스는 '네이버'와 '다음'으로 해결한다. 평소에는 대수롭지 않게 그냥 넘기던 광고에도 눈이 자주 갔다. 제목부터 자극적인 것들이 많다. 그런 것 중에 '性 선진국'임을 만방에 알리는 광고들이 있기에 일부러 이틀 동안 깊숙이 찾아들어가 봤다. 우선 제목부터 알려주고 이야기를 계속하겠다.

- 발기부전 옛말! "한알"이면 밤새3번 "불끈"
- 여성이 "이쁜이 수술"하는 진짜 이유? 충격!
- 男 남몰래 성기에 "이것"바르고, 관계女 환장해!?
- "여보 미안해"… 한국 남성 73% 잠자리 자신 없어…
- 남성들이 보면 흐뭇해지는 "이것" 화제!
- 발기부전은 옛말… 강직도를 잡으면 "10시간 불끈"
- 산악회 회장, 남성회원들에게 나눠준 "이것"? 경악!
- 집에서 하는 '오래하는 남자' 좋은 습관3가지!
- 아내들이 뽑은 남자의 조건1위 '이 습관'… 충격
- 발기력, 강직도, 부부관계… 하루 '이것' 한번으로 해결!
- 극강의 발기력, 독일산 '이것' 바르자마자… 충격!
- 男 남몰래 성기에 "이것" 바르고, 관계女 환장해!?
- 성관계 A양! 남性 아래 "그것" 바르니 감당 안돼!!
- 남性 성관계전 "이것"바르니, 정력이 죽질 않아?!

◦ 남성 性관계전 "이것 한 알!" 사정없이 3시간!!
◦ 男 아랫도리에 바르니, 관계女 꽉찬 느낌 환장해!?
◦ 남性 와이프 몰래 "이것" 바르니… 女 꽉찬 느낌 환장해!?
◦ 고개 숙인 남성들의 고민, "홈런킹" 화제
◦ 남性 수술! 부작용 0% "이것" 덕분에 가능해
◦ 부부생활시 여성이 원하는 남성은!?
◦ 간호사 "남성수술" 절대 하지마라! 충격
◦ 숙모, 시키는 거 다할게 대신 빨리 끝내요…
◦ 하악~ 숙모 너무 좋아… 계속 박아줘!!
◦ 간호사 "음경확대" 10분 만에 5배 커져…
◦ 남성 자신감 "이것" 200% 상승!!
◦ 천연비X그라 6배 효과! 여자들이 먼저 찾아…!
◦ 아버님 "안돼! 그만" 더 깊숙이… 넣어줘…
◦ 남자의 정액은 레시틴 레시틴이 뭐길래…?
◦ 축 처진 중년 남성들 "한 알"이면 벌떡?!
◦ 남성 "확대수술" 1시간이면 가능! 비용은?
◦ 男性, 그곳 "굵기, 길이" "19㎝" 알고 보니?! "화제!"
◦ 숙모… 딱 한번만 안에다 싸면 안돼요?
◦ "이것" 한 알이면 밤새 5번?! 오빠 대체 멀 먹은 거야!
◦ "이것" 하나면 밤새 5번 "오빠 너무 단단해"
◦ 시아버지 "이것" 올리려 며느리가 매일 밤 XX해줘…
◦ 오빠 뭐했어? 넘 좋아! 거기 찢어질 거 같아!!
◦ 성기능 20배 강화! "발기부전, 조루" 끝났다.
◦ 숙모, 치마 내리고 돌아봐… 넣어줄게…!

이 밖에도 남녀 性器수술에 관한 광고 등, 별의 별 것이 넘치고도 남는다.

1973년 7월 3일은 포항제철소 1기공사를 마치고 준공한 날이다. 나는 그보다 1년 앞서 입사했는데, 밤낮 없는 건설공사 현장이 전쟁터와 같았다. 독일, 영국, 프랑스, 미국, 일본 등 소위 선진국으로부터 제철설비가 들어오고 이에 따른 기술을 배우기 위해 선배들은 각 나라로 속속 떠났다.

연수를 마치고 돌아온 선배들에게 기술을 전수받을 때 들은 에피소드가 많다. 그중에서 아직도 기억나는 몇 가지를 추려본다. 영양보충하려고 마트에 가서 개가 그려진 소고기통조림을 사서 맛있게 먹었더니 개 사료였다. '개표 통조림'인줄 알았다는 것이다. 일본기술자 집에 식사초대를 받아 갔더니 화장실에 변기가 없더란다. 주인에게 물었더니 양변기를 가리키는데 자기는 '머리 감는 것'인줄 알았단다.

무엇보다 흥미롭고 귀를 쫑긋 세워서 들은 것이 Sex 이야기다. 스트립쇼를 봤다거나 호텔방에서 섹스비디오를 원 없이 즐겼다거나, 독일의 나체 해수욕장을 구경하러 서너 명이 발가벗고 들어갔더니 오히려 동양인들의 '거시기'를 쳐다보는 시선이 부끄러워 백 미터도 못가서 되돌아왔다는 얘기 등등.

이 이야기의 요지는 "포항제철(포스코)이 저절로 된 회사가 아니다"라는 것이다.

우리나라 인구 5천만에 휴대폰 보급 대수가 4천만 대를 넘었다는 통계가 있다. 이제 스마트폰이 모든 걸 대신하는 시대가 온 것이다. 영유아를 빼면 초등학생부터 요양병원에 누워 있는 노인들까지 다 갖고 있는 필수품이다. 아까 소개한 광고 중에 하나를 클릭하면 누구나 접속이 가능하다. 내용을 들여다보면 '정력제(?)'나 '성기수술' 같은 게 대부분이다. 읽어보면 사고 싶고, 하고 싶어진다.

성인용 만화는 아무나 볼 수 있게 맛보기로 유혹한 뒤 회원가입이나 성인 인정을 받도록 한다. 속을 들여다보면 추잡한 욕설은 기본이고 성을 자극하는 말을 쏟아내고 있다. 미성년자도 부모의 인적사항을 입력하면 누구나 가능하다.

성범죄가 끊이지 않고 늘어만 가는 이유가 무엇인가? 급속한 경제발전에 성문화가 앞지른 탓이라 여겨진다. 배가 부르니 딴 생각이 날 수밖에 없다. 급기야 성 범죄자를 엄중히 다스린다며 형량을 높이고 전자발찌다 뭐다 대책을 내놓지만 역부족이다. 수년간 친딸을 성폭행해온 아버지가 징역 7년을 선고 받았다. 과연 7년이 중형인지 법원의 잣대와 일반 국민의식과는 천지 차이다.

나는 맹호 기갑연대 말단 소총소대의 무전병이었다. 앞이 잘 안 보이는 정글에 키가 크니 무전기 안테나를 겨냥하여 쏘면 내가 아니면 옆의 소대장이 죽을 수도 있는 위험한 보직이다. 그런데 용케도 보안부대에 스카우트되어 다친데 없이 멀쩡한 몸으로 귀국했다.

당시 소총부대 장병들은 전투가 없는 날은 미군한테 얻은 '플레이보이' 잡지의 야한 사진을 오려 앨범을 만든다. 기껏해야 유방이나 엉덩이가 큰 여자들이다. 귀국하여 자랑삼아 이웃에게 보여준 것이 음란물로 간주되었다. 본국 보안사령부에서 지시가 내려졌다. 모든 장병들의 귀국박스를 철저히 검사하여 음란물은 압수하여 소각시키라 했다. 압수한 앨범들을 실컷 구경하고서 처음에는 불태워 버렸으나 나중엔 아까워서 모아두었다가 다시 소총부대로 위문품 전달하듯이 내려 보냈다.

한번은 미군으로부터 섹스영화를 입수하여 소총부대원에게 돈을 받고 상영한다는 정보를 입수하고 적발에 나섰다. 내가 무슨 음란물 검열관인양 벙커에서 영사기를 돌려보았다. 구경 잘하고 필름을 폐기시키면서 양심상 입건은 못하고 "앞으로 또 이 짓 하면 영창 보내겠다"고 엄포를 놓고 돌려보낸 적이 있다.

지나간 일이지만 여기서 다시 한 번 짚고 넘어가자. 박정희가 5·16 혁명을 일으켜 가장 시급하고 중차대한 배고픔을 해결해 주었다. 좌파정권이 들어서면서 혁명이 쿠데타로 바뀌고 독재자가 되더니 요사이는 친일파라는 죄명이 하나 더 늘었다.

전두환을 보자. 하극상이니 군홧발로 짓밟고 정권을 빼었다고 하지만 깡패나 조직폭력배를 깡그리 감옥에 쳐 넣었다. 경제성장은 최고조에 달했다. 다른 건 제쳐두더라도 두 대통령 시절에는 여성 혼자 밤길 다니는데 아무런 문제가 없었다. 특히 성범죄는 지금보다 훨씬 적었다. 잘한 것은 칭찬해줘야 하는 게 아닌가?

1990년부터 민주화바람이 불더니 향락산업도 빠르게 퍼졌다. 지금은 어떤가? 매일 밤 9시 뉴스에 화재와 교통사고로 사망자가 없는 날이 없고, 심심찮게 끔직하고 흉악한 성범죄가 일어난다. 피해자가 신고를 못해 감춰진 사건이 부지기수란다. 일본을 단숨에 따라 잡은 게 '性 선진국'이더냐?

오늘 나의 두 번째 '데카메론' 이야기는 여기서 마친다.

데카메론 (3)

반려동물이란다

환갑 이전에 나는 개고기를 즐겨먹었다. 神의 직장이라 여겼던 포스코를 걷어차고 개인회사의 공장책임자로 일할 때까지 먹었다. 개고기를 먹으면 재수 없다는 속설도 있어 현장의 안전사고를 없애자는 뜻에서 담배 끊듯 끊어버렸다. 지금까지 입에 대지 않고 있지만 그때 그 맛의 기억은 잊을 수가 없다.

당시는 개도 소나 돼지, 닭처럼 키워서 팔거나 잡아먹는 가축이었다. 비싼 소고기를 대신하는 단백질 보충에 개고기는 그저 그만이다. 폐결핵 환자나 노약자에게는 없어서는 안 되는 필수 식품이었다. 운동선수들은 뱀탕과 더불어 간편하게 '개소주'를 고아서 가방에 넣고 다니며 먹었다.

아직도 '영양탕'이란 간판을 내걸고 장사하는 집이 더러 보인다. 동물보호법에 따라 개를 도축하거나 판매가 금지 되었는데도 버젓이 영업 중이다. 시골 장날에 가축시장 주변을 서성거리면 누군가가 가까이 다가와서 "개고기 사러 왔느냐"고 묻는다. 이제 내 주위에 보신탕을 즐기던 사람이 줄어든다. 머지않아 개고기를 먹는 문화는 그냥 둬도 사라지고 말 것 같다.

나 어릴 때는 암캐의 이름은 '메리'고, 수캐는 '독구'라 하면 다 알아먹고, 고양이는 '살찐이'라 불렀다. 개나 고양이를 '애완동물'이라는 말로 불리는가 했는데, 어느새 '반려동물'이란 말로 승격되었다.

내가 알고 있는 '반려'라는 말은, 서류 따위를 되돌려 주는 반려(返戾)가 먼저 떠오른다. 그래서 그런지 처음에는 '반려견'이라는 말을 듣고 얻어온 개를 되돌려 주는 뜻으로 알았다. 또 다른 '반려'는 결혼식장에서 주례사에 "검은 머리 파뿌리가 될 때까지 서로 존중하는 반려자가 되어라"라에 쓰이는 반려(伴侶)를 말한다. 여기서 '반려자'는 배우자의 다른 말이다.

반려동물이란, 가족처럼 생각하여 가까이 두고 보살피며 기르는 동물이라고 사전에 나와 있다. 귀여운 장난감이 아니라 인생을 함께 살아가는 동물이라는 뜻으로 애완동물에 대한 책임감을 심어주는 단어로 바뀐 것이다. 우리나라도 출생률은 낮아지고 애완동물의 수가 증가하여 어린이보다 숫자가 오히려 많다는 그 반려동물에 대하여 알아보자. 우선, '개 이야기'부터 먼저 하겠다.

초등학생 때 우리집에서 키운 개는 먹이라고는 밥과 반찬찌꺼기가 전부다. 어린애가 싸놓은 똥을 핥아 먹었다. 똥을 먹는다고 해서 '똥개'라는 이름이 거기서 나왔다. 어느 날 집에서 키우던 개가 눈에 빛을 내며 갑자기 뛰어 들어와 마루 밑에 숨었다. 이튿날 보니 죽어 있었다. 어른들이 쥐약을 먹고 죽은 쥐를 개가 먹어서 그렇단다. 먹지도 팔지도 못하고 땅에 묻어버린 뒤 허탈해 하시던 아버지의 모습이 떠오른다.

월남전 참전 때 연대본부를 걸어가고 있는데 강아지 한 마리가 졸졸 따라온다. 쫓아도 소용없어 내가 키우게 되었다. 밥도 주고 C-레이션도 먹이고 했더니 다른 사람보다 나를 참 잘 따랐다.

평소 개를 싫어하는 우리 파견대장은 개고기를 못 먹게 하고 키우지도 못하게 하는 성격이라 졸병인 나는 어쩔 수없이 개를 버렸다. 귀국하기 얼마 전에 의무중대 쪽으로 걸어가는데 커다란 개 한 마리가 내 앞을 가로막고 덤벼들었다. 홧김에 걷어찼더니 도망도 가지 않고 쫓아온다. 자세히 보니 내가 키우던 그 강아지가 큰 개로 자란 것이다.

다시 파견대로 데리고 와서 몰래 키웠다. 그러나 이 사실을 안 파견대장의 지시로 나 없는 사이 운전병이 멀리 버렸다는 말을 들은 이후 현재까지 개를 키운 기억은 나지 않는다.

지금도 족보 있는 개라느니, 진돗개 한 마리 줄 테니 키워보라는 연락을 받지만 한마디로 거절해버린다. 개를 키우는 사람의 불편함과 고통을 알고 있는데다 와이프도 싫어하기 때문이다.

이번에는 고양이 얘기를 해보자.

옛날부터 우리 조상들은 고양이를 영물(靈物)이라 했다. 영물을 건들거나 다치게 하면 그 사람에게 액운이 끼어 화를 당한다는 전설이 있다. 그래서 고양이는 쥐를 잡는 도구로만 이용했으며 간혹 신경통이 심한 사람에게 고양이 고기가 좋다는 말만 들은 적이 있다. 칠성시장에 가면 약을 하려고 손님이 고양이를 흥정한 뒤 땅바닥에 내리쳐 죽이는 것을 본 사람도 있단다.

또, 개는 죽을 때까지 주인에게 충성을 하지만 고양이는 배반한다는 속설이 있다. 주인에 대한 고양이의 애정은 어떻게 대하느냐에 따라 달라진다. 괴롭힘을 당한 고양이는 떠나버리거나 앙갚음을 하는 경우일 때 나온 말일 것이다.

이처럼 인간들에게 나쁜 이미지와 대우받지 못하던 고양이의 몸값이 비싸지게 된 이유는 일본의 영향이라 추측한다. 일본을 여행하다보면 식당이나 상점 앞에 고양이가 앞발을 들고 손짓하는 것을 쉽게 본다. 일본말로 마네키 네코(招き猫)라고 하는데, 부를 '초', 고양이 '묘'이다. 왼쪽 앞발을 흔드는 것은 손님을 부르는 것이다. 오른쪽 발을 흔드는 고양이는 재물이 굴러들어오게 해달라는 뜻이다. '마네키 네코' 판매점에 양쪽 발을 다 흔드는 고양이가 있어 물어봤더니 손님과 돈이 한꺼번에 들어오라는 것이란다. 일본인들의 기막힌 상술이 엿보인다.

'배부른 고양이는 쥐를 잡지 않는다'는 속담에 대하여 알아보자. 가난한 사람은 부지런하지만 돈 있는 사람은 게으르다는 것을 비유하는 말이다. 기업체에서 '근로 장려'용으로 흔하게 써먹는데, 정말로 그런지 예를 하나 들어보겠다.

부부가 사는 옆집 부엌에 난데없이 도둑고양이가 새끼 네 마리를 낳았다. 애처로워 내다 버릴 수가 없어 키우게 되었다. 새끼 때부터 시원찮던 한 마리는 죽고, 한 마리는 가출 했는지 두 마리가 남았다. 애지중지 키웠더니 어느 날 밖에서 쥐 한 마리를 물고 들어왔다. 주인에게 밥값하고 있음을 알려주는 뜻인지 의기양양 마당에 놓더라는 것이다. '보상심리'가 아닐까하여 정신과 전문의 권 박사에게 재미삼아 물어보았다.

고양이가 쥐를 잡는 것은 본능이요, 먹는 것은 학습이 되지 않아서 그렇단다. 새끼 때 쥐를 먹는 버릇을 어미로부터 배우지 않았기 때문이다. 고기도 먹어본 놈이 먹는다고 하지 않던가? 전문의답게 권 박사가 콕 찍어주었다. 그렇다면, '배부른 고양이는 쥐를 잡아도 먹지는 않는다.'라고 속담을 바꿔야 한다.

나는 개보다 고양이를 더 싫어한다. 엊그제는 텃밭을 갈아 상추씨를 뿌렸는데 고양이가 흙을 뒤집고 보금자리를 만드는 바람에 내게 손해를 입혔다. 일부러 그랬겠냐마는 종량제봉지를 뚫거나 쓰레기더미를 뒤지니 미워죽겠다.

농촌에도 쥐가 보이지 않으니 이제 고양이의 역할은 사라진 게 아닌가 싶다. 그런데 요게 사람을 알아본다. 나만 보면 슬슬 도망치는 놈들이 옆집은 먹을 것을 챙겨주니 길냥이(도둑고양이)들의 신천지다. 주인이 있든 말든 낯선 놈들이 들락거리는 러브호텔이 되고 말았다.

동물이 인간에게 많은 혜택을 주지만 피해도 만만찮다. 도심 한복판에 멧돼지가 나타나 경찰이 출동하고, 새들에 의해 무서운 조류독감을 퍼뜨린다. 개가 사람을 물어 죽이거나 다치게 했다는 뉴스도 간혹 들린다. 예전에는 소가 사람에게 덤벼들면 도축장으로, 개는 보신탕집으로, 고양이는 약용으로 살처분 되었다.

등산을 다니다 보면 예전에는 부스럭 소리에 산토끼가 놀라 달아나는 모습을 본 적이 있을 것이다. 버려진 고양이가 야생으로 돌아가 새끼토끼를 잡아먹는 바람에 현재 거의 멸종단계다. 혹시 산토끼를 본 적이 있는가? 천연기념물인 새도 잡아먹는다. 그것도 모자라 둥지의 새알을 훔쳐 먹거나 새끼를 잡아버려 생태계를 교란시킨다.

인간과 더불어 산다는 반려동물은 어떤가?

통계에 의하면 일본사람은 개보다 고양이 선호도가 더 높다고 한다. 이유로서는, 인구 고령화와 1인 가구의 증가현상 때문이다. 개처럼 산책을 자주 시키지 않아도 되고 큰 소리로 짖지 않고 똥오줌도 스스로 잘 가리는 특성 덕에 고양이를 많이 키운다고 한다. 따라서 애묘(愛猫) 산업이 날로 번창하고 있다. 무라카미 하루키(村上春樹)의 소설, '1Q84'에 보면 가출한 고양이를 찾아주는 아르바이트생 이야기도 나온다. 우리나라도 1인가구와 고령화 현상으로 애묘산업이 빠르게 성장하고 있다. 마트에 가면 사료를 비롯하여 고양이 용품이 많은데, 애견(愛犬) 용품이 압도적이었던 과거와 달리 고양이 용품 매출이 증가하고 있단다.

개 호텔, 고양이 유치원, 키우는 재미가 말 안 듣는 자식보다 훨씬 낫다면서 가격을 놓고 따지기도 하고 학부모(?) 저들끼리 모임도 있다. 이런 모임을 통하여 돈 자랑을 하고 인맥도 쌓는다니 일종의 정신병이 아닌가 싶다. 졸부들이 너도나도 노골적으로 부잣집 행세만 하니 부작용이 따르기 마련이다.

목줄을 매지 않은 개가 함부로 덤벼들거나 고양이를 품속에 넣고 다녀 흠칫 놀라는 사람도 있다. 하지만 주인들은 말한다. '우리 개는 물지 않는다', '우리 집안에서 짓는데 왜 참견이냐'면서 싸울 태세에 기죽어 물러난다.

자연히 민원이 발생한다. 애완동물 사육 시 입주자에 피해가 없으면 주민동의를 받지 않아도 된다는 건설교통부의 유권해석이 나왔다. 구체적 사례도 없이 어떤 게 피해란 말인가? 정부정책이 답답하기만 하다.

일본은 반려동물과 함께 거주할 수 있는 아파트나 빌라가 따로 있다. 주거환경 내에 미용이나 목욕시설, 산책코스 등 반려동물과 보호자가 같이 이용하는 편의시설이 갖춰져 있다. 물론 이런 곳은 집세가 비싸다.

우리나라는 반려동물에 대한 책임의식이 부족하다. 달면 삼키고 쓰면 뱉는다(甘呑苦吐)는 격으로 건강할 때는 가족이라며 뽀뽀까지 하다가 병들면 버려지는 반려동물들이 해마다 늘어 사회적인 문제가 되고 있다.

급기야 정부에서 개, 고양이 등 반려동물에 대해 세금을 부과하는 일명 '반려동물 보유세'를 검토한다고 발표했다. 버려지는 동물처리에 키우지 않는 시민의 세금으로 처리하는 것이 부당하다는 측과 동물에 세금이라니? 사회주의 국가에서 하는 짓이라며 찬반 여론이 뜨겁다. 아직 결판을 내지 못하고 미루고 있는 상태다.

나는 반려동물을 키우는 데 반대하는 사람은 아니다. 다만 우리나라는 공동거주 형태의 아파트가 대부분이다. 집안에서 동물과 함께 지내다보면 소음, 냄새, 털 날림 등으로 이웃에게 피해를 끼친다.

함께 살아가는 가족이라 여긴다면 병들면 버리지 말고 장례식까지 치러주는 자세가 필요하다. 그런 기본적 인성이 되어있지 않은 인간은 반려동물을 키우지 말았으면 좋겠다.

코로나19로 살기 힘들지요? 나를 지키는 것이 나라를 지키는 일이라 생각하면서 '데카메론' 세 번째 이야기를 마쳐야겠다. 마누라가 맑은 공기 쏘이려 산책 가자며 조른다.

데카메론 (4)

빨갱이

요사이 쓰이는 말 중에 '빨갱이'란 말이 많이 유행되고 있다. 빨갱이는 공산당을 말하는 것이다. 빨갱이의 종류도 많다. 수박같이 거죽은 퍼렇고 속이 빨간 놈이 있고, 수밀도* 모양으로 거죽도 희고 속도 흰데 씨만 빨간 놈이 있고, 토마토나 고추 모양으로 안팎 속이 다 빨간 놈도 있다. 어느 것이 진짜 빨간 놈인 것은 몰라도 토마토나 고추 같은 빨갱이는 소아병자일 것이요, 수박같이 거죽은 퍼렇고 속이 붉은 것은 기회주의자일 것이요, 진짜 빨갱이는 수밀도같이 겉과 속이 다 희어도 속 알맹이가 빨간 자일 것이다.

극우가 아니고 중간파나 자유주의자까지도 극우가 아니면 '빨갱이'라 규정짓는 그 자들이 빨갱이 아닌 빨갱이인 것이다. 이 자들이 민족분열을 시키는 건국 범죄자인 것이다. 〈독립신보〉 1947년 9월 12일 자

---

* 복숭아

문재인 대통령이 작년 3·1절 100주년 기념식 경축사에서 "친일잔재 청산은 너무나 오래 미뤄둔 숙제"라며 "지금도 우리사회에서 정치적 경쟁세력을 비방하고 공격하는 도구로 빨갱이란 말이 사용되고 있고, 변형된 '색깔론'이 기승을 부리고 있다"고 발언했다. 이어 "일제는 독립군을 '비적'*으로, 독립 운동가를 '사상범'으로 몰아 탄압했다. 여기서 '빨갱이'란 말도 생겨났다"고 지적했다. 특히 '빨갱이'란 표현이 진짜 공산주의자에게만 적용되지 않았다는 점을 강조했다. 문 대통령은 '빨갱이'란 말이 "민족주의자에서부터 모든 독립운동가를 낙인(烙印) 찍는 말이었다"며 양민학살과 간첩조작, 학생들의 민주화운동에도 국민을 적(敵)으로 모는 낙인으로 사용됐다"고 설명했다. 해방 후에도 일제 경찰 출신이 독립운동가를 빨갱이로 몰아 고문하기도…

그의 의중은 비록 친일잔재를 설명하기 위해 강한 단어를 선택한 거 같은데, 이날의 경축사가 정치적 소용돌이를 일으켜 오늘에 이르렀다. 문 대통령의 발언 중에, '빨갱이'란 말이 여러 번 나온다. 그는 친일파가 독립운동가를 탄압하기 위해 만든 것으로 해석했다. 나는 그렇지 않다고 생각한다. 먼저 빨갱이가 어떤 뜻인지 알아보자.

국어사전에 '빨갱이'는 '공산주의자를 속되게 이르는 말'로 되어 있다. 러시아혁명 때 공산주의자들이 붉은색을 자신들의 색깔로 정한 것이 빨간색 완장의 시작이고 전 세계로 퍼진 것이다. 대부분의 공산주의 국가는 붉은 색을 사용하고 있는데, 이에 대한 반감을 가진 사람들이 공산주의자들을 경멸하는 뜻으로 빨갱이라 불렀다.

---

* 무기를 지니고 떼를 지어 다니며 살인과 약탈을 일삼는 도둑

우리나라는 6·25 전쟁 당시 북한군이 붉은 완장을 차고 죽창을 들고 자신의 마음에 안 들거나 명령을 거부하는 자들은 죽창으로 찔러 죽였다. 그래서 붉은 완장을 찬 공산주의자를 빨갱이라 부른 것이 널리 퍼지게 되었다. 빨갱이 진짜 어원은 '파르티잔', 우리 발음상 '빨치산'이었다. 항일 유격대의 전술이 일본 관동군을 습격하는 소규모 전투였는데, 이들을 '빨치산'이라 했다.

세계적으로 보면 지금도 The Reds(빨갱이), The Communist(공산주의자)라 하고 있으니 빨갱이란 말은 친일파들이 만든 순수 국산이 아님을 알 수 있다.

내 친구 권영재 박사로부터 "너는 프롤레타리아로 성분도 좋은데 왜 빨갱이가 안 됐지?"란 말을 한 번도 아니고 여러 번 들었다. 다른 친구들도 "만이는 흙수저로 태어난 신분으로 그 좋은 머리에다 노동운동까지 했다는데 빨갱이가 안 된 것이 궁금하다"고 한다. 내가 무슨 실험실의 개구리인가!? 나의 대답은 언제나 변함없다. "가정형편이 어려워 대학은커녕 고등학교도 못 갈 지경에 코앞이 석자라 마르크스-레닌주의나 불온서적 같은 거 읽을 틈이 없었다." 젊어서는 먹고살기 바빠서 빨갱이가 될 여가가 없었다고 말해준다.

우리또래는 6·25전쟁을 겪으면서 자랐다. 온 국민이 빨간색 자체를 기피했던 때라 해방 뒤 한동안 초등학교 운동회에 청군, 홍군이 있다가 나중에 홍군이 없어지고 백군으로 바뀌었다. 군복무 시절, 총검술의 대상은 김일성 빨갱이가 그려진 판때기였다.

1977년, 난생처음 일본에 갔을 때, 붉은 깃발을 흔들며 선거운동을 하는 모습에 흠칫했다. '공산당'이란 정당이 있는 줄 몰랐다. 택시 뒤 유리에 '기사모집' 광고에도 놀랐다. 당시 우리나라는 돈을 쓰거나 빽이 없으면 택시기사 되는 게 하늘의 별 따기 다음으로 어려웠는데 신기했다. 일본 가기 전에 정보부에서 시키는 교육을 받는 것도 의무였다. 치마저고리를 입은 여자는 조총련이 틀림없고, 백두산, 평양, 모란봉, 금강산 같은 북한 이름으로 된 식당이나 상점은 출입금지 대상이었다. 조총련의 꾐에 빠지면 간첩으로 만들어져 남파된다고 했다.

그랬던 것이 차츰 붉은색에 대한 인식이 패션에서부터 달라지더니 2002년 한일 월드컵 때는 어린애부터 80 넘은 노인까지 '붉은 악마' 티셔츠를 입고 응원했다. 해병대가 자랑하며 달고 다니는 명찰도 빨간색이다. 박근혜 정부시절에 집권 여당의 상징 색깔이 빨간색이었다.

나 역시 인식도 바뀌고, 나이를 먹어감에 따라 화려하게 보이는 옷을 입으라며 자녀들이 붉은색이 들어간 옷을 사줘도 마다하지 않는다.

해방 후에 공산주의자나 그들과 함께 행동한 세력들을 빨갱이라 했다. 당시 권력자들은 순수 민주인사를 빨갱이라 부른 적이 없고, 심지어 독립운동을 했다는 이유로 빨갱이로 몰아서 처벌한 일도 없었다고 한다.

빨갱이, 현재는 일부 극우세력이 정치성향을 따지지 않고 자신들과 생각이 다른 사람들을 확실한 근거도 없이 몰아붙일 때 쓰는 단어로 의미가 변했다.

대표적인 것이 '종북몰이'다. 제일 흔하게 등장하는 '좌빨'도 좌파 빨갱이를 의미한다. 간첩이나 사회주의 계열 사람들을 빨갱이라 부르는 것은 맞지만 그 외는 빨갱이라 부르지 말아야 한다.

사자소학(四字小學)에 '근묵자흑(近墨者黑)이요, 근주자적(近朱者赤)이라'했다. 먹을 가까이하는 사람은 검어지고, 주사*를 가까이하는 사람은 붉어진다는 것이다. 종교나 사상 같은 게 환경이나 교육에 의해 무섭게 변할 수 있다는 것을 우회적으로 한 말이다. 나한테는 빨아먹을 것이 없다는 걸 용케도 알아 '여호와의 증인'이나 '신천지', 보이스피싱조차 얼씬도 못한다. 약간 서운하다.

모든 인민을 골고루 잘 살게 해주겠다는 공산주의 이념을 바탕으로 하는 북한을 보라, 공산당 간부들만 잘 살고 인민들은 아직도 하향평준화 되어 굶주리고 있지 않은가? 물만 먹어도 살찐다는 사람에게 북한에 가면 반드시 성공할 수 있다고 권한다. 그 동네는 김정은처럼 뚱뚱한 사람 TV에 본 적이 없으니 100퍼센트 자신한다. 요사이 김정은이가 입고 다니는 연두색 가죽코트가 부러워 죽겠다. 언제쯤 중고품 시장에 나올지 기다리고 있는 참이다.

우리는 공산주의자들과 동족 간에 피를 흘린 전쟁의 역사가 있었다는 것을 모르고 지내는 젊은이들이 많다. 대한민국 헌법의 기본원리에 국민 주권주의, 자유 민주주의, 복지국가의 원리 등이 들어 있다. 아무리 정치노선이 달라도 지식인, 정치가는 물론이고 국민 모두가 자유민주주의 나라를 지키는데 온힘을 쏟아야할 때다. 사회주의 국가로써 성공한 나라는 중국밖에 없다. 1947년 9월 12일 자 〈독립신보〉의 빨갱이 표현이 재밌지 않은가? '데카메론' 네 번째 이야기를 여기서 끝낸다.

빨갱이가 가장 듣기 싫어하는 말이 빨갱이다~!!

---

* 적갈색의 광물

데카메론 (5)

행복한 임금님

미국 프로야구 뉴욕 양키스의 전설적인 타자 '루 게릭' 선수를 아시는지? 1903년에 태어나 1923년 대학을 중퇴하고 뉴욕 양키스에 입단했다. 17년간 통산 타율 3할4푼으로 메이저리그 역대 17위, 통산 홈런 493개로 메이저리그 역대 28위, 통산 타점 1,995개로 7위의 기록을 남긴 대 선수였다. 1932년에는 한 경기 4개의 홈런을 친 20세기 최고의 선수가 되기도 했다.

이렇게 엄청난 기록을 쏟아낸 철인 루 게릭은 1939년 몸 움직임에 이상이 생겨 결국 5월 초 연속 출장기록을 마무리 짓고 은퇴하게 된다. 그의 경기력 저하는 근위축성 측색 경화증(Amyotrophic Lateral Sclerosis, ALS)이라는 병 때문이라는 것이 밝혀졌다. 이 병의 특징은 급격한 전신마비 증상이 생기고, 나중에는 음식을 삼키거나 대화하는 데까지 지장이 생기는 등, 중추신경계가 파손되지만 정신만은 끝까지 또렷하게 남게 되는 희귀한 질병이다. 그는 3년을 넘기기 힘들 것이란 진단을 받았고 결국 2년 뒤인 1941년에 세상을 떠나게 되었다. 이후 그의 이름을 따서 ALS를 '루게릭병'이라고 부르게 되었다.

현재 미국 마이애미에 살고 있는 배종환이란 친구는 나랑 경북중학교 동창이다. 1984년 다니던 회사에서 LA지사로 발령 나서 미국생활을 시작하였다. 7~8년간 회사 일에 몰두하다 귀국하지 않고 사직서를 제출한 뒤 개인 사업을 시작했다. 2016년 어느 날 설거지를 하는데 비누 묻은 쟁반이 손에서 미끄러져 나가더니 손가락이 떨렸고 그 후 골프공을 티 위에 올려놓을 수가 없었단다.

LA의 병원 두 군데, 플로리다의 병원 세 곳을 거치며 2017년 7월에 ALS 즉, 루 게릭병 확진을 받았다고 한다.

아직까지 발병원인이나 치료방법이 없기 때문에 불치병으로 알려져 있다. 배종환 군은 지금 걷지도 못하고 누가 부축해주지 않으면 일어서지도 못하는 상태다.

이 소식을 듣고 친구 몇 사람이 이야기를 나눈 끝에 루 게릭 환자의 투병기라도 구해서 보내주자고 했다. 한국에도 약 2천 명 정도가 이 병으로 투병 중인 걸로 알고 있는데, 국내는 마땅한 책이 없자 권영재 군이 일본의 지인에게 부탁하여 책 한 권을 구했다.

현재 인공호흡기를 달고 일본 국회의원(참의원)으로 의정활동을 하고 있는 후나고 야스히코(船後靖彦) 씨가 그 주인공이다. 혼자서는 꼼짝도 못해 보조자의 도움으로 휠체어를 타고 다닌다. 이마의 주름살로 컴퓨터를 작동시키는 '의사전달 장치'로 생활하고 있다.

214페이지로 된 시아와세노 오-사마(しあわせの王様), 우리말로 하

면 '행복한 임금님'이다. 2008년에 쇼가쿠칸(小學館)에서 간행된 것을 2016년 증보신장판으로 발행되었다. 후나고 야스히코(船後靖彦)씨와 료 미치코(寮美千子)씨가 공동저자다. 국내에는 번역본이 없어 공부삼아 시작한 번역작업을 슬금슬금 다섯 달 만에 끝냈다. 조금씩 번역하면서 배종환 군을 비롯하여 친구 몇에게 e메일로 보내 주었다.

번역하다 이해하기 어려운 문장은 일본사람에게 묻거나 눈치로 끼워 맞추기도 했다. 이제 마무리 손질을 거치면서 동기회 카페에 연재하고 있는데, 저자의 허락을 받지 않아 일반에게 공개하기가 어렵다. 번역이 서툴지만 대충 줄거리나 알리고자 한다.

후나고 야스히코(船後靖彦) 씨는 1957년 기후(岐阜)현에서 태어났다. 열 살 때 아버지를 따라 치바(千葉)현으로 이사를 가면서 유년시절을 치바에서 보냈다.

고등학교 재학시절에 친구들과 기타를 치며 밴드도 만들었다. 대학을 졸업하자마자 방수회사를 창업했으나 위험한 작업이라 2년 못가서 문을 닫았다. 다이아몬드와 고급시계회사에 취직하여 뛰어난 영어실력으로 해외를 다니며 다이아몬드를 구입하여 판매하는 세일즈맨으로서 자리를 굳혀 나갔다. 그러던 중 병의 징조는 생각지도 않은 곳에서 찾아왔다.

분주한 가운데 휴가를 얻어 집에 쉬면서 초등학교 5학년생 딸과 팔씨름을 했다. 하나, 둘, 셋 하는 순간 어, 어, 하는 사이 승부가 결정 나고 말았다. 딸의 팔 힘은 생각보다 강했다. 졌다는 분함보다 기쁨 쪽이 몇 배, 몇 십 배 컸다.

1999년 7월, 41세로 한창 일할 나이의 어느 날 이를 닦으려고 하니까 칫솔이 손에서 맥없이 툭 떨어졌다. 손이 생각대로 움직이지 않는데, "여보, 뭘 하고 있어요, 빨리 하지 않으면 지각할지도 몰라요" 아내의 재촉하는 목소리가 들렸다.

이정도 가벼운 마비와 통증은 힘들게 일하느라 피곤해서 그렇겠지 하며 넘겨버렸다.

동네 의원에서 근육 이완제를 처방받아 먹기도 하고 침술치료도 받았으나 효과가 없어 병원 여러 곳을 찾아 다녔지만 원인을 알 수 없었다. 점점 혀도 꼬부라져 말도 어눌해지고, 믿었던 손가락조차 서서히 움직이지 않는다. 대학병원에서 1주일 간 검사입원하고 결과를 기다리는 날, 담당 여의사가 말했다.

"몸속의 근육이 서서히 약해지는 신경성 병입니다. 원인을 알 수 없고, 아직 치료법도 없는 난치병입니다. 처음에는 사지가 마비되고 나중에는 호흡 정지 상태로 빠지게 되어 평균 3~4년 사이에 목숨을 잃게 됩니다. 인공호흡기로 연명하는 것이 가능합니다."

그러고 나서 "질문 있어요?"라고 묻는 의사에게 도무지 입을 열 수 없는 기분이었지만, "호흡이 정지하여 죽을 때는 괴롭습니까?" 했더니, "걱정하지 마세요, 의식이 몽롱해지면서 조용히 숨을 멈추게 됩니다."

이토록 가혹한 선고를 받고 오로지 죽어야겠다는 생각뿐인 후나고에게 젊은 수련의가 "치바東병원에 가보세요, 여러 가지 살아가는 방법이 있어요"라는 말을 듣고 치바東병원의 신경내과를 찾아갔다.

일본에서도 드문 ALS 전문의인 이마이 다카시(今井常志) 과장을 만나게 된다. "전문의라면 뭔가 해줄지도 모르겠다,"는 희망을 안고 진료를 받았으나, 병을 이해하고 진실을 받아내는 것이야말로 환자로서 가장 중요하다고 말하는 이마이(今井) 의사의 신념에 순응하게 된다.

병은 점점 악화되어 기관절개도 하고 위장에 구멍을 뚫어 영양을 섭취하는 수술까지 받았다. 그러나 기관절개의 효과도 서서히 줄어들어 인공호흡기를 달 때가 되었음을 이마이 의사가 알려준다.

후나고는 인공호흡기를 달고 목숨을 이어가는 쪽이 죽는 것보다 훨씬 무섭다고 생각했기 때문에 거절한다. 후나고의 어머니는 "호흡기를 달고 사는 게 좋겠다. 너의 시중은 한평생 내가 돌봐주겠으니 어떤 걱정도 하지마라."고 몇 번이나 말했다.

'인공호흡기를 장착하지 않는다'는 후나고의 신념에 변화가 생겼다. 심심풀이로 시작한 '상호 서포터' 활동에서 이마이 의사가 ALS 통지를 받은 지 얼마 안 된 환자를 데리고 왔다.

2년 전 자신의 모습이라 생각하고 병이 어떻게 진행되는지, 어떤 대응을 해왔던 것인지를 묻는 그대로 담담하게 사실을 말 했을 뿐인데, 불안에 차있던 환자의 표정이 누그러져 가는 것을 알았다. 시체처럼 보인 후나고가 똑똑하게 말하는 것을 보고 보통 사람처럼 느끼는 것 같았다. "감사합니다"라고 말해줄 때 후나고는 자신도 뭔가 쓸모가 있다고 생각한다.

호흡기를 달고 가혹한 삶을 이어가는 용기를 가질 것인가, 아니면 호흡기를 달지 않고 이것이 나의 수명이라고 받아들일 용기를 가질 것인가. 후나고는 마지막 선택에 몰리게 되었다.

그런 어느 날, 옆 침대에서 수일 전까지 가족과 이야기를 나누던 환자가 갑자기 호흡곤란에 빠지더니 숨을 거두고 말았다. 비어있는 침대를 보고 후나고는 생각했다. 언제까지 결정을 미룰 수 없다. 고민하고 있는 사이에 죽음의 神이 자신을 잡아가겠지, 여기서 죽어서는 안 된다며 즉시 의사를 불러 호흡기 장착을 의뢰한다.

인공호흡기를 달고 이마이 의사와 가족까지 동행하여 호주 멜버른에서 개최한 ALS국제대회에 참가했다. 이듬해 2003년에도 이탈리아 밀라노에서 개최된 ALS국제회의에 참가하여 세계 사람들 앞에서 자작한 詩를 발표했다. 같은 병을 앓고 있는 사람들과 e메일로 소통하고 컴퓨터로 강연하는 법을 익혀 다양한 장소에서 직접 강의를 하여 수익도 올리고 있다.

아내가 후나고를 '임금님'이라고 이름을 붙인 것은 전신마비로 얼굴을 씻는 것도, 양치질 하는 것도, 가려운 등허리를 긁는 것도 누군가에게 도움을 받기 때문이다.

후나고는 '인간은 어떤 모습이 되더라도 인생을 엔조이할 수 있다.' 병한테 지지 않고, 아니 병고를 극복하는 것조차 하나의 즐거움으로 도전하고 싶다. 진실로 강인함을 가진 '임금님'처럼 당당하게 살고 싶다. 그 소원 때문에 아내는 저를 '임금님'이라고 불러준 것이다.

나는 능통하지 못한 일본어를 더 배워가면서 '행복한 임금님'을 번역했다. 때로는 ALS라는 몹쓸 병에 걸려 고통 받고 있는 배종환 군을 생각하며 서너 차례 눈물도 흘렸다.

나더러 번역본으로 책 한번 내보라는 주위의 말도 있지만 현실은 그렇지 않다. 지적재산권 문제도 걸려 있고 아직도 우리말로 번역된 책이 나오지 않은 것은 돈벌이가 안 되기 때문이 아닐까? 동창 카페에 올려놔도 재미가 없어 그런지 읽어주는 친구도 많지 않다.

그렇지만 이걸 계기로 "나도 책 한 권 내보고 죽어야지!" 하는 마음을 굳히면서 '데카메론' 다섯 번째 이야기를 마친다.

*** 미국에서 루게릭 병으로 투병하던 배종환 군이 2021년 1월 17일 하나님의 부름을 받고 주님의 곁으로 갔습니다. 거기서는 제발 아프지 마라, 기도했습니다.

데카메론 (6)

책 한 권

사람이 살다 죽을 때가 되면 일생을 되돌아보며 세 가지를 후회한단다. 첫째는, '베풀지 못한 것에 대한 후회'다. 가난하든 부유하게 산 사람이든 좀 더 베풀며 살 수 있었는데, 이렇게 긁어모으고 움켜쥐어 봐도 내 것 아니니 참 어리석게 살았다고 후회한다.

둘째는, '참지 못한 것에 대한 후회'라고 한다. 그때 내가 조금만 참았더라면 좋았을 걸, 왜 쓸데없는 말을 하고, 쓸데없이 행동했던가를 후회 한다. 내가 옳다고 생각했고 그것이 최선이라 여겼으나 지나고 보니 좀 더 참았더라면 내 인생이 달라졌을 것인데 하는 후회다.

셋째는, '좀 더 행복하게 살지 못한 것에 대한 후회'다. 왜 그렇게 짜증스럽고 힘들게 살았는지 어리석음에 대하여 후회한다. 얼마든지 기쁘고 즐겁게 살 수 있었는데 하며 복되게 살지 못한 것을 후회한다.

위의 세 가지 후회는 누구나 죽음을 눈앞에 두고 지나온 인생을 돌이켜 보면서 하는 후회라고 생각한다. 그러나 나는 좀 더 구체적으로 책 한 권 써보지 못한 것에 대하여 후회한다. 죽음 직전의 후회도 아니고, 권력을 가진 자나 재벌이 자신을 알리기 위한 회고록이나 자서전을 못 쓴 것은 더욱 아니다. 평소에 가지고 있는 후회다.

나는 포항제철소 생산현장에서 기능공으로 20년, 개인회사 임원으로 10년, 합쳐서 30년을 철강회사에서 일했다. 포스코와 일본이 아니었더라면 그냥 '공장뺑이'로 그쳤을 것이다. 운 좋게 무경력 신입사원으로 포스코에 입사하면서 일본인 기술자와 가까이 할 수 있는 기회가 있었다. 그들의 특징 중에 하나는 기록하는 습관이다. 작업 중에 발생한 내용을 호주머니 속 수첩에다 적는다. 내가 물으면 자신의 노트나 기술자 핸드북에서 찾아 알려준다. 나 역시 일본사람 흉내 내느라 열심히 기록하여 중요한 것은 데이터화 해나갔다.

일본으로 기술연수 갔을 때는 그들의 작업표준서나 기술 자료들을 무작정 긁어모았다. 돌아와서는 선후배들과 밤낮 없이 일에 매달렸다. 재테크에 밝은 사람은 부동산과 주식에 투자하여 재미를 봤다는 소리도 멀리하고 오로지 회사만 믿었다. 지금도 와이프는 당시를 회상하며 이렇게 말한다, "가족을 돌보지 않고 그렇게 일하면 죽을 때까지 먹여 살려줄 줄 알았다"는 것이다.

그러던 차, 윗사람으로부터 철강공단에서 우리제품을 가공하여 판매하는 회사가 설비고장도 잦고 품질이 엉망이라니 가서 진단해주고 오라는 지시를 받았다. 지은 지 2년밖에 안 되는 신설공장을 사흘 동안 점검을 했더니 설비가 나빠서 생산성이 떨어지고 품질이 나쁜 것은 아니었다. 진단 결과를 사장에게 브리핑하는 자리에서 '사람관리'에 문제가 있다고 보고하였다.

아버지와 동년배인 사장이 "오 선생, 나 좀 살려주시오, 공장 문을 닫아버릴까 했는데 오 선생이 맡아주시던가 동료 한 사람 추천해주시오"라며 애원한다. 나는 전혀 마음이 내키지 않았지만 한번 생각해 보겠다는 말로 그 자리를 피했다. 며칠 동안 몇몇 동료들에게 개인공장의 책임자 자리를 추천했더니 씨알도 먹히지 않는다. 한마디로 "내가 미쳤어!? 그런 델 가게, 너나 가봐라"는 대답뿐이다. 나 역시 안정된 직장을 버릴 수가 없다며 포기의사를 밝혔다.

그러나 이게 끝이 아니었다. 아버지 같은 사장이 보잘 것 없는 나를 집요하게 매달리는 바람에 여린 내 마음이 조금씩 바뀌기 시작했다. 이직을 결심하고 어머니와 아내에게 동의를 구했더니 펄쩍뛴다. 결국 서울에서 사장이 우리집으로 찾아와서 두 사람을 설득했다. 포스코보다 대우를 더 좋게 해주고 아무리 회사가 어려워도 쫓아내는 일이 없도록 하겠다는 다짐에 어머니와 아내의 고집은 꺾였다.

주위의 만류를 뿌리치고 스스로 사직서를 내고나니 불안하기보다는 홀가분했다. 인수인계를 마치고 마지막으로 책상정리는 하는데 그만 눈물이 콱 쏟아졌다. 무턱대고 사표를 던진 건 아니다. 만 55세에 정년퇴직 후의 생계걱정, 늘 따라다니던 기능직사원이란 꼬리표를 떼기 위해 노조위원장에 출마했으나 강성이 아니라서 떨어졌다. 그 무렵 임원을 시켜주고 승용차도 제공하겠다는 미끼를 먹을까 말까 서성거릴 때였다. 포항제철 20년째인 1991년, 가을바람에 낙엽 떨어지는 줄 몰랐다.

새로운 환경에 부딪히자마자 북한식 '고난의 행군'이 시작되었다. 설비도면도 제대로 갖춰있지 않은 그야말로 죽도시장 야채가게나 다름없었다. 지금은 불법이지만 종전 근무처에 가서 기술 자료와 서류

들을 빼왔다. 열악한 작업환경이라 이직률도 높고 태업을 해도 회사가 끌려 다니는 형편이다. 충원대책도 없이 한꺼번에 네 사람의 사표 받으며 내일부터 당장 나오지 말라고 했던 그날 밤은 정말 힘들었다.

차츰 사람과 설비가 안정되니 생산성이 높아지고 품질 또한 좋아져 '단숨에' 경쟁업체를 따라잡았다. 사장은 신이 나서 상무이사로 승진시켜주더니 일본의 철강회사와 그들의 설비를 구경하면서 괜찮은 기계를 한 대 사자며 나를 앞장세웠다.

승승장구, 인천에 제2공장을 짓고 회사는 증권회사에 상장을 준비할 만큼 성장했다. 그제야 여유를 부리며 모아둔 자료와 머릿속에 저장된 노하우를 꺼내어 전문서적을 만들겠다는 꿈을 키웠다. 책을 만들고 그것으로 후배들을 가르치면 노후도 즐거울 것이라 생각하던 찰라 IMF가 터졌다. 1997년 말에 아야, 소리 한번 못 지르고 쫓겨나는 신세가 되었다. '팽(烹)' 당했다는 억울함도 있었지만 그래도 자신만만했다. 1년 남짓 인도네시아, 중국에 조업기술을 지도하면서 관광도 하고 돈도 벌어 썼다.

새로 취업한 회사는 한 번도 경험하지 못한 파이프를 생산하는 업체였다. 파이프 제조기술은 이론보다 기술자의 손재주가 우선이었다. 꼴 난 기술을 이겨보자며 밤낮으로 씨름하다가 덜컥 병이 나고 말았다. 잠을 잘 수 없는 심한 우울증에 빠져버린 나는 대구 적십자병원 정신병동에 입원하게 되었다. 원장인 권영재 군이 주치의, 나는 환자로 활약하기를 한 달 반, 퇴원에 앞서 권 박사가 "비록 직장은 잘렸더라도 생활패턴은 직장인과 똑같이 하라, 그리고 점심은 절대로 집에서 먹지마라." 그 지시를 따르려고 무척 애를 썼지만 허사가 되어 포항의료원 정신과 병동에 다시 입원하였다. 내가 살아야할 이유가 없다, 나

하나 죽으면 끝난다는 생각에 자살할 틈만 노리고 있었다. 폐쇄병동은 감시도 심하고 끈도 없지만 매달 곳도 없는데다 젓가락조차 위험물이라 주지 않는다. 불안하고 무서운 나날 속에서 주치의 구회덕 과장의 도움이 컸다. 의사와 환자 관계를 떠나 그냥 '아는 사이'처럼 지냈다. 석 달 반 동안 입원생활을 끝내고 통원치료하면서 가끔 권영재 군을 만나 병 상태를 체크 받는 중에 집에서 멍하니 있지 말고 글을 써보라는 권고를 받았다.

5년 전쯤인가, 포항 일월문화원 초청으로 작가 이문열 선생의 특강이 있었는데, 친구와 함께 술자리를 같이 한 적이 있었다. 그의 부친이 서울농대 교수시절에 동료교수와 학생들을 꼬드겨 월북하는 바람에 복수심에서 반공주의자가 된 이야기, 소설 삼국지로 엄청나게 돈 번 이야기, 좌빨들에게 자신의 책이 화형 당하는 모습을 보고 미국을 떠난 이야기를 한참 들으며 술잔을 돌리던 중에 내가 이런 질문을 던졌다.

"나이 70에 글 써서 책을 낼 수 있겠습니까?" 했더니 대뜸, "하지 마소!"라고 한다. 나를 경쟁업자로 보지는 않을텐데 재차 "소설을 쓰겠다는 얘기가 아니고 지금껏 살아온 이야기를 수필로 책 한 권 내고 죽는 것이 소원이요" 했더니 "그라마 써보소"한다. 그러면서 에세이는 독자의 마음속으로 메시지가 전달되지 않으면 일기장에 불과합니다, 라고 덧붙여준다.

종종 경북중·고 46회 동창카페에 글을 올리면 댓글이나 전화로 격려해주는 친구도 있다. 세월이 좋아서 카카오톡으로 전달하니 독자도 다양하고 반응도 좋다. 립 서비스에 불과하겠지만 책을 내보라는 소리도 들린다. 구체적으로 열 권쯤은 팔아 줄 테니 책을 만들라, 공모주 청약방식처럼 출판사와 협의하면 돈 안들이고 책을 만들 수 있다 등등, 늘그막에 책 냈다가 쫄딱 망해도 책임 못 지겠다는 뜻이 아니겠지만 나는 그게 아니다. 책을 본 독자가 서 너 장 읽고서는 재활용품통에 들어가는 게 겁이 나서 망설인다. 호랑이는 죽어서 가죽을 남긴다고 했다. 안 쓰면 안 썼지 일기장 형태로 이름을 남기고 싶지 않다.

며칠 전 치과박사 안규소한테서 전화가 왔다. "나는 80까지 돈 벌겠다는 욕심을 가지고 있는데 너는 도대체 뭐하고 있나!?" 놀러 다니지 말라는 얘기가 아니고 좀 자제를 하면서 책을 내라는 주문이다. 출판에 관해서는 권영재와 상의하라며 구체적으로 세 가지 테마까지 제시하며 시어머니처럼 닦달을 한다.

용기를 내 보자! 내 뒤에는 권영재란 든든한 빽이 있다. 문장을 이해하기 쉽게 끊고 이어주는 요령과 비빔밥에 참기름 한 방울 톡 떨어트리면 맛이 확 달라지듯 단어하나 추가시키는 재치도 가르쳐준다.

요사이 코로나 때문에 글 쓰는 기회도 많아졌다. 당연히 성원해주는 사람도 다양해지고 있다. 기술서적 한 권을 내보지 못한 것을 평생 후회하면서 살아왔는데, 에세이 한권으로 대리만족하자는 생각으로 잔머리를 굴리고 있다.

읽혀지지 않는 책이 안 되려면 공부를 해야 한다. 이오덕 선생의 〈우리글 바로 쓰기〉 5권을 삼 년 전에 사놓고 이제 2권 째 읽고 있다.

돈도 벌고 이름도 날리는 그런 행운이 내게도 올지 기대하면서 '데카메론' 여섯 번째 이야기를 마친다. 가장 불확실한 약속이 다음에 술 한 잔(또는 밥 한 끼) 하자는 말을 나도 안다.

데카메론 (7)

꿈속의 넋

갈수록 태산이라더니 코로나19가 이제는 전 세계 사람을 공포로 몰아넣고 있다. 이탈리아는 하루 사이 793명이나 사망했다니 소름이 끼칠 정도로 무섭다. 의료진의 피나는 노력에도 성과가 지지부진하고 요양병원이나 교회 같은 집단 시설에서 확진자가 쏟아진다.

내게 대구에 사는 구국본이라는 치과의사 친구가 있다. 젊었을 때는 오빠부대를 몰고 다녔으나 이제 나이를 먹으니 건강조차 나빠져, 내일 그만둘까 모레 문을 닫을까 고민 속에 시간을 보내는 불쌍한 신세다.

코로나 사태로 일상이 바뀐 우리 둘은 이틀에 한번 꼴로 생사 확인차 통화를 한다. 내가 텃밭에 강낭콩을 심었다고 했더니, 그는 집에 있자니 갑갑해서 차를 타고 수성못 주위를 한 바퀴 돌고 왔다느니, SBS 연속극 '하이에나'가 재미있다며 시청해보라고 권한다.

이런 시시콜콜한 이야기 중에 코로나 사태가 장기화되는 마당에 나의 '데카메론' 소재가 바닥날까 물량걱정을 하면서 색다른 주문을 한다. "한문지도사 자격증이 있다면서 漢詩 하나쯤 써보라"고 한다. 나는 그 정도 실력에는 턱 없이 모자라, 위덕대 평생학습원에서 漢文 공부할 때 제일 좋아했고 기억에 남아있는 漢詩 하나를 OEM방식으로 데카메론 일곱 번째 이야기로 들려줄까한다.

조선의 3대 여류시인으로 허난설헌과 황진이를 아는 사람은 많다. 그러나 이옥봉은 그 이름이 중국에까지 떨쳤지만 남아있는 시편이 많지 않고 신분적 한계로 그에 대한 기록은 적은 편이다. 그래서 그를 아는 사람이 많지 않을 것으로 생각된다.

이옥봉(李玉峰)은 선조 때 옥천군수를 지낸 이봉(李逢)의 서녀(庶女)로 태어났다. '옥봉'은 그녀의 호이고 이름은 '숙원(淑媛)' 또는 '원(媛)'이라 했으나 확실하지 않다. 그가 언제 출생하여 어느 해에 죽었는지도 모른다. 다만 임진왜란이 일어났을 때 절개를 지키다 죽었다는 기록과 조원(趙瑗)의 소실이었다는 사실로 미루어 1550년대 후반에 태어나 35세가량의 젊은 나이에 세상을 뜬 인물임을 짐작할 수 있다.

옥봉은 첩의 자식이지만 어릴 때부터 글재주가 뛰어나 아버지의 사랑을 받으며 글과 詩를 배웠다. 성장하면서 당대의 명사로 손꼽히는 정철, 이항복 등과도 교류하면서 조원(趙瑗)을 알게 되었다. 조원은 남명 조식(曺植)의 문하생으로, 20대에 과거에 급제 하였으며 詩와 문장이 뛰어나기로 소문이 자자했다. 옥봉은 이런 조원의 강직한 성품과 문장에 뛰어났던 점이 맘에 들어 그를 사모하게 되었다.

첩의 딸이라는 신분 때문에 정3품 당상관인 승지(대통령 비서관) 벼슬에 오른 조원(趙瑗)의 소실(첩)이 되었다. '따논 당상'이란 말의 유래도 당상관에 오르면 판서(장관)나 재상(총리)이 되는 길목이기 때문이다. 아무튼 조원의 첩이 되기까지의 사연은 이렇다. 옥봉이 조원을 사모하여 소실이 되기를 자청했으나 그가 받아들이지 않았다. 이 사실을 알게 된 아버지가 직접 나섰으나 그마저 성사되지 않았다. 아버지는 다시 친구이자 조원의 장인인 이준민(李俊民)을 찾아가 간청을 했다. 요즘 같으면 말도 안 되는 일이지만, 장인이 사위를 불러놓고 후처로 받아주라고 지시(?)를 내렸다. 우리 같으면 얼씨구 좋다 했을 텐데 조원은 한 가지 조건을 제시했다. 내 집에 들어온 이상 앞으로 詩를 짓지 않겠다는 약속이었다. 이것이 나중에 옥봉을 비극으로 몰아넣은 필화사건(筆禍事件)이 될 줄이야~~

오순도순 결혼생활 10년쯤 지났을 무렵, 평소 알고 지내던 이웃 여자가 찾아와서 자기 남편이 억울하게 소도둑으로 몰려 한양경찰서 유치장에 붙잡혀 있다고 한다. 대감님의 끗발로 좀 풀어달라고 사정하면서, 여의치 않으면 탄원서라도 써 달라며 매달린다.

이야기를 들어보니 여자의 남편이 시장에서 술을 마시고 밤늦게 귀가 하는데, 소를 사오던 어떤 사람이 도둑에게 소를 빼앗기고 말았던 것이다. CCTV가 없던 시절이라 그 소를 훔쳐간 사람이 남편과 체구가 비슷하다는 이유로 긴급체포 되었다.

옥봉은 사정을 딱하게 여기고 남편에게 부탁할 필요 없이 내가 써주겠노라 하며 해당 경찰서장에게 한 편의 詩를 써 보냈다. 때마침 칠월 칠석 날이었는데, 결국 이 詩 한 수 때문에 소박을 맞아 한 맺힌 삶을 살게 된다.

詩의 제목은 위인송원(爲人訟寃)으로, 원통한 송사를 아뢴다는 뜻이며 내용은 다음과 같다.

세면분위경(洗面盆爲鏡) : 세숫대야로 거울삼고
소두수작유(梳頭水作油) : 물을 기름 삼아 머리를 빗으니
첩신비직녀(妾身非織女) : 첩의 몸이 직녀가 아닐 지온데
낭기시견우(郎豈是牽牛) : 남편이 어찌 견우이리오.

견우가 아닌 사람이 어떻게 소를 끌고 갔겠는가, 라는 의미를 내포한 詩를 읽고 깜짝 놀란 경찰서장이 즉석에서 범인을 훈방조치하고 탄복한 이 詩를 자랑삼아 조원에게 알렸다. 얼굴이 붉으락푸르락 흥분한 조원이 집으로 오자마자 약속을 어겼다는 이유로 옥봉을 내쫓았다. 위자료 한 푼 받지 못하고 지금의 뚝섬 근처에 월세 방 하나를 얻어 이제나저제나 남편의 부름을 기다리며 홀로 긴 세월을 보냈다.

세상 사람들의 기억 속에서 사라진 지 오래된 옥봉의 이야기가 중국에서 한참 뒤에 알려지게 되었다. 조원은 죽고 그의 아들 조희일(趙希逸)이 명나라 사신으로 갔다가 그곳 원로대신과 인사를 나누면서 조원의 아들이라는 말에 이옥봉을 아는지 물었다. 원로대신은 책장에서 〈이옥봉 시집〉이라 쓰인 책 한 권을 꺼내보였다. 조희일은 깜짝 놀랐다. 이옥봉은 아버지의 세컨드로 생사를 모른지 40년이 되었기 때문이다. 원로대신이 들려준 이야기는 이러했다.

40년 전쯤 동해안(중국에서 볼 때)에 괴이한 시체가 떠다닌다는 소문이 돌았다. 너무나 흉측한 몰골이라 아무도 건지려 하지 않아 파도에 밀려 이 포구 저 포구로 떠돈다는 것이었다. 사람을 시켜 건져보니 온몸을 종이로 수백 겹 감고 끈으로 묶은 여자의 시체였다. 노끈을 풀고 종이를 벗겨냈더니 안쪽의 종이에는 빽빽이 詩가 적혀 있고 '해동 조선국 승지 조원의 첩 이옥봉(海東朝鮮國 承旨 趙瑗之妾 李玉峰)'이라 씌

어있었다. 읽어본즉 하나같이 빼어난 작품들이라 책을 만들었다고 했다. 조희일이 이 시집을 가지고 온 뒤 그의 후손들이 가림세고(嘉林世稿)의 부록에 32편의 詩를 모아 옥봉집(玉峰集)을 만들면서 세상에 알려진 것이다.

단편소설과 오페라로 공연되기도 했다는데 나는 모른다. 그 옥봉집에서 내가 좋아한다는 몽혼(꿈속의 넋)을 찾아 소개한다.

夢魂(몽혼 : 꿈속의 넋)

近來安否問如何(근래안부문여하)

: 요사이 어떻게 지내시는지 안부 묻습니다

月到紗窓妾恨多(월도사창첩한다)

: 달 비친 창가에 소첩의 한이 많습니다

若使夢魂行有跡(약사몽혼행유적)

: 만약 꿈속에 혼이 오가는 자취가 남는다면

門前石路半成沙(문전석로반성사)

: 문 앞의 돌길이 반쯤은 모래가 되었을 겁니다

이 작품은 사랑하는 남편과 이별한 여인이 임에 대한 간절한 그리움을 표현한 7언 절구의 漢詩이다.

1구에서 근래의 안부를 묻는 것은 남편이 그녀를 찾은 것이 이미 오래되었음을 암시한다. 2구에서 달 떠오르는 밤에 사무치는 그리움을 달빛에 하소연 하고 있다. 3구에서는 시상(詩想)을 전환하여 꿈속이라는 가정(假定)상황을 설정하고 4구의 과장된 표현을 통해 그리움을 구체화시키고 있다.

나는 마지막 4구의 꿈속에서 밤마다 남편을 만나러 길을 나서니, 만일 꿈속에서 자취가 남는다면 집 앞의 돌길이 닳아서 반은 모래로 변했을 것이란 구절이 가슴에 와 닿는다. 얼마나 한이 깊었으면 살아서는 임을 만나지 못하니, 꿈속의 혼이라도 흔적을 남길 수 있다면 돌의 절반이 모래가 되었을 것이란 애절함이다.

나는 초등학생부터 漢字교육을 의무화 시켜야 한다고 강조하는 사람이다. 우리가 쓰는 말의 80%가 중국글자인 漢字에서 따온 말이다. 순수 한글로 된 이름을 가진 사람이 얼마나 되나? 漢字를 알게 되면 한글의 이해력이나 어휘력이 풍부해진다. 뜻도 모른 채 수많은 단어들을 암기만하는 사람들이 뜻을 안다면 얼마나 좋을까? 신문기사에 해후, 무산, 종용이란 말이 많이 나온다. 漢字로 邂逅, 霧散, 慫慂이라 써 놓으면 읽을 수 있는 사람이 적을 것이다. 그렇다고 한글로 쓰면 읽기야 하겠지만 그 뜻을 아는 사람 역시 적을 것이다.

우리말로, 만나다, 흩어지다, 권하다, 라는 말을 두고도 중국 글자를 쓰는 것은 오랜 사대주의사상에서 비롯되지 않았나 싶다. 위의 '몽혼'도 '夢魂'이라 써 놓으면 '꿈'과 '넋 또는 영혼'임을 알 수 있다. 차라리 '꿈속의 넋'이라 하면 더욱 좋았을 것이다.

얼마 전 문 대통령이 "중국의 아픔이 곧 우리의 아픔이다"고 했다. 중국과 우리는 동반자관계라는 의미가 포함된 말이다. 동반자라면 그들의 말과 글을 배워서 그들의 문화를 알아야 동등하게 되거나 이길 수 있다. 그들의 말과 글을 모르면 우리는 노예와 같다. 주는 대로 먹고 시키는 것만 하는 것이 노예 아닌가?

성철 스님이 산은 산이요 물은 셀프라고 했다. 나무관세음보살~~

데카메론 (8)

우리의 소원은 통일인가

> 우리의 소원은 통일 / 꿈에도 소원은 통일 / 이 정성 다해서 통일 / 통일을 이루자 / 이 겨레 살리는 통일 / 이 나라 찾는 데 통일 / 통일이여 어서 오라 통일이여 오라.

동요, 〈우리의 소원〉은 대한민국 정부수립 직전인 1947년에 발표된 노래다. 일제 강점기에 여러 문예 분야에서 활동했던 안석주가 작사하였고, 그의 아들이자 당시 서울대학교 음악대학 재학생이었던 안병원이 작곡했다.

처음 발표 당시에는 '우리의 소원은 독립 / 꿈에도 소원은 독립'이라는 가사로 만들어졌다. 그러나 1948년에 대한민국 정부가 수립되고 남북 분단이 현실화되면서 교과서에 노래가 실릴 때는 '우리의 소원은 통일'로 가사를 바꾸었다.

이 동요를 부르면 어딘지 모르게 숙연해지고 뭔가 강한 열망에 찬

감정이 쌓여져서 눈물이 글썽이기도 한다.

나 어릴 때는 '이 목숨 바쳐서 통일 / 통일이여 오라'였으나 언제부터인지 '이 정성 다해서 통일 / 통일을 이루자'로 바뀌어졌다.

본래 이 노래는 남한에서만 불렀는데, 1989년 임수경이 북한을 방문한 이후 북한에서도 즐겨 부르는 노래가 되었다.

2000년 남과 북의 정상이었던 김대중과 김정일이 6·15 남북 공동선언에 서명한 후 수행원들과 손을 잡고 함께 불러 정치적 상징성까지 커졌다. 이후 남북 간 음악 교류에서는 거의 필수적으로 공연의 마지막 부분에 연주하는 노래가 되었다.

코로나 사태로 중학교 입학식을 미루고 집에서 스마트폰과 씨름하고 있는 외손자에게 이 노래를 아느냐고 전화로 물어봤다. 처음에는 모른다더니 잠시 후 배운 기억이 난다면서 가사는 외우지 못한다. 혹시나 해서 40대 딸에게 물어봤더니 학교 다닐 때 열심히 불렀다고 한다. 그러면서 북한과 통일에 대해 관심이 없어졌다면서 최근 종편 TV에서 방영된 '사랑의 불시착'이란 드라마를 본 적 있느냐고 되묻는다. 드라마 자체를 보지 않는 나로서는 인터넷 검색에 의존할 수밖에 없었다.

한국의 재벌 상속녀가 패러글라이딩 사고로 북한에 불시착하게 되면서 북한군 장교와의 러브스토리를 그린 드라마다. 독재국가 북한을 지나치게 미화시켜 전혀 반대의 북한만 그려놨다는 평가가 우세하다. KBS '남북의 창'에서 박근혜 정부는 북한의 나쁜 것만 주로 보여주더니 지금은 백두산 행군이나 스키장, 온천을 즐기는 주민들의 모습을 비춰주는 등 정권에 따라 편파적인 매스컴임을 알게 되었다.

여하튼 우리 어릴 때 밤낮없이 앵무새처럼 불렀던 〈우리의 소원〉이

시들어진 것만은 틀림없는 사실이다.

나는 통일에 대하여 반대한다. 나 뿐 아니라 통일에 대한 반대론자가 점점 많아지고 있다. 그 이유는 통일이 가져다주는 각종 이점은 과대평가되었고 통일이 되어도 현 대한민국의 경제, 정치, 사회적 문제점들은 해결될 가능성이 적다. 오히려 없던 문제가 더 크게 발생할 가능성이 크다고 보기 때문이다. 그동안 같은 민족이니까 통일해야 한다는 감성적 민족주의 정서에 대한 호소가 전부였는데 20~30대들은 이 개념 자체를 '늙었다'고 생각한다.

1983년 전두환 정부 시절 KBS 특별생방송 '이산가족을 찾습니다'에서 전 국민을 눈물바다로 만들 때는 곧 통일이 되는 줄 알았고 그것이 당연하다고 생각했다.

2000년 6월, 김대중 정부 시절 남북정상이 만났을 때만해도 좌, 우파를 막론하고 통일반대론은 소수의견에 불과했다. 그러나 시간이 흘러 분단 이전의 세대가 속속 퇴장하면서 민족주의적 관점에서 통일의 당위성은 약해졌다. 게다가 김대중-노무현 정부 시기의 화해 분위기에도 불구하고 북한의 도발로 크고 작은 남북 간의 무력충돌이 끊이지 않자 이명박 정부 때부터는 젊은 층을 중심으로 통일에 대한 비관적인 견해가 빠르게 늘어나게 되었다.

지금 한국인들은 전체보다는 개인의 자유와 인권, 행복추구권을 중시하는 유럽식 개인주의 풍토가 확산되고 있다. 최근에는 아예 국적을 포기하고 해외로 이민을 떠나는 사람이 한해 3만 명을 넘어섰다. '국가와 민족'이라는 굴레에서 벗어나 개인의 행복을 위해서라면 국적포기도 가능한 시대가 되었다는 증거다.

이제 한국은 1인당 GDP 3만 달러 국가라는 선진국 '인증마크'를 달았다. 그러나 북한은 1인당 GDP가 1,000달러도 안 되는데 흡수통일이든 연방제통일이든 한국 경제에 큰 부담이 될 것이 분명하다. 북한은 이미 신용불량자 상태다. 남북 두 나라가 통일하면 잘 사는 나라가 못 사는 나라에게 돈을 쏟아 부어 경제수준을 대등하게 만들어야 한다. 여기에 들어가는 돈을 통일 분담금이라 한다.

통일 전의 서독은 GDP 15,000달러의 최상위권의 경제대국이었고, 동독은 GDP 9,000달러 수준의 공산권 국가 중 1위였다. 두 나라가 통일하자 독일은 경제가 휘청거렸으며 후유증으로 독일 경제는 90년대에서 2000년대 초반까지 자국 언론조차 '유럽의 환자'라고 할 정도로 경제가 몰락했다. 둘의 격차가 비교적 작고 못사는 쪽의 경제능력도 어느 정도 갖췄던 독일이 이랬으니 우리 기성세대가 젊은이들에게 통일을 위해 개인의 희생을 감내해야 한다는 식의 논리는 통하지 않는다.

이번에는 문재인 정부의 통일정책을 알아보자. 문재인은 비핵화 정책을 고수하면서도 북한과 교류, 협력을 늘려가는 정책을 펴고 있다. 우리의 살길은 '경제통일'이라며 다소 생소한 통일론을 꺼내놓았다. 경제면에서 남북한의 시장을 하나로 통합하고 점진적 통일을 추진하겠다는 것이다. 그래서 내놓은 경제정책이 '소득주도 성장'이다. 지향점은 분명히 분배우선 정책인데 왜 '분배'라는 단어를 빼고 '성장'을 넣었을까?

보수나 기득권 세력들은 성장이 먼저라 하고, 진보적인 지식인들은 분배가 우선이라고 한다. 성장이 먼저라는 정책은 이미 박정희의 재벌 키우기에서 이미 검증되었다. 그런데 문재인 정부는 성장도 하고 분배도 하고, 이른바 두 마리 토끼를 잡겠다는 게 '소득주도 성장'이다.

그러면 수구세력들은 왜 소득주도 성장에 태클을 걸고 있는 것일까?

기득권 세력들은 자유라는 가치를, 진보는 평등이라는 가치를 선호한다. 자유라는 가치가 우선이라고 주장하는 세력들은 당연히 성장을, 분배가 먼저라는 진보적인 세력들은 당연히 평등을 우선가치로 보고 있다.

부자들은 재벌천국인 지금이 좋다고 한다. 이에 반해 아무리 열심히 일해도 살기 바빠 아등바등하는 서민들은 하루빨리 평등세상, 분배우선의 더불어 사는 세상이 되기를 소망한다. 그렇다면 '성장'이란 분명히 재벌 키우기 정책인데, '소득주도'라는 묘한 신조어를 만들어 '분배'를 지워버렸다. 성장도 우선하고 분배도 우선하고, 이게 가능한 일일까? 두 마리 토끼를 한꺼번에 다 잡을 수도 있겠지만 이 속담에서 보면 둘 다 놓칠 확률이 높으니 그러지 말라는 뜻이다. 문재인 정부가 서민을 살리려고 했다면 '소득주도 성장'이 아니라 '분배우선정책'을 들고 나왔어야 했다. 서민도 살리고 재벌도 키우는 정책은 없다고 경제전문가들이 말한다.

2017년 문재인 대통령이 베를린 선언에서 무력통일, 흡수통일을 반대한다고 선포했다. 문제는, 2019년 북한이 '우리민족끼리'를 폐기하고 '두개의 조선' 정책을 가동하고 있다는 것이다. 주민들에게 남북이 서로 다른 나라라는 인식을 강조하면서 한국을 민족적 관념이 아닌 국가주의적 관점에서 다른 나라로 여기겠다는 것이다. 그럼에도 불구하고 김정은에 대한 '고품격 짝사랑'을 볼 때 애처롭기까지 하다. 삶은 소대가리에, 겁먹은 개라 놀려도 코미디하는 줄 알고 있으니 말이다.

일제 치하에서 광복이 되자마자 남과 북으로 분단 된지 75년, '우리의 소원은 통일'이라는 소망을 담은 노래가 만들어진지도 70년이 넘었다. 그동안 서로 다르게 살아온 환경 때문에 크고 작은 문제들로 다툼이 일어나는 위험만이 도사리고 있다. 문화의 차이를 극복하기가 정말 어렵다.

더구나 통일이 필요조건이 아니라고 생각하는 젊은 세대들이 늘어난다. 그들은 금강산 관광 이런 거 안 해도 된다. 서울 집값이 지금의 절반가량 떨어지고 안정된 직장을 찾는 게 소원이다. 단일민족, 백의민족, 삼천리금수강산, 동방예의지국 모두 물 건너 한참 멀어졌다.

나는 이런 제안을 하고 싶다. 이미 한국과 북한은 각각 독립국으로서 UN에 가입된 상태로, 민족만 같을 뿐 다른 나라다. 남북한 경제협력이 원원하려면 북한이 자유민주주의 시장경제라야 한다. 골치 아픈 개성공단보다는 값싼 북한의 노동력을 불러들여 외국인 근로자와 대체하여 그들로 하여금 자본주의의 맛을 경험시킬 필요가 있다.

우리의 소원은 통일이 아니라 맨 처음의 가사처럼 '우리의 소원은 독립'을 부르며 미국, 중국, 일본 등의 강대국으로부터 독립하자. 그러기 위해서는 가진 돈 갈라먹기 식에서 부국강병(富國强兵) 체제로 바꿔야한다. 우선 허리띠 졸라매고 군사력을 키우고 볼 일이다. 핵무기부터 만들자. 우리도 '갑질'하는 나라가 되어보기를 간절히 소원하면서 '데카메론' 여덟 번째 이야기를 마친다.

데카메론 (9)

아버지의 일생

내 기억 속의 아버지는 6·25 동란 때 피란 가는 모습이 처음이다. 아버지는 지게에 양식과 솥단지 같은 최소한의 살림살이를 얹고 그 위에 나를 태웠다. 어머니는 두 살배기 동생을 업고 이불보따리를 머리에 이고서 열 살 누나와 함께 아버지 뒤를 따라왔다. 지겟가지에 거지들이 들고 다니는 깡통이 매달려 있었다.

피란행렬을 따라 1㎞정도 걸었을 무렵 경찰과 헌병이 길을 막으며 더 이상 물러설 곳도 없고, 국군이 진격 중이니 되돌아가라며 소리를 지른다. 집으로 돌아오는 사이에 도둑이 들어 간장과 고추장 등을 훔쳐가 어머니가 허탈해 하였다. 짧은 피란길이었지만 어린 내 가슴속에 영원히 지워지지 않는 큰 사건이었다.

집에 있어도 전쟁 중이라 공습 사이렌이 울리면 마당에 파놓은 방공호에 들어가 가족이 껴안고 숨을 죽였다. 밤에는 불빛이 밖으로 새나가지 않게 했으며 가끔 대포소리도 들렸다. 공중에서 L-19이라는 정찰기가 뿌린 삐라를 줍기도 했다. 아버지는 보국대(保國隊)에 차출되어 실탄 같은 전쟁 물자를 날랐던 기억도 난다.

어떤 친구는 5~6세 때의 기억은 전혀 나지 않는데, 너는 어떻게 또렷하게 기억하느냐고 묻는다. 그렇지만 그 후 초등학교 시절에는 아버지에 대하여 특별히 머리에 떠오르는 게 없다.

아버지 오인근(吳仁根), 해주 吳씨 전서공파(典書公派) 25세손으로 1914년 5월 28일 경남 의령에서 태어났으며 집에서 부르는 이름은 인개(仁介)다. 가진 땅이 없었던 나의 할아버지가 가난을 이기지 못하여 합천군 대양면의 할머니 댁으로 처가살이를 하게 되면서 아버지는 그곳에서 자랐다고 한다.

여섯 살 때 할아버지가 당시 유행한 왜고뿔(일본 독감)로 돌아가시고 1년 사이에 연달아 할머니마저 세상을 떠나는 바람에 여동생과 둘은 고아가 되고 말았다. 이웃의 친지에게 맡겨진 남매는 영문도 모른 채 아버지가 열한 살, 고모가 다섯 살 때 대구로 오게 되었다.

'입살이'를 하기 위해 대구까지 왔으나 한눈파는 사이에 동생을 잃어버리고 말았다. 남의 집에 얹혀살면서도 동생을 잃은 죄책감에 여러 번 찾으러 다녔으나 허사였다고 한다. 헤어질 당시의 동생 모습을 간간이 우리들에게 이야기하며 애석함을 달래셨다.

학교문턱도 밟아보지 못하고 성인이 된 아버지는 철도 선로 보수공사판에 다니면서 식당 주인의 중매로 스물세 살에 연주 현(玄)씨 어머니와 결혼을 하였다. 첫아들을 낳았으나 홍역으로 죽고 두 번째로 누나가 1941년에 태어났다.

날품팔이로 힘들게 살고 있을 무렵에 동네 구장(지금의 통장 또는 이

장)으로부터 일본에 가면 돈을 벌 수 있다는 말에 어머니와 누나를 남겨두고 이웃사람과 함께 부관(釜關)연락선을 타게 되었다. 일본이 2차 대전을 일으켜 한창 인력과 물자가 턱없이 모자랐던 1943년의 일이다.

불안하기도 했지만 돈을 벌 수 있다는 희망 하나로 현해탄을 건넜다는 아버지, 배가 어느 항에 도착했는지, 거쳐 온 길이 어딘지도 모르고 북해도(北海道)의 어느 탄광까지 왔다. 그제야 구장에게 속아 징용으로 끌려오게 된 것임을 알았다.

추운 겨울이지만 수백 미터 지하갱도에는 더위로 땀범벅이 되었다. 먹을 것조차 제대로 주지 않는 혹독한 환경을 이겨내기 힘들었다고 한다. 담배를 피기 위해 잠시 갱 밖으로 나오면 성냥조차 귀하여 밧줄에 붙여놓은 불쏘시개로 번갈아 불을 붙였다고 한다.

추위와 배고픔을 견디지 못하고 3년째 되던 해방 이틀 전에 목숨이나 건져야겠다고 탄광을 탈출하였다. 해방된 줄도 모르고 숨어 지내다 일본 경찰에 붙잡혀 마지막 귀국선을 타게 되었다. 함께 징용 갔던 이웃 사람은 벌써 돌아왔는데 아버지는 소식조차 없어 집에서는 사망한 줄 알았다고 한다. 그러던 차 돈은 고사하고 낡은 배낭에 미군담요와 놋그릇 몇 개를 들고 아버지가 집으로 들어왔더라는 것이다.

해방 이듬해인 1946년에 내가 태어났다. 아버지는 마땅한 일자리가 없으니 고물장사도 하고 막일(노가다) 다니며 '미장이'기술을 배웠다. 내 밑으로 남동생, 그다음 여동생, 그다음은 내리 남동생 둘이 태어나 모두 6남매다.

어머니는 삯바느질을 비롯하여 닥치는 대로 일을 했지만 형편은 나아지지 않았다. 공교롭게도 내 뒤 동생들은 모두가 세 살 터울이라 진학하는데도 어려움이 따랐다. 누나는 여자라는 이유로 일치감치 직조 공장에 일하러 보내지고 나는 장남이라 중학교 진학은 허용되었다.

중학교 다니던 어느 날 아버지가 보리쌀 한말을 주면서 옆집에 가져다주라고 한다. 옆집 땅을 빌려 집을 지었으니 토지이용료 턱으로 1년에 보리쌀 한말을 주기로 약정한 것임을 나중에야 알았다. 결국 아버지에게는 모기장만한 땅도 없었던 것이다.

중학교 2학년 때 아버지로부터 충격적인 말을 듣게 되는데, 동생들이 많아 더 이상 공부를 시켜줄 수 없으니 중학교를 졸업하면 돈벌이를 하라고 한다. 예민한 나이에 너무 큰 상처를 받고 이때부터 방황하기 시작한다. 책은 멀어지고 아버지를 원망하는 날들이 많아졌다.

중학교 졸업을 얼마 앞두고 아버지가 어디서 들었는지 장남은 끝까지 공부를 시켜야 된다는 말을 하시며 고등학교 진학을 허락했다. 나는 기술을 배워야 공장에 다닐 수 있다는 생각에 대구공고 기계과에 지원했다. 시험 치기 전날 이웃의 친구가 모르는 문제가 있다며 예상문제지를 꺼내놓는데 내가 아는 것은 별로 없었다. 둘이 밤 두시까지 공부했다. 합격자 발표 날 용케도 합격했으나 집안일이 걱정이었다. 집에 와서 불합격됐다고 했더니 아버지가 낙심을 한다. 합격하면 억지로라도 시켜줄려고 했는데 하면서 서운해하셨다.

나는 진학이 결정되었지만 동생은 영신중학교에 장학생으로 합격했는데도 나 때문에 학업을 포기해야만 했다. 그 때 동생이 울면서 중학교에 보내 달라고 마당에 뒹굴며 애원 했으나 끝내 목형공장으로 보내야 했던 아버지의 심정은 어땠을까?

그 무렵 아버지는 이모부가 다니던 삼호방직공장에 일용직으로 막

일하던 때다. 군복을 만드는 천을 짜던 공장인데, 일이 있으면 나가고 없으면 쉰다. 임시직이라 월급도 제대로 못 받고, 설날과 추석에 지급되는 상여금(보너스)을 타지 못해 늘 신세타령을 하셨다. 아버지의 한숨소리 들으며 나는 커서 꼭 보너스도 타는 정식직원이 되고야 말겠다는 다짐을 했다.

아버지가 월급(간죠) 타는 날, 동생과 함께 과자 사오길 기다린다. 외상술값 갚아주고 동냥걸이 한잔하시고 늦게 들어오는 아버지를 기다리다 동생들은 잠들 때도 있었다. 아버지는 술 취하시면 아무 말 없이 잠자리에 들고, 담뱃대를 입에 물고 다닐 정도로 골초였다.

먹고살기 위해 눈코 뜰 사이가 없었던 아버지에게 병마가 찾아왔다. 소화가 잘 안 된다며 소다를 입에 넣고 물을 마시는 일이 잦아졌다. 1963년 우리집 마당에서 누나의 결혼식을 치루며 환하게 웃던 아버지의 모습을 이후로는 볼 수가 없었다.

병이 점점 악화되자 아버지 혼자 파티마 병원에 가서 진찰을 받았으나 정확한 병명은 알 수 없고 그냥 '속병'이라고 했다. 요즘 같으면 바로 내시경을 하여 위암 증세임을 알았겠지만 그때는 의료진이나 장비가 허술했으니 어쩔 수가 없었다. 이후로 아버지는 일은 고사하고 방에 누워있어야 했다. 먹은 음식을 요강에 토해내면서 괴로워하는 위암 말기 환자의 모습 그대로였다.

1965년 가을, 경북대학교 야구장에서 연습경기를 하는 도중에 동생이 헐레벌떡 달려와서 아버지가 곧 돌아가실 것 같다고 한다. 나는 유니폼을 입은 채 집으로 뛰고 동생은 이모댁에 연락하러 달려갔다. 집에 도착하니 어머니의 울음소리가 들리고, 아버지는 내게 유언이라도 남기려는 듯 입술과 턱은 움직였으나 말은 들리지 않았다. 잠시 후 숨은 멈췄으나 눈은 뜨고 있었다. 피골이 상접한 모습이 너무 무서웠다. 어머니가 눈을 감도록 쓰다듬어 주라고 했다. 1965년 음력 8월 28일, 53세의 나이로 한 많은 일생을 마치는 자리에 내가 있었다.

아버지의 일생에 대하여 글을 쓸까 말까 망설이기를 여러 번 반복했다. 누나와 동생들에게도 물어보면서 아버지에 대한 기억을 말해보라고 했다. 한결같이 자상하고 인정이 많았다는 이야기뿐이다. 땔감이 아까워 냉방에 주무시며 자식들에겐 군불을 지펴주셨다는 누나, 동생이 아버지의 임종을 알리러 이모댁에 갔더니 쌀 서너 되를 주면서 손님맞이 준비를 하라고 했다. 자루에 든 쌀을 메고 집으로 오는데 경찰의 불심검문에 걸려 조사받고 나왔다는 얘기도 했다. 여동생은 물놀이하다 코고무신 한 짝을 잃어버려 집에 들어가지 못하고 서성거릴 때 아버지가 긴 막대기로 건져준 얘기 등등… 내가 다시 이런 걸 물었다. "아버지한테 매를 맞은 적이 있느냐?, 혹시 아버지가 노래를 부른 적이 있더냐?"에 한 번도 맞은 적이나 노래를 들은 적이 없다고 한다.

'나'라는 존재는 없고 오직 '아버지'라는 역할에만 충실했던 아버지, 아버지란 책임감으로 가족의 생존을 위해 희생하신 아버지께 내가 한 것은 아무것도 없다. 억지로 가져다 붙이면, 경북중학교 마크가 찍힌 문패를 보고 동네 어른이나 지나가는 사람들이 똑똑한 자식 뒀다고 칭찬소리 듣게 해준 것으로 효도를 대신한다.

"아부지, 이만하면 내 잘 살았지예, 근데 내 진짜 힘들었거든예"라는 영화 〈국제시장〉의 마지막 대사 한 토막을 끝으로 '데카메론' 아홉 번째 이야기를 마친다.

데카메론 (10)

어머니 우리 어머니

살면서 가끔 미치도록 보고 싶은 사람이 있다. 시간이 흐르고 나이가 들수록 잊어버리는 것이 인간의 보편적인 정이거늘 더 그리워지고 보고 싶어지는 사람이 있으니 그건 바로 어머니란 존재다.

엄부자친(嚴父慈親)이라고 아버지는 엄하고 어머니는 따뜻하고 포근한 존재라는 생각이 일반적이다. 그러나 나의 어머니는 다정다감하고 자상하지는 않았다. 그렇지만 없는 살림에 6남매 자식들을 굶기지 않으려고 아등바등 무척이나 애썼던 어머니였기에 속마음은 차마 나타내지 못하고 짐짓 엄격하고 냉정한 체했던 그 마음을 이제는 알기에 이렇게 세월이 지나도 나는 잊지 못하는가보다.

왼쪽 가슴에 코 닦는 하얀 손수건을 달고 어머니 손에 이끌려 대구 동도초등학교 입학식 가는 날부터 어머니에 대한 본격적인 기억이 남아있다.

1921년생 연주 현씨(延州 玄氏) 내 어머니는 경주 현곡면에서 태어났다. 농촌이지만 외할아버지가 마을 이장을 하면서 넉넉하지는 않아도 먹고 사는 데는 지장이 없었다고 한다. 그러나 가세는 이상하게 꼬여 외할머니가 자식을 열둘 낳았으나 열 명은 키우다 죽고 외할아버지는 말년에 술과 노름으로 세월을 보내며 재산을 탕진하였다. 더 이상 고향땅에서 살 수 없어 대구로 야반도주 하듯 올라와 외할머니가 떡 장사를 하며 어머니와 이모를 길렀다.

어머니 나이 열여섯에 吳씨 가문으로 시집을 오면서 본격적인 고난의 행군이 시작 되었다. 6·25전쟁 통에 양식이 부족하여 너도나도 집 주변에 먹을 수 있는 나물을 다 뜯어먹어 씨가 말랐기 때문에 쑥을 뜯으러 15㎞나 떨어져 있는 팔공산 동화사 근처까지 걸어 다녔다. 해질 무렵 머리에 큰 보따리를 이고 온 어머니가 마당에 쑥을 내려놓으면 어린 내가 보기에 산더미 같았다. 철없는 나는 저걸 어떻게 그 먼 곳에서 이고 왔을까 안쓰러운 마음보다 신기하기만 했다. 재미로 쑥 더미에 손을 넣으면 뜨끈뜨끈했던 기억이 난다.

형편이 괜찮은 집은 쌀이나 싸라기를 넣어 쑥떡을 해 먹지만 우리집은 쌀겨나 보릿겨를 넣어 채반에 찐 쑥버무리를 해먹었다. 곡식이 부족해 쑥이 90%를 차지했기에 새카만 대변이 나왔다. 거기에다 함께 먹는 국은 들판에 흔하게 돋아난 질경이를 뜯어 된장 넣고 끓인 국은 맛도 없거니와 미끈거려 먹기가 힘들었다. 이런 음식에 질린 중에 어느 날 밀기울로 만든 수제비가 나왔다. 목구멍으로 넘어가지 않아 어머니 앞에서 뱉어버린 것이 지금까지 잊히지 않는 잘못으로 마음에 걸린다.

그래서 지금도 쑥을 보면 그냥 지나치지 못하고 도다리 쑥국이라도 끓여먹어야 직성이 풀린다. 밀기울 수제비가 그때를 생각하며 먹어보고 싶은데 어머니가 안 계시니 만들 재간이 없다. 혹시 아는 사람 있는가?

내가 살던 신천동은 언덕배기라 물이 귀하여 온 식구가 동원되어 물을 긷는데, 나는 초등학교 4학년 때부터 마을 공동우물에 가서 물지게로 물을 져 날랐다. 두레박질이 서툴러 어른들한테 꾸중 듣기도 하고 집으로 오는 동안에 물지게가 흔들려 물을 흘리고 오면 어머니에게 혼이 났다.

어떤 때는 3㎞가량 떨어진 시청 뒤 이모집으로 물을 얻으러 간 적도 있었다. 이런 날은 더 쏟게 되는데, 어머니는 늘 "물을 아낄 줄 모르는 사람은 절대 부자가 될 수 없다"며 오다가 무거워서 일부러 쏟고 온 것처럼 나를 타박해 속으로 어머니를 원망하며 많이 울었다.

노동력이 부족하니 동생을 업어주거나 토끼풀 뜯는 것까지는 참을 수 있다. 놀 시간도 주지 않으면서 일을 시킨 거는 미안해하지 않고 해놓은 일이 마음에 들지 않으면 부지깽이로 때렸다.

이발소에 갈 돈이 없어 집에서 쓰는 가위로 머리를 깎아주니 마치 소가 풀 뜯어 먹은 것처럼 듬성듬성한 까까머리를 보고 친구들이 놀려댔다. 이발소도 보내주지 않는 게 가난 탓인 줄 모르고 그때 나는 어머니가 계모이거나 푸른다리(경부선 철도) 아래서 주어 와서 그렇게 괄시하는 줄 알았다.

어머니는 자신의 머리카락이 어느 정도 길면 잘라서 "채권이나 달비 삽니다" 외치며 동네를 돌아다니는 사람에게 팔아서 양식을 사는 것을 보고서야 가난 때문임을 알았다.

하루하루 끼니를 걱정해야하는 가난한 살림에 배고프다고 보채는 자식들에게 해 줄 수 있는 것이 별로 없었던 어머니, 피임약이 뭔지 모르는 어머니는 아기를 지우려고 언덕에서 구르기도 했다고 하니 꽃 피고 아름다운 계절이 와도 돌아볼 여유라는 단어가 있을 리가 없었다.

초등학교 졸업 때까지 내 이름은 '질만(質萬)'이었다. 어머니가 동사무소에 가서 출생신고를 할 때, 경상도 식으로 이름 끝 자만 '만'이라고 동 서기에게 불러주니 직원이 만이(萬伊)로 적어 버렸다.

경북중학교에 입학하니 '오마니, 오마니'하며 중앙, 대구, 수창 출신 부잣집 애들이 놀려대어 한동안 힘이 들었다.

해마다 학년이 바뀌면 생활기록부 작성용으로 제출하는 가정환경 조사서에 아버지의 직업을 적어야 할 때는 정말 괴로웠다.

'노가다(미장이)'라고 적으려니 창피하고 딴 걸 적으려니 거짓말이 되니 아직도 그 때 생각하면 땀이 난다. 그 물음 외에 자동차, 피아노, 오르간, 전화, 전축, 라디오 등을 보유하고 있는지 질문은 나를 두 번 죽이는 과정이다. 아무 것도 해당사항이 없는 나는 오직 '초가집'에 동그라미를 친 게 전부였다.

그래서 자가용이나 피아노를 가진 친구들에게 기가 죽어 우리 친구들 중에 이웃에 살았던 이병갑 군 외에는 우리집을 보여주지 않았다. 감수성이 예민한 사춘기, 주위에 대하여 부정적이고 구속이나 간섭 받는 것을 싫어했다.

어머니가 메밀묵을 만들어 팔면서 외상값 받아오라 할 때는 일부러 가지 않고 못 받았다고 거짓말을 했다. 가난으로 인한 열등감으로 어머니에게 늘 반항적이었다. 그런데도 어머니는 매일같이 부뚜막에 정화수 떠 놓고 맏아들 잘되게 해달라며 빌었다. 그 덕에 내가 죽지도 않고 이렇게 장수하며 친구들, 선후배들에게 사랑받고 사는 게 아닐까 생각하면 그 은혜를 어찌 잊으리오.

고등학교에 진학하면서 동생들은 학비가 없어 학교를 못가고 각자 밥벌이하러 집을 나서는데 아침에 나 혼자 교복을 입고 학교에 가자니 어깨가 축 처지고 뒤가 당겨 갈 수가 없었다.

입학해서는 체격이 좋다며 강제로 마음에 내키지 않는 야구를 하게 되어 힘든 훈련에 배는 더욱 고팠다. 설상가상 연습 도중에 슬라이딩을 잘못하여 왼쪽 발목을 다쳐 두 달가량 절룩거리며 학교에 다닐 때 후배들이 문자 그대로 십시일반 쌀자루를 메고 우리집에 온 것을 지금도 잊지 못한다.

큰 도시락에 쌀밥을 싸가지고 오는 친구가 제일 부럽다고 말했더니 어머니는 세상에서 가장 못난 사람이 남의 생활을 부러워하는 것이라며 "만아, 배고프거든 물을 마셔라"고 했다. 누구나 할 수 있는 것을 무슨 노하우인양 알려주는 무책임한 어머니라고 그때는 그렇게 알고 있었는데, 그 가르침의 덕택으로 내가 이만큼 성장한 것 같다.

요즈음 "아이야 뛰지 마라 배 꺼질라"라는 노래를 미스터트롯의 정동원이가 부르는 걸 들으면 저 사람들이 내 어린 시절 이야기를 알고 곡을 쓴 건가 하고 혼자 쓴 미소를 짓기도 한다.

고등학교를 졸업하던 해에 아버지가 돌아가시니 호주(戶主)상속과 가장(家長)이라는 직책을 저절로 얻게 되었다. 장례식을 치른 후 어머니가 조용히 부르더니 "이제부터 너가 아버지 노릇을 해야 한다, 애비 없는 자식이라는 소리가 내 귀에 들리지 않게 동생들을 잘 다스려라"

는 말에 무거운 책임감을 느꼈다.

죽어도 좋다, 배불리 먹여주고 전투수당도 받는다는 월남전에나 가보자며 어머니께 알리지도 않고 덜렁 지원을 해버렸다. 한 달간 훈련을 마치고 내일이면 부산항에서 수송선을 타는 날이다. 망설임 끝에 집으로 연락을 했더니 어머니와 동생이 한밤중에 대구역에서 파월장병을 실은 군용열차를 기다리고 있었다.

나를 붙잡고 말없이 눈물만 흘리시는 어머니를 보고 내 몸이지만 내 것이 아닌 소중한 목숨임을 알아차리고 "꼭 살아서 돌아올테니 걱정 마시라"는 말만 되풀이 하였다.

육군 병장으로 제대를 하니 내가 잘 할 수 있는 것은 야구밖에 없었다. 옥산초등학교 감독 제의를 뿌리치고 이제 기술을 배워야겠다는 일념으로 포항제철에 입사하였다. 제철소 건설에 밤인지 낮인지 모르게 힘들었지만 월급도 많고 정기적으로 보너스도 탔다. 그러나 결혼은 했지만 월급봉투는 어머니에게 바쳐야 한다.

내가 번 돈이지만 담배도 한 달에 50갑으로 제한을 받는다. 하루 두 갑을 피워야 하는데 계산상 모자라니 죽는 소리로 "담배 사 주이소" 하면 "그 담배 벌써 다 피웠나!?"며 꾸중 듣기 일쑤였다. 담배를 끊어야겠다는 용기를 냈다. 81년 1월 1일, 20년 가까이 피운 담배를 끊고 40년째 담뱃값이 얼만지 모르고 살고 있는 것도 어머니 때문이다.

사자소학(四字小學)에 '음식친전(飮食親前)하거든 물출기성(勿出器聲)하라'고 했다. 부모 앞에서 음식을 먹을 때 달그락 달그락하며 밥그릇 소리를 내는 것이 버릇없는 행동이라고만 해석하기 쉽다. 그러나 깊은 뜻은 그 밥그릇 소리를 들으면 더 주지 못하는 부모의 마음을 헤아리는 뜻이 담겨 있음을 늘그막에 한문공부를 하면서 알게 되었다.

그래서 불교에서는 밥을 남기지 못하게 하지만 유교에서는 아무리 배고파도 그릇 바닥에 밥을 조금 남기는 게 선비의 센스였다. 어릴 때 아버지의 밥상 앞에서 쳐다보며 기다렸다가 일부러 남겨주시는 것도 모르고 좋아라고 했던 기억을 가진 친구도 많이 있을 것이다.

나는 쉰 살이 넘을 때까지 어머니가 과일을 먹지 못하는 줄 알았다. 간혹 친척이나 손님이 과일을 사 와서 드시라고 할 때, "우리 어머니 과일 못 드셔요" 하며 만류를 하기도 했다. 자식에게 하나라도 더 먹이려고 안 먹는 걸 뒤늦게 알고서 죄송한 마음에 그 후로는 자주 사 드렸다.

철이 들어서도 나는 어머니의 깊은 뜻을 헤아리지 못한 죄도 크지만 되돌려 드릴 수 있는 결초보은의 기회를 놓친 적이 많아 가끔 후회를 한다. 어느 날 수박을 사려고 가격표를 보니 14,000원이기에 저게 12,000원이 되면 사 드려야지 했다가 며칠 뒤 어머니가 세상을 떠났다. 지금도 수박을 보면 그때를 후회하면서 가격표를 확인하는 버릇이 생겼다.

어머니가 생전에 "나 죽거든 화장은 무섭지만 너의 아버지가 화장을 했으니 나도 화장을 하라" 하셨다. 행여 매장을 하는 방법이 없는지 장례전문가에 물었더니, 아버지의 표적이 남아 있으면 그걸 함께 넣어 합장(合葬)을 하면 된다고 했다. 어머니께 "아버지의 유품이 있으면 화장을 안 해도 된답니다" 했더니 장롱 깊숙한 곳에서 아버지가 생전에 입으셨던 헌 바지 하나를 꺼내 놓았다. "이제 화장은 안 해도 되니 걱정 마시라"했다. 그 후로 어머니는 화장에 대한 공포가 사그라지고 편안해하는 모습을 볼 수 있었다.

1996년 4월 3일, 76세를 일기로 세상을 떠나자 아버지의 유골을 뿌렸던 팔달교 아래의 모래 한 바가지와 유품을 넣고 포항 인근의 공원묘지에 합장묘를 만들어 드렸다.

지금 생각하면 굴곡진 인생을 살면서도 삶의 끈을 놓지 않으시고 작은 일에 감사하며 기뻐하셨던 어머니, 간장, 고추장, 김치를 잘 담그시고 추어탕과 메밀묵을 쉽게 만들어 내던 어머니, 그런데도 한글은 어렵다며 자기 이름 석 자를 한 번도 써보지 못하고 떠났으니 내가 저승에 가면 고대광실에서 어머니 모시고 한글뿐만 아니라 영어와 한문까지 가르쳐드리리다. "엄마, 그 때 만나기까지 잘 계세요"

어머니란 이름을 가지게 되면 무한한 능력이 생기는 것을 그때는 몰랐다. 전방의 보병 소대장이 구보를 할 때 부하 사병이 쓰러지면 부하의 배낭까지 짊어지고 뛴다. 인간의 위대함이 바로 이런 게 아닐까? 자신을 희생하며 자식들을 하나의 인간으로 성장시킨 어머니, 나는 그런 어머니의 삶을 존경하지 않을 수 없다.

비단 나의 어머니뿐만 아니라 이 시대에 살고 있는 우리들의 '우리 어머니' 모습이 아니겠는가? 다시 돌아오라고 붙잡을 수도 없는 저 머나먼 길을 가신 어머니를 생각하며 코로나19가 완전히 소멸되지는 않았지만 '데카메론' 열 번째 이야기를 "만아, 배고프거들랑 물을 마셔라" 그리고 가요무대에서 낯익은 〈불효자는 웁니다〉 유행가를 흥얼거리며 끝을 맺는다.

불러 봐도 울어 봐도 못 오실 어머님을 / 원통해 불러보고 땅을 치며 통곡한들 / 다시 못 올 어머니여 불초한 이 자식은 / 생전에 지은 죄를 엎드려 빕니다…